2016

大中型批发零售和住宿餐饮企业统计年鉴

国家统计局贸易外经统计司 编

图书在版编目（CIP）数据

大中型批发零售和住宿餐饮统计企业年鉴 . 2016 / 国家统计局贸易外经统计司编 . -- 北京 : 中国统计出版社 , 2016.10
ISBN 978-7-5037-8006-6

Ⅰ . ①大 … Ⅱ . ①国 … Ⅲ . ①批发业－统计资料－中国－ 2016 －年鉴②零售业－统计资料－中国－ 2016 －年鉴③饭店业－统计资料－中国－ 2016 －年鉴④饮食业－统计资料－中国－ 2016 －年鉴 Ⅳ . ① F721.7-54 ② F719-54

中国版本图书馆 CIP 数据核字 (2016) 第 230092 号

大中型批发零售和住宿餐饮企业统计年鉴 -2016

作　　者 / 国家统计局贸易外经统计司
责任编辑 / 赵淑焕
封面设计 / 李雪燕　王　芳
出版发行 / 中国统计出版社
通信地址 / 北京市丰台区西三环南路甲 6 号　邮政编码 /100073
电　　话 / 邮购（010）63376909　书店（010）68783171
网　　址 / http://www.zgtjcbs.com
印　　刷 / 三河市双峰印刷装订有限公司
经　　销 / 新华书店
开　　本 /880×1230 毫米　1/16
字　　数 /855 千字
印　　张 /27.5
版　　别 /2016 年 10 月第 1 版
版　　次 /2016 年 10 月第 1 次印刷
定　　价 / 380.00 元

如有印装差错，由本社发行部调换。

《大中型批发零售和住宿餐饮企业统计年鉴—2016》

编辑成员

主　　编：孟庆欣

副 主 编：蔺　涛　卢　山

编辑人员：（以姓氏笔画为序）

王　智　王月香　申俊利　付　媛　付加奇
刘　洋　刘旭玲　刘晓燕　汤魏巍　严先溥
杜　燕　李　敏　杨　壮　张　敏　陈群林
罗卫华　赵则勇　胡春霖　姚　虎　袁　彦
夏　欢

责任编辑：赵淑焕

编辑说明

一、《大中型批发零售和住宿餐饮统计企业年鉴—2016》系统收录了全国和各省、自治区、直辖市大中型批发零售和住宿餐饮业企业基本情况、经营情况和主要财务情况的2015年年报统计数据，是一部全面反映中国大中型批发和零售业、住宿和餐饮业企业改革和发展状况的资料性年刊。

二、本年鉴正文内容分为4个部分：1. 综合篇；2. 地区篇；3. 行业篇；4. 企业篇。同时设有3个附录：1. 统计上大中小微型企业划分办法；2. 批发和零售业、住宿和餐饮业统计限额标准；3. 主要统计指标解释。

三、为便于读者使用，本年鉴对所用略语和主要统计指标解释、统计范围和统计方法作了简要说明。

四、本年鉴中所使用的企业划型标准，采用国家统计局于2011年9月印发的《统计上大中小微型企业划分办法》。

五、本年鉴中涉及的全国性统计资料，均未包括香港、澳门特别行政区和台湾省数据。

六、本年鉴中所使用的度量衡单位，均为国际统一标准计量单位。

七、本年鉴表中的“空格”表示该项统计指标数据不足本表最小单位数、不详或无该项数据。

目 录

综合篇

地区篇

行业篇

企业篇

附 录

综合篇

简要说明：

一、本篇资料主要内容为全国大中型批发和零售业、住宿和餐饮业企业单位数和从业人员数情况；大中型批发和零售业企业商品购、销、存情况；大中型住宿和餐饮业企业经营情况；大中型批发和零售业、住宿和餐饮业企业主要财务及经济效益分析指标等。

二、大中型批发和零售业、住宿和餐饮业企业采用全面调查方法。

三、批发和零售业、住宿和餐饮业大中型企业划分依据《统计上大中小微型企业划分办法》，具体见附件Ⅰ。

1-1 大中型批发和零售业企业基本情况

项目	批发业					
	大中型		大型		中型	
	2015年	2014年	2015年	2014年	2015年	2014年
一、法人单位数(个)	**28395**	**28987**	**2322**	**2340**	**26073**	**26647**
二、年末从业人数(万人)	**383.4**	**388.8**	**195.5**	**197.1**	**187.9**	**191.7**
三、商品购、销、存情况(亿元)						
商品购进额	265715.6	300167.1	115913.8	124297.2	149801.8	175869.9
商品销售额	291327.2	327210.0	129577.0	140892.5	161750.1	186317.4
期末商品库存额	19536.7	21302.4	8860.7	8976.8	10676.0	12325.6
四、实收资本及构成(亿元)						
实收资本	19606.6	21353.1	6324.7	9354.5	13281.9	11998.6
国家资本	4760.5	4939.2	2147.4	2400.3	2613.1	2538.9
集体资本	238.5	379.7	61.9	56.1	176.6	323.6
法人资本	7669.6	10511.7	2152.7	5050.7	5516.8	5461.0
个人资本	4341.1	3103.7	435.6	431.4	3905.5	2672.3
港澳台资本	990.9	876.5	490.5	425.9	500.4	450.6
外商资本	1606.0	1542.0	1036.5	990.2	569.5	551.8
五、主要财务指标(亿元)						
(一)年末资产负债						
流动资产合计	103383.2	104157.0	42614.4	42441.8	60768.8	61715.2
固定资产原价	10081.9	10299.6	5449.2	5406.3	4632.7	4893.3
累计折旧	3710.0	3515.1	2147.3	2008.6	1562.7	1506.5
资产总计	135868.6	135951.6	58156.2	57091.3	77712.4	78860.2
负债合计	96363.1	98361.2	38162.4	38485.9	58200.7	59875.3
所有者权益	39515.1	37728.5	20003.7	18745.1	19511.3	18983.4
(二)损益及分配						
主营业务收入	260572.9	293601.4	114666.8	124660.4	145906.2	168941.0
主营业务成本	240137.2	273665.9	102101.5	112766.9	138035.8	160899.1
主营业务税金及附加	1893.6	1303.4	1426.1	909.1	467.4	394.3
主营业务利润	18542.2	18632.1	11139.2	10984.4	7403.0	7647.6
其他业务利润	751.5	1152.3	360.0	277.1	391.6	875.2
销售费用	8255.9	8048.5	5335.8	5075.1	2920.0	2973.4
管理费用	4064.9	4075.7	2108.2	2089.0	1956.7	1986.7
财务费用	1232.7	1216.9	275.3	262.3	957.4	954.6
营业利润	6285.8	6491.0	4088.3	4194.3	2197.6	2296.6
利润总额	6476.4	6687.4	4314.0	4302.5	2162.4	2384.9
应交所得税	1461.2	1485.6	991.3	974.0	469.9	511.5
应付职工薪酬	3907.7	3584.0	2446.5	2192.4	1461.2	1391.7
应交增值税	3107.1	3312.1	1900.6	1825.9	1206.6	1486.3

1-1 续表

项　　目	零售业					
	大中型		大型		中型	
	2015年	2014年	2015年	2014年	2015年	2014年
一、法人单位数(个)	**27250**	**27060**	**2394**	**2392**	**24856**	**24668**
二、年末从业人数(万人)	**559.1**	**565.0**	**264.8**	**264.5**	**294.3**	**300.5**
三、商品购、销、存情况(亿元)						
商品购进额	76442.7	76141.7	34572.5	34819.9	41870.3	41321.8
商品销售额	89120.2	88080.2	41815.9	42108.7	47304.3	45971.5
期末商品库存额	8976.4	9726.0	3048.4	3502.4	5928.0	6223.6
四、实收资本及构成(亿元)						
实收资本	9068.4	8358.1	2958.6	2741.8	6109.8	5616.3
国家资本	1263.8	1123.0	746.8	734.3	517.1	388.7
集体资本	165.3	258.8	68.5	62.9	96.9	195.9
法人资本	3797.3	3537.7	931.8	918.2	2865.4	2619.5
个人资本	2535.7	2256.7	515.2	404.4	2020.6	1852.3
港澳台资本	713.0	612.8	288.3	243.9	424.7	369.0
外商资本	586.5	568.8	401.2	378.1	185.3	190.8
五、主要财务指标(亿元)						
(一)年末资产负债						
流动资产合计	28745.6	27184.8	13438.0	12545.7	15307.6	14639.1
固定资产原价	9330.1	8707.2	4678.4	4357.6	4651.7	4349.6
累计折旧	3133.4	2817.0	1708.2	1526.2	1425.1	1290.8
资产总计	43395.3	40993.0	21076.3	19837.8	22319.0	21155.2
负债合计	31583.4	30342.6	14768.3	14018.7	16815.0	16323.9
所有者权益	11817.9	10783.2	6314.5	5870.1	5503.3	4913.2
(二)损益及分配						
主营业务收入	77364.3	76519.7	35386.1	35565.8	41978.2	40953.9
主营业务成本	68372.8	67825.0	30688.8	31079.3	37684.0	36745.7
主营业务税金及附加	378.0	357.2	165.6	161.0	212.5	196.2
主营业务利润	8613.5	8337.4	4531.8	4325.5	4081.8	4012.0
其他业务利润	907.7	1022.7	534.6	563.0	373.1	459.7
销售费用	5277.4	4979.7	3070.8	2861.8	2206.6	2117.9
管理费用	2411.1	2329.8	1134.2	1091.3	1276.8	1238.5
财务费用	566.5	563.7	165.2	155.8	401.3	407.9
营业利润	1536.6	1549.6	886.2	920.9	650.4	628.7
利润总额	1589.5	1572.3	947.7	966.9	641.8	605.4
应交所得税	337.0	390.2	189.2	240.2	147.9	150.0
应付职工薪酬	2759.5	2616.5	1407.0	1311.0	1352.5	1305.6
应交增值税	1345.2	1320.5	660.6	596.9	684.6	723.5

1-2 大中型批发和零售业企业单位数和从业人数

项 目	法人单位数(个)		年末从业人数(人)	
	限额以上	大中型企业	限额以上	大中型企业
总 计	**183077**	**55645**	**11735761**	**9424958**
一、批发业	**91819**	**28395**	**4907387**	**3834134**
(一)按登记注册类型分				
1.内资企业	**87504**	**25949**	**4159427**	**3123022**
国有企业	2368	1391	382133	345858
集体企业	648	219	39417	27477
股份合作企业	163	42	5873	3045
联营企业	24	10	2193	2027
国有联营企业	4	2	423	394
集体联营企业	8	2	670	584
国有与集体联营企业	6	2	972	928
其他联营企业	6	4	128	121
有限责任公司	27701	9992	1574160	1257283
国有独资公司	1295	800	161890	148722
其他有限责任公司	26406	9192	1412270	1108561
股份有限公司	1970	1192	470056	452119
私营企业	53537	12845	1635653	1015418
私营独资企业	713	138	16193	6103
私营合伙企业	136	20	8847	6829
私营有限责任公司	51436	12231	1542542	948096
私营股份有限公司	1252	456	68071	54390
其他企业	1093	258	49942	19795
2.港、澳、台商投资企业	**1896**	**1029**	**344488**	**323920**
合资经营企业	300	175	32111	28990
合作经营企业	19	13	8188	8103
独资经营企业	1526	817	293060	276110
投资股份有限公司	41	20	8209	7882
其他港澳台商投资企业	10	4	2920	2835
3.外商投资企业	**2419**	**1417**	**403472**	**387192**
中外合资经营企业	366	210	44787	41919
中外合作经营企业	16	10	1696	1356
外资企业	1949	1146	340783	328384
外商投资股份有限公司	46	25	6785	6345
其他外商投资企业	42	26	9421	9188

1-2 续表 1

项目	法人单位数(个)		年末从业人数(人)	
	限额以上	大中型企业	限额以上	大中型企业
(二)按国民经济行业分				
农、林、牧产品批发	5072	1535	220090	129718
食品、饮料及烟草制品批发	9898	3882	1010844	843718
米、面制品及食用油批发	1636	635	105359	82977
肉、禽、蛋、奶及水产品批发	1485	460	101318	76536
酒、饮料及茶叶批发	1948	762	213598	180135
烟草制品批发	558	515	273034	270647
纺织、服装及家庭用品批发	11948	3899	867306	729839
服装批发	2769	1131	281274	246426
鞋帽批发	961	295	69601	57747
家用电器批发	1562	687	169412	152394
文化、体育用品及器材批发	2579	959	177342	145370
文具用品批发	813	233	27178	18033
体育用品及器材批发	163	70	13423	11425
图书批发	246	144	38481	34647
医药及医疗器材批发	6231	3767	552966	485616
西药批发	3065	2177	306541	277078
中药批发	1557	929	145929	126569
矿产品、建材及化工产品批发	37902	8410	1250805	874886
煤炭及制品批发	4983	1308	175191	120000
石油及制品批发	4163	1443	387848	352594
金属及金属矿批发	12248	2125	243368	142923
建材批发	5071	1061	150081	90517
化肥批发	1832	543	74064	48786
农药批发	249	96	12982	9801
机械设备、五金产品及电子产品批发	14038	4802	679338	522285
汽车批发	1499	551	89953	75448
计算机、软件及辅助设备批发	1248	530	61088	49036
通讯及广播电视设备批发	811	376	81231	73597
贸易经纪与代理	1092	337	41675	32656
其他批发业	3059	804	107021	70046
(三)按控股情况分				
国有控股	7971	4889	1177694	1098179
集体控股	1804	745	113754	87672
私人控股	71388	17991	2440821	1585815
港澳台控股	1818	985	349852	330082
外商控股	2247	1308	376719	361348

1-2 续表 2

项目	法人单位数(个)		年末从业人数(人)	
	限额以上	大中型企业	限额以上	大中型企业
二、零售业	**91258**	**27250**	**6828374**	**5590824**
(一)按登记注册类型分				
1.内资企业	**88977**	**25447**	**5955016**	**4735630**
国有企业	1614	572	129469	105757
集体企业	1826	466	96589	68709
股份合作企业	320	54	17435	12728
联营企业	140	20	6082	3922
国有联营企业	24	3	1933	1531
集体联营企业	49	11	2372	1728
国有与集体联营企业	35	3	854	269
其他联营企业	32	3	923	394
有限责任公司	30874	11321	2598504	2199760
国有独资公司	670	308	63144	54539
其他有限责任公司	30204	11013	2535360	2145221
股份有限公司	2310	1239	645067	617932
私营企业	50733	11551	2413752	1696629
私营独资企业	5047	407	122376	54969
私营合伙企业	473	56	13226	6876
私营有限责任公司	43569	10615	2144350	1524392
私营股份有限公司	1644	473	133800	110392
其他企业	1160	224	48118	30193
2.港、澳、台商投资企业	**1269**	**1018**	**425419**	**419110**
合资经营企业	294	233	104429	102898
合作经营企业	26	15	6083	5761
独资经营企业	892	729	306008	301921
投资股份有限公司	40	30	6511	6305
其他港澳台商投资企业	17	11	2388	2225
3.外商投资企业	**1012**	**785**	**447939**	**436084**
中外合资经营企业	289	218	170253	162028
中外合作经营企业	28	20	11615	11449
外资企业	619	491	251050	247974
外商投资股份有限公司	49	35	11191	10922
其他外商投资企业	27	21	3830	3711

1-2 续表 3

项目	法人单位数(个)		年末从业人数(人)	
	限额以上	大中型企业	限额以上	大中型企业
(二)按国民经济行业分				
综合零售	13306	7252	2600615	2448925
百货零售	6532	3411	1144471	1067480
超级市场零售	5281	3342	1320379	1266932
食品、饮料及烟草制品专门零售	8380	1427	365077	234704
粮油零售	966	117	35410	19002
肉、禽、蛋、奶及水产品零售	1382	302	72552	50347
酒、饮料及茶叶零售	2704	262	75625	35303
烟草制品零售	361	96	19084	13892
纺织、服装及日用品专门零售	5565	1816	567492	494011
服装零售	2787	1136	365549	329307
文化、体育用品及器材专门零售	4246	1020	240169	177840
体育用品及器材零售	176	53	15737	13464
图书、报刊零售	1364	514	113472	92889
医药及医疗器材专门零售	4593	2027	497770	438681
药品零售	3980	1957	478975	429225
汽车、摩托车、燃料及零配件专门零售	33189	10455	1627717	1189036
汽车零售	23991	9541	1238930	928386
机动车燃料零售	6699	712	334168	240721
家用电器及电子产品专门零售	11166	1687	503325	336334
日用家电设备零售	4132	639	194026	132583
计算机、软件及辅助设备零售	2906	238	106029	63453
通信设备零售	1130	311	75330	58316
五金、家具及室内装饰材料专门零售	6071	792	210233	124771
货摊、无店铺及其他零售业	4742	774	215976	146522
互联网零售	1464	291	103022	82732
(三)按控股情况分				
国有控股	5460	2742	918775	847451
集体控股	3254	1111	320404	275284
私人控股	72802	18386	3979533	2961754
港澳台控股	1209	981	389460	382681
外商控股	922	720	421588	416538

1—3 大中型批发和零售业

项目	商品购进额		进口	
	限额以上	大中型企业	限额以上	大中型企业
总计	**4680716626**	**3421582884**	**339436365**	**279285589**
一、批发业	**3695389411**	**2657155690**	**312496008**	**256838308**
(一)按登记注册类型分				
1.内资企业	**3206866314**	**2227808398**	**183710583**	**143307786**
国有企业	238450814	220772707	14470209	12571835
集体企业	11585362	8078580	1148326	1105199
股份合作企业	3162561	1304193	53666	31368
联营企业	644008	515789	28183	14644
国有联营企业	85622	70438	8029	
集体联营企业	73307	31386		
国有与集体联营企业	365735	330116	1157	
其他联营企业	119345	83849	18996	14644
有限责任公司	1626770541	1202530485	103130327	84903375
国有独资公司	319093982	272243547	12503087	11686308
其他有限责任公司	1307676557	930286940	90627245	73217072
股份有限公司	377473010	350417220	23736495	20894167
私营企业	940902564	440478462	41027104	23716853
私营独资企业	6722883	3877243	17051	11073
私营合伙企业	1247215	487431	3761	
私营有限责任公司	909113422	419765587	40312043	23293168
私营股份有限公司	23819045	16348201	694252	412614
其他企业	7877466	3710971	116276	70347
2.港、澳、台商投资企业	**166763519**	**130278716**	**24285688**	**14263840**
合资经营企业	37501963	29598298	1659684	1384359
合作经营企业	1689157	1384628	40457	33411
独资经营企业	122451481	97582930	22417290	12691703
投资股份有限公司	4651650	1428273	52110	38219
其他港澳台商投资企业	469270	284587	116148	116148
3.外商投资企业	**321759582**	**299068583**	**104499738**	**99266683**
中外合资经营企业	104144773	99642417	10188037	9444527
中外合作经营企业	595386	520331	67052	67052
外资企业	210590035	192804639	94150471	89674753
外商投资股份有限公司	3116728	2915274	59962	56729
其他外商投资企业	3312666	3185924	34214	23621

企业商品购、销、存情况

单位：万元

商品销售额				期末商品库存额	
		出口			
限额以上	大中型企业	限额以上	大中型企业	限额以上	大中型企业
5155674524	**3804473813**	**227194695**	**162803963**	**365917159**	**285130994**
4013121863	**2913271717**	**226313745**	**162223292**	**253784993**	**195366802**
3437416720	**2403496586**	**189789595**	**132834846**	**209843802**	**155444579**
278338420	264050120	9353459	8216771	28908270	26519202
13383800	9139171	461964	376273	893325	663304
3330430	1403505	96793	41859	119193	61386
600412	469317	6772		122409	111522
96215	81052			8850	6909
59481	17737			19168	16227
315593	279046	6772		80846	78659
129124	91483			13545	9726
1726040082	1286245284	86590728	67304597	108480977	79501251
342729461	294044474	8209318	7265312	14381349	12943468
1383310620	992200810	78381410	60039285	94099626	66557787
383590229	355686414	19900127	19151382	20479763	19316324
1022104854	482173707	73211484	37611486	50470204	29081647
7451090	4238822	65179	21159	292772	150072
1379508	577614	15798	6917	31009	12993
986285068	458766541	72039649	36989976	48467845	27629626
26989190	18590732	1090859	593434	1678581	1288958
10028504	4329076	168275	132483	369672	189952
194220432	**153617575**	**7629645**	**3319965**	**16414457**	**14447487**
39237603	31221255	461545	354412	1897336	1556644
1931025	1611428	125834	116992	52785	41923
147450453	118627835	6943734	2812083	14219591	12617767
4919109	1675483	55889	32483	150922	140357
682245	481580	42648	3995	93825	90798
381484711	**356157554**	**28894503**	**26068485**	**27526740**	**25474736**
114135246	109192986	7445004	6939800	5300253	5088751
674441	588629	3793		29464	23666
258811167	238893899	21371556	19105576	21490149	19670626
3848349	3600417	70243	19403	268151	264902
4015514	3881628	3911	3710	438728	426794

1-3 续表 1

项目	商品购进额			
			进口	
	限额以上	大中型企业	限额以上	大中型企业
(二)按国民经济行业分				
农、林、牧产品批发	81270920	55304205	8584749	6734393
食品、饮料及烟草制品批发	342707949	282696683	13420351	9086196
米、面制品及食用油批发	51852318	35320308	7050960	4429917
肉、禽、蛋、奶及水产品批发	29106011	21142693	1589333	895081
酒、饮料及茶叶批发	48266915	38149549	1211873	742675
烟草制品批发	127794308	126585966	780085	752660
纺织、服装及家庭用品批发	329572364	250159211	17250949	13929308
服装批发	71940657	53524743	3413273	2709214
鞋帽批发	15916121	11483974	682098	485648
家用电器批发	110594515	101262832	3215844	2927747
文化、体育用品及器材批发	72701719	57735464	4828439	3420051
文具用品批发	17642311	12256305	1554268	679501
体育用品及器材批发	5057887	4407936	142151	130848
图书批发	7267261	6869991	226485	226261
医药及医疗器材批发	180118820	168103224	13901802	12852692
西药批发	115480215	110789295	5466202	4983220
中药批发	38763892	35901315	1402930	1301687
矿产品、建材及化工产品批发	2036284107	1310874879	128650151	96965464
煤炭及制品批发	240294683	167015512	5975815	5572122
石油及制品批发	539273574	432890448	37512383	28436846
金属及金属矿批发	791472739	435788945	45665712	34582270
建材批发	112979853	62465536	9006607	5729306
化肥批发	52310583	39765566	2524070	2363920
农药批发	3408268	2408053	141419	135238
机械设备、五金产品及电子产品批发	525089437	440506448	104070581	94941105
汽车批发	183104911	168978632	34005803	31253055
计算机、软件及辅助设备批发	43372545	35376880	4562534	3381892
通讯及广播电视设备批发	97779671	91062339	30035912	29909518
贸易经纪与代理	51736205	39213341	9802770	8159932
其他批发业	75907899	52562244	11986221	10749171
(三)按控股情况分				
国有控股	1479386537	1259099981	105323067	89975539
集体控股	87694175	67377490	4538409	4186623
私人控股	1367706938	712784709	70140778	47359024
港澳台控股	146914748	115175669	23190154	13231955
外商控股	250794000	229958074	96072701	91460249

单位：万元

商品销售额				期末商品库存额	
		出口			
限额以上	大中型企业	限额以上	大中型企业	限额以上	大中型企业
85115971	56954025	1661925	813233	18465612	14883587
426630994	357876021	7909394	4321072	32687312	28021318
55653052	38050120	2682554	949141	8553699	7091449
33930574	24192948	1821041	1075227	1281111	956616
64687570	51196359	395357	309194	4638847	3163620
175025515	173622737	502669	461978	12850102	12780904
351911687	266261747	71232153	47822643	29967401	25346857
87607145	67826674	26860937	19712031	7148472	6109160
18779425	13836820	7069746	4199365	1649012	1442582
94577695	84504833	4918101	3805715	11350580	9755215
79282934	63082472	5657736	3440474	9806470	8623345
18597171	12828768	1210623	579980	1356220	1012192
5829845	5082380	473692	158162	735180	697127
8052874	7604507	50999	42177	1831097	1758603
202526555	188532494	2704531	2296153	28400281	27101109
126034065	120639768	1401409	1166618	20694184	20073089
43679703	40437738	500074	462127	3995067	3743903
2142252924	1387067200	58250423	40487903	81848487	50908750
256100678	177862616	954280	774623	7349156	5147345
560348059	459387346	9857616	7820994	25767799	14688719
832014972	457572724	20833440	12857711	28357632	17742230
119504270	66391521	5897620	3942201	5072659	3103452
55377827	41840289	2252222	1615933	4120025	3496672
3819297	2722895	828284	670364	487732	381019
586176360	493437889	50513608	40139599	44675928	34191760
210489355	195375303	3737854	3645364	15324480	14361957
45407581	37013214	2989396	2490212	3214998	2762545
101578565	94382034	4356539	3783728	4971882	4328007
55712951	42052423	15654097	11535718	2774482	2118343
83511502	58007457	12729882	11366507	5159031	4171737
1593152244	1374749343	62842936	55621300	98532233	81279878
93146545	71302025	5331976	4597957	5716607	4977413
1479406785	775953380	112736109	67503675	77848301	49454653
174310219	138357415	7218006	2943447	15705818	13930861
303703789	280431182	22066678	19587823	24177543	22199775

1-3 续表 2

项 目	商品购进额		进 口	
	限额以上	大中型企业	限额以上	大中型企业
二、零售业	**985327216**	**764427194**	**26940362**	**22447284**
(一)按登记注册类型分				
1.内资企业	**883584140**	**665947943**	**20935052**	**16625587**
国有企业	17954759	13756272	260100	212268
集体企业	14024943	7542934	12262	135
股份合作企业	1800217	861186	5086	56
联营企业	999329	260678	22696	22696
国有联营企业	185960	36148	22696	22696
集体联营企业	355419	132767		
国有与集体联营企业	248361	34900		
其他联营企业	209591	56862		
有限责任公司	394417204	320323265	11356756	9311792
国有独资公司	13615315	10785160	617179	613875
其他有限责任公司	380801893	309538106	10739577	8697917
股份有限公司	128048590	122572683	375082	357767
私营企业	322374433	198825069	8842228	6683210
私营独资企业	14283354	4261244	122974	111450
私营合伙企业	1409841	501312	90	
私营有限责任公司	293300142	186478580	8544571	6447470
私营股份有限公司	13381101	7583934	174592	124292
其他企业	3964671	1805859	60845	37667
2.港、澳、台商投资企业	**48380684**	**47096943**	**3706804**	**3606544**
合资经营企业	13417815	13219224	947770	928881
合作经营企业	566751	530001		
独资经营企业	33316670	32319988	2588066	2506771
投资股份有限公司	785358	747416	170967	170893
其他港澳台商投资企业	294090	280316		
3.外商投资企业	**53362398**	**51382311**	**2298513**	**2215159**
中外合资经营企业	24617607	23676561	626086	625750
中外合作经营企业	1566078	1510876	24389	24389
外资企业	24897566	24041639	1492357	1418083
外商投资股份有限公司	1594317	1511926	4087	1539
其他外商投资企业	686835	641315	151595	145401

单位：万元

商品销售额				期末商品库存额	
		出　口			
限额以上	大中型企业	限额以上	大中型企业	限额以上	大中型企业
1142552664	**891202098**	**880948**	**580671**	**112132167**	**89764196**
1013631469	**769282875**	**849704**	**558729**	**98840923**	**76847901**
20273392	15676766	9926	4544	1656724	1328172
15169649	8163399	2771	1317	659581	362904
1946574	958016	4338	4338	122065	68295
1123295	313958			59740	34444
219976	47985			17491	15903
365544	141283			29588	16865
298300	44503			5022	1232
239474	80187			7643	443
447036296	363839902	574293	461947	41542300	34347456
16164086	12912233	854	804	1135409	873106
430872212	350927669	573438	461143	40406895	33474350
162907311	155110505	36021	35593	8808863	8338309
360402792	222957610	220618	50992	45688684	32185076
15421176	4483943	3427		1010666	465921
1662167	612310			95448	34332
327863112	208753806	213369	50986	43236304	30671711
15456347	9107554	3821	6	1346271	1013111
4772173	2262733	1740		302982	183256
60665856	**58903257**	**13151**	**10487**	**7965890**	**7773889**
16911713	16659979	1451	584	2566427	2528191
713631	675105			25891	23759
41704772	40290465	11699	9903	5188856	5040847
996594	953932			164173	160683
339152	323779			20547	20409
68255338	**63015967**	**18096**	**11455**	**5325356**	**5142408**
31103021	27074340	1752	1050	1785372	1756665
1772451	1710526			116002	107685
32090506	31064618	14510	10405	3109530	2984728
2317137	2245208			156997	137816
972227	921280	1834		157455	155515

1-3 续表 3

项 目	商品购进额			
			进 口	
	限额以上	大中型企业	限额以上	大中型企业
(二)按国民经济行业分				
综合零售	218424127	199934686	1337151	1100136
百货零售	115300002	104788221	948009	845673
超级市场零售	91629910	87428109	232035	213115
食品、饮料及烟草制品专门零售	31557797	14413160	397262	218941
粮油零售	4318659	1581862	28612	3124
肉、禽、蛋、奶及水产品零售	6125893	2980467	46413	14401
酒、饮料及茶叶零售	7400392	2552762	61885	18932
烟草制品零售	2138453	1334432	104692	100383
纺织、服装及日用品专门零售	37489353	26882274	2265842	2122419
服装零售	22285859	17426884	1386569	1356163
文化、体育用品及器材专门零售	27423915	16885686	470820	406773
体育用品及器材零售	1289593	917733	6719	170
图书、报刊零售	10404998	8437731	352330	337821
医药及医疗器材专门零售	54219728	45548002	343913	214439
药品零售	51735138	44491559	171905	147778
汽车、摩托车、燃料及零配件专门零售	449880417	348806358	21343750	17941858
汽车零售	329907822	255906668	21125401	17868571
机动车燃料零售	110376775	90034601	105178	5717
家用电器及电子产品专门零售	91041930	65795788	268180	156435
日用家电设备零售	33188931	24399052	31240	25348
计算机、软件及辅助设备零售	21118725	14539243	31050	3732
通信设备零售	17386365	14602793	111218	85092
五金、家具及室内装饰材料专门零售	28860742	13994594	117948	52574
货摊、无店铺及其他零售业	46429223	32166659	395503	233716
互联网零售	31325351	26212049	169971	104973
(三)按控股情况分				
国有控股	195788221	178628227	2218007	2010416
集体控股	45612520	34641902	698569	473566
私人控股	539879042	366370139	15060468	11672457
港澳台控股	45563056	44344696	3687335	3580285
外商控股	54894050	53513986	1880941	1797588

单位：万元

商品销售额				期末商品库存额	
		出口			
限额以上	大中型企业	限额以上	大中型企业	限额以上	大中型企业
269525402	249085551	63840	58803	21913246	20351240
151382801	139628786	34632	34231	10819879	10007726
104701612	100208247	24505	20919	10223741	9731618
37384683	17792857	82478	60834	3003336	1470035
4613831	1587400	1615		573066	206749
7075684	3535671	2387		280522	138021
8984693	3251589	17951	10255	891171	364544
2494900	1626146	46465	45384	510629	375456
51082243	38398505	88824	17779	9320828	8105760
30701721	24739101	29396	8162	5945640	5305507
30719462	18674871	49188	6901	5750686	4088142
1787580	1267087	5410		292783	220541
10348852	8321031	5696	5696	2053925	1769084
60362141	50893032	7157	1637	6363067	5622781
57318525	49614136	4780	912	6078050	5473491
506248597	390089929	132082	88678	52467930	42282404
356881850	275551395	108050	82888	48048209	39197046
138612650	111114854	7228	5791	3444949	2708923
99350583	71520871	349740	337661	7005755	4387025
36002653	26436434	10504	7680	3403196	2261401
22787137	15469504	473	317	1002576	501162
19002940	15958634	323849	323816	1006781	739345
34869050	18083028	64177	229	3226982	1178223
53010515	36663468	43466	8147	3080349	2278599
35133545	29244450	23143	7882	2250688	1949258
239925046	216105613	53320	40170	15325639	13886492
50458821	38495597	4122	1317	3796113	3243680
605939295	413063296	746198	479741	70558331	52089261
57256538	55238910	11699	9903	6451482	6263420
65155189	63543134	17771	11130	5093059	4912003

1-4 大中型批发和零售业

项　　目	流动资产合计		固定资产原价	
	限额以上	大中型企业	限额以上	大中型企业
总　计	**1773778037**	**1321288004**	**240610683**	**194119902**
一、批发业	**1415010427**	**1033831772**	**126533453**	**100818977**
(一)按登记注册类型分				
1.内资企业	**1209323808**	**855574303**	**114182503**	**89472495**
国有企业	107487886	98705783	18037831	16953698
集体企业	4031190	3067953	805374	572300
股份合作企业	648046	368627	117992	77928
联营企业	311153	276371	40135	36588
国有联营企业	37335	32482	5775	5175
集体联营企业	37074	30548	15555	13594
国有与集体联营企业	162325	157730	7808	6940
其他联营企业	74419	55610	10997	10880
有限责任公司	612469127	456014184	43960242	34432729
国有独资公司	94105832	83885133	10307819	9578360
其他有限责任公司	518363293	372129053	33652430	24854372
股份有限公司	130015997	123128864	21654782	20788819
私营企业	351591899	173241500	28798586	16334707
私营独资企业	1486311	454096	557078	200499
私营合伙企业	152885	64048	37012	20668
私营有限责任公司	339835955	165838202	27028143	15237630
私营股份有限公司	10116754	6885155	1176362	875913
其他企业	2768515	771030	767567	275738
2.港、澳、台商投资企业	**76230798**	**58970844**	**4991465**	**4441504**
合资经营企业	13373222	10556621	759742	609984
合作经营企业	599607	512060	46031	42304
独资经营企业	60155494	46929482	4081410	3691069
投资股份有限公司	1780710	736467	88934	83478
其他港澳台商投资企业	321764	236213	15345	14664
3.外商投资企业	**129455823**	**119286627**	**7359490**	**6904983**
中外合资经营企业	25363566	23218087	1532389	1424912
中外合作经营企业	253802	243690	35553	21727
外资企业	101303507	93370662	5408061	5083170
外商投资股份有限公司	740667	703077	237126	230063
其他外商投资企业	1794283	1751109	146362	145113

企业年末资产负债

单位：万元

累计折旧		资产总计		负债合计		所有者权益合计	
限额以上	大中型企业	限额以上	大中型企业	限额以上	大中型企业	限额以上	大中型企业
81596427	**68434261**	**2347058517**	**1792638305**	**1702050092**	**1279464729**	**645135293**	**513329459**
44603494	**37100475**	**1811985386**	**1358685798**	**1320138960**	**963631133**	**491913331**	**395150805**
39098006	**31941767**	**1559040375**	**1137804695**	**1150438386**	**816871563**	**408668896**	**321029270**
7893709	7537474	138699531	127172810	77939237	68696332	60760296	58476475
310675	222908	5492779	4179487	4234164	3182610	1258616	996876
46273	29435	794072	463099	623135	374866	170939	88234
9684	8257	387329	349417	274389	248979	112939	100437
1839	1552	51271	46105	18485	14133	32788	31973
1680	1096	63333	54416	55234	48791	8100	5626
3806	3346	179950	174948	154505	150276	25445	24671
2362	2263	92775	73948	46167	35780	46607	38168
13951321	11442239	775781565	591775581	592902717	447771582	182856849	144004001
3311225	3072338	136532494	123359320	97811099	87985509	38721395	35373814
10640095	8369898	639249071	468416263	495091620	359786077	144135454	108630189
7895512	7630410	204612336	194759518	134939268	128585104	69769208	66270556
8813133	4998863	429555987	217980121	337370547	167362348	92178205	50617774
130059	30687	2136511	684161	1337974	446560	798539	237606
12276	7671	188916	83241	132843	58460	56071	24784
8342525	4727710	412244721	206156263	327062164	161051985	85175330	45104282
328279	232794	14985842	11056458	8837572	5805353	6148273	5251105
177709	72197	3716787	1124672	2154929	649748	1561853	474923
1881191	**1702648**	**93832176**	**73749949**	**64371558**	**49520559**	**29460619**	**24229391**
250588	189885	17019515	13534437	11956769	9390606	5062749	4143835
18144	17734	670288	578176	435090	351069	235200	227109
1587986	1472183	73709648	58370187	49991584	38886906	23718068	19483282
17399	16188	2097667	1019891	1711662	696714	386008	323178
7080	6659	335054	247259	276458	195267	58597	51991
3624304	**3456063**	**159112843**	**147131155**	**105329022**	**97239014**	**53783818**	**49892141**
612476	577068	30689394	28159299	24375884	22531774	6313510	5627525
17968	15392	318504	296295	179580	165836	138924	130459
2806467	2677894	124939816	115608226	78851006	72675072	46088810	42933151
102821	101760	1204667	1154762	654083	628067	550585	526695
84573	83955	1960466	1912579	1268468	1238262	691994	674312

1-4 续表 1

项目	流动资产合计		固定资产原价	
	限额以上	大中型企业	限额以上	大中型企业
(二)按国民经济行业分				
农、林、牧产品批发	49887582	36226040	8064034	5433378
食品、饮料及烟草制品批发	155761346	128787493	25963391	22527603
米、面制品及食用油批发	27629502	19656533	3133640	2418911
肉、禽、蛋、奶及水产品批发	7805692	4370062	2431302	1951567
酒、饮料及茶叶批发	34252313	27235325	2348500	1891146
烟草制品批发	50750899	50608642	11457611	11487780
纺织、服装及家庭用品批发	136687270	106295543	9769553	7854370
服装批发	38719387	31094337	3738433	3305443
鞋帽批发	7780693	5930513	716994	574282
家用电器批发	40229147	34913699	1263921	1096584
文化、体育用品及器材批发	37465752	30786033	2793871	2331920
文具用品批发	7462712	5077630	457920	302750
体育用品及器材批发	2196784	1871406	165177	149495
图书批发	7099541	6783207	1124379	1086797
医药及医疗器材批发	88673972	81505903	6601021	5942529
西药批发	53749982	50699670	3257697	2955518
中药批发	18473113	16995920	1227754	1054476
矿产品、建材及化工产品批发	638345264	396109805	58186676	45794467
煤炭及制品批发	100784923	73756251	8746366	6874629
石油及制品批发	123162124	79734511	29671161	26227314
金属及金属矿批发	248408070	140398233	9668901	6706879
建材批发	50453581	30771869	3450160	1974690
化肥批发	26942088	22309764	1727196	1144740
农药批发	1891482	1494564	110821	73147
机械设备、五金产品及电子产品批发	235783722	196474239	11557949	8607264
汽车批发	63633982	58506516	2032683	1669140
计算机、软件及辅助设备批发	17524605	12589091	569553	401192
通讯及广播电视设备批发	33392218	29645310	1274551	1063515
贸易经纪与代理	38758549	33816003	996482	813518
其他批发业	33646979	23830719	2600494	1513936
(三)按控股情况分				
国有控股	515040665	446390200	59362077	54444149
集体控股	31069963	25462159	2597799	2065104
私人控股	548969706	307434266	44663620	26996126
港澳台控股	72537090	56331611	4769886	4266728
外商控股	111941021	102276190	6069841	5664297

单位：万元

累计折旧		资产总计		负债合计		所有者权益合计	
限额以上	大中型企业	限额以上	大中型企业	限额以上	大中型企业	限额以上	大中型企业
2293356	1704633	70510524	52698116	50021883	37101243	20488640	15596878
9891781	9116553	201221902	167345967	105310593	80295967	95911313	87050004
855373	664822	35222781	25991664	29510934	21364167	5711849	4627500
742855	623605	11090314	6744750	7468781	4445819	3621536	2298930
734558	612791	40484770	32632554	24461419	20206523	16023354	12426038
5462577	5472217	63173067	63052281	12414492	12302818	50758578	50749465
3560938	2794115	167108897	131586055	122564759	94998547	44544525	36587510
1206808	1061266	51810899	42652678	34336730	27424075	17474171	15228608
259504	207587	9183025	7070440	6057911	4495217	3125500	2575225
333427	263336	45237963	39310633	37349446	32406833	7888522	6903801
1041954	896038	48111486	40112435	32922021	27199289	15189470	12913152
163132	107867	8517346	5681946	6779011	4740224	1738339	941723
77853	71531	2513239	2155276	1818355	1593118	694885	562159
426883	413273	11198892	10812061	6536220	6273964	4662673	4538105
2413612	2206889	104367945	95942593	78602477	72440776	25765473	23501816
1023150	928747	63105762	59469054	48110476	45393138	14995293	14075915
359710	315655	21480929	19689636	16918379	15656939	4562552	4032701
19931544	16256719	846015784	559879008	647155168	416679097	198927133	143296051
2315866	1755998	140245612	106746641	106701258	80719944	33522358	26026700
10965524	10107689	181041075	128695287	131996454	90777549	49140765	38013880
3445825	2456518	311466610	185635237	249371721	145443988	62094892	40191248
887186	530800	65748444	41663808	49296870	30942727	16451575	10721083
460599	332941	35416798	29880346	28052562	23752964	7364235	6127382
40042	28447	2489743	2012099	1739885	1397305	749860	614795
4307719	3358377	286909978	241184594	212015288	176965476	74894695	64219120
674818	573909	76580047	70692891	59116759	54099348	17463289	16593544
180469	128497	19352282	14008180	15230953	10819373	4121334	3188806
606570	544826	38478166	33872589	27718982	24432200	10759183	9440391
348871	267342	44130511	38206802	37464365	32730042	6666143	5476758
813736	499829	43608377	31730236	34082428	25220715	9525954	6509521
22603752	21273940	709538099	626437339	492299301	427665714	217439027	198971853
937755	738427	37476263	30663861	29882689	24243088	7571576	6420773
13479165	8321644	677006146	388593069	522305343	292669901	154693570	95923168
1795923	1645836	89374743	70565378	60881953	47069484	28492797	23495897
3070738	2917080	137505605	126137243	88336092	80770687	49169511	45366554

1-4 续表 2

项　　目	流动资产合计		固定资产原价	
	限额以上	大中型企业	限额以上	大中型企业
二、零售业	**358767616**	**287456234**	**114077227**	**93300928**
(一)按登记注册类型分				
1.内资企业	**313939979**	**244238754**	**97561822**	**77236026**
国有企业	5447355	4266221	3079971	2624504
集体企业	1759636	982579	1354149	821632
股份合作企业	337826	161950	207752	133406
联营企业	144258	42295	60674	17738
国有联营企业	15358	4293	14364	7016
集体联营企业	47633	20710	19405	6106
国有与集体联营企业	40170	8367	15248	1526
其他联营企业	41097	8926	11659	3093
有限责任公司	142891068	114886730	41045815	33842703
国有独资公司	4207546	3404348	2192609	1953849
其他有限责任公司	138683522	111482384	38853206	31888856
股份有限公司	51272096	49473011	22401494	21810859
私营企业	110894424	73698104	28754454	17634367
私营独资企业	2517946	1059627	1584459	317896
私营合伙企业	273344	110275	164934	61545
私营有限责任公司	103267151	68999835	25714947	16411683
私营股份有限公司	4835990	3528373	1290117	843246
其他企业	1193332	727875	657524	350832
2.港、澳、台商投资企业	**22214754**	**21285862**	**8189372**	**7910054**
合资经营企业	7205765	7061444	2155941	2113448
合作经营企业	220595	205505	183379	178365
独资经营企业	13807038	13048695	5570434	5352962
投资股份有限公司	897159	889975	243068	229948
其他港澳台商投资企业	84194	80245	36555	35337
3.外商投资企业	**22612891**	**21931622**	**8326036**	**8154851**
中外合资经营企业	6159375	6084195	3231056	3178286
中外合作经营企业	708374	678018	283969	281340
外资企业	14785738	14322806	4357456	4247092
外商投资股份有限公司	644885	565769	301940	297044
其他外商投资企业	314521	280839	151622	151093

单位：万元

累计折旧		资产总计		负债合计		所有者权益合计	
限额以上	大中型企业	限额以上	大中型企业	限额以上	大中型企业	限额以上	大中型企业
36992934	**31333785**	**535073129**	**433952510**	**381911133**	**315833592**	**153221965**	**118178660**
30455116	**24974294**	**467832015**	**369224530**	**334825694**	**270239297**	**133078406**	**99057095**
1026827	870388	9275706	7555183	5792906	4717862	3482802	2837319
441148	274851	3190632	1838134	1986529	1166537	1204104	671597
66945	34883	570768	314295	344980	182430	225792	131867
27044	7326	198630	62993	107782	43894	90851	19099
7620	4344	28327	11825	21315	14091	7014	-2265
6209	1743	67219	28222	37704	15966	29517	12255
8081	445	50254	10263	15396	4836	34861	5427
5133	794	52830	12684	33371	9002	19458	3682
13006811	10978501	208556008	169194797	156182122	129255923	52368120	39933107
696720	616489	8337170	7118960	4933422	4219772	3397987	2893425
12310092	10362016	200218839	162075836	151248705	125036158	48970131	37039682
7556621	7387181	89383890	86744047	56139804	54819894	33322142	32002209
8182935	5341419	154641334	102328623	113148789	79306229	41492347	23021960
353932	95293	4376656	1545721	2088074	900828	2288588	644894
48500	17092	499363	207624	288805	141734	210554	65893
7408413	4977103	142903369	95603306	106254195	74942623	36648972	20660255
372090	251932	6861952	4971974	4517716	3321054	2344238	1650921
146794	79756	2015044	1186470	1122788	746527	892256	439943
2898787	**2775952**	**34483339**	**32875665**	**23267894**	**22351186**	**11203326**	**10512363**
717694	704719	10581738	10216721	6438065	6257160	4131558	3947443
87632	83477	395000	378380	246615	240907	148386	137473
2016272	1914188	21844414	20669458	15663810	14969826	6180600	5699629
69282	65798	1524346	1500950	809686	793424	714658	707525
7909	7772	137844	110161	109721	89866	28124	20294
3639032	**3583545**	**32757778**	**31852310**	**23817540**	**23243112**	**8940235**	**8609196**
1468920	1452979	9640205	9508891	6414072	6327770	3226129	3181120
193968	192279	866570	829895	666826	648175	199745	181720
1848485	1812568	20585641	19972692	15422891	15039770	5162751	4932923
81082	79273	1210543	1121046	985039	938835	225505	182211
46580	46449	454821	419786	328716	288562	126102	131222

1-4 续表 3

项 目	流动资产合计		固定资产原价	
	限额以上	大中型企业	限额以上	大中型企业
(二)按国民经济行业分				
综合零售	86405641	81219131	46019330	43488495
百货零售	52743478	49927358	29392871	27828442
超级市场零售	31331759	29628915	15450666	14872376
食品、饮料及烟草制品专门零售	12073678	6901749	4735033	2581513
粮油零售	1635732	590361	674335	244505
肉、禽、蛋、奶及水产品零售	1334407	800923	915947	536352
酒、饮料及茶叶零售	3720301	1899914	1180966	587147
烟草制品零售	1044360	704585	174341	113661
纺织、服装及日用品专门零售	20167080	16853763	5429755	4295757
服装零售	12716619	11013197	3695957	3048779
文化、体育用品及器材专门零售	16043292	11656075	4645546	3595004
体育用品及器材零售	722050	582279	207240	181244
图书、报刊零售	7135350	6040356	2629649	2220086
医药及医疗器材专门零售	26917078	23697005	2737909	2167516
药品零售	25416764	22980186	2556251	2081093
汽车、摩托车、燃料及零配件专门零售	145031351	111712204	37325257	28963842
汽车零售	111152662	85363831	22485979	16823968
机动车燃料零售	29588699	25400797	14028386	11925897
家用电器及电子产品专门零售	30392582	22196610	4044594	2403809
日用家电设备零售	15699906	12846200	2134076	1395750
计算机、软件及辅助设备零售	4512263	2396193	505885	208223
通信设备零售	4050856	2980383	323423	199984
五金、家具及室内装饰材料专门零售	9333800	5057042	4620667	2800297
货摊、无店铺及其他零售业	12403126	8162676	4519153	3004712
互联网零售	6309923	5024907	557908	395004
(三)按控股情况分				
国有控股	69427277	64534191	28789529	27285145
集体控股	12379511	10236910	5791310	4743055
私人控股	193698064	137322499	50830366	34887851
港澳台控股	19536943	18656032	7810691	7536177
外商控股	21297716	20529810	7282168	7114226

单位：万元

累计折旧		资产总计		负债合计		所有者权益合计	
限额以上	大中型企业	限额以上	大中型企业	限额以上	大中型企业	限额以上	大中型企业
15410101	14740023	149495182	140394688	109251235	103402290	40232010	36980283
9052418	8640148	96317436	91332006	66784900	63685593	29520604	27634299
5953799	5804820	49443404	46503740	39720801	37652815	9722603	8850926
1219035	726730	19592348	10715758	11332132	6662092	8260213	4053665
177818	82493	2587028	969313	1681844	696983	905188	272328
234285	151847	2496069	1542916	1331888	865712	1164180	677210
320464	175985	6242768	2813712	3557207	1735977	2685559	1077739
64687	42650	1474402	994720	590083	379318	884321	615406
1690989	1417202	31693874	26663196	20814671	17612992	10878776	9049774
1115886	949101	21642365	18962696	14054405	12326814	7587962	6635884
1679332	1378422	23192484	17259186	13492249	10347934	9700239	6911253
60080	52161	999830	819016	634355	505428	365476	313587
1038294	893005	11037390	9469007	6084415	5303209	4952979	4165802
946284	773317	32862404	28886488	24966727	22236571	7895679	6649919
890599	749437	31019630	27949107	23738690	21600525	7280940	6348585
12546309	10084824	202406934	157302639	148564288	116323141	53915168	41051789
7160381	5667508	144657452	110296737	114226837	88961999	30430618	21334740
5047545	4337218	52179125	45447409	29961067	26451036	22290583	19068662
1125290	699651	39734915	29357761	27131349	20596005	12603382	8761758
537909	359502	20538087	16709047	14399802	11902939	6138101	4806115
176393	79489	5599740	3040535	3226589	1810624	2373151	1229913
118597	83866	5295613	4048112	3937659	3069682	1357956	978429
1129504	659087	16714255	10233712	10613740	6828389	6100519	3405329
1246105	854533	19380748	13139091	15744756	11824193	3635993	1314902
165343	138648	7322238	5745070	7791169	6577544	-468925	-832473
9845347	9331796	115154656	107852314	73408600	69072741	41818341	38851865
1932689	1574691	20343612	16929641	14375259	12503726	5968351	4425915
14733955	10609885	274482563	195503090	203812496	151588718	70669681	43913944
2722271	2604030	30941108	29403873	21660393	20766895	9280715	8636978
3243794	3190879	29694198	28677619	22707422	22046594	6986773	6631026

1-5 大中型批发和零售业

项目	实收资本		国家资本		集体资本	
	限额以上	大中型企业	限额以上	大中型企业	限额以上	大中型企业
总计	**428955989**	**286750007**	**72436560**	**60242849**	**6149635**	**4038259**
一、批发业	**292501522**	**196065953**	**57685842**	**47604646**	**3343678**	**2384953**
(一)按登记注册类型分						
1.内资企业	**257153264**	**166713637**	**56541397**	**46714814**	**3288787**	**2333894**
国有企业	10542291	8980708	7032355	5713365	21528	15913
集体企业	627002	392314	3200	18	501836	333619
股份合作企业	127568	64557	5084	4284	7506	1953
联营企业	66121	51312	11973	5360	6301	4876
国有联营企业	8450	7800	4800	4800		
集体联营企业	5320	3664	7		4935	3664
国有与集体联营企业	20951	19948	6		154	
其他联营企业	31400	19900	7160	560	1212	1212
有限责任公司	128384367	92248781	34907944	27139141	1901186	1341274
国有独资公司	25873127	20573603	16492845	12169972	11909	10814
其他有限责任公司	102511244	71675174	18415101	14969173	1889277	1330460
股份有限公司	36474957	34035217	14193678	13504014	412792	349104
私营企业	79805827	30243001	383352	346952	376375	276803
私营独资企业	335706	76849	5281		4192	
私营合伙企业	37123	13945			4197	
私营有限责任公司	76182308	27728846	376539	346952	361283	272163
私营股份有限公司	3250696	2423362	1532		6706	4640
其他企业	1125137	697762	3813	1688	61269	10355
2.港、澳、台商投资企业	**15089145**	**11460026**	**423480**	**239939**	**38190**	**36183**
合资经营企业	2792261	1995173	398814	215273	19938	17931
合作经营企业	83733	79919				
独资经营企业	12021421	9253022	24666	24666	18252	18252
投资股份有限公司	159415	105929				
其他港澳台商投资企业	32314	25982				
3.外商投资企业	**20259121**	**17892290**	**720964**	**649892**	**16702**	**14876**
中外合资经营企业	2913136	2322182	527684	457868	16402	14576
中外合作经营企业	80082	75191	3558	2302		
外资企业	16742154	14991599	77500	77500		
外商投资股份有限公司	285987	278266	88771	88771	300	300
其他外商投资企业	237759	225054	23450	23450		

企业实收资本及构成

单位：万元

法人资本		个人资本		港澳台资本		外商资本	
限额以上	大中型企业	限额以上	大中型企业	限额以上	大中型企业	限额以上	大中型企业
176395973	**114668131**	**128560299**	**68768759**	**20736250**	**17038686**	**24604881**	**21925232**
117521465	**76695589**	**82911293**	**43411307**	**12668612**	**9909093**	**18368643**	**16060377**
113607047	**73802942**	**82683250**	**43262877**	**167898**	**92228**	**862890**	**506891**
3430517	3196837	57892	54599				
88569	34524	33399	24155	1		1	
31380	19841	83601	38480				
29384	22948	18464	18128				
3650	3000						
43		336					
20791	19948						
4900		18128	18128				
65890767	46279158	25243150	17385891	74072	37668	365250	65649
9338947	8367919	29026	24501	400	400		
56551820	37911241	25214124	17361390	73672	37268	365250	65649
11167520	10017998	10209318	9672745	53206	53206	438449	438152
32195821	13638265	46750574	15976543	40619	1354	59095	3090
122408	26065	203612	50786	213		3	
11959	4540	20966	9405				
31136227	12903402	44208959	14202049	40226	1192	59078	3090
925229	704257	2317039	1714300	179	162	14	
773096	593372	286857	92345	3		96	
1943697	**1364530**	**91356**	**66963**	**12327999**	**9658244**	**264421**	**94164**
860888	487260	51814	36518	1372895	1173438	87914	64752
20566	19239	30197	30197	32971	30483		
1013048	819987	8387	128	10782748	8362764	174322	27226
38589	33045	236	120	118404	70579	2186	2186
10608	5000	724		20982	20982		
1970721	**1528117**	**136687**	**81465**	**172716**	**158619**	**17241332**	**15459323**
1224887	926666	117906	63375	159836	149595	866423	710101
2652	2492	2089	1989			71783	68408
705026	566919	430	57	10029	6223	15949170	14340901
8158	6090	968	850	1822	1772	185970	180484
30000	25950	15295	15195	1029	1029	167987	159431

1—5 续表 1

项　　目	实收资本		国家资本		集体资本	
	限额以上	大中型企业	限额以上	大中型企业	限额以上	大中型企业
(二)按国民经济行业分						
农、林、牧产品批发	11173282	7552704	4292109	3253325	238141	162411
食品、饮料及烟草制品批发	18291367	13619380	4767051	4434188	354240	238073
米、面制品及食用油批发	3194553	2147746	1006839	867304	47403	27491
肉、禽、蛋、奶及水产品批发	1600321	1026971	133819	110741	45868	11246
酒、饮料及茶叶批发	3459209	2498794	253738	244808	48335	36108
烟草制品批发	2902106	2887384	1982026	1979302	1859	1225
纺织、服装及家庭用品批发	20451492	14396281	1192441	1049507	237176	156839
服装批发	6797443	5328821	330971	316066	76873	70747
鞋帽批发	938336	620501	97178	90315	6305	3714
家用电器批发	4252326	3029666	57842	50521	57017	9100
文化、体育用品及器材批发	7377173	5971394	2042563	1961755	64536	57714
文具用品批发	1022301	574106	117225	99834	6954	6233
体育用品及器材批发	447333	357820	3689	3200	2600	2250
图书批发	1580747	1500305	1081488	1071497	9017	5680
医药及医疗器材批发	13948787	12509195	1845417	1805373	149972	125975
西药批发	9235519	8608338	1417354	1398157	87893	75385
中药批发	2498499	2124457	168127	153087	50381	42092
矿产品、建材及化工产品批发	170973517	106195837	37963398	30034262	1678172	1139606
煤炭及制品批发	28721894	19363091	8234221	4754380	193952	121965
石油及制品批发	52758566	40143365	14266997	13354934	146076	107357
金属及金属矿批发	50331306	27610862	9876163	7850187	566090	407886
建材批发	10497080	5561726	1248846	1073959	110755	70261
化肥批发	3993540	3068913	746495	706371	439711	298305
农药批发	409402	310664	16665	10898	26393	21908
机械设备、五金产品及电子产品批发	40782215	29439672	3445030	3090314	475362	419655
汽车批发	8482339	6691398	730126	705315	149909	143950
计算机、软件及辅助设备批发	2771060	1967161	88842	58031	24780	18488
通讯及广播电视设备批发	3856522	3254365	125957	113870	1206	320
贸易经纪与代理	3713241	3022936	949326	882112	24084	19826
其他批发业	5790465	3358566	1188523	1093812	122000	64861
(三)按控股情况分						
国有控股	102881542	82839172	55871144	46109471	387724	327406
集体控股	3970605	2940439	30730	12291	1704626	1172592
私人控股	124444832	60696687	607115	516461	702645	502462
港澳台控股	14234498	10931825	30708	30098	27658	26683
外商控股	18456418	16040767	184869	183177	5370	5186

单位：万元

法人资本		个人资本		港澳台资本		外商资本	
限额以上	大中型企业	限额以上	大中型企业	限额以上	大中型企业	限额以上	大中型企业
3162134	2163880	2869896	1423525	357665	303092	253343	246476
7208901	4888872	3868003	2176583	1053293	944219	1039884	937457
1260181	747447	700764	358377	118044	101674	61328	45458
613823	360023	647706	402477	100834	93059	58275	49429
1473590	924630	842273	509617	460815	422198	380464	361436
911516	904157	6704	2699				
7729278	5457905	5480021	2518076	2990891	2498024	2821689	2715932
3574688	2746341	1357390	854308	1019163	929185	438358	412173
265279	159757	339177	171892	213260	184969	17139	9853
869061	658639	1132312	408017	751995	554126	1384101	1349266
2396999	1859038	1685563	1092020	810973	648182	376542	352691
300653	192217	312948	120230	144467	18900	140056	136692
202700	145770	48519	23244	175833	173795	13992	9561
359714	328697	109414	76315	3000		18117	18117
7438923	6869323	3453538	2759482	327361	296644	731580	652400
5262414	4985619	1942315	1706257	206705	190396	316841	252528
1445482	1269823	772965	605126	40348	38997	21198	15334
68423896	42403089	53891431	26021659	3714846	2682963	5301776	3914257
9145814	6832567	10103621	6878789	164288	139726	879999	635661
23348272	14190753	13722093	11477188	613533	449569	661605	563572
23567383	13867864	14151872	4246911	1026142	670903	1143666	567109
4486372	2539700	3489158	1001431	993842	799134	168109	77242
1027456	660967	693949	325598	6495	4900	1079442	1072773
256822	220911	106162	53589	40	40	3318	3318
17576217	10827258	9666909	6516377	2636805	2084376	6981901	6501698
3127703	1797023	2657654	2253855	291424	277082	1525527	1514176
1124669	890758	846332	493883	541334	397280	145104	108724
1174921	932380	737602	519957	513815	446115	1303022	1241725
1509398	1226148	484020	268772	191996	90777	554420	535300
2075732	1000082	1511918	634824	584786	360817	307511	204170
43621644	33643077	1996761	1812658	207735	180205	796541	766354
1972550	1534776	252359	211729	5673	4383	4674	4673
55629615	30271482	67221547	29270943	104195	46443	177726	88902
1656195	1166481	75035	55366	12237497	9593596	207407	59601
1313756	919615	27206	19744	18490	10951	16906730	14902098

1-5 续表 2

项　目	实收资本					
			国家资本		集体资本	
	限额以上	大中型企业	限额以上	大中型企业	限额以上	大中型企业
二、零售业	**136454465**	**90684057**	**14750722**	**12638206**	**2805958**	**1653306**
(一)按登记注册类型分						
1.内资企业	**118780536**	**74417899**	**14022126**	**11914075**	**2660208**	**1509797**
国有企业	1889613	1609357	1630063	1417108	4717	1449
集体企业	651551	330333	2924	805	515160	270021
股份合作企业	131478	81990	3269	2637	37548	26269
联营企业	44333	20960	9345	4422	19984	9927
国有联营企业	8501	4880	2885	357	353	343
集体联营企业	19708	10350	500		15358	9452
国有与集体联营企业	9530	4710	5805	4065	753	
其他联营企业	6594	1020	156		3520	132
有限责任公司	53199754	35590691	8046567	6273546	1425698	774728
国有独资公司	1398251	1189143	1136927	973707	2379	2155
其他有限责任公司	51801502	34401547	6909638	5299840	1423319	772573
股份有限公司	12102365	10387929	4210999	4172618	308611	277868
私营企业	50215870	26135468	110511	40287	303869	124676
私营独资企业	1350117	258252	14756	186	5203	255
私营合伙企业	157880	54659	2300		1280	
私营有限责任公司	47296123	24957892	87706	35964	290624	118881
私营股份有限公司	1411748	864667	5751	4137	6762	5539
其他企业	545584	261172	8456	2656	44624	24863
2.港、澳、台商投资企业	**9490545**	**8528692**	**133314**	**131073**	**72914**	**71859**
合资经营企业	2078908	1892235	85465	83225	68377	68195
合作经营企业	171313	158983	35066	35066	1501	941
独资经营企业	6569046	5825707	2000	2000	3036	2723
投资股份有限公司	636670	623447	10782	10782		
其他港澳台商投资企业	34612	28320				
3.外商投资企业	**8183388**	**7737474**	**595282**	**593060**	**72840**	**71651**
中外合资经营企业	2456727	2374083	575400	573183	65835	65393
中外合作经营企业	207465	196827	3149	3149	415	415
外资企业	5204724	4901938			4056	3309
外商投资股份有限公司	204372	157579	16733	16728	534	534
其他外商投资企业	110100	107049			2000	2000

单位：万元

法人资本		个人资本		港澳台资本		外商资本	
限额以上	大中型企业	限额以上	大中型企业	限额以上	大中型企业	限额以上	大中型企业
58874506	**37972544**	**45649008**	**25357458**	**8067637**	**7129593**	**6236237**	**5864855**
56171902	**35468621**	**45397611**	**25116118**	**314827**	**206181**	**143469**	**135005**
219900	158870	34855	31878	25		53	53
103154	45427	30281	14083	31			
22446	8323	67314	43860	300	300	600	600
12428	5046	2576	1565				
5264	4180						
2867	178	984	720				
2312		659	645				
1986	688	933	200				
30933358	20523623	12432307	7770249	246482	138871	115241	109682
257232	212502	1711	784				
30676131	20311121	12430596	7769464	246482	138871	115241	109682
3861967	3435607	3576779	2358934	61410	61310	14499	13499
20795671	11170645	28984196	14782992	6385	5701	13040	11171
510411	122519	819145	135292	68		537	
47201	5904	107076	48755	22		2	
19590888	10584760	27305940	14201437	6284	5691	12489	11159
647182	457461	752033	397512	10	10	12	12
222971	121087	269304	112567	195		35	
1208223	**1106836**	**106674**	**99654**	**7689057**	**6868071**	**280362**	**251198**
714704	669574	100377	94167	923115	816901	186869	160175
34823	32382			84001	76164	15923	14432
427750	379613	4261	4211	6056734	5361893	75268	75268
22168	22168	1476	1276	601265	589221	980	
8782	3100	560		23947	23897	1323	1323
1494384	**1397090**	**144724**	**141683**	**63752**	**55340**	**5812406**	**5478653**
768455	735976	11541	9104	29521	25576	1005979	964854
44021	44021	2534	1959	9864	5397	147483	141887
533236	509718	115200	115170	1530	1530	4550703	4272213
118056	77557	12983	12983			56066	49776
30617	29820	2467	2467	22837	22837	52180	49925

1–5 续表 3

项　　目	实收资本		国家资本		集体资本	
	限额以上	大中型企业	限额以上	大中型企业	限额以上	大中型企业
(二)按国民经济行业分						
综合零售	30472004	25745944	2898271	2836237	1151767	923008
百货零售	17803886	16228001	2263487	2233000	700153	547892
超级市场零售	11479529	8636826	571460	557845	275912	271639
食品、饮料及烟草制品专门零售	5180371	2345989	451229	203934	166586	71459
粮油零售	458553	151887	135708	44678	19376	8146
肉、禽、蛋、奶及水产品零售	695971	358020	39249	31594	17921	6427
酒、饮料及茶叶零售	1595552	386267	102527	20763	32743	18823
烟草制品零售	216236	118849	104266	78272	5465	2331
纺织、服装及日用品专门零售	6662128	4888257	404386	372118	70699	50143
服装零售	4383910	3188295	205535	181396	41643	31975
文化、体育用品及器材专门零售	4516254	2894025	1365558	1063818	64208	29799
体育用品及器材零售	241770	178418	4339	4250	453	
图书、报刊零售	1811162	1427444	1211713	972657	6789	2727
医药及医疗器材专门零售	4564180	3721292	1280074	1242915	75209	60089
药品零售	4231044	3559153	1273257	1241600	73259	58603
汽车、摩托车、燃料及零配件专门零售	67895705	41070366	7830885	6524133	1000667	321951
汽车零售	55083428	32073844	1756522	652801	901269	299173
机动车燃料零售	11345255	8485990	6048741	5860539	87166	17482
家用电器及电子产品专门零售	9170665	5759096	87405	30719	116601	98027
日用家电设备零售	4177880	3298240	16533	4206	31019	25471
计算机、软件及辅助设备零售	2134119	606233	46805	11328	5421	2718
通信设备零售	1338230	1055148	7142	6736	3837	3100
五金、家具及室内装饰材料专门零售	3656383	1663576	67525	53466	62436	40543
货摊、无店铺及其他零售业	4336799	2595526	365396	310877	97799	58295
互联网零售	1731301	1318941	41152	31669	28632	22752
(三)按控股情况分						
国有控股	19653676	17116892	13806939	11914775	182786	165672
集体控股	3009558	1924897	62448	31473	1683247	888970
私人控股	84682520	49315104	189912	90591	443385	195536
港澳台控股	8736171	7815969	73105	72357	7578	6523
外商控股	6972615	6499995	47374	47293	36923	35989

单位：万元

法人资本		个人资本		港澳台资本		外商资本	
限额以上	大中型企业	限额以上	大中型企业	限额以上	大中型企业	限额以上	大中型企业
11955552	10999674	7934008	4796568	3248359	2970704	3215953	3151662
8313669	7823604	2959534	2362330	2252041	1992936	1315010	1268245
3259236	2889575	4745252	2315868	941225	923162	1618350	1610640
2413278	1220759	1954037	683185	151258	139593	41989	27068
108158	30772	167951	41090	27363	27203		
264875	156187	358223	152339	9852	9598	3852	1875
899232	185516	520259	131411	31010	26464	9782	3290
66112	28635	40394	9611				
2056988	1481523	1431624	816828	1712672	1287219	985768	880425
1362218	976354	889643	588184	1150852	745792	734025	664596
1487694	787251	1047880	554414	106636	84766	444283	373983
77536	64304	40459	25097	27529	19299	91456	65469
463022	362715	87889	48252	417	255	41338	40838
1957661	1605677	1191786	753590	54993	54873	4457	4157
1779076	1487526	1051007	717003	53244	53224	1201	1201
31066572	17228771	25520385	14724865	1847544	1717607	629453	553045
26861002	15158056	23834827	14387373	1355434	1248884	374382	327560
3407276	1683283	1072884	246283	483068	461405	245921	217003
5011848	3296998	3532965	1922408	189638	187726	232102	223223
2320741	1945968	1531949	1045477	132420	132178	145125	144939
1257390	328740	760542	201686	9859	8299	54105	53464
784775	664160	508175	354744	9014	9014	25289	17395
1305176	513532	1655513	515244	70058	54904	495678	485885
1619748	838373	1380822	590366	686480	632205	186558	165412
605367	415478	370040	192915	595750	570910	90364	85219
4811413	4236635	584558	548688	69007	67451	130872	115571
1104464	887906	130609	87870	8329	8210	20466	20466
41638603	25476579	42217923	23372146	90096	85188	100308	95073
825798	739639	47380	42482	7642767	6823726	139545	131241
1116824	980616	133277	132446	10981	7263	5627236	5296388

1-6 大中型批发和零售业

项　　目	主营业务收入		主营业务成本	
	限额以上	大中型企业	限额以上	大中型企业
总　计	**4579339029**	**3379372462**	**4217385611**	**3085099880**
一、批发业	**3584812983**	**2605729309**	**3339780810**	**2401372232**
(一)按登记注册类型分				
1.内资企业	**3077776877**	**2158084088**	**2893070894**	**2010508224**
国有企业	251289432	239671361	212168383	201126158
集体企业	12229732	8487783	11392883	7880092
股份合作企业	2925836	1248498	2805596	1195779
联营企业	555053	434659	501949	389992
国有联营企业	93331	80371	85236	73471
集体联营企业	63331	22203	58854	21554
国有与集体联营企业	273794	241804	243832	212618
其他联营企业	124599	90281	114027	82349
有限责任公司	1534957824	1142231921	1461120409	1082370253
国有独资公司	304704904	260429446	292893458	249504010
其他有限责任公司	1230252923	881802478	1168226953	832866246
股份有限公司	341955412	322159768	326553663	307016458
私营企业	924692189	439782084	870641700	407033168
私营独资企业	6737174	3791759	5794051	3240543
私营合伙企业	1269610	533833	1132278	435907
私营有限责任公司	891808895	418308236	841087593	387968662
私营股份有限公司	24876516	17148262	22627783	15388059
其他企业	9171404	4068025	7886323	3496334
2.港、澳、台商投资企业	**169770845**	**133307201**	**150456151**	**115607080**
合资经营企业	34502528	27345027	32880353	25884586
合作经营企业	1695046	1375816	1497871	1183382
独资经营企业	128678776	102646759	111444860	86842328
投资股份有限公司	4262169	1488784	4071271	1312748
其他港澳台商投资企业	632333	450820	561796	384036
3.外商投资企业	**337265262**	**314338020**	**296253768**	**275256933**
中外合资经营企业	99172244	94755276	91061482	86939869
中外合作经营企业	620840	538202	568808	492349
外资企业	230503446	212421897	198671057	182190238
外商投资股份有限公司	3347187	3120532	2785992	2581385
其他外商投资企业	3621547	3502117	3166433	3053092

企业损益及分配

单位：万元

主营业务税金及附加		主营业务利润		其他业务利润		销售费用	
限额以上	大中型企业	限额以上	大中型企业	限额以上	大中型企业	限额以上	大中型企业
27020297	**22715628**	**334933121**	**271556954**	**18076582**	**16592216**	**156193958**	**135332507**
21271002	**18935574**	**223761171**	**185421503**	**8374194**	**7515339**	**95522396**	**82558506**
19590565	**17411312**	**165115418**	**130164552**	**6004645**	**5300288**	**60226871**	**48748136**
11484819	11444554	27636230	27100649	1581950	1534666	5203591	4983934
54699	41105	782150	566586	30626	24486	281820	193715
4744	2281	115496	50438	3922	3161	38998	21273
947	605	52157	44062	1571	1505	29709	27989
215	188	7880	6712	478	478	1285	784
262	48	4215	601	1065	1023	948	333
340	314	29622	28872	24		25414	25082
130	55	10442	7877	4	4	2064	1792
4821777	4052090	69015638	55809578	2146761	1850974	27077272	23106984
1189245	1164802	10622201	9760634	334993	294491	3210253	3014821
3632535	2887293	58393435	46048939	1811763	1556485	23867022	20092162
482554	453746	14919195	14689564	392883	378726	8325871	8050072
2652636	1367478	51397853	31381438	1842617	1503667	19056469	12263641
102624	71720	840499	479496	2222	1008	138923	76033
9528	5040	127804	92886	1053	284	55438	44702
2414998	1208420	48306304	29131154	1766187	1437488	18133974	11564187
125487	82305	2123246	1677898	73160	64892	728140	578722
88401	49460	1196680	522231	4325	3102	213146	100538
409966	**377468**	**18904728**	**17322653**	**821331**	**777719**	**10642873**	**9929668**
102931	94184	1519244	1366257	107484	102519	618270	553470
2248	2194	194927	190240	217	217	88492	87293
301256	277903	16932660	15526528	706863	668228	9810170	9171705
2249	1926	188649	174110	6753	6753	95556	91390
1284	1259	69253	65525	15	3	30390	25812
1270476	**1146803**	**39741018**	**37934284**	**1548223**	**1437337**	**24652651**	**23880703**
203963	113120	7906799	7702287	66129	61106	5070410	4990419
1779	1683	50253	44170	12431	11338	36424	29472
1051696	1019493	30780693	29212166	1445963	1341219	18937370	18271456
6857	6448	554338	532699	3954	3934	388572	372398
6180	6059	448934	442966	19749	19744	219876	216958

1-6 续表 1

项目	管理费用		财务费用		营业利润	
	限额以上	大中型企业	限额以上	大中型企业	限额以上	大中型企业
总计	**80943736**	**64759111**	**25005487**	**17992047**	**98565484**	**78224413**
一、批发业	**50102635**	**40648543**	**17721337**	**12327481**	**73812984**	**62858494**
(一)按登记注册类型分						
1.内资企业	**36981762**	**28544923**	**15780603**	**10626307**	**61152138**	**50939177**
国有企业	6313031	6083274	208958	27474	16367202	16435093
集体企业	237644	161413	71884	60201	237103	191949
股份合作企业	28962	15086	12099	7755	39858	8177
联营企业	7778	6106	3322	3155	15184	10710
国有联营企业	1904	1412	534	535	6099	5922
集体联营企业	2043	1369	1259	1122	2743	512
国有与集体联营企业	1566	1211	1189	1199	713	615
其他联营企业	2265	2114	340	299	5628	3661
有限责任公司	13935873	11221944	8533413	6292094	25372605	21008365
国有独资公司	2298512	2113109	1134338	1036619	5526656	5032791
其他有限责任公司	11637359	9108832	7399078	5255477	19845950	15975578
股份有限公司	3429104	3244526	1608796	1487133	3434506	3705113
私营企业	12847730	7734269	5297004	2733340	14925795	9254263
私营独资企业	123885	65154	45465	28791	533946	310656
私营合伙企业	19145	11673	10535	4459	44397	32481
私营有限责任公司	12241963	7316743	5070273	2587681	13478942	8173567
私营股份有限公司	462738	340705	170734	112407	868516	737566
其他企业	181654	78314	45136	15169	759886	325512
2.港、澳、台商投资企业	**4713267**	**4329501**	**794602**	**640411**	**4037856**	**3676362**
合资经营企业	458138	419647	183087	162754	591851	591483
合作经营企业	43264	41112	-535	-403	53861	52943
独资经营企业	4155430	3817403	591134	465216	3323290	2960005
投资股份有限公司	38189	34143	15155	7197	53537	55052
其他港澳台商投资企业	18252	17198	5763	5642	15315	16879
3.外商投资企业	**8407610**	**7774118**	**1146134**	**1060764**	**8622996**	**8242955**
中外合资经营企业	763100	709369	370416	359781	1765857	1704677
中外合作经营企业	16318	14107	3704	3762	6753	8838
外资企业	7421980	6851054	766784	692193	6642566	6323178
外商投资股份有限公司	116942	113156	2657	2865	51157	49197
其他外商投资企业	89274	86436	2577	2165	156666	157068

单位：万元

利润总额		应交所得税		应付职工薪酬		应交增值税	
限额以上	大中型企业	限额以上	大中型企业	限额以上	大中型企业	限额以上	大中型企业
100754274	**80658352**	**21399312**	**17981991**	**77692312**	**66672319**	**54042152**	**44523321**
76418620	**64763759**	**16905406**	**14611730**	**44592590**	**39076855**	**37583092**	**31071377**
61814150	**51234900**	**13130647**	**11103382**	**32414692**	**27305142**	**30152584**	**23976444**
17571220	17399713	4126151	4229674	6329737	6170659	6796621	6721823
229463	191722	30237	22881	150641	107472	100485	74753
42811	9768	2948	1857	23252	11864	10495	6660
13493	10491	2425	2315	12453	11344	6952	5586
6160	5921	1482	1419	2836	2423	1291	1261
741	59	7	4	2725	2439	2454	2394
725	627	326	300	6114	5745	2057	1410
5866	3884	611	593	779	738	1149	521
25068041	20501452	5702151	4536497	12483080	10704788	11830277	9330571
6236480	5645591	1513398	1398768	1912489	1794303	2200061	1871326
18831564	14855866	4188757	3137729	10570592	8910487	9630218	7459244
3552140	3796796	836106	803933	4856658	4729722	3632807	3498466
14699666	9007351	2370064	1469014	8317862	5469901	7674715	4291967
515325	293636	51010	32818	61730	23479	216916	169634
44053	32352	7121	5162	33672	26130	12919	8748
13289543	7946559	2197203	1336345	7885859	5141135	7146670	3903842
850745	734810	114733	94693	336603	279158	298211	209751
637319	317609	60561	37216	241020	99401	100240	46621
4242978	**3916427**	**1035586**	**912950**	**4170936**	**3999653**	**2649677**	**2469799**
655369	641792	125311	112405	339252	308856	317361	299567
57596	56837	12798	12563	53351	53142	21868	21865
3457513	3142917	891807	782593	3705214	3568025	2291972	2131188
54988	56139	3945	3685	56294	53271	15279	14144
17515	18743	1724	1704	16825	16361	3199	3037
10361494	**9612436**	**2739174**	**2595396**	**8006962**	**7772058**	**4780833**	**4625136**
1809913	1738707	480219	455894	631337	602606	933395	898956
6315	8260	1775	1377	16075	12963	6230	5481
8324366	7646167	2177618	2059677	7196223	6997634	3603214	3490334
51573	49711	28209	27622	105937	102976	55590	50583
169328	169597	51351	50830	57396	55884	182408	179788

1-6 续表 2

项　　目	主营业务收入		主营业务成本	
	限额以上	大中型企业	限额以上	大中型企业
(二)按国民经济行业分				
农、林、牧产品批发	80320847	53940837	74720268	50393853
食品、饮料及烟草制品批发	373092417	313039976	301627647	247854418
米、面制品及食用油批发	50761167	34380641	47737573	32095880
肉、禽、蛋、奶及水产品批发	27576302	18784998	24212189	16379663
酒、饮料及茶叶批发	55629192	43831510	41928669	32575989
烟草制品批发	153167618	152793433	113011239	112642445
纺织、服装及家庭用品批发	317482598	238286382	280000896	205536352
服装批发	79562469	61077327	67092762	49888833
鞋帽批发	17291828	12588062	14553716	10203920
家用电器批发	83657918	74215210	77559828	68607232
文化、体育用品及器材批发	71915974	57531033	65908314	52463342
文具用品批发	16511087	11433921	15721298	10916556
体育用品及器材批发	5102504	4399341	4448088	3812440
图书批发	7734483	7306950	6602776	6241909
医药及医疗器材批发	181461599	168970387	161624850	150753800
西药批发	112320588	107555883	102706728	98498896
中药批发	39394094	36456156	35099829	32501960
矿产品、建材及化工产品批发	1914895422	1246115353	1858266110	1206951832
煤炭及制品批发	235971910	166708444	227202802	160760462
石油及制品批发	497126433	406291626	482260781	393260597
金属及金属矿批发	733051815	405943313	719910504	398344181
建材批发	107553963	59311947	101952921	56007751
化肥批发	55903368	42570506	53524556	40931765
农药批发	3721564	2665757	3349006	2381277
机械设备、五金产品及电子产品批发	517148491	435155199	476704262	400455517
汽车批发	182497303	169239527	167418415	155056444
计算机、软件及辅助设备批发	41379508	33865430	39470113	32270927
通讯及广播电视设备批发	83924791	77322731	79254383	72955021
贸易经纪与代理	51962627	39300252	49552566	37396941
其他批发业	76533022	53389903	71375905	49566197
(三)按控股情况分				
国有控股	1403714720	1219045068	1318803655	1137777060
集体控股	86027784	66138643	82358295	63069377
私人控股	1343454603	709656111	1261481614	656516420
港澳台控股	152573195	120128397	133476723	102622349
外商控股	269535703	248516876	234181159	215013962

单位：万元

主营业务税金及附加		主营业务利润		其他业务利润		销售费用	
限额以上	大中型企业	限额以上	大中型企业	限额以上	大中型企业	限额以上	大中型企业
261426	153653	5339153	3393331	192963	130007	1585338	1078109
14653391	14259880	56811379	50925678	2061859	1942914	17105893	15297239
94968	65920	2928626	2218841	163551	139002	1999213	1659061
234730	117013	3129383	2288322	97682	90070	974760	747637
468358	382771	13232165	10872750	175322	140905	5634535	5111376
13349931	13347136	26806448	26803852	1368446	1368292	3808009	3810786
847132	647980	36634570	32102050	833129	745930	19681254	18131206
244151	194450	12225556	10994044	216228	203127	5214912	4773539
55225	43667	2682887	2340475	112850	105633	1020327	907944
129583	105693	5968507	5502285	104493	93765	4450599	4266387
177928	124860	5829732	4942831	320071	294680	2850472	2543020
24366	13662	765423	503703	44561	36293	401094	299120
11606	10420	642810	576481	7092	6257	338683	318756
9235	8215	1122472	1056826	71432	68763	440634	413805
440162	384369	19396587	17832218	1029022	995644	9920501	9261024
220783	206541	9393077	8850446	522649	511674	4452061	4196428
117591	99150	4176674	3855046	138166	131464	2325830	2214048
2800370	1819886	53828942	37343635	1496956	1171795	21717264	16092524
495078	338458	8274030	5609524	203616	164522	3274137	2191868
558031	446190	14307621	12584839	324067	271089	7093325	6381233
633024	294148	12508287	7304984	451243	334641	4178022	2684505
298943	156185	5302099	3148011	125133	109485	1574047	966995
161812	100247	2217000	1538494	-10636	-22219	867719	653901
8315	5374	364243	279106	8538	7240	176657	146065
1705577	1301534	38738652	33398148	2217378	2056495	20027127	18036532
920905	812832	14157983	13370251	879465	870423	8940035	8450597
47089	28731	1862306	1565772	117809	108893	838580	734822
136343	128949	4534065	4238761	398494	332243	2470224	2292260
79566	54091	2330495	1849220	115255	96442	1095598	903835
305462	189329	4851655	3634377	107574	81440	1538960	1215030
14767110	14613921	70143955	66654087	3028935	2890719	24305210	22983851
184751	155117	3484738	2914149	112652	95255	1470152	1251241
3806878	2042812	78166111	51096879	2426372	1968245	29720629	20662087
338973	307490	18757499	17198558	809488	767828	10577096	9880624
1204208	1082519	34150336	32420395	1499164	1391121	21150016	20396402

1-6 续表 3

项　　目	管理费用		财务费用		营业利润	
	限额以上	大中型企业	限额以上	大中型企业	限额以上	大中型企业
(二)按国民经济行业分						
农、林、牧产品批发	1402609	975202	1259056	963646	1589748	1061849
食品、饮料及烟草制品批发	10702755	9714893	319866	11094	31414850	28662655
米、面制品及食用油批发	780291	570865	500594	390722	61743	-55721
肉、禽、蛋、奶及水产品批发	539401	397139	127367	97592	1464107	1028125
酒、饮料及茶叶批发	1324560	1129164	213647	175081	6628777	5051251
烟草制品批发	5831066	5846245	-1055519	-1054843	19199530	19183868
纺织、服装及家庭用品批发	8553591	7398450	819099	563563	9103671	7414838
服装批发	3634897	3315788	271344	209185	3672113	3256310
鞋帽批发	948794	850751	-13530	-10808	888180	745849
家用电器批发	1031134	908355	50339	39573	726160	544946
文化、体育用品及器材批发	1516064	1250935	365426	280240	1700510	1381848
文具用品批发	233607	157438	66752	40012	100038	36446
体育用品及器材批发	186574	168460	6851	5850	142613	110167
图书批发	412470	389646	-14157	-15349	455561	437050
医药及医疗器材批发	4318201	3803275	1053595	991437	5775912	5398904
西药批发	2073965	1883040	672955	643632	3458157	3344865
中药批发	760762	663912	201634	186204	975645	878278
矿产品、建材及化工产品批发	12451736	8506819	10687942	6939291	12355353	8860276
煤炭及制品批发	1786409	1267420	1741066	1282043	1314129	744443
石油及制品批发	2771659	2364955	1502895	824516	3456467	3407295
金属及金属矿批发	3284733	1973869	4576237	2966041	2229853	1232539
建材批发	1273913	799685	908847	592085	2004154	1198140
化肥批发	483303	340084	475080	398308	551610	290591
农药批发	81543	61406	23494	17713	87411	60588
机械设备、五金产品及电子产品批发	9193042	7504808	2066236	1655591	9866002	8590562
汽车批发	1495445	1331998	479875	382609	3719406	3800750
计算机、软件及辅助设备批发	618133	444569	143768	119985	402023	342503
通讯及广播电视设备批发	1312543	1143688	492066	440333	767203	811281
贸易经纪与代理	660131	526041	505853	451752	460255	319941
其他批发业	1304522	968131	644275	470869	1546691	1167636
(三)按控股情况分						
国有控股	14985750	14189822	5834456	4630576	30218390	29825123
集体控股	813499	635602	384674	325283	1147200	1012023
私人控股	18617385	11731835	8327431	4842671	24154763	16512017
港澳台控股	4639614	4266895	716723	571012	4103303	3704993
外商控股	7888417	7279587	927316	840372	7193213	6837390

单位：万元

利润总额		应交所得税		应付职工薪酬		应交增值税	
限额以上	大中型企业	限额以上	大中型企业	限额以上	大中型企业	限额以上	大中型企业
2672946	1890330	233021	155781	1138510	820194	345710	178904
31766986	29047170	6514049	6001153	10654295	9955881	10378707	9687109
603835	413320	99747	67057	667237	571237	227894	162652
1372006	1044140	88505	52292	477526	383653	199243	163869
6711853	5089733	1430221	1054904	1545456	1399928	1564115	1248762
19213672	19198341	4480345	4479830	5782318	5776807	7146402	7148364
9465497	7786941	1891911	1628655	6999626	6196261	5127700	4298828
3674450	3241974	781141	709147	2146997	1964804	1530667	1204647
957569	792924	196661	175939	492780	426562	275378	243979
808928	655156	226253	195253	1436477	1357837	915828	851410
1817707	1455052	325125	269828	1539144	1341294	658768	521138
102379	42221	28816	19176	189098	142382	108227	58089
136303	104730	36073	28534	110274	98607	88537	82888
512518	492271	33422	30835	421382	401779	39718	37851
4887077	4527517	1014242	941471	4280362	3969109	2870686	2623069
2557979	2445216	499207	475756	2198522	2078135	1416209	1350380
952507	871550	185432	169932	820487	744340	686367	626757
12358517	8557005	3440932	2563462	10714353	8752298	11549560	8261330
1484645	896010	417806	267216	1100528	857040	1830329	1310046
3518686	3382416	1231282	1116429	4313811	4095336	4422479	3868953
2571637	1332381	834180	542098	2039576	1438776	2746968	1471661
1986624	1255647	258816	157077	810637	543260	789390	518930
647536	383955	105888	74674	378396	279975	211612	125926
94727	71618	16597	12911	79721	66274	8523	3309
11377711	9857979	2989668	2653838	7867138	6883661	5449754	4684047
3869664	3963932	1037474	987685	1043221	968943	2209666	2066817
448890	385271	112522	76893	544783	480476	393146	303775
1553411	1284264	741726	730632	1357683	1278532	686981	627475
445573	370185	176280	148345	557254	497800	254395	213896
1626610	1271589	320190	249201	841928	660361	947825	603071
33002615	32088054	8280093	7929434	16180081	15620230	15862059	14951146
1191134	1048391	177020	148468	631582	518846	418510	337730
22652643	15164787	3636990	2406242	13012380	8960752	11426327	6928801
4262001	3900517	1014585	892795	4152463	3987977	2514632	2339285
8946369	8224297	2414327	2283239	7594385	7372719	3988623	3854620

1-6 续表 4

项　　目	主营业务收入		主营业务成本	
	限额以上	大中型企业	限额以上	大中型企业
二、零售业	**994526048**	**773643160**	**877604806**	**683727644**
(一)按登记注册类型分				
1.内资企业	**886663997**	**668457462**	**789268450**	**597566204**
国有企业	18415074	14199294	16263155	12614099
集体企业	13521888	7208129	11860239	6297651
股份合作企业	1775101	868697	1551606	756085
联营企业	1026896	296561	899711	253923
国有联营企业	196174	41810	172018	35715
集体联营企业	341237	137017	303685	121741
国有与集体联营企业	259889	37281	231884	34259
其他联营企业	229600	80452	192130	62207
有限责任公司	392671492	317310546	351006241	284316603
国有独资公司	14126781	11239080	12486840	9930378
其他有限责任公司	378544714	306071468	338519403	274386229
股份有限公司	131504237	126112591	118009721	113316128
私营企业	323272143	200366043	286007796	178282067
私营独资企业	14505220	4146730	12154286	3575900
私营合伙企业	1559626	592292	1304092	481711
私营有限责任公司	294278158	187327222	261549362	167259593
私营股份有限公司	12929144	8299802	11000062	6964866
其他企业	4477177	2095614	3669989	1729662
2.港、澳、台商投资企业	**52974969**	**51449425**	**43181060**	**41921885**
合资经营企业	14644228	14390764	11929431	11724626
合作经营企业	637434	598053	531224	497068
独资经营企业	36500928	35314946	29794469	28816749
投资股份有限公司	891980	858954	671818	641256
其他港澳台商投资企业	300406	286715	254121	242186
3.外商投资企业	**54887082**	**53736275**	**45155299**	**44239563**
中外合资经营企业	23038970	22964087	19690852	19654096
中外合作经营企业	1506293	1458300	1298700	1259718
外资企业	27889561	26971856	22149222	21401070
外商投资股份有限公司	1586735	1522824	1321334	1267940
其他外商投资企业	865528	819212	695198	656746

单位：万元

主营业务税金及附加		主营业务利润		其他业务利润		销售费用	
限额以上	大中型企业	限额以上	大中型企业	限额以上	大中型企业	限额以上	大中型企业
5749300	**3780057**	**111171942**	**86135459**	**9702391**	**9076874**	**60671566**	**52774001**
5167908	**3231269**	**92227639**	**67659989**	**7615348**	**7024462**	**46714113**	**39148720**
116126	63469	2035793	1521726	162930	135657	869833	690550
147093	77503	1514556	832975	37474	27657	399944	240483
24914	18982	198581	93630	9911	6873	70851	36810
6932	2890	120253	39748	462	130	38983	15154
1384	850	22772	5245	162	130	6531	1482
2166	704	35386	14572	132		10903	4298
758	133	27247	2889	149		8563	1736
2626	1202	34844	17043	19		12990	7636
1913700	1356215	39751551	31637728	3952012	3673843	22604207	19810818
56125	45276	1583816	1263426	89776	82626	698023	587042
1857580	1310940	38167731	30374299	3862236	3591219	21906189	19223781
630470	570749	12864046	12225714	1666667	1647092	7674792	7500784
2276458	1125734	34987889	20958242	1774470	1525350	14838608	10728577
233845	56811	2117089	514019	18834	6317	474176	167083
29755	17326	225779	93255	1653	396	67644	35771
1902278	989386	30826518	19078243	1719218	1494246	13577777	9962004
110582	62216	1818500	1272720	34763	24394	719016	563723
52226	15737	754962	350215	11434	7870	216897	125549
290609	**275442**	**9503300**	**9252098**	**1126521**	**1107734**	**7009508**	**6812042**
75297	70807	2639500	2595331	251199	247209	1532183	1512747
2523	2389	103687	98596	7834	7819	54859	52772
206452	196207	6500007	6301990	854197	839650	5207923	5034517
4820	4664	215342	213034	6059	5910	185198	183588
1521	1378	44764	43151	7233	7149	29356	28426
290786	**273355**	**9440997**	**9223357**	**960521**	**944682**	**6947942**	**6813243**
97778	89621	3250340	3220370	420080	419240	2356125	2351329
8802	8606	198791	189976	66149	64835	178961	175188
169427	160587	5570912	5410199	449791	436769	4188096	4078885
8425	8245	256976	246639	12166	11680	156003	149354
6358	6302	163972	156164	12339	12158	68759	58486

1-6 续表 5

项　　目	管理费用		财务费用		营业利润	
	限额以上	大中型企业	限额以上	大中型企业	限额以上	大中型企业
二、零售业	**30841105**	**24110572**	**7284148**	**5664567**	**24752498**	**15365919**
(一)按登记注册类型分						
1.内资企业	**25817984**	**19229705**	**6732289**	**5137655**	**21929895**	**12600198**
国有企业	626361	475307	72900	53748	650285	451879
集体企业	399409	232615	70856	42997	686742	359076
股份合作企业	64865	37207	6808	3444	55210	23187
联营企业	20969	10564	3691	2100	59634	13293
国有联营企业	4786	3367	419	325	11185	198
集体联营企业	6142	1986	1663	780	17805	8453
国有与集体联营企业	2263	568	384	409	17828	462
其他联营企业	7780	4644	1223	586	12818	4179
有限责任公司	11277409	8953818	2936740	2387425	7683681	4959636
国有独资公司	450256	276630	24387	17238	504843	460581
其他有限责任公司	10827155	8677192	2912355	2370191	7178840	4499054
股份有限公司	3333955	3191307	647974	606123	3569395	3243841
私营企业	9924992	6240141	2957846	2024438	8883013	3425129
私营独资企业	388786	104503	116708	32166	1137655	212713
私营合伙企业	55641	24924	15808	8991	94079	32041
私营有限责任公司	9076537	5849296	2703837	1896457	7100432	2862364
私营股份有限公司	404037	261427	121498	86829	550847	318013
其他企业	170036	88754	35481	17388	341942	124162
2.港、澳、台商投资企业	**2486341**	**2406013**	**292989**	**278217**	**1161831**	**1121609**
合资经营企业	571650	557698	96142	90193	690991	685692
合作经营企业	39345	38098	2744	2480	14751	13209
独资经营企业	1814514	1750551	182447	174413	387002	353591
投资股份有限公司	44732	43899	9297	8849	64373	64739
其他港澳台商投资企业	16104	15770	2360	2284	4716	4376
3.外商投资企业	**2536779**	**2474856**	**258877**	**248698**	**1660770**	**1644114**
中外合资经营企业	755014	748215	47531	46137	570353	549995
中外合作经营企业	64479	63644	2510	2514	14520	9494
外资企业	1559554	1510930	175754	167316	1008059	1005166
外商投资股份有限公司	115289	112917	21751	21886	21887	25608
其他外商投资企业	42450	39154	11335	10852	45951	53847

单位：万元

利润总额		应交所得税		应付职工薪酬		应交增值税	
限额以上	大中型企业	限额以上	大中型企业	限额以上	大中型企业	限额以上	大中型企业
24335654	**15894595**	**4493909**	**3370262**	**33099724**	**27595468**	**16459062**	**13451945**
21391136	**13019341**	**3633875**	**2529704**	**27711395**	**22298993**	**14267959**	**11340007**
629922	446088	63938	39087	735677	621784	343272	293928
607799	306911	61131	33174	333145	235919	171426	108991
51257	19845	8260	4240	49667	30659	19240	7914
51500	8233	8960	1366	28598	17345	14002	5096
10765	269	1957	4	12475	10080	2730	561
11556	5002	1558	825	7378	4804	3297	1984
17808	369	3428		5044	1021	4131	429
11371	2592	2018	537	3701	1440	3848	2122
7693884	5337622	1606125	1230693	12687616	10729664	6794923	5808016
524525	464255	80619	74039	435998	381459	205675	176993
7169357	4873367	1525504	1156656	12251622	10348211	6589250	5631024
3523691	3248233	554937	528118	4031157	3938365	1890362	1839231
8455134	3525648	1302590	679431	9679641	6624442	4968104	3246057
1037661	203564	102968	25387	362459	139696	243052	58732
88271	28192	7907	1099	42347	18979	20390	5364
6798376	2991979	1129710	618225	8823682	6112203	4507617	3049235
530827	301913	62011	34717	451159	353568	197054	132733
377949	126764	27943	13609	165906	100819	66647	30784
1265722	**1217512**	**464646**	**455552**	**2560942**	**2505090**	**1116061**	**1066726**
689881	683432	160783	158172	696569	686297	382751	374332
11299	9656	4402	4005	32753	31346	10616	9115
422298	381920	287903	281952	1785019	1743751	683302	644515
137661	138123	9725	9627	33111	32037	33130	32746
4590	4382	1834	1798	13487	11657	6264	6017
1678798	**1657743**	**395390**	**385008**	**2827392**	**2791388**	**1075044**	**1045221**
561655	541188	142096	138215	954924	953459	454572	449655
27007	21459	10380	8696	61715	60374	21594	20035
1057913	1053071	231864	227275	1705083	1675030	567414	544929
10791	12775	4845	4620	83055	80763	24858	24284
21431	29249	6214	6208	22620	21770	6605	6320

1-6 续表 6

项　　目	主营业务收入		主营业务成本	
	限额以上	大中型企业	限额以上	大中型企业
(二)按国民经济行业分				
综合零售	223938489	205473359	189943830	174287851
百货零售	120333169	109629748	101541672	92522124
超级市场零售	91662582	87712619	78208920	74870122
食品、饮料及烟草制品专门零售	34322069	16233370	28019546	12842511
粮油零售	4306832	1491946	3817063	1320001
肉、禽、蛋、奶及水产品零售	6581112	3324353	5524022	2764591
酒、饮料及茶叶零售	8174626	2965372	6511483	2213173
烟草制品零售	2348048	1566528	1901815	1244905
纺织、服装及日用品专门零售	45021837	33725469	32783131	23467801
服装零售	26695497	21557846	18818219	14632510
文化、体育用品及器材专门零售	27990036	17177385	22821536	13551354
体育用品及器材零售	1615259	1148876	1217589	828701
图书、报刊零售	10091260	8165428	7803222	6299056
医药及医疗器材专门零售	53045971	44592888	46385130	39108353
药品零售	50251837	43386150	44198004	38208597
汽车、摩托车、燃料及零配件专门零售	445169972	346100577	413841110	323657007
汽车零售	321888410	248599707	301089469	233427578
机动车燃料零售	113487712	94424227	104138166	87469785
家用电器及电子产品专门零售	88171821	62519577	78509054	56073650
日用家电设备零售	31692075	22816088	27746524	19994389
计算机、软件及辅助设备零售	20208217	13511332	18355725	12405779
通信设备零售	16885249	14107986	15611228	13204808
五金、家具及室内装饰材料专门零售	31033703	15554890	25049744	12032032
货摊、无店铺及其他零售业	45832161	32265655	40251734	28707096
互联网零售	29032960	25314947	26370529	23103165
(三)按控股情况分				
国有控股	193065519	177187194	173219912	159258907
集体控股	44827740	34083321	39766057	30226664
私人控股	541275949	367158841	480342573	327526218
港澳台控股	50007510	48580530	41303361	40124750
外商控股	55852605	54416855	46808711	45615380

单位：万元

主营业务税金及附加		主营业务利润		其他业务利润		销售费用	
限额以上	大中型企业	限额以上	大中型企业	限额以上	大中型企业	限额以上	大中型企业
1842025	1583113	32152634	29602395	6051968	5945677	21482304	20735236
1184293	1019195	17607204	16088429	3331520	3246101	9241493	8798035
529812	484952	12923850	12357545	2527700	2514492	11228695	11041028
396778	160680	5905745	3230179	182722	113348	2388649	1654853
35945	9751	453824	162194	52487	13667	194509	114053
78186	26784	978904	532978	12424	9273	330117	227568
120162	47652	1542981	704547	50222	41103	570103	324162
23180	11952	423053	309671	25774	22667	139755	107726
455659	330655	11783047	9927013	326214	291216	7181281	6410656
279781	216865	7597497	6708471	227283	197910	4706067	4314373
239600	132851	4928900	3493180	258240	212105	2116322	1618079
9655	6894	388015	313281	4014	1430	234447	193683
27279	18276	2260759	1848096	143231	121964	907202	749167
211187	149335	6449654	5335200	283846	259303	3092901	2751421
193055	144240	5860778	5033313	270275	255673	2899573	2654783
1349520	758995	29979342	21684575	1730388	1501451	14325582	11511963
853134	499584	19945807	14672545	1583631	1402058	9268861	7292377
408580	241067	8940966	6713375	112415	76805	4713693	4088243
471041	230068	9191726	6215859	539174	478455	5212381	4335689
182635	85626	3762916	2736073	219289	205507	2280586	1947588
96109	45363	1756383	1060190	30719	15667	867113	664612
49575	26522	1224446	876656	182731	165822	816138	716029
568681	340257	5415278	3182601	106909	84716	1515619	995228
214819	94115	5365608	3464444	222938	190617	3356534	2760894
60622	39363	2601809	2172419	99252	94205	2458536	2212016
813308	705454	19032299	17222833	1902694	1817488	10653754	9961240
305592	205810	4756091	3650847	609633	588293	2546120	2269072
3546640	1921883	57386736	37710740	3886645	3496252	26993112	21098033
271996	257731	8432153	8198049	1144429	1126483	6582378	6391261
269906	258894	8773988	8542581	864921	846969	6786712	6632051

1-6 续表 7

项　　目	管理费用		财务费用		营业利润	
	限额以上	大中型企业	限额以上	大中型企业	限额以上	大中型企业
(二)按国民经济行业分						
综合零售	10054452	9405010	1656664	1480603	6194772	5055807
百货零售	6354479	5963488	1176937	1092061	4758723	4069051
超级市场零售	3171333	3023296	430477	360248	1208915	981833
食品、饮料及烟草制品专门零售	1361635	711741	343644	200223	2007896	799542
粮油零售	123597	40815	51495	21525	130953	21016
肉、禽、蛋、奶及水产品零售	225801	129902	47260	28787	402694	173565
酒、饮料及茶叶零售	321895	130806	165815	110222	512614	148791
烟草制品零售	104883	72240	-3499	-6482	236461	170290
纺织、服装及日用品专门零售	2961848	2478424	373008	289126	1630996	1065232
服装零售	2030833	1775493	261152	214830	858955	627398
文化、体育用品及器材专门零售	1561495	1154073	193008	120874	1314869	785451
体育用品及器材零售	117832	96740	12385	10634	31102	17598
图书、报刊零售	775266	637605	-16550	-17427	688239	554277
医药及医疗器材专门零售	1623840	1305802	460111	408427	1506344	1109244
药品零售	1472566	1241011	440035	399494	1353759	1038857
汽车、摩托车、燃料及零配件专门零售	8491765	6069277	3409443	2685223	5882877	3350088
汽车零售	6809505	5072264	3050335	2473362	2675976	1498283
机动车燃料零售	1376210	917616	292190	188605	2819496	1764442
家用电器及电子产品专门零售	2153262	1414884	325283	161411	3043592	1810116
日用家电设备零售	912590	668828	156964	98025	1558181	1159104
计算机、软件及辅助设备零售	409017	191206	44574	8102	474339	221504
通信设备零售	311126	232979	18250	2470	304172	151150
五金、家具及室内装饰材料专门零售	1236570	722118	309629	190892	2414812	1332295
货摊、无店铺及其他零售业	1396250	849260	213373	127800	756337	58156
互联网零售	652966	518914	46224	36199	-366194	-411126
(三)按控股情况分						
国有控股	4789810	4264658	705728	648255	5089092	4425556
集体控股	1403124	1129713	248075	204302	1351501	841152
私人控股	16463259	11217542	4878970	3510229	13545372	6035124
港澳台控股	2305040	2227823	286100	271933	829692	796265
外商控股	2315837	2250835	219308	209106	1274327	1266571

单位：万元

利润总额		应交所得税		应付职工薪酬		应交增值税	
限额以上	大中型企业	限额以上	大中型企业	限额以上	大中型企业	限额以上	大中型企业
6261364	5273733	1496776	1393487	10808481	10311973	4022194	3784109
4750527	4143899	1129651	1058344	5229699	4945380	2055978	1908015
1294399	1087824	332662	315392	5079010	4938908	1813050	1765554
1999101	861250	273651	152697	1597902	1043216	650068	401189
187255	42835	17936	5222	125445	62086	28909	8491
373823	165417	38304	18596	303865	168828	90794	53335
488807	161973	68067	32600	304554	151357	178918	91371
238808	180180	40835	32869	120022	91782	42216	29490
1686882	1178314	407281	337275	3066374	2754527	1247517	1040574
951726	748444	261911	229883	2026180	1869112	810669	710867
1376069	870085	133111	73268	1529901	1215777	351835	205306
28746	16994	5414	2423	88207	72916	47161	25345
726007	594652	34383	22548	889090	760946	38595	30271
1352007	1132532	270987	212667	2018412	1785998	962889	807120
1202993	1060846	243861	198527	1911067	1724744	897574	781046
5590126	3240849	1115392	728147	9605081	7389490	6935184	5765615
2491972	1470115	658727	470110	7255434	5573839	4568346	3832400
2698335	1679094	395998	237935	2087835	1721732	2217210	1885528
3042476	1955525	345259	213063	2284354	1568407	1103357	721332
1606215	1244206	115758	69956	859656	643127	443466	311548
469766	234346	78946	43669	542651	301203	268115	149919
289426	168227	57461	44263	367698	270667	110413	76274
2254961	1269263	267752	159426	867905	511395	522418	287943
772678	113054	183712	100244	1321330	1014693	663609	438768
-347929	-382874	46888	32683	746277	657246	322979	275085
5104608	4456489	908263	794244	6224757	5838664	3348155	3139920
1318238	846438	209291	157977	1357369	1187816	616969	517431
12997892	6321025	2105341	1264662	16740032	12300137	8152288	5743906
951405	910553	397295	388876	2293516	2242480	1011388	967332
1332411	1319114	320726	311218	2643987	2601104	931824	900123

1-7 大中型批发和零售业企业经济效益分析指标

项目	负债比率(%)		主营业务毛利率(%)		人均营业收入(万元)		费用率(%)	
	限额以上	大中型企业	限额以上	大中型企业	限额以上	大中型企业	限额以上	大中型企业
总　计	**72.5**	**71.4**	**7.9**	**8.7**	**390.2**	**358.6**	**5.7**	**6.5**
一、批发业	**72.9**	**70.9**	**6.8**	**7.8**	**730.5**	**679.6**	**4.6**	**5.2**
(一)按登记注册类型分								
1.内资企业	**73.8**	**71.8**	**6.0**	**6.8**	**740.0**	**691.0**	**3.7**	**4.1**
国有企业	56.2	54.0	15.6	16.1	657.6	693.0	4.7	4.6
集体企业	77.1	76.1	6.8	7.2	310.3	308.9	4.8	4.9
股份合作企业	78.5	80.9	4.1	4.2	498.2	410.0	2.7	3.5
联营企业	70.8	71.3	9.6	10.3	253.1	214.4	7.4	8.6
国有联营企业	36.1	30.7	8.7	8.6	220.6	204.0	4.0	3.4
集体联营企业	87.2	89.7	7.1	2.9	94.5	38.0	6.7	12.7
国有与集体联营企业	85.9	85.9	10.9	12.1	281.7	260.6	10.3	11.4
其他联营企业	49.8	48.4	8.5	8.8	973.4	746.1	3.7	4.7
有限责任公司	76.4	75.7	4.8	5.2	975.1	908.5	3.2	3.6
国有独资公司	71.6	71.3	3.9	4.2	1882.2	1751.1	2.2	2.4
其他有限责任公司	77.4	76.8	5.0	5.5	871.1	795.4	3.5	3.9
股份有限公司	65.9	66.0	4.5	4.7	727.5	712.6	3.9	4.0
私营企业	78.5	76.8	5.8	7.4	565.3	433.1	4.0	5.2
私营独资企业	62.6	65.3	14.0	14.5	416.1	621.3	4.6	4.5
私营合伙企业	70.3	70.2	10.8	18.3	143.5	78.2	6.7	11.4
私营有限责任公司	79.3	78.1	5.7	7.3	578.1	441.2	4.0	5.1
私营股份有限公司	59.0	52.5	9.0	10.3	365.4	315.3	5.5	6.0
其他企业	58.0	57.8	14.0	14.1	183.6	205.5	4.8	4.8
2.港、澳、台商投资企业	**68.6**	**67.1**	**11.4**	**13.3**	**492.8**	**411.5**	**9.5**	**11.2**
合资经营企业	70.3	69.4	4.7	5.3	1074.5	943.3	3.7	4.2
合作经营企业	64.9	60.7	11.6	14.0	207.0	169.8	7.7	9.3
独资经营企业	67.8	66.6	13.4	15.4	439.1	371.8	11.3	13.1
投资股份有限公司	81.6	68.3	4.5	11.8	519.2	188.9	3.5	8.9
其他港澳台商投资企业	82.5	79.0	11.2	14.8	216.6	159.0	8.6	10.8
3.外商投资企业	**66.2**	**66.1**	**12.2**	**12.4**	**835.9**	**811.8**	**10.1**	**10.4**
中外合资经营企业	79.4	80.0	8.2	8.2	2214.3	2260.4	6.3	6.4
中外合作经营企业	56.4	56.0	8.4	8.5	366.1	396.9	9.1	8.8
外资企业	63.1	62.9	13.8	14.2	676.4	646.9	11.8	12.2
外商投资股份有限公司	54.3	54.4	16.8	17.3	493.3	491.8	15.2	15.7
其他外商投资企业	64.7	64.7	12.6	12.8	384.4	381.2	8.6	8.7

注：费用率等于销售费用、管理费用、财务费用三项之和除以营业收入合计(下表同)。

1-7 续表 1

项目	负债比率(%)		主营业务毛利率(%)		人均营业收入(万元)		费用率(%)	
	限额以上	大中型企业	限额以上	大中型企业	限额以上	大中型企业	限额以上	大中型企业
(二)按国民经济行业分								
农、林、牧产品批发	70.9	70.4	7.0	6.6	364.9	415.8	5.3	5.6
食品、饮料及烟草制品批发	52.3	48.0	19.2	20.8	369.1	371.0	7.5	8.0
米、面制品及食用油批发	83.8	82.2	6.0	6.6	481.8	414.3	6.5	7.6
肉、禽、蛋、奶及水产品批发	67.3	65.9	12.2	12.8	272.2	245.4	6.0	6.6
酒、饮料及茶叶批发	60.4	61.9	24.6	25.7	260.4	243.3	12.9	14.6
烟草制品批发	19.7	19.5	26.2	26.3	561.0	564.5	5.6	5.6
纺织、服装及家庭用品批发	73.3	72.2	11.8	13.7	366.1	326.5	9.2	11.0
服装批发	66.3	64.3	15.7	18.3	282.9	247.9	11.5	13.6
鞋帽批发	66.0	63.6	15.8	18.9	248.4	218.0	11.3	13.9
家用电器批发	82.6	82.4	7.3	7.6	493.8	487.0	6.6	7.0
文化、体育用品及器材批发	68.4	67.8	8.4	8.8	405.5	395.8	6.6	7.1
文具用品批发	79.6	83.4	4.8	4.5	607.5	634.1	4.2	4.3
体育用品及器材批发	72.4	73.9	12.8	13.3	380.1	385.1	10.4	11.2
图书批发	58.4	58.0	14.6	14.6	201.0	210.9	10.8	10.8
医药及医疗器材批发	75.3	75.5	10.9	10.8	328.2	348.0	8.4	8.3
西药批发	76.2	76.3	8.6	8.4	366.4	388.2	6.4	6.3
中药批发	78.8	79.5	10.9	10.8	270.0	288.0	8.3	8.4
矿产品、建材及化工产品批发	76.5	74.4	3.0	3.1	1530.9	1424.3	2.3	2.5
煤炭及制品批发	76.1	75.6	3.7	3.6	1346.9	1389.2	2.9	2.8
石油及制品批发	72.9	70.5	3.0	3.2	1281.8	1152.3	2.3	2.4
金属及金属矿批发	80.1	78.3	1.8	1.9	3012.1	2840.3	1.6	1.9
建材批发	75.0	74.3	5.2	5.6	716.6	655.3	3.5	4.0
化肥批发	79.2	79.5	4.3	3.8	754.8	872.6	3.3	3.3
农药批发	69.9	69.4	10.0	10.7	286.7	272.0	7.6	8.4
机械设备、五金产品及电子产品批发	73.9	73.4	7.8	8.0	761.3	833.2	6.0	6.2
汽车批发	77.2	76.5	8.3	8.4	2028.8	2243.1	6.0	6.0
计算机、软件及辅助设备批发	78.7	77.2	4.6	4.7	677.4	690.6	3.9	3.8
通讯及广播电视设备批发	72.0	72.1	5.6	5.6	1033.2	1050.6	5.1	5.0
贸易经纪与代理	84.9	85.7	4.6	4.8	1246.9	1203.5	4.4	4.8
其他批发业	78.2	79.5	6.7	7.2	715.1	762.2	4.6	5.0
(三)按控股情况分								
国有控股	69.4	68.3	6.0	6.7	1191.9	1110.1	3.2	3.4
集体控股	79.7	79.1	4.3	4.6	756.3	754.4	3.1	3.3
私人控股	77.1	75.3	6.1	7.5	550.4	447.5	4.2	5.2
港澳台控股	68.1	66.7	12.5	14.6	436.1	363.9	10.4	12.3
外商控股	64.2	64.0	13.1	13.5	715.5	687.7	11.1	11.5

1-7 续表 2

项 目	负债比率(%)		主营业务毛利率(%)		人均营业收入(万元)		费用率(%)	
	限额以上	大中型企业	限额以上	大中型企业	限额以上	大中型企业	限额以上	大中型企业
二、零售业	**71.4**	**72.8**	**11.8**	**11.6**	**145.6**	**138.4**	**9.9**	**10.7**
(一)按登记注册类型分								
1.内资企业	**71.6**	**73.2**	**11.0**	**10.6**	**148.9**	**141.2**	**8.9**	**9.5**
国有企业	62.5	62.4	11.7	11.2	142.2	134.3	8.5	8.6
集体企业	62.3	63.5	12.3	12.6	140.0	104.9	6.4	7.2
股份合作企业	60.4	58.0	12.6	13.0	101.8	68.3	8.0	8.9
联营企业	54.3	69.7	12.4	14.4	168.8	75.6	6.2	9.4
国有联营企业	75.2	119.2	12.3	14.6	101.5	27.3	6.0	12.4
集体联营企业	56.1	56.6	11.0	11.1	143.9	79.3	5.5	5.2
国有与集体联营企业	30.6	47.1	10.8	8.1	304.3	138.6	4.3	7.3
其他联营企业	63.2	71.0	16.3	22.7	248.8	204.2	9.6	16.0
有限责任公司	74.9	76.4	10.6	10.4	151.1	144.2	9.4	9.8
国有独资公司	59.2	59.3	11.6	11.6	223.7	206.1	8.3	7.8
其他有限责任公司	75.5	77.1	10.6	10.4	149.3	142.7	9.4	9.9
股份有限公司	62.8	63.2	10.3	10.1	203.9	204.1	8.9	9.0
私营企业	73.2	77.5	11.5	11.0	133.9	118.1	8.6	9.5
私营独资企业	47.7	58.3	16.2	13.8	118.5	75.4	6.8	7.3
私营合伙企业	57.8	68.3	16.4	18.7	117.9	86.1	8.9	11.8
私营有限责任公司	74.4	78.4	11.1	10.7	137.2	122.9	8.6	9.5
私营股份有限公司	65.8	66.8	14.9	16.1	96.6	75.2	9.6	11.0
其他企业	55.7	62.9	18.0	17.5	93.0	69.4	9.4	11.1
2.港、澳、台商投资企业	**67.5**	**68.0**	**18.5**	**18.5**	**124.5**	**122.8**	**18.5**	**18.5**
合资经营企业	60.8	61.2	18.5	18.5	140.2	139.9	15.0	15.0
合作经营企业	62.4	63.7	16.7	16.9	104.8	103.8	15.2	15.6
独资经营企业	71.7	72.4	18.4	18.4	119.3	117.0	19.7	19.7
投资股份有限公司	53.1	52.9	24.7	25.3	137.0	136.2	26.8	27.5
其他港澳台商投资企业	79.6	81.6	15.4	15.5	125.8	128.9	15.9	16.2
3.外商投资企业	**72.7**	**73.0**	**17.7**	**17.7**	**122.5**	**123.2**	**17.8**	**17.7**
中外合资经营企业	66.5	66.5	14.5	14.4	135.3	141.7	13.7	13.7
中外合作经营企业	77.0	78.1	13.8	13.6	129.7	127.4	16.3	16.5
外资企业	74.9	75.3	20.6	20.7	111.1	108.8	21.2	21.3
外商投资股份有限公司	81.4	83.7	16.7	16.7	141.8	139.4	18.5	18.7
其他外商投资企业	72.3	68.7	19.7	19.8	226.0	220.8	14.2	13.2

1-7 续表 3

项　　目	负债比率(%)		主营业务毛利率(%)		人均营业收入(万元)		费用率(%)	
	限额以上	大中型企业	限额以上	大中型企业	限额以上	大中型企业	限额以上	大中型企业
(二)按国民经济行业分								
综合零售	73.1	73.7	15.2	15.2	86.1	83.9	14.8	15.4
百货零售	69.3	69.7	15.6	15.6	105.1	102.7	13.9	14.5
超级市场零售	80.3	81.0	14.7	14.6	69.4	69.2	16.2	16.4
食品、饮料及烟草制品专门零售	57.8	62.2	18.4	20.9	94.0	69.2	11.9	15.8
粮油零售	65.0	71.9	11.4	11.5	121.6	78.5	8.6	11.8
肉、禽、蛋、奶及水产品零售	53.4	56.1	16.1	16.8	90.7	66.0	9.2	11.6
酒、饮料及茶叶零售	57.0	61.7	20.3	25.4	108.1	84.0	12.9	19.1
烟草制品零售	40.0	38.1	19.0	20.5	123.0	112.8	10.3	11.1
纺织、服装及日用品专门零售	65.7	66.1	27.2	30.4	79.3	68.3	23.4	27.2
服装零售	64.9	65.0	29.5	32.1	73.0	65.5	26.2	29.2
文化、体育用品及器材专门零售	58.2	60.0	18.5	21.1	116.5	96.6	13.8	16.8
体育用品及器材零售	63.4	61.7	24.6	27.9	102.6	85.3	22.6	26.2
图书、报刊零售	55.1	56.0	22.7	22.9	88.9	87.9	16.5	16.8
医药及医疗器材专门零售	76.0	77.0	12.6	12.3	106.6	101.7	9.8	10.0
药品零售	76.5	77.3	12.0	11.9	104.9	101.1	9.6	9.9
汽车、摩托车、燃料及零配件专门零售	73.4	73.9	7.0	6.5	273.5	291.1	5.9	5.9
汽车零售	79.0	80.7	6.5	6.1	259.8	267.8	5.9	6.0
机动车燃料零售	57.4	58.2	8.2	7.4	339.6	392.3	5.6	5.5
家用电器及电子产品专门零售	68.3	70.2	11.0	10.3	175.2	185.9	8.7	9.5
日用家电设备零售	70.1	71.2	12.4	12.4	163.3	172.1	10.6	11.9
计算机、软件及辅助设备零售	57.6	59.5	9.2	8.2	190.6	212.9	6.5	6.4
通信设备零售	74.4	75.8	7.5	6.4	224.2	241.9	6.8	6.7
五金、家具及室内装饰材料专门零售	63.5	66.7	19.3	22.6	147.6	124.7	9.9	12.3
货摊、无店铺及其他零售业	81.2	90.0	12.2	11.0	212.2	220.2	10.8	11.6
互联网零售	106.4	114.5	9.2	8.7	281.8	306.0	10.9	10.9
(三)按控股情况分								
国有控股	63.7	64.0	10.3	10.1	210.1	209.1	8.4	8.4
集体控股	70.7	73.9	11.3	11.3	139.9	123.8	9.4	10.6
私人控股	74.3	77.5	11.3	10.8	136.0	124.0	8.9	9.8
港澳台控股	70.0	70.6	17.4	17.4	128.4	126.9	18.3	18.3
外商控股	76.5	76.9	16.2	16.2	132.5	130.6	16.7	16.7

1-8 大中型住宿和餐饮业企业基本情况

项目	住宿业					
	大中型		大型		中型	
	2015年	2014年	2015年	2014年	2015年	2014年
一、法人单位数(个)	**3780**	**3924**	**407**	**422**	**3373**	**3502**
二、年末从业人数(万人)	**106.7**	**118.1**	**25.0**	**26.9**	**81.6**	**91.2**
三、经营情况(亿元)						
营业额	2309.3	2277.0	790.0	752.3	1519.3	1524.7
客房收入	1029.9	1002.5	347.0	335.9	682.9	666.6
餐费收入	926.6	948.8	283.2	283.4	643.3	665.3
商品销售额	56.3	58.3	20.6	21.8	35.7	36.5
其他收入	296.5	267.4	139.1	111.1	157.3	156.3
四、实收资本及构成(亿元)						
实收资本	2387.2	2066.6	805.6	699.2	1581.6	1367.4
国家资本	716.8	621.8	260.1	246.7	456.7	375.0
集体资本	41.5	46.5	7.0	3.8	34.5	42.7
法人资本	836.1	746.8	266.8	228.5	569.3	518.3
个人资本	272.3	233.9	23.3	24.6	249.0	209.4
港澳台资本	359.9	260.5	183.4	133.5	176.5	127.0
外商资本	160.7	157.2	65.1	62.2	95.6	95.0
五、主要财务指标(亿元)						
(一)年末资产负债						
流动资产合计	2825.3	2375.6	1004.2	804.5	1821.1	1571.1
固定资产原价	5356.5	4853.3	1965.0	1738.2	3391.5	3115.1
累计折旧	2177.6	1898.9	817.0	712.3	1360.6	1186.7
资产总计	8036.3	7135.3	2934.2	2491.6	5102.1	4643.7
负债合计	5878.9	5104.5	1941.5	1544.6	3937.3	3559.9
所有者权益	2157.4	2030.7	992.7	946.9	1164.7	1083.8
(二)损益及分配						
主营业务收入	2295.5	2262.0	789.6	754.6	1505.9	1507.4
主营业务成本	792.7	779.8	253.5	227.2	539.2	552.7
主营业务税金及附加	122.5	122.4	42.0	40.2	80.5	82.2
主营业务利润	1380.4	1359.8	494.1	487.3	886.3	872.6
其他业务利润	47.7	50.9	17.0	15.8	30.7	35.1
销售费用	662.6	643.0	187.0	185.1	475.6	457.8
管理费用	698.6	671.7	234.1	226.4	464.5	445.4
财务费用	156.2	114.0	56.4	38.9	99.8	75.2
营业利润	-97.8	-28.5	32.3	57.8	-130.1	-86.2
利润总额	-73.5	-10.8	39.3	63.3	-112.8	-74.2
应交所得税	21.4	22.0	13.7	13.0	7.7	9.0
应付职工薪酬	551.2	528.9	174.5	167.5	376.7	361.4

1-8 续表

项目	餐饮业					
	大中型		大型		中型	
	2015年	2014年	2015年	2014年	2015年	2014年
一、法人单位数(个)	**2721**	**2956**	**375**	**326**	**2346**	**2630**
二、年末从业人数(万人)	**118.1**	**128.7**	**67.4**	**69.3**	**50.6**	**59.3**
三、经营情况(亿元)						
营业额	2711.1	2542.9	1666.6	1430.4	1044.5	1112.5
客房收入	123.0	118.9	21.5	19.9	101.5	99.0
餐费收入	2470.0	2312.7	1597.6	1366.3	872.4	946.4
商品销售额	63.1	53.2	32.0	23.9	31.1	29.3
其他收入	55.0	58.1	15.5	20.3	39.5	37.8
四、实收资本及构成(亿元)						
实收资本	551.2	508.1	196.6	162.6	354.6	345.6
国家资本	48.6	36.1	12.0	11.8	36.6	24.2
集体资本	10.2	9.3	2.9	3.5	7.3	5.8
法人资本	203.0	209.1	56.4	55.4	146.6	153.8
个人资本	147.7	133.9	33.9	21.2	113.9	112.6
港澳台资本	64.1	58.0	31.7	22.5	32.4	35.5
外商资本	77.5	61.8	59.8	48.1	17.8	13.7
五、主要财务指标(亿元)						
(一)年末资产负债						
流动资产合计	1149.4	1082.6	447.7	391.0	701.6	691.6
固定资产原价	1129.0	1077.8	413.0	420.8	716.1	657.0
累计折旧	426.4	361.4	182.8	155.1	243.6	206.3
资产总计	2606.5	2487.5	1043.2	982.5	1563.3	1505.0
负债合计	1899.7	1764.7	686.7	640.3	1213.0	1124.4
所有者权益	706.6	722.9	356.5	342.2	350.2	380.6
(二)损益及分配						
主营业务收入	2688.2	2528.4	1664.7	1430.6	1023.5	1097.8
主营业务成本	1217.9	1184.9	725.3	637.9	492.6	547.1
主营业务税金及附加	145.6	132.3	86.4	75.8	59.3	56.4
主营业务利润	1324.7	1211.2	853.0	716.9	471.7	494.3
其他业务利润	48.6	22.3	31.3	8.9	17.3	13.4
销售费用	941.4	833.6	619.1	502.1	322.3	331.5
管理费用	299.5	286.9	146.1	134.6	153.4	152.4
财务费用	41.3	36.5	12.8	11.5	28.5	25.0
营业利润	102.7	74.3	86.3	82.4	16.4	-8.1
利润总额	105.2	70.8	84.2	78.6	20.9	-7.9
应交所得税	33.1	30.1	18.3	21.1	14.8	9.1
应付职工薪酬	527.0	468.9	298.0	253.7	229.0	215.2

1–9 大中型住宿和餐饮业企业单位数和从业人数

项　　目	法人单位数(个)		年末从业人数(人)	
	限额以上	大中型企业	限额以上	大中型企业
总　　计	**44884**	**6501**	**4132395**	**2247716**
一、住宿业	**18937**	**3780**	**1911615**	**1066942**
(一)按登记注册类型分				
1.内资企业	**18036**	**3279**	**1704671**	**886837**
国有企业	1914	488	243635	138926
集体企业	367	49	27831	11176
股份合作企业	72	7	5317	2075
联营企业	27	6	3141	1830
国有联营企业	11	4	1983	1571
集体联营企业	8		531	
国有与集体联营企业	5	1	424	152
其他联营企业	3	1	203	107
有限责任公司	6480	1622	759827	463801
国有独资公司	325	151	59682	46533
其他有限责任公司	6155	1471	700145	417268
股份有限公司	557	124	67434	39683
私营企业	8364	963	580828	225021
私营独资企业	1103	49	51675	10063
私营合伙企业	275	13	14618	3026
私营有限责任公司	6591	844	483942	199892
私营股份有限公司	395	57	30593	12040
其他企业	255	20	16658	4325
2.港、澳、台商投资企业	**522**	**299**	**127192**	**111071**
合资经营企业	214	139	57407	51634
合作经营企业	55	32	13653	12011
独资经营企业	226	116	51328	43657
投资股份有限公司	24	10	4138	3165
其他港澳台商投资企业	3	2	666	604
3.外商投资企业	**379**	**202**	**79752**	**69034**
中外合资经营企业	155	94	34798	30386
中外合作经营企业	43	29	10740	9727
外资企业	156	70	29814	25543
外商投资股份有限公司	15	5	2178	1637
其他外商投资企业	10	4	2222	1741
(二)按国民经济行业分				
旅游饭店	11971	3307	1521030	950363
一般旅馆	6359	403	347141	99806
其他住宿业	607	70	43444	16773
(三)按控股情况分				
国有控股	3313	1128	501679	339295
集体控股	746	155	72798	38082
私人控股	12207	1578	928064	393379
港澳台控股	425	239	98128	84515
外商控股	281	137	53858	46114

1-9 续表

项　　目	法人单位数(个)		年末从业人数(人)	
	限额以上	大中型企业	限额以上	大中型企业
二、餐饮业	**25947**	**2721**	**2220780**	**1180774**
(一)按登记注册类型分				
1.内资企业	**24845**	**2288**	**1698260**	**692865**
国有企业	413	60	37077	14982
集体企业	184	8	9583	2070
股份合作企业	98	10	7001	3480
联营企业	7		264	
国有联营企业				
集体联营企业	7		264	
国有与集体联营企业				
其他联营企业				
有限责任公司	6654	830	562486	272795
国有独资公司	111	30	16407	9904
其他有限责任公司	6543	800	546079	262891
股份有限公司	420	57	54757	35009
私营企业	16600	1303	1002993	360084
私营独资企业	3746	79	135118	14460
私营合伙企业	411	21	20196	3285
私营有限责任公司	11918	1155	796566	315287
私营股份有限公司	525	48	51113	27052
其他企业	469	20	24099	4445
2.港、澳、台商投资企业	**627**	**262**	**193556**	**172251**
合资经营企业	123	41	40050	35482
合作经营企业	28	13	7117	6068
独资经营企业	460	203	143982	128627
投资股份有限公司	7	3	1083	967
其他港澳台商投资企业	9	2	1324	1107
3.外商投资企业	**475**	**171**	**328964**	**315658**
中外合资经营企业	111	32	75788	72494
中外合作经营企业	18	6	3870	3357
外资企业	322	129	246961	238399
外商投资股份有限公司	16	3	1902	1288
其他外商投资企业	8	1	443	120
(二)按国民经济行业分				
正餐服务	24185	2322	1680942	698464
快餐服务	940	252	404088	374237
饮料及冷饮服务	224	30	50117	43462
其他餐饮业	598	117	85633	64611
(三)按控股情况分				
国有控股	851	201	117495	73947
集体控股	416	46	34821	15454
私人控股	21909	1808	1399613	533134
港澳台控股	596	252	187639	167708
外商控股	414	157	306870	295239

1-10 大中型住宿和餐饮业

项　　目	营业额		客房收入	
	限额以上	大中型企业	限额以上	大中型企业
总　计	**85122280**	**50203869**	**20915624**	**11529145**
一、住宿业	**36482152**	**23092623**	**18031021**	**10299198**
(一)按登记注册类型分				
1.内资企业	**31036565**	**18132923**	**15367961**	**7922718**
国有企业	4079730	2656614	1806596	1115956
集体企业	489601	212702	224783	85296
股份合作企业	103034	49251	46371	13036
联营企业	58097	38107	27091	17177
国有联营企业	39156	29788	18160	13433
集体联营企业	5969		2378	
国有与集体联营企业	7054	4459	4042	2373
其他联营企业	5920	3860	2512	1371
有限责任公司	14204538	9800387	6918932	4354220
国有独资公司	1182253	957223	526517	417641
其他有限责任公司	13022284	8843164	6392416	3936582
股份有限公司	1218577	776698	550325	308296
私营企业	10590824	4495511	5644177	1976363
私营独资企业	1030494	201372	552703	93297
私营合伙企业	256461	51231	117350	14138
私营有限责任公司	8718286	3971655	4680870	1761031
私营股份有限公司	585588	271250	293255	107897
其他企业	292180	103663	149693	52380
2.港、澳、台商投资企业	**3453187**	**3170460**	**1720132**	**1561511**
合资经营企业	1503260	1416301	709457	668870
合作经营企业	441598	408254	215526	200609
独资经营企业	1409395	1266928	743027	650034
投资股份有限公司	80394	67810	43825	36147
其他港澳台商投资企业	18543	11171	8302	5847
3.外商投资企业	**1992401**	**1789240**	**942934**	**814976**
中外合资经营企业	976835	896699	468099	417765
中外合作经营企业	229353	213369	99679	88919
外资企业	665466	571113	318328	258789
外商投资股份有限公司	50888	42576	26720	21951
其他外商投资企业	69862	65483	30109	27554
(二)按国民经济行业分				
旅游饭店	29092589	20759672	13546431	9106000
一般旅馆	6562100	1988648	4037693	1034868
其他住宿业	827465	344307	446905	158335
(三)按控股情况分				
国有控股	9566920	7238816	4307125	3142348
集体控股	1361242	769334	593562	300667
私人控股	16740788	7964878	8731698	3441915
港澳台控股	2570996	2327532	1302377	1164312
外商控股	1306104	1153158	656697	556538

企业经营情况

单位：万元

餐费收入		商品销售额		其他收入	
限额以上	大中型企业	限额以上	大中型企业	限额以上	大中型企业
57095221	**33965572**	**2444225**	**1194580**	**2392198**	**3514572**
13660564	**9265655**	**847629**	**563203**	**1625545**	**2964570**
11804057	**7545371**	**752361**	**460622**	**1393002**	**2204217**
1638949	1072100	91794	64754	218618	403805
182931	83593	17675	8567	24571	35251
35597	19363	5803	5931	1762	10925
24926	17842	904	493	2126	2593
17056	13890	516	441	1508	2023
2981		257		16	
1641	1515			570	570
3248	2437	132	52	32	
5274618	3918683	332487	228176	727969	1299310
438748	361053	14758	12631	81075	165901
4835872	3557632	317732	215551	646896	1133408
472413	312772	31408	41768	75174	113875
4058606	2082288	265886	105994	335560	330871
389381	78237	43075	9587	22197	20257
114732	32746	12027	1813	7457	2535
3313058	1834334	198762	89106	287597	287189
241442	136973	12025	5490	18312	20894
116018	38745	6409	4943	7228	7596
1143106	**1058206**	**72243**	**78008**	**145132**	**472740**
541643	505395	23847	26061	81381	215981
137150	128100	5503	9288	5069	70259
429658	398582	42147	42389	53396	175926
25810	21968	645	228	3993	9466
8847	4167	101	41	1293	1116
713407	**662078**	**23024**	**24574**	**87416**	**287615**
332361	312990	12534	9338	28142	156612
86213	83042	1045	7047	18259	34363
241310	217064	8350	7826	39557	87438
17067	14130	1051	368	1164	6125
36464	34855	49		293	3076
11483546	8442941	670937	518478	1403050	2692260
1915583	697564	148289	40343	183493	215879
261443	125153	28406	4384	39007	56439
3594578	2761536	188381	164622	527920	1170323
558188	342694	33302	21699	73671	104278
6310362	3476284	442265	199537	633782	847146
849330	776573	63857	67357	97183	319298
457646	419765	17899	15578	60790	161278

1−10 续表

项　　目	营业额		客房收入	
	限额以上	大中型企业	限额以上	大中型企业
二、餐饮业	**48640133**	**27111245**	**2884600**	**1229949**
(一)按登记注册类型分				
1.内资企业	**35466584**	**14767210**	**2794168**	**1162447**
国有企业	672131	276030	142947	70034
集体企业	235004	56076	30747	3048
股份合作企业	141479	76016	6595	2472
联营企业	10775		396	
国有联营企业				
集体联营企业	10775		396	
国有与集体联营企业				
其他联营企业				
有限责任公司	11061319	5721508	1001869	517836
国有独资公司	326858	220599	41806	22138
其他有限责任公司	10734463	5500912	960067	495699
股份有限公司	1252997	884450	83776	42611
私营企业	21575875	7637118	1491783	520244
私营独资企业	3592980	348434	192030	22331
私营合伙企业	409175	87048	36321	6994
私营有限责任公司	16486105	6597395	1201898	473381
私营股份有限公司	1087621	604238	61534	17539
其他企业	517014	116021	36066	6205
2.港、澳、台商投资企业	**4321209**	**3844602**	**65415**	**52484**
合资经营企业	728208	648603	14928	10924
合作经营企业	178417	164174	4169	3729
独资经营企业	3353218	2983672	42896	34475
投资股份有限公司	29471	23307		
其他港澳台商投资企业	31891	24847	3424	3356
3.外商投资企业	**8852349**	**8499433**	**25021**	**15015**
中外合资经营企业	1964880	1897829	16773	12413
中外合作经营企业	80186	67330	1841	1298
外资企业	6756451	6502341	4729	1304
外商投资股份有限公司	41411	29850	1228	
其他外商投资企业	9423	2085	450	
(二)按国民经济行业分				
正餐服务	35474134	15445780	2844127	1215222
快餐服务	9775751	9016716	11661	4235
饮料及冷饮服务	1519318	1370024	1528	
其他餐饮业	1870937	1278731	27291	10492
(三)按控股情况分				
国有控股	2340607	1532297	279331	154372
集体控股	737840	345868	86432	36468
私人控股	29504000	11302280	2135174	802468
港澳台控股	4230615	3777123	55049	43573
外商控股	8306179	7989008	19056	11707

单位：万元

餐费收入		商品销售额		其他收入	
限额以上	大中型企业	限额以上	大中型企业	限额以上	大中型企业
43434656	**24699918**	**1596596**	**631382**	**766655**	**550004**
30631464	**12653180**	**1301150**	**531080**	**567196**	**420506**
470447	178649	18945	8806	9891	18542
178698	42343	13408	5841	894	4845
120841	63344	11875	7267	3355	2934
8315		2045		15	
8315		2045		15	
9226292	4740513	458066	250508	241432	212652
228015	154390	10099	18402	5803	25671
8998274	4586123	447974	232104	235631	186987
1048146	763635	44401	52610	23539	25598
19130398	6765616	725968	196264	285060	154991
3215679	313381	141732	8809	30616	3910
358565	78377	12713	1383	3812	296
14582468	5817947	546644	157249	243512	148820
973688	555913	24882	28824	7123	1967
448335	99085	26442	9788	3016	945
4140827	**3695032**	**85823**	**57344**	**43641**	**39745**
692885	620704	9821	5569	11062	11412
168083	157225	3637	2767	1613	453
3224786	2874253	70539	48524	29884	26418
27760	21596	840	485	840	1226
27314	21255	988		245	236
8662372	**8351708**	**209626**	**42959**	**155817**	**89756**
1916129	1860880	44324	2865	28833	21672
61512	50728	708	217	693	15086
6637450	6408601	164219	39878	126220	52562
38308	29415	379		71	435
8973	2085				
30686078	13336924	1311189	469817	587940	423818
9566144	8850702	244120	79829	153506	81956
1473925	1341226	10104	26438	4066	2359
1708514	1171071	31192	55299	21140	41873
1754405	1174134	70748	81212	46656	122582
547510	254362	44238	30344	17853	24695
25922444	9924073	1057257	341519	440678	234221
4068274	3642855	80591	53995	41286	36703
8138974	7858886	207616	41117	153543	77302

1—11 大中型住宿和餐饮业

项 目	流动资产合计		固定资产原价	
	限额以上	大中型企业	限额以上	大中型企业
总 计	**62250289**	**39746825**	**98406271**	**64855827**
一、住宿业	**40922269**	**28252949**	**75787773**	**53565340**
(一)按登记注册类型分				
1.内资企业	**33585514**	**21708526**	**59499046**	**38840017**
国有企业	3184644	2224875	10436192	7287205
集体企业	360868	190168	962721	534580
股份合作企业	66220	28139	131076	47722
联营企业	45178	30332	117481	76487
国有联营企业	27878	24767	85618	70406
集体联营企业	3098		17928	
国有与集体联营企业	12663	4813	10291	4817
其他联营企业	1540	752	3645	1264
有限责任公司	17537840	12669735	30943456	22642301
国有独资公司	1086972	908313	3570321	2934438
其他有限责任公司	16450870	11761424	27373141	19707869
股份有限公司	1620547	1198090	2463958	1494580
私营企业	10607434	5290062	14144536	6635843
私营独资企业	479098	142329	1020535	247234
私营合伙企业	84949	20267	212657	40610
私营有限责任公司	9404562	4827427	12149347	5982194
私营股份有限公司	638823	300039	762001	365807
其他企业	162788	77130	299639	121303
2.港、澳、台商投资企业	**4791008**	**4298234**	**10429793**	**9418583**
合资经营企业	2050899	1958847	4356717	4117101
合作经营企业	689782	510438	1410151	1150388
独资经营企业	1921332	1721051	4408542	3927763
投资股份有限公司	92273	71178	186808	156484
其他港澳台商投资企业	36721	36721	67574	66851
3.外商投资企业	**2545755**	**2246193**	**5858932**	**5306747**
中外合资经营企业	1306141	1200293	2564479	2351753
中外合作经营企业	258920	219429	605721	535725
外资企业	928871	782789	2241862	2005060
外商投资股份有限公司	21466	17392	354197	336970
其他外商投资企业	30358	26292	92674	77234
(二)按国民经济行业分				
旅游饭店	34587574	25351362	67768902	50533952
一般旅馆	5031634	1976306	6687178	2304395
其他住宿业	1303064	925282	1331695	726996
(三)按控股情况分				
国有控股	9246339	7197137	26362579	20155566
集体控股	1063544	722810	2827987	1798261
私人控股	18797443	10538251	25285399	13779529
港澳台控股	3725310	3278183	8133047	7223698
外商控股	1864791	1639925	4229154	3847945

企业年末资产负债

单位：万元

累计折旧		资产总计		负债合计		所有者权益合计	
限额以上	大中型企业	限额以上	大中型企业	限额以上	大中型企业	限额以上	大中型企业
37476714	**26039792**	**165958719**	**106427300**	**119512517**	**77786220**	**46445561**	**28640020**
29863532	**21775871**	**116401634**	**80362622**	**84518903**	**58788738**	**31883109**	**21573885**
22338871	**14947615**	**95000784**	**61238168**	**69241384**	**45274723**	**25759785**	**15963449**
4585368	3220035	11640729	8379597	6628180	4686785	5012552	3692815
471237	252276	1055686	547736	773000	367331	282691	180403
63512	24241	205113	86470	147870	57787	57246	28684
69300	44553	110284	73250	42574	34347	67708	38901
50976	39914	74586	66180	37378	28231	37206	37947
7305		16958		5997		10959	
8256	3440	16184	6193	-6436	1033	22619	5160
2764	1199	2559	877	5635	5083	-3076	-4206
11101636	8191669	50267889	35843161	37662287	27022172	12606056	8820993
1431688	1202017	4326743	3503741	2435147	1877930	1891597	1625814
9669948	6989656	45941146	32339423	35227138	25144242	10714460	7195185
1051760	653810	4271737	3003877	2824846	1946783	1446789	1057094
4870231	2512701	27060035	13144235	20899825	11037552	6160244	2106683
297025	88120	1443228	384807	709639	206618	733594	178185
70063	14849	311508	61634	149092	44035	162417	17600
4254196	2289591	23735596	11882344	18935912	10264644	4799719	1617697
248952	120141	1569704	815454	1105187	522255	464519	293202
125837	48337	389321	159848	262808	121973	126514	37876
4809166	**4383724**	**14184503**	**12674562**	**10311799**	**9118013**	**3872699**	**3556551**
2252108	2132639	5754350	5386990	4552824	4270432	1201532	1116557
844025	704757	1446820	1064643	1085801	678435	361019	386209
1619553	1465100	6655870	5955020	4453642	3990203	2202226	1964818
75215	63023	230866	172026	173407	133055	57458	38971
18270	18205	96598	95885	46133	45888	50465	49997
2715499	**2444533**	**7216349**	**6449893**	**4965721**	**4396010**	**2250625**	**2053889**
1354674	1236616	3435255	3156445	2159445	1974162	1275811	1182284
362493	309913	569895	506447	714850	601983	-144954	-95535
889687	798531	2740241	2355712	1677010	1422684	1063229	933025
82002	76800	371468	348421	421786	406887	-50318	-58466
26643	22671	99494	82869	-7369	-9710	106863	92579
27158868	20678853	99822215	73486348	73233214	53668864	26589459	19817487
2231878	817466	13821329	5108836	9316706	3774304	4504554	1334533
472792	279553	2758089	1767445	1968988	1345577	789102	421869
11074142	8630988	32509087	24977073	18976567	14093412	13532525	10883662
1309526	802003	3353685	2204952	2596729	1760154	756852	444799
8416295	4759275	48712273	26534992	38740404	22848173	9972349	3686822
3449958	3078185	11382228	9989245	8395391	7332876	2986836	2656368
1798620	1630669	5496893	4918922	3854666	3448023	1642228	1470900

1-11 续表

项　　目	流动资产合计		固定资产原价	
	限额以上	大中型企业	限额以上	大中型企业
二、餐饮业	**21328021**	**11493878**	**22618498**	**11290486**
(一)按登记注册类型分				
1.内资企业	**18166216**	**8997592**	**19206814**	**8320858**
国有企业	331970	155218	842170	498158
集体企业	76738	40257	82211	13003
股份合作企业	82649	62808	60388	42701
联营企业	5417		11127	
国有联营企业				
集体联营企业	5417		11127	
国有与集体联营企业				
其他联营企业				
有限责任公司	6975988	3789298	7144285	3639017
国有独资公司	247089	153598	440186	242247
其他有限责任公司	6728900	3635702	6704099	3396769
股份有限公司	1105186	884178	679858	456020
私营企业	9447046	4029595	10166594	3637575
私营独资企业	706395	89112	1277037	147169
私营合伙企业	90079	18978	188711	67780
私营有限责任公司	8024960	3564192	8296371	3271708
私营股份有限公司	625616	357313	404478	150918
其他企业	141236	36236	220199	34390
2.港、澳、台商投资企业	**1789150**	**1411671**	**1490796**	**1217615**
合资经营企业	321060	272076	343759	281681
合作经营企业	104621	47490	105806	70033
独资经营企业	1282346	1068972	1020253	857312
投资股份有限公司	65935	9399	18901	7843
其他港澳台商投资企业	15189	13735	2076	745
3.外商投资企业	**1372658**	**1084623**	**1920890**	**1752020**
中外合资经营企业	280237	215943	663104	611344
中外合作经营企业	26902	22833	13412	8688
外资企业	1050008	836274	1227015	1125353
外商投资股份有限公司	12959	9158	16609	6604
其他外商投资企业	2551	418	753	31
(二)按国民经济行业分				
正餐服务	18161779	8851506	19895417	8912367
快餐服务	1891369	1657828	2068854	1932721
饮料及冷饮服务	451421	392394	265248	216582
其他餐饮业	823460	592151	388987	228823
(三)按控股情况分				
国有控股	1697023	995914	2407226	1571235
集体控股	488883	223367	537873	195769
私人控股	14094159	6661665	14161087	5420048
港澳台控股	1746132	1384668	1380266	1124185
外商控股	1277752	1001393	1794239	1656199

单位：万元

累计折旧		资产总计		负债合计		所有者权益合计	
限额以上	大中型企业	限额以上	大中型企业	限额以上	大中型企业	限额以上	大中型企业
7613183	**4263921**	**49557088**	**26064679**	**34993618**	**18997484**	**14562450**	**7066134**
6015497	**2867199**	**41892572**	**19566110**	**29718148**	**14653368**	**12173401**	**4911682**
323943	198241	1143190	602281	610106	275508	533086	326776
35578	7865	146330	48818	94697	30619	51629	18201
27667	16926	133357	100880	94585	68874	38774	32006
1706		15430		5464		9966	
1706		15430		5464		9966	
2320595	1240583	15936780	8434763	12236520	6584741	3701333	1850020
146109	78063	700532	375249	521735	306915	178798	68334
2174489	1162519	15236251	8059513	11714783	6277826	3522538	1781686
233467	156224	2326757	1726464	1434242	1001163	892515	725300
3005679	1233598	21834964	8587210	15043064	6630815	6789809	1955340
356495	69022	2000830	217564	862389	117264	1138444	100301
45194	13162	274265	79036	167030	78492	107195	543
2467414	1088706	18387337	7700110	13233644	6077274	5151641	1621774
136578	62712	1172535	590504	780009	357786	392533	232720
66873	13769	355770	65697	199476	61653	156297	4043
677510	**556812**	**3437425**	**2781642**	**2264742**	**1718721**	**1172684**	**1062922**
152093	123339	699946	597843	464835	377506	235113	220335
66623	49858	182742	94632	208353	112330	-25611	-17697
450966	380594	2448915	2053249	1534278	1208510	914640	844741
7011	2713	84978	19894	43510	9934	41470	9960
815	309	20844	16025	13770	10439	7073	5587
920180	**839912**	**4227094**	**3716929**	**3010728**	**2625399**	**1216369**	**1091530**
323052	292978	993183	876394	613347	521756	379835	354642
8701	6688	36272	27779	26173	17554	10100	10226
580066	537171	3112363	2783605	2321417	2079963	790949	703639
7747	3053	80907	28108	43277	3758	37633	24350
617	23	4376	1043	6522	2370	-2146	-1327
6367039	3158560	42455806	19843376	30274691	14867372	12180095	4974948
988171	926761	4959731	4577800	3417924	3161699	1541809	1416105
112965	94238	904969	798552	506934	435227	398035	363325
145008	84366	1236583	844953	794072	533188	442514	311764
838912	550100	4304161	2546548	2730085	1406429	1574081	1140120
215320	68652	1112560	524502	904324	440653	208235	83849
4252894	1879865	32171390	14111288	23039343	11279106	9129922	2831124
629568	518822	3294880	2678961	2145177	1645512	1149703	1033451
853360	789997	3992398	3513955	2876735	2504090	1115661	1009865

1-12 大中型住宿和餐饮业

项目	实收资本		国家资本		集体资本	
	限额以上	大中型企业	限额以上	大中型企业	限额以上	大中型企业
总计	**52056511**	**29383975**	**10352898**	**7653689**	**1070087**	**517394**
一、住宿业	**37326553**	**23872003**	**9503079**	**7168101**	**753064**	**414899**
(一)按登记注册类型分						
1.内资企业	**28959383**	**16722627**	**9027201**	**6722593**	**636349**	**311520**
国有企业	4192921	2755613	3691457	2428297	4014	1289
集体企业	227852	78875	8034	1492	192219	65071
股份合作企业	46854	10307	5077	4718	13639	3128
联营企业	79056	38513	31654	26691	4305	
国有联营企业	34699	31300	23011	21000		
集体联营企业	5063				4025	
国有与集体联营企业	37049	5691	8511	5691	280	
其他联营企业	2245	1522	132			
有限责任公司	15115394	10401301	4835178	3911860	358377	208224
国有独资公司	1643401	1376918	1304171	1106935	539	509
其他有限责任公司	13471994	9024385	3531006	2804929	357838	207715
股份有限公司	1195247	742336	411745	330257	33625	17195
私营企业	7971817	2656376	19450	9577	29340	16412
私营独资企业	710763	98100	2830		212	
私营合伙企业	133787	13339				
私营有限责任公司	6726641	2356532	16614	9576	28509	16411
私营股份有限公司	400633	188405	6	1	619	1
其他企业	130256	39312	24612	9707	835	200
2.港、澳、台商投资企业	**5402708**	**4649542**	**307912**	**287920**	**25388**	**14675**
合资经营企业	1755808	1534039	210060	192749	23221	13673
合作经营企业	548278	476154	86734	84791	1859	1002
独资经营企业	2885547	2451315	308		308	
投资股份有限公司	159630	135055	10380	10380		
其他港澳台商投资企业	53445	52977	430			
3.外商投资企业	**2964461**	**2499839**	**167966**	**157589**	**91326**	**88704**
中外合资经营企业	1190183	1013193	164705	154328	62515	59893
中外合作经营企业	252298	198496	3261	3261	15450	15450
外资企业	1309444	1107217				
外商投资股份有限公司	107922	96609				
其他外商投资企业	104618	84325			13361	13361
(二)按国民经济行业分						
旅游饭店	32295226	22033952	8772872	6802408	652967	391532
一般旅馆	4355018	1489727	485030	167412	84985	21221
其他住宿业	676309	348326	245180	198284	15115	2144
(三)按控股情况分						
国有控股	12452540	9479727	8847944	6575941	25595	13707
集体控股	953072	549300	8637	1200	473926	237345
私人控股	13504704	5498337	54572	21592	51252	25331
港澳台控股	4712227	4003747	98789	90153	15522	4808
外商控股	2184152	1846509	29573	25026	59571	58650

企业实收资本及构成

单位：万元

法人资本		个人资本		港澳台资本		外商资本	
限额以上	大中型企业	限额以上	大中型企业	限额以上	大中型企业	限额以上	大中型企业
19091751	**10391057**	**13507472**	**4199875**	**5111832**	**4240018**	**2922479**	**2381955**
12953243	**8361028**	**7974823**	**2722674**	**4220079**	**3598697**	**1922269**	**1606607**
11438859	**7043233**	**7825839**	**2622752**	**16938**	**12619**	**14205**	**9915**
491656	325817	4724	212	1075			
25309	12001	2280	302	9	9		
18367		9770	2460				
42598	11322	500	500				
11188	9800	500	500				
1038							
28258							
2114	1522						
7347012	5291417	2552905	974006	9458	7305	12469	8490
332314	263133	3574	3540			2800	2800
7014700	5028285	2549330	970465	9458	7305	9669	5690
451102	256109	297317	137354	30		1430	1425
3012032	1130035	4904655	1495350	6053	5001	296	
159672	27795	547140	70307	906		6	
66307	8751	67481	4588				
2618453	1011675	4057633	1313870	5146	5000	290	
167606	81816	232402	106588	1	1		
50791	16533	53693	12568	314	304	10	
879862	**781346**	**68820**	**52795**	**4067721**	**3471795**	**53005**	**41010**
473632	425109	53944	42414	973967	844386	20983	15707
118734	100176	3900	1974	306249	262910	30803	25303
282073	255724	1713	1688	2600027	2193902	1120	
5385	336	3744	1198	140021	123141	100	
38		5521	5521	47457	47457		
634529	**536453**	**80165**	**47126**	**135419**	**114284**	**1855059**	**1555683**
338600	271671	45208	31970	50123	45853	529032	449482
62816	45733	34757	15157	35163	26923	100851	91974
176298	163454	56		41508	41508	1091583	902256
56813	55597			8626		42483	41012
		144				91112	70963
10887913	7447918	6254654	2426990	3998112	3447931	1728714	1517181
1850523	811067	1547838	270813	199465	131024	187187	88188
214810	102045	172333	24870	22503	19743	6372	1240
3299367	2633518	77404	62369	103458	99019	98780	95176
452008	305375	17712	4623	39	9	755	750
6136389	3055464	7218269	2358499	27002	23439	17221	14012
651618	567324	54438	44961	3882705	3288575	9159	7927
384819	347589	9743	6608	65525	56199	1634925	1352437

1—12 续表

项　　目	实收资本		国家资本		集体资本	
	限额以上	大中型企业	限额以上	大中型企业	限额以上	大中型企业
二、餐饮业	**14729966**	**5511974**	**849824**	**485585**	**317021**	**102494**
(一)按登记注册类型分						
1.内资企业	**12286756**	**3679254**	**835988**	**475588**	**282764**	**80052**
国有企业	330963	193106	302449	177034	820	100
集体企业	35428	2745			30280	2389
股份合作企业	17241	8882	5000	5000	3340	1231
联营企业	10396				2066	
国有联营企业						
集体联营企业	10396				2066	
国有与集体联营企业						
其他联营企业						
有限责任公司	3984008	1557456	411552	208406	199873	50652
国有独资公司	228451	133420	154486	78104	10	
其他有限责任公司	3755555	1424035	257066	130302	199863	50652
股份有限公司	427200	253776	98443	81835	26051	19643
私营企业	7376892	1651262	16006	3312	18688	5493
私营独资企业	810612	60718	594	100	2252	
私营合伙企业	102618	16026	32		1680	1080
私营有限责任公司	6163108	1458113	12060	3212	13856	4413
私营股份有限公司	300557	116406	3319		903	
其他企业	104630	12031	2539		1652	545
2.港、澳、台商投资企业	**1114315**	**790025**	**6167**	**6055**	**7036**	
合资经营企业	256665	189464	4378	4267	6216	
合作经营企业	67091	38161	1788	1788	700	
独资经营企业	753639	549354	1		120	
投资股份有限公司	32626	11109				
其他港澳台商投资企业	4295	1938				
3.外商投资企业	**1328898**	**1042698**	**7669**	**3941**	**27222**	**22443**
中外合资经营企业	312741	249269	7657	3941	27211	22443
中外合作经营企业	16218	9770				
外资企业	957052	770119	12		11	
外商投资股份有限公司	39878	13442				
其他外商投资企业	3010	100				
(二)按国民经济行业分						
正餐服务	12850564	4205343	814011	455897	289045	95529
快餐服务	1192104	1016841	19034	16193	7731	6383
饮料及冷饮服务	394236	153807	3789	3651	102	
其他餐饮业	293060	135984	12991	9843	20143	583
(三)按控股情况分						
国有控股	1157897	710911	749975	425745	34292	32404
集体控股	250979	45487	3898	1156	130390	29294
私人控股	9878807	2511924	24671	3769	30607	6089
港澳台控股	1069666	759736	677	676	4522	
外商控股	1221395	969876	214	90	22526	22443

单位：万元

法人资本		个人资本		港澳台资本		外商资本	
限额以上	大中型企业	限额以上	大中型企业	限额以上	大中型企业	限额以上	大中型企业
6138508	**2030030**	**5532653**	**1477206**	**891750**	**641320**	**1000210**	**775348**
5646229	**1667460**	**5500763**	**1452536**	**16644**	**1385**	**4371**	**2240**
26541	15972	1151					
3755	356	1393					
2957	740	5885	1853	58	58		
8330							
8330							
2051707	868056	1304022	428075	13902	667	2958	1600
72432	55316	1524					
1979275	812740	1302498	428075	13902	667	2958	1600
148787	61155	153421	91144	500			
3371162	720342	3968088	921314	1639	165	1312	640
259202	26540	547979	34078	543		42	
29074	7514	71810	7432	12		15	
2989897	654739	3145233	794947	809	165	1255	640
92989	31548	203073	84858	276			
32990	840	66805	10151	545	495	100	
230329	**146428**	**22098**	**20205**	**844240**	**613797**	**4444**	**3537**
115647	88189	16011	14705	111725	79980	2692	2324
44125	26318	588		18526	8841	1363	1214
50544	31924	5500	5500	697185	511931	290	
18327				14299	11109		
1687				2508	1938	100	
261955	**216140**	**9793**	**4465**	**30867**	**26138**	**991397**	**769570**
141885	117881	6736	1768	20506	16549	108747	86686
2503	823	25		320	100	13369	8847
115202	97337	2712	2697	211		838908	670084
1114		320		9489	9489	28955	3953
1250	100			340		1420	
5694030	1700325	5051625	1369487	571541	344798	430313	239313
284852	238808	152986	74132	228024	209142	499485	472188
63517	42971	216535	500	54035	53744	56258	52940
96111	47926	111509	33087	38149	33638	14158	10907
314636	198626	50560	46973	3712	3656	4724	3506
107474	10566	7415	4472	976		828	
4664386	1179040	5150378	1320563	3404	165	5362	2304
191457	122535	15253	14751	848195	615513	9562	6260
227629	190851	3487	2697	11309	11098	956236	742698

1−13 大中型住宿和餐饮业

项　　目	主营业务收入		主营业务成本	
	限额以上	大中型企业	限额以上	大中型企业
总　计	**84216799**	**49837304**	**38802416**	**20105612**
一、住宿业	**36022137**	**22955202**	**14055963**	**7926509**
(一)按登记注册类型分				
1.内资企业	**30600986**	**18000089**	**12367663**	**6419353**
国有企业	4051975	2671792	1530263	869668
集体企业	483435	212290	194105	62817
股份合作企业	100756	48361	39444	16837
联营企业	57573	39428	21633	14920
国有联营企业	39018	31109	15515	12812
集体联营企业	5587		2493	
国有与集体联营企业	7048	4459	1145	767
其他联营企业	5920	3860	2480	1341
有限责任公司	13981704	9671508	5178025	3310829
国有独资公司	1167324	952493	453928	347380
其他有限责任公司	12814385	8719019	4724100	2963453
股份有限公司	1192551	771923	549678	349831
私营企业	10447655	4481772	4706427	1748438
私营独资企业	1015289	199368	598984	95920
私营合伙企业	251254	50457	144255	28302
私营有限责任公司	8620595	3975830	3680801	1500199
私营股份有限公司	560515	256119	282394	124013
其他企业	285352	103019	148094	46023
2.港、澳、台商投资企业	**3447387**	**3180949**	**1136148**	**1028810**
合资经营企业	1504799	1420961	419736	380598
合作经营企业	439423	406516	170729	160132
独资经营企业	1364383	1234677	486106	436428
投资股份有限公司	80685	68069	25494	21584
其他港澳台商投资企业	58098	50726	34087	30067
3.外商投资企业	**1973766**	**1774171**	**552155**	**478348**
中外合资经营企业	967238	887406	231733	201950
中外合作经营企业	225412	210239	76907	72275
外资企业	660343	568629	199611	165097
外商投资股份有限公司	51041	42541	9544	5889
其他外商投资企业	69737	65357	34361	33142
(二)按国民经济行业分				
旅游饭店	28767852	20646315	10747943	7061408
一般旅馆	6441498	1970443	2961164	764020
其他住宿业	812791	338453	346850	101081
(三)按控股情况分				
国有控股	9485965	7203390	3441996	2394200
集体控股	1340616	762785	520633	239608
私人控股	16547561	7911689	7243111	3064423
港澳台控股	2563845	2335052	883522	789897
外商控股	1288718	1138968	376903	326250

企业损益及分配

单位：万元

主营业务税金及附加		主营业务利润		其他业务利润		销售费用	
限额以上	大中型企业	限额以上	大中型企业	限额以上	大中型企业	限额以上	大中型企业
4371414	**2681546**	**41042969**	**27050146**	**1368481**	**963283**	**23716337**	**16039466**
1900117	**1225141**	**20066057**	**13803552**	**725874**	**477300**	**10092945**	**6625701**
1605011	**954880**	**16628312**	**10625856**	**618749**	**383651**	**8743584**	**5420474**
214020	140752	2307692	1661372	122866	97638	1300693	892679
24962	11547	264368	137926	5439	1305	143109	78375
4930	1766	56382	29758	2801	2243	29433	13324
3281	2327	32659	22181	213	184	17195	11729
2290	1826	21213	16471	184	184	11914	9321
276		2818		29		1725	
394	249	5509	3443			2326	1602
320	252	3120	2267			1230	806
758538	522457	8045141	5838222	297725	189501	4137570	2862892
61070	49181	652326	555932	33563	26664	313557	254760
697464	473282	7392821	5282284	264161	162836	3824016	2608135
60644	38745	582229	383347	20960	11712	298018	189392
525450	232308	5215778	2501026	159656	80171	2767594	1355278
44316	9533	371989	93915	4657	1828	129593	45540
11328	1874	95671	20281	7572	1890	42804	11821
443607	208860	4496187	2266771	139806	76009	2479169	1244498
26207	12048	251914	120058	7627	446	116032	53419
13200	4982	124058	52014	9096	901	49984	16815
185890	**171953**	**2125349**	**1980186**	**62104**	**56289**	**798146**	**719452**
83194	78871	1001869	961492	29328	28935	377237	354313
23876	22026	244818	224358	4906	4519	94782	84652
70499	63475	807778	734774	26918	22477	299798	260147
4516	3868	50675	42617	634	39	22815	17243
3807	3714	20204	16945	319	319	3519	3097
109218	**98315**	**1312393**	**1197508**	**45023**	**37360**	**551224**	**485776**
53521	49187	681984	636269	13693	8299	267402	242904
13037	12198	135468	125766	6759	6062	78154	71364
36556	31409	424176	372123	9016	7524	178636	148636
2164	1806	39333	34846	84		18963	16633
3943	3718	31433	28497	15476	15476	8070	6239
1540396	1106403	16479513	12478504	617690	445246	8317503	5978439
318889	100656	3161445	1105767	96935	26104	1585816	550147
40834	18085	425107	219287	11256	5951	189635	97115
501985	379955	5541984	4429235	248892	201282	2902391	2206098
71500	42349	748483	480828	13489	4723	427329	289761
854857	415872	8449593	4431394	277730	141309	4371329	2257457
136293	124453	1544030	1420702	47964	41986	608864	540581
71124	62509	840691	750209	19265	14211	354734	302076

1-13 续表 1

项　　目	主营业务收入		主营业务成本	
	限额以上	大中型企业	限额以上	大中型企业
二、餐饮业	**48194664**	**26882106**	**24746456**	**12179103**
(一)按登记注册类型分				
1.内资企业	**35141394**	**14623098**	**19226839**	**7017620**
国有企业	632087	273693	338411	123600
集体企业	226193	54947	144293	29447
股份合作企业	140121	75678	72847	36552
联营企业	9843		7384	
国有联营企业				
集体联营企业	9843		7384	
国有与集体联营企业				
其他联营企业				
有限责任公司	10735716	5725737	5401091	2550335
国有独资公司	375494	238132	214853	125364
其他有限责任公司	10360221	5487604	5186240	2424973
股份有限公司	1178041	823796	660104	449531
私营企业	21711092	7553470	12295759	3769814
私营独资企业	3540109	343879	2254946	193104
私营合伙企业	399830	86413	246554	53335
私营有限责任公司	16696491	6518528	9222219	3220920
私营股份有限公司	1074663	604650	572041	302460
其他企业	508316	115781	306962	58339
2.港、澳、台商投资企业	**4302996**	**3854295**	**1595527**	**1405027**
合资经营企业	732546	654644	343255	306125
合作经营企业	177304	163900	64904	59521
独资经营企业	3331883	2987597	1158495	1017174
投资股份有限公司	29471	23307	13966	11020
其他港澳台商投资企业	31797	24847	14904	11189
3.外商投资企业	**8750271**	**8404716**	**3924093**	**3756462**
中外合资经营企业	1948601	1882083	855883	821052
中外合作经营企业	80065	67177	53237	49183
外资企业	6672285	6423958	2994629	2875101
外商投资股份有限公司	39980	29415	15347	10268
其他外商投资企业	9342	2085	4995	860
(二)按国民经济行业分				
正餐服务	35177865	15314001	18847030	7186320
快餐服务	9693526	8976932	4381328	3932153
饮料及冷饮服务	1462948	1316682	445266	363906
其他餐饮业	1860325	1274494	1072832	696727
(三)按控股情况分				
国有控股	2286862	1501206	1185377	718085
集体控股	714033	335410	394657	160770
私人控股	29248076	11176474	16266077	5448947
港澳台控股	4210276	3783333	1546063	1368076
外商控股	8216258	7905815	3662851	3513647

单位：万元

主营业务税金及附加		主营业务利润		其他业务利润		销售费用	
限额以上	大中型企业	限额以上	大中型企业	限额以上	大中型企业	限额以上	大中型企业
2471298	**1456410**	**20976910**	**13246593**	**642608**	**485981**	**13623392**	**9413765**
1784322	**812145**	**14130233**	**6793333**	**369025**	**217448**	**8519456**	**4598460**
29075	12872	264601	137221	8975	2997	152740	81554
9838	2911	72062	22589	665	21	34593	11447
7467	4255	59807	34871	402		38734	22153
268		2191				586	
268		2191				586	
615938	381764	4718687	2793638	142820	96343	3098709	1980054
16987	12233	143654	100535	-167	1555	81991	54429
598954	369533	4575027	2693098	142986	94791	3016716	1925626
51398	34982	466539	339283	15231	11926	276505	207055
1045303	369857	8370030	3413799	194958	102817	4843907	2266335
158452	17084	1126711	133691	12598	301	342000	67886
17324	3420	135952	29658	4108	2757	59784	15940
819064	321751	6655208	2975857	157849	86615	4149903	1984050
50465	27601	452157	274589	20406	13144	292221	198457
25042	5507	176312	51935	5972	3345	73696	29868
224101	**199269**	**2483368**	**2249999**	**36140**	**33184**	**1877191**	**1692634**
37265	32912	352026	315607	2899	2498	231787	202761
8302	7605	104098	96774	8553	8512	80065	71505
175286	156119	1998102	1814304	24685	22171	1546095	1403501
1677	1282	13828	11005	4	4	9998	8058
1574	1350	15319	12308			9246	6810
462880	**445000**	**4363298**	**4203254**	**237443**	**235348**	**3226748**	**3122675**
101041	97371	991677	963660	4438	3668	741416	722430
4384	3688	22444	14306	11		9282	4623
354748	342247	3322908	3206610	232076	231537	2454199	2380489
2155	1558	22478	17589	918	144	17727	13455
554	137	3793	1088			4124	1683
1824196	871119	14506639	7256562	355194	209901	8943297	4969116
495819	464879	4816379	4579900	271945	263786	3592058	3455380
75170	67531	942512	885245	2219	183	671959	640651
76118	52885	711375	524882	13253	12112	416077	348622
105046	71233	996439	711888	43586	35230	606071	435477
35290	17295	284086	157345	18552	14394	180501	107214
1497921	639575	11484078	5087952	254776	129643	6854920	3472148
221117	197317	2443096	2217940	34704	31003	1867599	1690480
433722	417746	4119685	3974422	236177	234761	3074385	2980932

1—13 续表 2

项　目	管理费用		财务费用	
	限额以上	大中型企业	限额以上	大中型企业
总　计	**15476148**	**9981567**	**2804957**	**1975133**
一、住宿业	**9969619**	**6986338**	**2058147**	**1562108**
(一)按登记注册类型分				
1.内资企业	**8164770**	**5339142**	**1624542**	**1160826**
国有企业	1271715	905049	54956	40505
集体企业	112663	57175	7387	3690
股份合作企业	21807	12129	2484	898
联营企业	15156	8385	1123	1089
国有联营企业	7211	5415	1207	1176
集体联营企业	1119		7	
国有与集体联营企业	5214	1541	-106	-99
其他联营企业	1612	1429	16	12
有限责任公司	4172957	3051636	912950	726139
国有独资公司	411414	346001	29029	22003
其他有限责任公司	3761545	2705639	883922	704137
股份有限公司	279972	185043	59776	43126
私营企业	2237443	1090863	577655	341173
私营独资企业	120122	34443	25065	7475
私营合伙企业	32841	6738	6477	1270
私营有限责任公司	1979104	1000089	509695	314390
私营股份有限公司	105380	49598	36425	18045
其他企业	53067	28868	8218	4220
2.港、澳、台商投资企业	**1128490**	**1031390**	**309011**	**288947**
合资经营企业	510132	484310	140058	135072
合作经营企业	111298	91270	14180	8924
独资经营企业	473249	426417	150469	140902
投资股份有限公司	26657	22860	3894	3669
其他港澳台商投资企业	7152	6531	408	385
3.外商投资企业	**676360**	**615814**	**124601**	**112333**
中外合资经营企业	342878	318796	73514	69149
中外合作经营企业	60523	56090	14848	14421
外资企业	236875	209192	34589	27128
外商投资股份有限公司	20255	18069	695	584
其他外商投资企业	15833	13672	957	1056
(二)按国民经济行业分				
旅游饭店	8409173	6361430	1814869	1442802
一般旅馆	1353501	509523	198967	83537
其他住宿业	206940	115390	44316	35768
(三)按控股情况分				
国有控股	3101321	2414121	300046	251963
集体控股	330483	205841	35290	19282
私人控股	3788061	2060413	1061086	702046
港澳台控股	871305	784866	266449	249393
外商控股	468583	420674	91214	81948

单位：万元

营业利润		利润总额		应交所得税		应付职工薪酬	
限额以上	大中型企业	限额以上	大中型企业	限额以上	大中型企业	限额以上	大中型企业
305461	**49680**	**472498**	**316412**	**856638**	**544690**	**17763681**	**10782289**
-1486434	**-977581**	**-1176925**	**-735148**	**325965**	**213956**	**8535699**	**5512142**
-1432020	**-979911**	**-1139767**	**-743199**	**229948**	**123863**	**7300117**	**4386764**
-210069	-105415	-106609	-41060	28575	19095	1343618	824514
5077	-150	3063	573	4275	1531	117379	57273
7044	6982	5319	6800	2133	1703	25088	11414
170	1699	318	1780	699	464	19374	12458
1616	1284	1622	1359	433	359	12427	10329
217		351		23		1816	
-1924	395	-1905	413	211	105	4128	1542
262	20	248	8	31		1005	587
-988154	-657061	-849698	-543085	100006	66779	3443557	2371626
-78317	-49385	-61904	-35793	17946	14863	341942	277481
-909841	-607679	-787799	-507287	82061	51917	3101615	2094145
-25638	-9639	-23511	-8043	10827	5580	269920	182378
-234989	-219259	-181393	-162914	81407	28278	2018003	902309
99435	6239	93723	10224	7323	1284	151355	34702
16497	583	17380	3373	1944	740	41625	9016
-352433	-229403	-290190	-181396	68575	24791	1726845	815023
1515	3324	-2307	4880	3570	1466	98188	43564
14547	2928	12741	2746	2033	441	63183	24802
-40760	**-2637**	**-16509**	**15700**	**62923**	**60472**	**769265**	**700959**
804	10036	16610	20847	25378	25013	360746	340795
26850	41443	31722	40541	14300	14165	86023	75000
-71438	-57756	-74738	-56603	22279	20457	300633	266891
-3164	-355	5675	6950	967	838	18656	15256
6184	3990	4223	3965			3206	3017
-13647	**4963**	**-20646**	**-7644**	**33096**	**29627**	**466318**	**424423**
6018	12485	2280	8299	17852	16904	220541	204624
-12338	-11270	-27643	-27221	1965	1924	60112	56597
-13548	-3462	-5078	628	12342	9969	148127	129483
-474	-437	3078	2962	935	830	17608	15436
6690	7645	6717	7689	3		19942	18283
-1585220	-946381	-1276103	-714700	253655	189014	7100754	5004852
107528	-6728	101350	1086	63982	22421	1265307	425702
-8741	-24472	-2172	-21529	8334	2525	169640	81586
-543609	-290363	-374941	-175805	102749	83953	2872667	2074955
-36701	-27339	-36088	-24977	10844	5032	317219	185910
-595855	-474940	-488395	-374201	118191	43788	3348828	1649690
-154013	-116869	-130067	-97691	33284	31030	567744	509519
-45696	-29258	-33005	-21945	19213	16425	289550	258447

1-13 续表 3

项　目	管理费用		财务费用	
	限额以上	大中型企业	限额以上	大中型企业
二、餐饮业	**5506532**	**2995233**	**746811**	**413028**
(一)按登记注册类型分				
1.内资企业	**4234990**	**1879210**	**666294**	**344042**
国有企业	122875	60579	6575	1964
集体企业	23213	6774	1642	206
股份合作企业	14248	7971	1799	1523
联营企业	629		125	
国有联营企业				
集体联营企业	629		125	
国有与集体联营企业				
其他联营企业				
有限责任公司	1458625	773375	217945	128900
国有独资公司	75177	50180	7077	5728
其他有限责任公司	1383454	723195	210869	123170
股份有限公司	134677	91092	38365	27200
私营企业	2438650	928769	393572	181914
私营独资企业	266465	36443	46504	8119
私营合伙企业	40955	9720	10507	5183
私营有限责任公司	2014583	818790	312042	156621
私营股份有限公司	116647	63821	24519	11992
其他企业	42083	10658	6269	2342
2.港、澳、台商投资企业	**449718**	**368171**	**37708**	**30214**
合资经营企业	88052	75920	9558	7832
合作经营企业	29908	24515	2122	736
独资经营企业	323032	260875	25813	21545
投资股份有限公司	5266	3762	214	102
其他港澳台商投资企业	3461	3099	3	
3.外商投资企业	**821825**	**747851**	**42815**	**38773**
中外合资经营企业	163068	151739	9651	8485
中外合作经营企业	11990	7187	504	328
外资企业	640887	586998	32615	30111
外商投资股份有限公司	5223	1837	-1	-166
其他外商投资企业	665	91	49	14
(二)按国民经济行业分				
正餐服务	4372069	2020452	678328	354861
快餐服务	846934	773070	53029	48514
饮料及冷饮服务	93193	70702	4366	3028
其他餐饮业	194342	131009	11087	6620
(三)按控股情况分				
国有控股	410211	265002	29158	15032
集体控股	97023	45814	10969	5610
私人控股	3332543	1350916	572997	291157
港澳台控股	422874	345003	34674	28956
外商控股	774023	705597	40228	36618

单位：万元

营业利润		利润总额		应交所得税		应付职工薪酬	
限额以上	大中型企业	限额以上	大中型企业	限额以上	大中型企业	限额以上	大中型企业
1791893	**1027264**	**1649421**	**1051558**	**530676**	**330734**	**9227985**	**5270145**
1332893	**506557**	**1202235**	**541938**	**388564**	**193053**	**6875667**	**3120933**
-9602	-7847	4962	72	4267	1693	154489	71500
12277	4648	11099	4629	2843	1647	37433	13758
5532	3289	5437	3618	1653	1171	24456	12471
850		855		82		850	
850		855		82		850	
363740	339998	420523	375160	171040	125047	2517982	1411123
-15627	-7702	-11056	-6139	2804	2065	85997	57272
379372	347702	431580	381300	168237	122980	2431988	1353850
91320	83211	82694	76282	8231	6272	229061	165794
814878	74067	634318	75283	195905	55798	3838893	1431112
469401	22403	420498	16891	43695	2056	423442	50986
24697	-793	20215	-1010	3076	344	64029	13844
285126	35718	161531	36395	137262	45651	3145591	1239026
35655	16739	32078	23009	11875	7748	205834	127262
53900	9193	42351	6891	4541	1431	72508	15178
196775	**233691**	**185944**	**217767**	**56554**	**53746**	**891791**	**789762**
22692	28973	1961	7886	5397	5043	150106	131595
-5815	121	-4159	1693	1975	1972	39822	34777
178722	202895	183636	206033	48850	46441	688213	611062
-1449	-697	1608	-640	42	42	6583	5930
2624	2400	2899	2794	293	247	7069	6403
262225	**287017**	**261243**	**291854**	**85559**	**83934**	**1460529**	**1359449**
73358	76391	70912	74564	23199	22798	379339	365085
649	2174	658	2149	543	491	27894	24638
188457	206281	189205	212155	61522	60412	1044161	964131
851	2890	307	2314	252	234	6881	4821
-1094	-719	159	672	46		2255	779
1188081	468954	1080819	523887	390502	198819	6911760	3198780
358040	333530	345841	323221	78095	73728	1629180	1519977
175506	171282	153199	149677	45911	44876	309316	266818
70265	53494	69559	54773	16170	13307	377733	284572
40065	66277	77549	89575	24305	18657	604333	426569
4087	4359	10094	6492	6491	3992	152951	85334
936542	91755	770182	96733	257570	80186	5305158	2068064
193922	227449	182731	211371	55341	52586	867805	770302
223649	247871	222442	252433	72592	71069	1351468	1256611

1-14 大中型住宿和餐饮业企业经济效益分析指标

项目	负债比率(%)		主营业务毛利率(%)		人均营业收入(万元)		费用率(%)	
	限额以上	大中型企业	限额以上	大中型企业	限额以上	大中型企业	限额以上	大中型企业
总　计	**72.0**	**73.1**	**53.9**	**59.7**	**20.4**	**22.2**	**49.9**	**56.2**
一、住宿业	**72.6**	**73.2**	**61.0**	**65.5**	**18.8**	**21.5**	**61.4**	**66.1**
(一)按登记注册类型分								
1.内资企业	**72.9**	**73.9**	**59.6**	**64.3**	**18.0**	**20.3**	**60.6**	**66.2**
国有企业	56.9	55.9	62.2	67.5	16.6	19.2	64.8	68.8
集体企业	73.2	67.1	59.8	70.4	17.4	19.0	54.4	65.6
股份合作企业	72.1	66.8	60.9	65.2	18.9	23.3	53.3	54.5
联营企业	38.6	46.9	62.4	62.2	18.3	21.5	58.1	53.8
国有联营企业	50.1	42.7	60.2	58.8	19.7	19.8	52.1	51.1
集体联营企业	35.4		55.4		10.5		51.0	
国有与集体联营企业	-39.8	16.7	83.8	82.8	16.6	29.3	105.5	68.3
其他联营企业	220.2	579.6	58.1	65.3	29.2	36.1	48.3	58.2
有限责任公司	74.9	75.4	63.0	65.8	18.4	20.9	66.0	68.7
国有独资公司	56.3	53.6	61.1	63.5	19.6	20.5	64.6	65.4
其他有限责任公司	76.7	77.8	63.1	66.0	18.3	20.9	66.1	69.0
股份有限公司	66.1	64.8	53.9	54.7	17.7	19.5	53.5	54.1
私营企业	77.2	84.0	55.0	61.0	18.0	19.9	53.4	62.2
私营独资企业	49.2	53.7	41.0	51.9	19.6	19.8	27.1	43.9
私营合伙企业	47.9	71.4	42.6	43.9	17.2	16.7	32.7	39.3
私营有限责任公司	79.8	86.4	57.3	62.3	17.8	19.9	57.6	64.4
私营股份有限公司	70.4	64.0	49.6	51.6	18.3	21.3	46.0	47.3
其他企业	67.5	76.3	48.1	55.3	17.1	23.8	39.0	48.4
2.港、澳、台商投资企业	**72.7**	**71.9**	**67.0**	**67.7**	**27.1**	**28.6**	**64.9**	**64.1**
合资经营企业	79.1	79.3	72.1	73.2	26.2	27.5	68.3	68.5
合作经营企业	75.0	63.7	61.1	60.6	32.2	33.8	50.1	45.5
独资经营企业	66.9	67.0	64.4	64.7	26.6	28.3	67.7	67.0
投资股份有限公司	75.1	77.3	68.4	68.3	19.5	21.5	66.1	64.3
其他港澳台商投资企业	47.8	47.9	41.3	40.7	87.2	84.0	19.1	19.7
3.外商投资企业	**68.8**	**68.2**	**72.0**	**73.0**	**24.7**	**25.7**	**68.5**	**68.4**
中外合资经营企业	62.9	62.5	76.0	77.2	27.8	29.2	70.7	71.1
中外合作经营企业	125.4	118.9	65.9	65.6	21.0	21.6	68.1	67.5
外资企业	61.2	60.4	69.8	71.0	22.1	22.3	68.2	67.7
外商投资股份有限公司	113.5	116.8	81.3	86.2	23.4	26.0	78.2	82.9
其他外商投资企业	-7.4	-11.7	50.7	49.3	31.4	37.5	35.6	32.1
(二)按国民经济行业分								
旅游饭店	73.4	73.0	62.6	65.8	18.9	21.7	64.5	66.8
一般旅馆	67.4	73.9	54.0	61.2	18.6	19.7	48.7	58.0
其他住宿业	71.4	76.1	57.3	70.1	18.7	20.2	54.2	73.4
(三)按控股情况分								
国有控股	58.4	56.4	63.7	66.8	18.9	21.2	66.5	67.6
集体控股	77.4	79.8	61.2	68.6	18.4	20.0	59.2	67.5
私人控股	79.5	86.1	56.2	61.3	17.8	20.1	55.7	63.4
港澳台控股	73.8	73.4	65.5	66.2	26.1	27.6	68.1	67.4
外商控股	70.1	70.1	70.8	71.4	23.9	24.7	71.0	70.7

1–14 续表

项目	负债比率(%)		主营业务毛利率(%)		人均营业收入(万元)		费用率(%)	
	限额以上	大中型企业	限额以上	大中型企业	限额以上	大中型企业	限额以上	大中型企业
二、餐饮业	**70.6**	**72.9**	**48.7**	**54.7**	**21.7**	**22.8**	**41.2**	**47.7**
(一)按登记注册类型分								
1.内资企业	**70.9**	**74.9**	**45.3**	**52.0**	**20.7**	**21.1**	**38.2**	**46.7**
国有企业	53.4	45.7	46.5	54.8	17.0	18.3	44.6	52.6
集体企业	64.7	62.7	36.2	46.4	23.6	26.5	26.3	33.5
股份合作企业	70.9	68.3	48.0	51.7	20.0	21.7	39.1	41.8
联营企业	35.4		25.0		37.3		13.6	
国有联营企业								
集体联营企业	35.4		25.0		37.3		13.6	
国有与集体联营企业								
其他联营企业								
有限责任公司	76.8	78.1	49.7	55.5	19.1	21.0	44.5	50.3
国有独资公司	74.5	81.8	42.8	47.4	22.9	24.0	43.7	46.3
其他有限责任公司	76.9	77.9	49.9	55.8	19.0	20.9	44.5	50.5
股份有限公司	61.6	58.0	44.0	45.4	21.5	23.5	38.2	39.5
私营企业	68.9	77.2	43.4	50.1	21.6	21.0	35.4	44.7
私营独资企业	43.1	53.9	36.3	43.8	26.2	23.8	18.5	32.7
私营合伙企业	60.9	99.3	38.3	38.3	19.8	26.3	27.8	35.7
私营有限责任公司	72.0	78.9	44.8	50.6	21.0	20.7	38.8	45.4
私营股份有限公司	66.5	60.6	46.8	50.0	21.0	22.4	40.3	45.4
其他企业	56.1	93.8	39.6	49.6	21.1	26.0	24.0	37.0
2.港、澳、台商投资企业	**65.9**	**61.8**	**62.9**	**63.5**	**22.2**	**22.4**	**55.0**	**54.3**
合资经营企业	66.4	63.1	53.1	53.2	18.3	18.5	45.0	43.8
合作经营企业	114.0	118.7	63.4	63.7	24.9	27.0	63.2	59.0
独资经营企业	62.7	58.9	65.2	66.0	23.1	23.2	56.9	56.4
投资股份有限公司	51.2	49.9	52.6	52.7	27.2	24.1	52.5	51.2
其他港澳台商投资企业	66.1	65.1	53.1	55.0	24.0	22.4	40.0	39.9
3.外商投资企业	**71.2**	**70.6**	**55.2**	**55.3**	**26.6**	**26.6**	**46.8**	**46.5**
中外合资经营企业	61.8	59.5	56.1	56.4	25.7	26.0	46.9	46.9
中外合作经营企业	72.2	63.2	33.5	26.8	20.7	20.0	27.2	18.1
外资企业	74.6	74.7	55.1	55.2	27.0	26.9	46.9	46.7
外商投资股份有限公司	53.5	13.4	61.6	65.1	21.0	22.8	57.4	51.4
其他外商投资企业	149.0	227.2	46.5	58.8	21.1	17.4	51.8	85.8
(二)按国民经济行业分								
正餐服务	71.3	74.9	46.4	53.1	20.9	21.9	39.8	48.0
快餐服务	68.9	69.1	54.8	56.2	24.0	24.0	46.3	47.6
饮料及冷饮服务	56.0	54.5	69.6	72.4	29.2	30.3	52.6	54.3
其他餐饮业	64.2	63.1	42.3	45.3	21.7	19.7	33.4	38.2
(三)按控股情况分								
国有控股	63.4	55.2	48.2	52.2	19.5	20.3	45.7	47.7
集体控股	81.3	84.0	44.7	52.1	20.5	21.7	40.4	47.3
私人控股	71.6	79.9	44.4	51.2	20.9	21.0	36.8	45.8
港澳台控股	65.1	61.4	63.3	63.8	22.4	22.6	55.2	54.6
外商控股	72.1	71.3	55.4	55.6	26.8	26.8	47.3	47.1

地区篇

简要说明：

一、本篇资料主要内容为分地区大中型批发和零售业、住宿和餐饮业企业单位数和从业人员数情况；分地区大中型批发和零售业企业商品购、销、存情况；分地区大中型住宿和餐饮业企业经营情况；分地区大中型批发和零售业、住宿和餐饮业企业主要财务及经济效益分析指标等。

二、批发和零售业、住宿和餐饮业统计采用“法人在地统计”原则，即按法人企业主要经营活动所在地确定法人企业所在地区。

2-1 各地区大中型批发和零售业企业基本情况

地 区	大中型		大 型		中 型	
	法人单位数(个)	年末从业人数(人)	法人单位数(个)	年末从业人数(人)	法人单位数(个)	年末从业人数(人)
全 国	**55645**	**9424958**	**4716**	**4602764**	**50929**	**4822194**
北 京	3103	678775	355	412435	2748	266340
天 津	1142	171943	78	84797	1064	87146
河 北	1544	306655	148	146381	1396	160274
山 西	1087	195867	106	90560	981	105307
内蒙古	628	106939	58	48477	570	58462
辽 宁	1449	290702	165	169296	1284	121406
吉 林	569	92690	58	42296	511	50394
黑龙江	641	115784	72	46807	569	68977
上 海	3165	774037	523	518855	2642	255182
江 苏	4728	739987	357	359106	4371	380881
浙 江	4430	588797	273	245086	4157	343711
安 徽	1772	285721	175	125763	1597	159958
福 建	2362	292090	128	106899	2234	185191
江 西	878	177466	79	92102	799	85364
山 东	4846	736245	330	352449	4516	383796
河 南	3182	461368	180	149111	3002	312257
湖 北	2113	406545	162	222201	1951	184344
湖 南	1730	283465	122	127005	1608	156460
广 东	6835	1123098	528	533946	6307	589152
广 西	1012	141044	84	49664	928	91380
海 南	215	38741	23	18384	192	20357
重 庆	1498	260894	129	139389	1369	121505
四 川	2136	388202	184	182010	1952	206192
贵 州	674	108262	49	43057	625	65205
云 南	977	183837	91	94057	886	89780
西 藏	44	8914	5	4657	39	4257
陕 西	1275	236102	112	112478	1163	123624
甘 肃	513	77265	47	27635	466	49630
青 海	148	23807	16	10139	132	13668
宁 夏	197	33537	16	12442	181	21095
新 疆	752	96179	63	35280	689	60899

2-2 各地区大中型批发和零售业企业商品购、销、存情况

单位：万元

地区	商品购进额	进口	商品销售额	出口	期末商品库存额
全国	**3421582884**	**279285589**	**3804473813**	**162803963**	**285130994**
北京	415126769	62964938	447777322	19792308	42149630
天津	180871997	13916147	196408219	4459660	9106127
河北	74914310	1273372	81895480	445865	6166399
山西	65512710	416186	71537018	99732	3716396
内蒙古	26815306	212646	31254545	31169	3743046
辽宁	96684286	2822794	107475322	1737639	10245719
吉林	25591762	504835	29312779	123191	4172077
黑龙江	32186556	5260894	38730971	585546	3593263
上海	477050359	86858364	539169101	25618324	36080278
江苏	258772183	9629979	271681242	14943783	18731218
浙江	239574253	16078625	266096346	26425588	16773012
安徽	66611464	1982956	75987638	2002469	5922259
福建	115632797	10762108	126563819	8220513	8166901
江西	25610671	369719	31773694	541966	3156930
山东	178415712	6042023	197623757	7620463	11555469
河南	88669548	1889787	101117589	661213	6456108
湖北	125805831	948837	137964793	1564447	10211160
湖南	53625483	1325706	64109757	576257	15335276
广东	437198549	38621685	476492877	39677272	34083942
广西	32477337	476754	43489869	603141	2568288
海南	17308517	1013652	19237195	529509	880793
重庆	66525126	2314143	78070486	2004462	4748911
四川	88541178	2132491	99480471	1168586	7463564
贵州	25389364	410714	34572938	600559	3014932
云南	51250323	808939	60713414	1715023	6582149
西藏	1377488	54	1856260		191680
陕西	63355974	882269	72386428	587544	3436149
甘肃	29632220	269468	35507793	176010	1911610
青海	5087084	18722	6188055	20636	395294
宁夏	8514761	491670	8852104	6276	626273
新疆	47452966	8585112	51146531	264812	3946141

2-3 各地区大型批发和零售业企业商品购、销、存情况

单位：万元

地 区	商品购进额		商品销售额		期末商品库存额
		进 口		出 口	
全 国	**1504862504**	**123634632**	**1713929081**	**54408666**	**119091225**
北 京	241572269	29721237	262802569	9437313	20160871
天 津	47723186	1938068	52653601	211429	1719041
河 北	41101975	140274	45061904	908	2104532
山 西	26933527	816	30686475		1349303
内蒙古	7446946	1047	10081319		396120
辽 宁	25195517	1345255	30097224	240000	1537040
吉 林	11676482	69249	15230041		620743
黑龙江	12592673	160039	16381737	242162	922462
上 海	246156464	60401735	288510796	11067509	20513875
江 苏	110294511	1960290	106387885	5269366	8345230
浙 江	81901608	2392143	98706338	4936434	4513769
安 徽	27460314	438847	32796058	767466	2186936
福 建	41277413	5415867	45901829	1682376	2304881
江 西	10911684	45649	15821654	241433	1080921
山 东	61493610	1382919	71254122	2502703	4602841
河 南	32337570	123979	38543142		2009469
湖 北	80787795	216781	89424884	1001888	5539359
湖 南	22125871	51050	29081969	45170	10944780
广 东	206858688	15615299	220852422	15599930	13880928
广 西	6996115	7995	15128953		619536
海 南	3960003	366124	4799505		400322
重 庆	26183976	485178	32408637	208904	2027207
四 川	40865923	522103	47194691	284304	2711105
贵 州	11198117	1817	18862442	41	1931656
云 南	22910350	96915	30044629	331111	3904923
西 藏	372157		538651		10129
陕 西	31852088	334781	36122248	290544	1281422
甘 肃	7779291	54	9160163		257479
青 海	1768083		2273059		70941
宁 夏	2766322	329342	3068738		246369
新 疆	12361976	69779	14051396	47675	897035

2-4 各地区中型批发和零售业企业商品购、销、存情况

单位：万元

地区	商品购进额		商品销售额		期末商品库存额
		进口		出口	
全国	**1916720383**	**155650956**	**2090544736**	**108395297**	**166039769**
北京	173554500	33243701	184974753	10354995	21988759
天津	133148811	11978079	143754618	4248231	7387086
河北	33812336	1133097	36833576	444957	4061868
山西	38579183	415370	40850544	99732	2367093
内蒙古	19368360	211599	21173226	31169	3346926
辽宁	71488769	1477539	77378098	1497639	8708680
吉林	13915280	435586	14082738	123191	3551333
黑龙江	19593883	5100855	22349234	343384	2670801
上海	230893895	26456629	250658305	14550815	15566403
江苏	148477673	7669689	165293357	9674417	10385987
浙江	157672645	13686482	167390008	21489154	12259243
安徽	39151151	1544109	43191580	1235004	3735323
福建	74355384	5346241	80661990	6538137	5862020
江西	14698987	324070	15952040	300533	2076008
山东	116922102	4659104	126369635	5117760	6952628
河南	56331978	1765807	62574447	661213	4446639
湖北	45018036	732055	48539909	562559	4671801
湖南	31499612	1274656	35027788	531087	4390496
广东	230339861	23006386	255640456	24077342	20203014
广西	25481223	468759	28360916	603141	1948752
海南	13348514	647528	14437690	529509	480471
重庆	40341150	1828965	45661849	1795558	2721704
四川	47675254	1610389	52285780	884283	4752460
贵州	14191248	408897	15710496	600518	1083276
云南	28339973	712024	30668785	1383911	2677225
西藏	1005330	54	1317610		181550
陕西	31503887	547488	36264180	296999	2154727
甘肃	21852928	269415	26347631	176010	1654132
青海	3319001	18722	3914996	20636	324353
宁夏	5748439	162328	5783366	6276	379904
新疆	35090990	8515333	37095135	217137	3049107

2-5 各地区大中型批发业企业商品购、销、存情况

单位：万元

地区	商品购进额	进口	商品销售额	出口	期末商品库存额
全国	**2657155690**	**256838308**	**2913271717**	**162223292**	**195366802**
北京	347529558	61426175	373284042	19473023	36681237
天津	166803188	13638359	178452875	4459456	7985751
河北	51565974	764054	55965484	442509	2332363
山西	52312828	252016	55490113	99398	2055792
内蒙古	16991651	56310	19557762	31169	2713992
辽宁	74196872	2312135	80495974	1691545	3561330
吉林	14304381	256521	14751900	106807	3370927
黑龙江	23649735	5077225	27128018	585546	2728477
上海	431601170	83931473	483595459	25611456	28647634
江苏	186257180	7825086	186724709	14940641	12154074
浙江	189802275	13526296	208348160	26380091	10130512
安徽	42158752	1467655	47960068	2002469	3617146
福建	92486879	9875301	100460311	8219272	6058133
江西	14246321	215807	18958791	537128	1879500
山东	118256725	5361702	130740862	7594315	6446655
河南	59565791	1300693	67567711	643866	3685096
湖北	85396857	481981	93397333	1563722	6008262
湖南	28100107	567907	32850288	576154	11913329
广东	358947566	35308058	385135190	39615386	21547662
广西	22150610	216973	31523308	602624	1423318
海南	13290726	601828	14619597	529509	420846
重庆	46599002	1624766	52238539	2003767	2765596
四川	49473364	805279	55825935	1168586	3859708
贵州	15845547	256350	22593332	600559	1715742
云南	38016905	542361	44057910	1693774	5152151
西藏	706050	25	1039217		99215
陕西	42030537	221039	47479540	587544	1608316
甘肃	23995115	116356	28670181	172010	1367583
青海	3682958	34	4459444	20636	182714
宁夏	6100016	340527	6139803	6276	176546
新疆	41091050	8468016	43759861	264054	3077195

2-6 各地区大中型零售业企业商品购、销、存情况

单位：万元

地　区	商品购进额	进　口	商品销售额	出　口	期末商品库存额
全　国	**764427194**	**22447284**	**891202098**	**580671**	**89764196**
北　京	67597211	1538763	74493279	319285	5468392
天　津	14068809	277788	17955345	204	1120376
河　北	23348336	509318	25929996	3356	3834036
山　西	13199883	164170	16046905	334	1660604
内蒙古	9823655	156336	11696783		1029054
辽　宁	22487414	510660	26979348	46094	6684390
吉　林	11287381	248314	14560879	16383	801150
黑龙江	8536821	183669	11602953		864785
上　海	45449190	2926891	55573643	6869	7432645
江　苏	72515003	1804893	84956533	3143	6577144
浙　江	49771977	2552329	57748187	45497	6642500
安　徽	24452712	515301	28027570		2305113
福　建	23145918	886807	26103507	1241	2108768
江　西	11364351	153912	12814903	4838	1277430
山　东	60158987	680321	66882895	26148	5108815
河　南	29103756	589093	33549878	17347	2771012
湖　北	40408975	466856	44567460	725	4202898
湖　南	25525375	757799	31259468	103	3421947
广　东	78250983	3313628	91357687	61886	12536280
广　西	10326728	259781	11966561	517	1144970
海　南	4017791	411824	4617598		459948
重　庆	19926124	689377	25831947	695	1983315
四　川	39067813	1327213	43654536		3603857
贵　州	9543817	154364	11979606		1299190
云　南	13233418	266578	16655504	21248	1429998
西　藏	671438	29	817043		92464
陕　西	21325437	661231	24906888		1827833
甘　肃	5637105	153113	6837613	4000	544028
青　海	1404125	18687	1728611		212580
宁　夏	2414745	151143	2712301		449727
新　疆	6361916	117096	7386671	758	868947

2-7 各地区大中型批发和零售业企业年末资产负债

单位：万元

地区	流动资产合计	固定资产原价	累计折旧	资产总计	负债合计	所有者权益合计
全国	**1321288004**	**194119902**	**68434261**	**1792638305**	**1279464729**	**513329459**
北京	220146889	12950142	5364428	308850840	218129564	90721276
天津	57042219	4916349	1660690	77569678	59034653	18535025
河北	29997067	5298861	1781257	39944595	30573011	9371584
山西	29034079	6228786	1847955	41916119	32080320	9835799
内蒙古	13428536	3414760	983394	19874075	14970716	4903360
辽宁	29319850	7259058	2390409	41047253	30948286	9962438
吉林	11817304	3717807	1151505	16414518	12910374	3506838
黑龙江	18780760	3480562	1101804	23197407	18924641	4168678
上海	148680101	14936342	6571174	193203416	135571546	57631870
江苏	95547463	16416863	5515779	128517494	91088092	37429402
浙江	91063111	13005775	4883126	125178172	92283854	32894317
安徽	27286179	5011310	1669729	39890438	27705243	12185194
福建	47443956	5418280	1896391	65873329	42673910	23198989
江西	18059599	3588742	1602242	23608043	12438426	11169617
山东	59852974	15729197	4848033	83554231	62710400	20843831
河南	27147818	6539084	1853231	37817974	26068969	11749005
湖北	32819709	10569239	3349532	47203342	33511806	13691536
湖南	19487003	5504107	1753845	29624254	19554444	10069811
广东	170979370	19294284	7729440	211187360	155476448	55695756
广西	14979933	2430980	875693	20646800	13872273	6774527
海南	7601056	1101099	344457	9892661	6326830	3565831
重庆	23954919	4036760	1298323	31922592	22290415	9632178
四川	30776913	6030776	1989379	41400001	28234601	13165400
贵州	20590040	2224695	754821	25478095	16449557	9028538
云南	27834456	4033247	1568337	38950668	25052673	13897995
西藏	833250	238723	91131	1150894	747239	403656
陕西	18005330	3820727	1224474	25827408	18341405	7486003
甘肃	5882816	1729489	599138	8722349	4667729	4039898
青海	1762906	796257	242855	2600350	1617023	983327
宁夏	2888596	737970	243708	4424799	3168281	1256518
新疆	18243802	3659631	1247981	27149150	22042000	5531262

2-8 各地区大型批发和零售业企业年末资产负债

单位：万元

地　区	流动资产合计	固定资产原价	累计折旧	资产总计	负债合计	所有者权益合计
全　国	**560524245**	**101275885**	**38555892**	**792325019**	**529307203**	**263182929**
北　京	115393893	8127389	3599525	170654266	114669063	55985202
天　津	9339200	2250373	856413	13380354	9726526	3653829
河　北	15972815	2759679	1029025	21971802	15815097	6156705
山　西	11922079	3241975	892296	18831417	12880102	5951315
内蒙古	2189964	1248465	450598	3837508	2564860	1272648
辽　宁	10049969	3654500	1244633	15261177	9786632	5338017
吉　林	3422166	2184884	719800	6076749	4270600	1808844
黑龙江	9232100	1530641	633415	10661912	8440570	2117254
上　海	76698751	9154905	4435699	98440916	67752237	30688679
江　苏	46457063	7718026	2766741	64408403	42767322	21641081
浙　江	27120045	5819865	2431568	38503284	24289694	14213590
安　徽	10577290	2359488	850038	15293183	11022256	4270927
福　建	12989542	2256553	843309	19932785	10481362	9451423
江　西	6190159	1835286	666608	8845456	5127218	3718238
山　东	25829063	7282285	2516973	37257239	28103187	9154052
河　南	8558740	2459491	826013	12500514	8068264	4432250
湖　北	17231050	7138949	2301447	26574647	18020336	8554311
湖　南	9359156	3210489	1115573	15148860	9290315	5858545
广　东	78677821	10839493	4507344	100079767	68390507	31677142
广　西	3176927	1471479	546827	5057937	2651446	2406491
海　南	1203947	467356	165566	1719771	974975	744796
重　庆	9556301	2351440	785812	14177222	8865558	5311664
四　川	12607757	3247897	1127341	18663696	11194318	7469377
贵　州	11101796	1361239	503055	12931059	6643979	6287079
云　南	10606934	2336703	1016753	16462952	7558129	8904822
西　藏	136016	20391	8469	207544	192587	14957
陕　西	8114697	1913273	647561	11860564	8162092	3698473
甘　肃	1090562	636288	258497	2012414	1061849	941607
青　海	500758	429223	154257	884670	571837	312833
宁　夏	586649	350513	118606	1501659	906331	595328
新　疆	4631035	1617347	536130	9185292	9057954	551450

2-9 各地区中型批发和零售业企业年末资产负债

单位：万元

地 区	流动资产合计	固定资产原价	累计折旧	资产总计	负债合计	所有者权益合计
全 国	**760763758**	**92844021**	**29878367**	**1000313284**	**750157520**	**250146538**
北 京	104752996	4822754	1764903	138196575	103460500	34736074
天 津	47703019	2665977	804278	64189323	49308127	14881196
河 北	14024252	2539182	752232	17972793	14757914	3214879
山 西	17112000	2986811	955659	23084701	19200217	3884484
内蒙古	11238572	2166295	532796	16036567	12405856	3630712
辽 宁	19269881	3604558	1145776	25786075	21161654	4624421
吉 林	8395138	1532923	431705	10337768	8639774	1697995
黑龙江	9548660	1949921	468389	12535495	10484071	2051424
上 海	71981350	5781437	2135475	94762499	67819308	26943191
江 苏	49090400	8698837	2749037	64109091	48320770	15788321
浙 江	63943066	7185910	2451558	86674888	67994160	18680728
安 徽	16708889	2651822	819691	24597255	16682987	7914268
福 建	34454415	3161727	1053082	45940544	32192549	13747566
江 西	11869440	1753455	935634	14762587	7311207	7451380
山 东	34023911	8446913	2331060	46296993	34607213	11689780
河 南	18589077	4079593	1027218	25317460	18000705	7316755
湖 北	15588658	3430291	1048085	20628695	15491470	5137225
湖 南	10127847	2293618	638272	14475395	10264129	4211266
广 东	92301549	8454791	3222096	111107594	87085941	24018614
广 西	11803006	959501	328865	15588863	11220826	4368037
海 南	6397109	633743	178891	8172890	5351855	2821036
重 庆	14398618	1685320	512511	17745370	13424856	4320514
四 川	18169156	2782879	862037	22736306	17040283	5696023
贵 州	9488244	863456	251766	12547036	9805578	2741459
云 南	17227522	1696544	551584	22487716	17494543	4993173
西 藏	697234	218332	82662	943350	554652	388698
陕 西	9890634	1907454	576913	13966844	10179313	3787531
甘 肃	4792254	1093201	340641	6709934	3605880	3098291
青 海	1262148	367034	88598	1715680	1045186	670494
宁 夏	2301946	387458	125102	2923139	2261950	661190
新 疆	13612767	2042284	711851	17963858	12984046	4979813

2-10 各地区大中型批发业企业年末资产负债

单位：万元

地 区	流动资产合计	固定资产原价	累计折旧	资产总计	负债合计	所有者权益合计
全 国	**1033831772**	**100818977**	**37100475**	**1358685798**	**963631133**	**395150805**
北 京	193052467	7745356	3181455	271472483	189822393	81650090
天 津	51765250	2558270	898803	67783965	51977376	15806589
河 北	21119999	2143959	746439	26883561	20315874	6567687
山 西	23274444	3663477	1060726	33150936	25111345	8039592
内蒙古	9477422	1724574	463566	13687565	10054149	3633416
辽 宁	20587003	3426921	1069118	26045882	19486736	6429647
吉 林	7904478	1108242	485539	9150328	7345464	1804865
黑龙江	14841551	1502304	553922	16964047	14129035	2730924
上 海	128844670	8396246	3821671	165167031	113999607	51167424
江 苏	67714653	7036643	2398991	84046853	59233876	24812978
浙 江	71697412	7216832	3021707	96140043	69867591	26272452
安 徽	18280922	1958569	718931	24299125	18058396	6240728
福 建	39822867	3418032	1170953	55226744	35854323	19372421
江 西	12737262	2098471	1141688	16077691	7034252	9043438
山 东	39383730	8026637	2368933	51560287	37380620	14179668
河 南	17463950	3355070	982580	23383243	15211196	8172047
湖 北	21365184	5006124	1675790	28429678	19502997	8926681
湖 南	11190120	1908211	612084	15288256	10109874	5178382
广 东	135760130	13206343	5101831	167068571	125158596	41906936
广 西	10848104	1357164	501459	15104440	9948777	5155663
海 南	6096966	419333	116003	7629205	4867250	2761954
重 庆	17379599	1962813	602808	21493378	15038814	6454563
四 川	20006252	2154508	777000	24412122	17094159	7317964
贵 州	16615673	1287876	468998	20064659	12482994	7581665
云 南	22723671	2342817	1029778	30521262	19916097	10605165
西 藏	635145	95338	39023	766944	508236	258708
陕 西	10998276	1359550	515150	14495138	10631541	3863598
甘 肃	4212146	899297	353399	5706306	2494183	3212124
青 海	1184233	482923	166715	1695123	944658	750465
宁 夏	1732748	452514	150325	2759114	1973997	785117
新 疆	15115445	2504563	905090	22211818	18076727	4467854

2-11 各地区大中型零售业企业年末资产负债

单位：万元

地 区	流动资产合计	固定资产原价	累计折旧	资产总计	负债合计	所有者权益合计
全 国	**287456234**	**93300928**	**31333785**	**433952510**	**315833592**	**118178660**
北 京	27094422	5204787	2182973	37378358	28307171	9071187
天 津	5276969	2358080	761887	9785713	7057277	2728436
河 北	8877067	3154902	1034818	13061034	10257137	2803897
山 西	5759635	2565309	787229	8765182	6968975	1796207
内蒙古	3951114	1690186	519828	6186510	4916566	1269944
辽 宁	8732847	3832137	1321290	15001370	11461550	3532791
吉 林	3912826	2609565	665966	7264190	5564910	1701974
黑龙江	3939209	1978258	547882	6233360	4795606	1437754
上 海	19835431	6540096	2749503	28036385	21571939	6464446
江 苏	27832811	9380220	3116788	44470641	31854216	12616424
浙 江	19365699	5788943	1861419	29038129	22416263	6621865
安 徽	9005257	3052741	950798	15591313	9646847	5944466
福 建	7621089	2000248	725438	10646585	6819587	3826569
江 西	5322338	1490270	460554	7530353	5404173	2126179
山 东	20469244	7702560	2479100	31993944	25329780	6664164
河 南	9683868	3184014	870651	14434731	10857773	3576958
湖 北	11454525	5563115	1673742	18773663	14008809	4764855
湖 南	8296882	3595896	1141762	14335998	9444570	4891429
广 东	35219240	6087941	2627609	44118789	30317852	13788819
广 西	4131829	1073816	374233	5542361	3923496	1618865
海 南	1504090	681766	228454	2263457	1459580	803877
重 庆	6575320	2073948	695516	10429215	7251600	3177614
四 川	10770661	3876268	1212378	16987879	11140442	5847437
贵 州	3974367	936820	285823	5413436	3966563	1446873
云 南	5110786	1690430	538560	8429406	5136576	3292830
西 藏	198105	143385	52108	383950	239002	144948
陕 西	7007054	2461177	709324	11332270	7709864	3622406
甘 肃	1670670	830192	245739	3016043	2173547	827774
青 海	578673	313334	76140	905227	672364	232863
宁 夏	1155848	285457	93383	1665685	1194284	471401
新 疆	3128358	1155067	342890	4937333	3965273	1063408

2-12 各地区大中型批发和零售业企业实收资本及构成

单位：万元

地区	实收资本	国家资本	集体资本	法人资本	个人资本	港澳台资本	外商资本
全国	**286750007**	**60242849**	**4038259**	**114668131**	**68768759**	**17038686**	**21925232**
北京	42078698	8670126	177874	20170724	2972223	2344033	7743718
天津	11083734	4381577	135457	3837106	1469307	817377	442910
河北	6628915	548723	248158	2632254	3144156	16881	38743
山西	3776507	913825	174966	1701594	929848	41076	15198
内蒙古	2693449	809570	64996	1166047	639348	8088	5400
辽宁	11894870	1353326	76275	6063259	2936638	754948	710424
吉林	2234685	1128336	33461	590872	438956	24564	18496
黑龙江	2302055	913065	65750	883405	383179	37344	19312
上海	34692932	4852860	463264	9716931	7660844	4573294	7425740
江苏	16880148	4069090	276336	4192076	5199580	1810809	1332258
浙江	23887973	3046040	329935	10820734	8014466	1162383	514416
安徽	7098143	2116286	114689	3591432	1144420	76011	55305
福建	12753027	3214756	65053	6228873	2355145	536664	352536
江西	2891165	999876	27912	663770	1130273	41912	27422
山东	11727624	988037	374544	4389175	5372493	349355	254020
河南	5600549	1071698	177110	1900219	2261379	156025	34120
湖北	7153701	2232910	148357	3228975	1044080	226864	204413
湖南	4089176	1259027	149793	1461060	1080084	66667	72545
广东	37561761	5909677	220861	12465643	14386713	2683957	1894909
广西	3734654	2119792	31890	1075768	448445	49061	9700
海南	2203155	317144	11038	1761507	83261	7068	23137
重庆	4123797	531400	95033	2338194	907065	141889	110217
四川	5402478	1348416	129079	1947579	1270455	316801	390148
贵州	2988757	1033566	74241	651156	1106631	111865	11299
云南	4856706	2379797	42717	1782507	480866	110232	60588
西藏	122710	90438		23972	7339	961	
陕西	9151536	1390076	194369	6493751	833772	110547	129021
甘肃	2066747	1243082	23510	552978	238906	6271	2000
青海	240079	25727	21043	118280	66374	3386	5270
宁夏	548480	72477	13127	331439	126001	3889	1548
新疆	4281796	1212129	77421	1886851	636512	448464	20419

2–13 各地区大型批发和零售业企业实收资本及构成

单位：万元

地区	实收资本	国家资本	集体资本	法人资本	个人资本	港澳台资本	外商资本
全国	**92832555**	**28941644**	**1303682**	**30845698**	**9507880**	**7788496**	**14377056**
北京	20935582	3012204	60725	9348237	832630	1529879	6151907
天津	2105027	1000473	29424	235110	74821	546138	219060
河北	2231466	322642	144476	675446	1055299		33602
山西	1201192	432950	61795	355807	334878	3712	12050
内蒙古	510251	97276	925	269696	140981	1372	
辽宁	3198258	660057	52754	1678181	232913	115482	458871
吉林	890986	656436	5350	152136	50953	18001	8111
黑龙江	925083	602053	1170	212784	96797		12280
上海	12182263	1823592	107101	3145511	373934	2270946	4461179
江苏	7061223	2888090	100138	1208513	1401218	733659	729606
浙江	5283335	1865460	96534	2259140	526076	406026	130098
安徽	1243394	566800	28615	356865	215499	47672	27943
福建	4096465	1695727		1782555	253333	89872	274977
江西	1086634	810589	7262	172573	80543	588	15080
山东	2317826	588020	138609	886727	480907	158486	65077
河南	1019209	443785	21840	242652	228347	66343	16242
湖北	3291078	1707044	50497	1109958	177428	53037	125013
湖南	1285973	672206	63339	290627	183246	15611	60944
广东	11885595	4071486	57733	4084913	1021997	1448170	1201297
广西	627624	399344	8169	115946	86119	8346	9700
海南	415344	290434	50	109153	6000	1294	8413
重庆	1206294	276711	55529	580639	207410	48186	37818
四川	2071359	926724	4309	545313	277337	147894	169782
贵州	1277120	400540	32769	78769	758441	1291	5310
云南	1715245	1406652	3342	160906	67794	32850	43701
西藏	6483	2822		2700		961	
陕西	1536953	608390	118288	542758	142892	41269	83358
甘肃	207315	93650	3175	69942	39138	1411	
青海	50490	5738	19305	14077	6100		5270
宁夏	82420	21168	9200	48452	3600		
新疆	885068	592581	21259	109612	151249		10367

2−14 各地区中型批发和零售业企业实收资本及构成

单位：万元

地　区	实收资本						
		国家资本	集体资本	法人资本	个人资本	港澳台资本	外商资本
全　国	**193917455**	**31301206**	**2734572**	**83822434**	**59260880**	**9250193**	**7548178**
北　京	21143117	5657922	117149	10822487	2139593	814154	1591811
天　津	8978707	3381104	106033	3601996	1394486	271239	223850
河　北	4397449	226081	103681	1956808	2088857	16881	5141
山　西	2575315	480875	113171	1345787	594970	37365	3148
内蒙古	2183199	712295	64071	896351	498366	6716	5400
辽　宁	8696612	693269	23521	4385078	2703726	639466	251552
吉　林	1343699	471900	28111	438737	388003	6563	10385
黑龙江	1376972	311012	64580	670621	286382	37344	7032
上　海	22510669	3029268	356163	6571420	7286910	2302348	2964561
江　苏	9818925	1181000	176197	2983563	3798362	1077150	602652
浙　江	18604638	1180580	233400	8561593	7488390	756357	384318
安　徽	5854749	1549486	86074	3234567	928921	28340	27363
福　建	8656562	1519029	65053	4446318	2101811	446792	77559
江　西	1804530	189287	20649	491198	1049730	41324	12343
山　东	9409797	400017	235934	3502448	4891587	190869	188943
河　南	4581340	627913	155270	1657567	2033032	89682	17878
湖　北	3862623	525866	97861	2119017	866652	173827	79400
湖　南	2803203	586821	86454	1170434	896838	51057	11601
广　东	25676166	1838190	163128	8380730	13364717	1235788	693612
广　西	3107030	1720448	23721	959822	362325	40714	
海　南	1787810	26710	10988	1652354	77261	5774	14724
重　庆	2917504	254688	39504	1757554	699655	93702	72399
四　川	3331120	421692	124770	1402266	993118	168908	220366
贵　州	1711637	633026	41472	572387	348190	110574	5989
云　南	3141461	973145	39375	1621601	413072	77382	16887
西　藏	116227	87616		21272	7339		
陕　西	7614583	781687	76081	5950993	690881	69278	45663
甘　肃	1859432	1149433	20335	483036	199768	4860	2000
青　海	189590	19989	1738	104203	60274	3386	
宁　夏	466061	51309	3927	282987	122401	3889	1548
新　疆	3396728	619548	56161	1777239	485263	448464	10053

2-15 各地区大中型批发业企业实收资本及构成

单位：万元

地区	实收资本	国家资本	集体资本	法人资本	个人资本	港澳台资本	外商资本
全国	**196065953**	**47604646**	**2384953**	**76695589**	**43411307**	**9909093**	**16060377**
北京	36853694	8474303	111167	17538996	2073996	1899512	6755720
天津	8668781	3845204	91337	2947793	1188065	268818	327564
河北	4336510	444670	188219	1013333	2659616	10859	19813
山西	2482776	660343	146309	1225707	425774	24644	
内蒙古	1844593	723172	56531	708647	356243		
辽宁	7162019	861838	7187	5142904	531682	225861	392547
吉林	1256547	1048342	11927	109978	80801	500	5000
黑龙江	1442844	831518	18209	448799	144275	15	28
上海	28010747	3523725	334476	8237616	7240647	2984813	5689472
江苏	10043390	3326157	202500	2369517	2464067	905934	775216
浙江	13879263	2652095	229236	7206313	3165983	503734	121902
安徽	2421232	1012903	91667	675599	627655	3063	10345
福建	9181706	2699902	36254	3943969	1861640	418944	220997
江西	1007584	634816	5698	205774	155767	4130	1400
山东	5670109	638262	120548	2820786	1861008	140656	88850
河南	3269770	907325	92069	951401	1241413	70868	6695
湖北	4498526	1380011	78865	2331600	523204	167456	17390
湖南	1813117	590247	23221	698297	480974	19156	1223
广东	30646197	4301264	134079	9412887	13349157	2045692	1403119
广西	2883153	1970976	11931	688616	202517	9113	
海南	1660665	21965	1658	1594151	36441	4086	2364
重庆	2663522	355299	60984	1592235	536374	66491	52140
四川	2451890	858643	70435	741925	611549	25229	144110
贵州	1444400	778033	32208	346324	203928	83907	
云南	2615887	1799362	24475	512908	255912	21164	2066
西藏	29556	25625		1500	1470	961	
陕西	2863261	848964	120241	1481299	399510	2279	10967
甘肃	1702966	1218896	14548	350548	118925	50	
青海	128243	19943	1638	63751	37640		5270
宁夏	309108	61677	1950	192553	52929		
新疆	2823897	1089166	65386	1139863	522145	1158	6179

2–16 各地区大中型零售业企业实收资本及构成

单位：万元

地区	实收资本	国家资本	集体资本	法人资本	个人资本	港澳台资本	外商资本
全国	**90684057**	**12638206**	**1653306**	**37972544**	**25357458**	**7129593**	**5864855**
北京	5225005	195823	66707	2631728	898228	444521	987998
天津	2414952	536373	44120	889313	281242	548559	115346
河北	2292405	104053	59939	1618921	484540	6022	18930
山西	1293731	253483	28657	475886	504075	16432	15198
内蒙古	848856	86399	8465	457400	283105	8088	5400
辽宁	4732851	491488	69089	920355	2404956	529087	317877
吉林	978138	79994	21533	480894	358156	24064	13496
黑龙江	859211	81547	47542	434606	238905	37329	19284
上海	6682185	1329135	128788	1479315	420198	1588481	1736268
江苏	6836759	742934	73836	1822560	2735514	904875	557041
浙江	10008710	393945	100699	3614420	4848482	658649	392514
安徽	4676911	1103383	23021	2915833	516765	72948	44960
福建	3571321	514853	28799	2284904	493505	117720	131540
江西	1883581	365060	22214	457997	974506	37782	26022
山东	6057515	349775	253996	1568389	3511485	208699	165170
河南	2330779	164373	85041	948818	1019966	85157	27425
湖北	2655175	852900	69492	897375	520876	59408	187023
湖南	2276059	668780	126572	762763	599111	47511	71322
广东	6915564	1608413	86782	3052757	1037557	638266	491790
广西	851501	148816	19959	387152	245927	39948	9700
海南	542490	295180	9380	167356	46820	2982	20773
重庆	1460275	176101	34050	745958	370691	75398	58077
四川	2950588	489773	58644	1205655	658906	291572	246038
贵州	1544357	255533	42032	304833	902702	27958	11299
云南	2240819	580435	18242	1269599	224954	89067	58522
西藏	93154	64813		22472	5869		
陕西	6288276	541112	74128	5012452	434262	108268	118054
甘肃	363780	24186	8962	202430	119981	6221	2000
青海	111837	5783	19405	54529	28734	3386	
宁夏	239373	10800	11177	138886	73073	3889	1548
新疆	1457899	122963	12035	746988	114367	447306	14240

2-17 各地区大中型批发和

地 区	主营业务收入	主营业务成本	主营业务税金及附加	主营业务利润	其他业务利润	销售费用
全 国	**3379372462**	**3085099880**	**22715628**	**271556954**	**16592216**	**135332507**
北 京	383927211	354296800	933974	28696437	3491690	17680800
天 津	170890167	162503530	1283348	7103289	919254	3185555
河 北	78858440	73311443	661683	4885314	320217	2184193
山 西	61708382	58067354	435683	3205345	174990	1637855
内蒙古	29524600	26888816	374962	2260822	101000	939504
辽 宁	95035596	88868624	623940	5543032	324680	2487017
吉 林	25267127	22794228	298198	2174701	150840	1062081
黑龙江	36751690	32940894	457359	3353437	125397	1088023
上 海	482197743	436803059	1039073	44355611	1766061	28042801
江 苏	238447003	215066729	1429622	21950652	1341905	10567942
浙 江	236086200	219181467	1336918	15567815	892168	8161185
安 徽	67711488	60762214	712941	6236333	284960	3264112
福 建	109561253	101389919	687632	7483702	466610	3838462
江 西	28976404	25436974	573460	2965970	221429	1307964
山 东	186285295	167602544	1712049	16970702	757884	6340854
河 南	92260933	82058825	1293049	8909059	407695	2927452
湖 北	113242562	101483593	904305	10854664	825117	5049682
湖 南	58722988	51776044	985847	5961097	200035	2791871
广 东	423171054	388593342	1963504	32614208	1500345	15912521
广 西	37532241	34465071	439802	2627368	220972	1251000
海 南	17530412	15864686	159217	1506509	51668	684995
重 庆	70999294	63325726	914127	6759441	950154	2699430
四 川	89679384	80374008	939943	8365433	383261	3982868
贵 州	31756495	25822929	587487	5346079	91755	1356385
云 南	54554238	48030914	568139	5955185	78797	2115616
西 藏	1713664	1360910	62899	289855	7914	192740
陕 西	65674986	60244654	626887	4803445	203941	2158539
甘 肃	31063874	29497725	234538	1331611	121899	675833
青 海	6444754	5754281	150104	540369	66536	197138
宁 夏	8126286	7471999	78948	575339	44842	302056
新 疆	45670698	43060578	245990	2364130	98200	1246033

零售业企业损益及分配

单位：万元

管理费用	财务费用	营业利润	利润总额	应交所得税	应付职工薪酬	应交增值税
64759111	**17992047**	**78224413**	**80658352**	**17981991**	**66672319**	**44523321**
7555819	2362482	7580296	8786809	2109427	8663329	3846525
1511653	1152106	1492687	1611346	479599	1402098	1673949
1296693	489268	996548	948470	291794	1292329	800330
987284	463235	224148	315718	172385	854040	575490
632761	229307	456553	547082	102928	550757	607789
1870452	580013	859338	838531	291679	1505544	1463158
692757	307363	384250	587549	120329	518314	316821
722298	290780	2146641	1112230	163891	808909	456282
10226063	1918970	8176081	9346184	2608294	9649806	4824459
5329575	1303429	6750365	7111909	1589238	4518635	3811763
4190234	1173278	4110781	4468816	1096470	4336808	2425167
1327676	341001	1440453	1418367	329278	2204646	930771
1811241	690578	2684092	2828820	542444	1992544	1100374
706562	142157	1010562	1132907	237227	948644	613100
3814534	1182564	6503865	5502886	1027503	3677209	2554995
1919204	542432	3871267	3850375	468879	2001229	1285875
2354488	517658	3272165	3314748	738595	2464112	1647953
1523734	340884	1707126	1768661	387085	1455375	897184
8094091	1679792	9199175	9615526	2083022	8006487	6302481
711859	227709	666029	726247	167710	788114	554373
255650	103440	661662	690884	104250	278418	163907
1335066	296440	2673689	2559863	344872	1544567	1258826
1839725	481864	2471996	2432582	502984	2057965	1520454
706995	162412	3248171	3306864	774491	812487	996321
940118	308128	2775804	2876505	634880	1229972	1458936
62176	-1029	43338	61557	8986	78525	43298
1088174	313998	1644680	1562977	270721	1245600	1089136
394452	91722	276237	287498	87824	490166	437731
120985	13555	266446	257873	81927	328710	137685
135637	55731	109803	122688	30696	164616	193390
601155	230780	520165	665880	132583	802364	534798

2-18 各地区大型批发和

地区	主营业务收入	主营业务成本	主营业务税金及附加	主营业务利润	其他业务利润	销售费用
全　国	**1500528995**	**1327902572**	**15916636**	**156709787**	**8945791**	**84066011**
北　京	219022904	200261219	450669	18311016	2068092	12703956
天　津	43681180	40395433	748140	2537607	162309	1513816
河　北	44747203	41202852	513546	3030805	125578	1196098
山　西	27673684	25323929	382449	1967306	80716	847271
内蒙古	8906594	7644389	242857	1019348	25719	385300
辽　宁	26275313	22229552	500558	3545203	206736	1344454
吉　林	11775680	10445609	231193	1098878	35632	573547
黑龙江	14616671	12952741	221237	1442693	42337	654049
上　海	258766554	225190469	771279	32804806	973685	21663689
江　苏	93369721	80098553	1109850	12161318	756135	6305777
浙　江	87065766	78236732	1061833	7767201	336850	4014531
安　徽	28159375	23698653	587048	3873674	122925	2043595
福　建	37761555	34142336	439844	3179375	174304	1679827
江　西	14486835	12052399	443147	1991289	140849	778154
山　东	70397968	62226727	952702	7218539	404025	3420427
河　南	34019184	29077788	885230	4056166	205689	1357692
湖　北	71617088	64197810	561017	6858261	701278	3534955
湖　南	27232305	23320215	719250	3192840	126705	1560308
广　东	193290507	175022060	1312593	16955854	723551	9014089
广　西	12623776	10839801	398236	1385739	53821	543345
海　南	4217881	3463540	126189	628152	5412	378260
重　庆	28593458	24399062	533562	3660834	875455	1607059
四　川	41631921	36192025	745294	4694602	208328	2202580
贵　州	15825136	11024366	531179	4269591	17186	771598
云　南	26391211	21703254	473726	4214231	34724	1377950
西　藏	508833	368806	3170	136857	5786	130308
陕　西	31822059	28759425	470232	2592402	138915	1279290
甘　肃	8216637	7385845	155148	675644	89907	286156
青　海	2673059	2280502	123634	268923	44072	100856
宁　夏	2673336	2339043	55837	278456	16368	172145
新　疆	12485601	11427437	165987	892177	42702	624929

零售业企业损益及分配

单位：万元

管理费用	财务费用	营业利润	利润总额	应交所得税	应付职工薪酬	应交增值税
32424160	**4405089**	**49744868**	**52616738**	**11804186**	**38535052**	**25611218**
4339444	814157	5393083	6180463	1238373	5676690	2455401
558880	105226	568544	642642	220017	708749	755421
679719	181899	869174	889997	221551	723841	477593
474356	172776	451314	506507	145056	415427	279717
210227	18506	439590	447372	73642	290538	282373
1027986	138503	1121128	1039807	208233	942242	1043219
306347	68057	362693	369850	78399	322741	231948
355142	80912	486231	488681	117323	392995	331683
6324104	843073	5887300	6640956	1849761	6719633	3913393
2898369	209024	4095770	4259547	1025038	2491423	2027126
1597305	61691	3092213	3200944	683337	2100701	1143078
640729	38042	1020027	1002646	253028	1477940	514431
602342	143610	1398989	1452485	258484	840357	583199
390279	23177	861098	913983	193788	530540	386928
1825855	366879	2112423	2277561	436343	2060163	1213176
863748	96085	1926419	1947043	317714	907454	639928
1442468	140608	2001625	2122917	539119	1568774	931502
777022	50963	1085831	1210592	299218	758337	560558
3286759	471394	5515416	5727616	1237851	4295246	2819987
353880	9871	557311	560151	125634	384734	336418
96396	13176	171101	173668	45167	151992	76537
638917	50415	1564610	1588223	229772	858351	689946
874292	142874	1675917	1672761	360435	1121028	820370
409371	1426	3107302	3150116	734938	505843	725059
477901	9077	2467604	2582919	558863	783511	927219
6628	-678	9672	16161	1087	32610	21856
535297	64143	901252	905745	184854	721166	667747
118213	5879	285136	284117	54201	201701	185374
43571	3306	146871	152320	70646	168878	67873
43196	6075	86159	87689	18474	76274	154865
225417	74943	83065	121259	23840	305173	347293

2–19 各地区中型批发和

地　区	主营业务收入	主营业务成本	主营业务税金及附加	主营业务利润	其他业务利润	销售费用
全　国	**1878843469**	**1757197308**	**6798994**	**114847167**	**7646423**	**51266499**
北　京	164904307	154035582	483305	10385420	1423598	4976844
天　津	127208987	122108097	535208	4565682	756945	1671738
河　北	34111237	32108591	148138	1854508	194639	988095
山　西	34034699	32743425	53234	1238040	94273	790584
内蒙古	20618006	19244427	132105	1241474	75281	554204
辽　宁	68760283	66639071	123382	1997830	117944	1142563
吉　林	13491447	12348618	67005	1075824	115208	488535
黑龙江	22135019	19988153	236121	1910745	83061	433974
上　海	223431189	211612591	267794	11550804	792376	6379112
江　苏	145077282	134968176	319771	9789335	585770	4262165
浙　江	149020434	140944735	275085	7800614	555317	4146654
安　徽	39552113	37063561	125893	2362659	162035	1220518
福　建	71799698	67247583	247789	4304326	292306	2158635
江　西	14489569	13384575	130313	974681	80580	529810
山　东	115887327	105375818	759348	9752161	353858	2920427
河　南	58241749	52981037	407819	4852893	202005	1569760
湖　北	41625474	37285783	343288	3996403	123840	1514727
湖　南	31490684	28455829	266597	2768258	73330	1231563
广　东	229880546	213571282	650912	15658352	776794	6898432
广　西	24908465	23625270	41566	1241629	167151	707655
海　南	13312531	12401146	33028	878357	46255	306736
重　庆	42405836	38926664	380564	3098608	74699	1092371
四　川	48047463	44181983	194649	3670831	174933	1780289
贵　州	15931359	14798563	56308	1076488	74569	584787
云　南	28163027	26327660	94413	1740954	44073	737666
西　藏	1204831	992105	59730	152996	2128	62433
陕　西	33852928	31485228	156655	2211045	65026	879249
甘　肃	22847237	22111879	79390	655968	31992	389677
青　海	3771695	3473779	26470	271446	22464	96281
宁　夏	5452950	5132956	23111	296883	28475	129911
新　疆	33185097	31633141	80003	1471953	55498	621104

零售业企业损益及分配

单位：万元

管理费用	财务费用	营业利润	利润总额	应交所得税	应付职工薪酬	应交增值税
32334956	**13586959**	**28479549**	**28041617**	**6177806**	**28137266**	**18912102**
3216376	1548325	2187213	2606346	871054	2986640	1391124
952773	1046880	924143	968704	259582	693349	918528
616974	307369	127374	58473	70243	568488	322737
512928	290458	-227166	-190789	27329	438612	295773
422533	210801	16963	99710	29286	260220	325415
842467	441510	-261790	-201276	83446	563302	419939
386410	239305	21557	217699	41930	195573	84873
367157	209868	1660410	623549	46568	415913	124599
3901959	1075898	2288781	2705228	758533	2930173	911067
2431206	1094405	2654596	2852363	564200	2027212	1784637
2592929	1111587	1018568	1267872	413133	2236107	1282089
686947	302959	420426	415721	76249	726706	416341
1208898	546968	1285103	1376335	283960	1152188	517175
316284	118981	149464	218925	43439	418104	226172
1988679	815685	4391442	3225326	591161	1617045	1341819
1055457	446347	1944848	1903332	151165	1093774	645947
912020	377050	1270539	1191832	199477	895338	716451
746712	289922	621296	558069	87867	697038	336626
4807332	1208399	3683759	3887910	845171	3711241	3482494
357979	217839	108719	166096	42076	403380	217955
159255	90264	490561	517215	59083	126426	87370
696149	246026	1109079	971640	115100	686216	568881
965433	338989	796079	759821	142549	936936	700083
297625	160986	140870	156748	39554	306643	271262
462217	299050	308200	293587	76017	446462	531717
55547	-352	33667	45396	7899	45914	21441
552877	249855	743428	657232	85867	524434	421389
276239	85843	-8899	3381	33623	288465	252357
77414	10249	119574	105553	11280	159832	69812
92441	49656	23644	34999	12222	88343	38524
375739	155837	437101	544620	108743	497192	187505

2-20 各地区大中型批发业

地区	主营业务收入	主营业务成本	主营业务税金及附加	主营业务利润	其他业务利润	销售费用
全国	**2605729309**	**2401372232**	**18935574**	**185421503**	**7515339**	**82558506**
北京	319717243	297124870	694410	21897963	2044244	12226023
天津	156085185	149269449	1225898	5589838	682964	1973215
河北	57079991	53576420	567223	2936348	37058	996706
山西	47379833	45029885	398893	1951055	63073	865474
内蒙古	18967983	17500086	310354	1157543	21027	389917
辽宁	71407244	67993478	493538	2920228	43008	1114645
吉林	14035114	12774502	234199	1026413	86158	537676
黑龙江	27037172	24431454	392319	2213399	32367	599064
上海	433775445	397206390	804641	35764414	1168146	21454106
江苏	165818745	150276605	1152517	14389623	388691	6011802
浙江	186617252	174829332	1155935	10631985	322842	5010800
安徽	43588934	39329058	622544	3637332	116474	1901971
福建	86593740	80956792	580885	5056063	327359	2211646
江西	17451750	15170609	443608	1837533	91461	681876
山东	125804721	113670124	1343137	10791460	237542	3409703
河南	62562340	55750700	1071487	5740153	64678	1531594
湖北	77358280	70099534	704670	6554076	83017	2819060
湖南	29608201	25829608	806673	2971920	23705	950354
广东	344177211	319112096	1677682	23387433	612169	9740966
广西	27132513	25134646	403436	1594431	69811	586214
海南	13518077	12415440	134306	968331	17960	399958
重庆	47837291	43262305	712974	3862012	708100	1199343
四川	50648099	45575948	785495	4286656	72299	1448996
贵州	21969597	16957641	556829	4455127	23725	820233
云南	39827487	35059421	521122	4246944	-2560	1160505
西藏	918851	633994	56948	227909	461	155769
陕西	43944023	41235983	447246	2260794	28682	948283
甘肃	24965453	24054334	204739	706380	87412	348354
青海	4925097	4401321	145548	378228	10383	104984
宁夏	5798774	5423169	68415	307190	6713	121773
新疆	39177663	37287038	217903	1672722	46370	837496

企业损益及分配

单位：万元

管理费用	财务费用	营业利润	利润总额	应交所得税	应付职工薪酬	应交增值税
40648543	**12327481**	**62858494**	**64763759**	**14611730**	**39076855**	**31071377**
5536625	2107489	6074309	7200654	1819316	6052383	2939622
901246	1009392	1645377	1720595	431048	795914	1400633
577650	269428	759572	683049	216328	510896	435292
576081	321044	298004	354808	149232	420298	468243
336679	123561	200350	309756	75395	239195	361648
855278	299317	690059	694319	229935	662498	578671
194871	166161	149466	349996	73435	242881	177615
339987	202316	1773827	765458	112465	437770	344248
7673673	1682536	7930339	8824759	2304711	7196385	4056184
3156897	714787	5101950	5464254	1225298	2426416	2444069
2649234	762450	3601527	3892365	899113	2548077	1751097
704565	186864	1085307	1115430	264100	1502782	629875
1211916	564214	2268521	2448548	479519	1094849	760788
358082	21838	779207	862810	200773	468165	424584
2121658	642565	4877970	3797199	690869	1816999	1663938
1055420	291771	2909473	2918774	374808	956623	862311
1292893	226201	2294147	2374732	539759	1131103	956107
771485	166377	1140063	1219651	289681	652101	579651
5906703	1287170	7564417	7883853	1649636	4823238	4665878
405892	173042	512778	560368	132183	399399	391472
119265	69273	521757	546696	64026	132113	108968
746952	165053	1801629	1709118	221036	700492	809179
855239	252177	1711541	1693396	393555	888318	899163
510791	99389	3065602	3113073	750181	541431	518264
563724	197881	2354678	2422164	583483	742141	1142243
40913	-2937	33472	52253	4699	54179	36683
447890	84233	893509	856164	174355	556291	742083
265978	41632	113437	97398	65743	295349	248904
71033	-2129	236919	227411	71704	186687	60817
55480	30831	80798	82270	20244	76264	165828
344443	173555	388489	522438	105100	525618	447319

2-21 各地区大中型零售业

地　区	主营业务收入	主营业务成本	主营业务税金及附加	主营业务利润	其他业务利润	销售费用
全　国	**773643160**	**683727644**	**3780057**	**86135459**	**9076874**	**52774001**
北　京	64209969	57171930	239564	6798475	1447446	5454776
天　津	14804983	13234081	57450	1513452	236290	1212340
河　北	21778449	19735023	94460	1948966	283159	1187487
山　西	14328550	13037469	36790	1254291	111916	772381
内蒙古	10556617	9388729	64608	1103280	79972	549587
辽　宁	23628352	20875145	130402	2622805	281671	1372372
吉　林	11232013	10019726	63998	1148289	64682	524405
黑龙江	9714519	8509440	65039	1140040	93031	488960
上　海	48422299	39596669	234432	8591198	597915	6588694
江　苏	72628258	64790125	277105	7561028	953215	4556140
浙　江	49468948	44352135	180983	4935830	569325	3150385
安　徽	24122554	21433156	90398	2599000	168486	1362141
福　建	22967513	20433127	106747	2427639	139251	1626816
江　西	11524654	10266365	129852	1128437	129968	626088
山　东	60480575	53932420	368912	6179243	520341	2931151
河　南	29698593	26308126	221563	3168904	343016	1395857
湖　北	35884282	31384059	199635	4300588	742100	2230622
湖　南	29114788	25946436	179174	2989178	176330	1841518
广　东	78993843	69481246	285822	9226775	888176	6171555
广　西	10399728	9330424	36366	1032938	151161	664786
海　南	4012335	3449246	24911	538178	33708	285037
重　庆	23162003	20063421	201153	2897429	242054	1500087
四　川	39031285	34798059	154449	4078777	310962	2533873
贵　州	9786898	8865288	30659	890951	68031	536151
云　南	14726751	12971493	47017	1708241	81357	955111
西　藏	794813	726916	5952	61945	7454	36971
陕　西	21730964	19008671	179641	2542652	175259	1210256
甘　肃	6098421	5443390	29799	625232	34486	327480
青　海	1519657	1352960	4556	162141	56153	92154
宁　夏	2327512	2048830	10533	268149	38129	180283
新　疆	6493034	5773539	28087	691408	51830	408537

企业损益及分配

单位：万元

管理费用	财务费用	营业利润	利润总额	应交所得税	应付职工薪酬	应交增值税
24110572	**5664567**	**15365919**	**15894595**	**3370262**	**27595468**	**13451945**
2019194	254994	1505987	1586155	290111	2610947	906903
610407	142715	-152690	-109249	48551	606185	273316
719043	219840	236976	265421	75466	781433	365038
411203	142191	-73856	-39089	23153	433742	107248
296081	105746	256203	237326	27532	311562	246140
1015174	280695	169279	144212	61744	843046	884487
497886	141202	234784	237553	46894	275433	139207
382311	88464	372814	346772	51427	371139	112034
2552390	236434	245742	521425	303583	2453420	768275
2172678	588642	1648416	1647656	363940	2092220	1367695
1541000	410828	509254	576451	197357	1788731	674070
623110	154137	355146	302937	65178	701864	300896
599325	126364	415571	380272	62926	897695	339586
348480	120319	231355	270097	36454	480479	188516
1692876	539999	1625895	1705687	336634	1860210	891057
863784	250661	961794	931602	94071	1044605	423564
1061595	291457	978018	940016	198837	1333009	691846
752250	174508	567063	549010	97404	803274	317533
2187388	392622	1634759	1731673	433386	3183250	1636603
305967	54667	153251	165879	35527	388715	162901
136385	34167	139904	144187	40224	146306	54939
588114	131387	872060	850745	123836	844075	449647
984486	229687	760455	739186	109429	1169647	621291
196205	63023	182569	193791	24310	271056	478057
376394	110247	421125	454341	51396	487832	316693
21263	1908	9866	9304	4287	24346	6614
640285	229765	751171	706814	96366	689309	347053
128475	50090	162800	190099	22081	194817	188827
49953	15683	29526	30462	10222	142023	76868
80157	24900	29005	40419	10452	88352	27561
256713	57225	131677	143441	27484	276746	87480

2-22 各地区大中型批发和零售业企业经济效益分析指标

地 区	负债比率(%)	主营业务毛利率(%)	人均营业收入(万元)	费用率(%)
全 国	**71.4**	**8.7**	**358.6**	**6.5**
北 京	70.6	7.7	565.6	7.2
天 津	76.1	4.9	993.9	3.4
河 北	76.5	7.0	257.2	5.0
山 西	76.5	5.9	315.1	5.0
内 蒙 古	75.3	8.9	276.1	6.1
辽 宁	75.4	6.5	326.9	5.2
吉 林	78.7	9.8	272.6	8.2
黑 龙 江	81.6	10.4	317.4	5.7
上 海	70.2	9.4	623.0	8.3
江 苏	70.9	9.8	322.2	7.2
浙 江	73.7	7.2	401.0	5.7
安 徽	69.5	10.3	237.0	7.3
福 建	64.8	7.5	375.1	5.8
江 西	52.7	12.2	163.3	7.4
山 东	75.1	10.0	253.0	6.1
河 南	68.9	11.1	200.0	5.8
湖 北	71.0	10.4	278.5	7.0
湖 南	66.0	11.8	207.2	7.9
广 东	73.6	8.2	376.8	6.1
广 西	67.2	8.2	266.1	5.8
海 南	64.0	9.5	452.5	6.0
重 庆	69.8	10.8	272.1	6.1
四 川	68.2	10.4	231.0	7.0
贵 州	64.6	18.7	293.3	7.0
云 南	64.3	12.0	296.8	6.2
西 藏	64.9	20.6	192.2	14.8
陕 西	71.0	8.3	278.2	5.4
甘 肃	53.5	5.0	402.0	3.7
青 海	62.2	10.7	270.7	5.1
宁 夏	71.6	8.1	242.3	6.1
新 疆	81.2	5.7	474.9	4.5

注：费用率等于销售费用、管理费用、财务费用三项之和除以营业收入合计(下表同)。

2-23 各地区大型批发和零售业企业经济效益分析指标

地 区	负债比率 (%)	主营业务毛利率 (%)	人均营业收入 (万元)	费用率 (%)
全 国	**66.8**	**11.5**	**326.0**	**8.1**
北 京	67.2	8.6	531.0	8.2
天 津	72.7	7.5	515.1	5.0
河 北	72.0	7.9	305.7	4.6
山 西	68.4	8.5	305.6	5.4
内蒙古	66.8	14.2	183.7	6.9
辽 宁	64.1	15.4	155.2	9.6
吉 林	70.3	11.3	278.4	8.1
黑龙江	79.2	11.4	312.3	7.5
上 海	68.8	13.0	498.7	11.1
江 苏	66.4	14.2	260.0	10.1
浙 江	63.1	10.1	355.2	6.5
安 徽	72.1	15.8	223.9	9.7
福 建	52.6	9.6	353.2	6.4
江 西	58.0	16.8	157.3	8.2
山 东	75.4	11.6	199.7	8.0
河 南	64.5	14.5	228.1	6.8
湖 北	67.8	10.4	322.3	7.1
湖 南	61.3	14.4	214.4	8.8
广 东	68.3	9.5	362.0	6.6
广 西	52.4	14.1	254.2	7.2
海 南	56.7	17.9	229.4	11.6
重 庆	62.5	14.7	205.1	8.0
四 川	60.0	13.1	228.7	7.7
贵 州	51.4	30.3	367.5	7.5
云 南	45.9	17.8	280.6	7.1
西 藏	92.8	27.5	109.3	26.8
陕 西	68.8	9.6	282.9	5.9
甘 肃	52.8	10.1	297.3	5.0
青 海	64.6	14.7	263.6	5.5
宁 夏	60.4	12.5	214.9	8.3
新 疆	98.6	8.5	353.9	7.4

2–24 各地区中型批发和零售业企业经济效益分析指标

地　　区	负债比率 (%)	主营业务毛利率 (%)	人均营业收入 (万元)	费用率 (%)
全　　国	**75.0**	**6.5**	**389.6**	**5.2**
北　　京	74.9	6.6	619.1	5.9
天　　津	76.8	4.0	1459.7	2.9
河　　北	82.1	5.9	212.8	5.6
山　　西	83.2	3.8	323.2	4.7
内 蒙 古	77.4	6.7	352.7	5.8
辽　　宁	82.1	3.1	566.4	3.5
吉　　林	83.6	8.5	267.7	8.3
黑 龙 江	83.6	9.7	320.9	4.6
上　　海	71.6	5.3	875.6	5.1
江　　苏	75.4	7.0	380.9	5.4
浙　　江	78.4	5.4	433.6	5.3
安　　徽	67.8	6.3	247.3	5.6
福　　建	70.1	6.3	387.7	5.5
江　　西	49.5	7.6	169.7	6.7
山　　东	74.8	9.1	302.0	4.9
河　　南	71.1	9.0	186.5	5.3
湖　　北	75.1	10.4	225.8	6.7
湖　　南	70.9	9.6	201.3	7.2
广　　东	78.4	7.1	390.2	5.6
广　　西	72.0	5.2	272.6	5.2
海　　南	65.5	6.8	654.0	4.2
重　　庆	75.7	8.2	349.0	4.8
四　　川	74.9	8.0	233.0	6.4
贵　　州	78.2	7.1	244.3	6.5
云　　南	77.8	6.5	313.7	5.3
西　　藏	58.8	17.7	283.0	9.8
陕　　西	72.9	7.0	273.8	5.0
甘　　肃	53.7	3.2	460.4	3.3
青　　海	60.9	7.9	276.0	4.9
宁　　夏	77.4	5.9	258.5	5.0
新　　疆	72.3	4.7	544.9	3.5

2–25 各地区大中型批发业企业经济效益分析指标

地 区	负债比率 (%)	主营业务毛利率 (%)	人均营业收入 (万元)	费用率 (%)
全 国	**70.9**	**7.8**	**679.6**	**5.2**
北 京	69.9	7.1	913.1	6.2
天 津	76.7	4.4	1847.4	2.5
河 北	75.6	6.1	646.3	3.2
山 西	75.7	5.0	720.9	3.7
内蒙古	73.5	7.7	671.3	4.5
辽 宁	74.8	4.8	763.5	3.2
吉 林	80.3	9.0	531.0	6.4
黑龙江	83.3	9.6	774.7	4.2
上 海	69.0	8.4	1009.9	7.1
江 苏	70.5	9.4	574.0	6.0
浙 江	72.7	6.3	648.2	4.5
安 徽	74.3	9.8	480.0	6.4
福 建	64.9	6.5	765.2	4.6
江 西	43.8	13.1	238.6	6.1
山 东	72.5	9.6	453.2	4.9
河 南	65.1	10.9	430.1	4.6
湖 北	68.6	9.4	526.3	5.6
湖 南	66.1	12.8	359.5	6.4
广 东	74.9	7.3	602.7	4.9
广 西	65.9	7.4	547.6	4.3
海 南	63.8	8.2	993.5	4.4
重 庆	70.0	9.6	491.5	4.4
四 川	70.0	10.0	417.5	5.0
贵 州	62.2	22.8	483.6	6.5
云 南	65.3	12.0	610.6	4.8
西 藏	66.3	31.0	208.1	21.1
陕 西	73.3	6.2	655.0	3.4
甘 肃	43.7	3.6	1103.3	2.6
青 海	55.7	10.6	507.4	3.5
宁 夏	71.5	6.5	745.2	3.6
新 疆	81.4	4.8	762.0	3.5

2–26 各地区大中型零售业企业经济效益分析指标

地　区	负债比率 (%)	主营业务毛利率 (%)	人均营业收入 (万元)	费用率 (%)
全　国	**72.8**	**11.6**	**138.4**	**10.7**
北　京	75.7	11.0	195.4	12.0
天　津	72.1	10.6	169.3	13.3
河　北	78.5	9.4	99.7	9.8
山　西	79.5	9.0	110.1	9.3
内蒙古	79.5	11.1	134.2	9.0
辽　宁	76.4	11.7	119.8	11.3
吉　林	76.6	10.8	169.5	10.4
黑龙江	76.9	12.4	120.1	9.9
上　海	76.9	18.2	140.5	19.4
江　苏	71.6	10.8	161.0	10.1
浙　江	77.2	10.3	164.4	10.3
安　徽	61.9	11.1	123.8	8.9
福　建	64.1	11.0	128.4	10.2
江　西	71.8	10.9	110.5	9.5
山　东	79.2	10.8	131.9	8.5
河　南	75.2	11.4	94.0	8.5
湖　北	74.6	12.5	138.2	10.0
湖　南	65.9	10.9	144.8	9.5
广　东	68.7	12.0	143.1	11.1
广　西	70.8	10.3	113.7	9.9
海　南	64.5	14.0	159.6	11.4
重　庆	69.5	13.4	141.6	9.6
四　川	65.6	10.8	146.2	9.6
贵　州	73.3	9.4	155.8	8.1
云　南	60.9	11.9	124.2	9.8
西　藏	62.2	8.5	176.7	7.6
陕　西	68.0	12.5	128.6	9.6
甘　肃	72.1	10.7	111.6	8.3
青　海	74.3	11.0	107.8	10.4
宁　夏	71.7	12.0	90.4	12.3
新　疆	80.3	11.1	145.0	11.1

2–27 各地区大中型住宿和餐饮业企业基本情况

地区	大中型		大型		中型	
	法人单位数（个）	年末从业人数（人）	法人单位数（个）	年末从业人数（人）	法人单位数（个）	年末从业人数（人）
全国	**6501**	**2247716**	**782**	**924756**	**5719**	**1322960**
北京	646	273146	132	162366	514	110780
天津	103	41951	7	17825	96	24126
河北	111	29999	4	2170	107	27829
山西	70	27243	5	7849	65	19394
内蒙古	75	20147	5	2963	70	17184
辽宁	138	42055	15	15160	123	26895
吉林	45	13028	5	3305	40	9723
黑龙江	41	12120	6	4065	35	8055
上海	518	233691	125	155593	393	78098
江苏	525	176116	42	65909	483	110207
浙江	566	164211	59	54014	507	110197
安徽	158	51425	8	16785	150	34640
福建	260	84562	34	28953	226	55609
江西	100	27132	4	3569	96	23563
山东	350	97478	28	24079	322	73399
河南	195	50167	8	9000	187	41167
湖北	217	67569	18	21319	199	46250
湖南	240	67540	15	15634	225	51906
广东	941	375639	148	178565	793	197074
广西	98	32152	10	10116	88	22036
海南	106	40684	26	17667	80	23017
重庆	193	67700	21	29335	172	38365
四川	271	91388	20	39857	251	51531
贵州	64	14832	3	1601	61	13231
云南	122	40993	11	11159	111	29834
西藏	8	1872			8	1872
陕西	202	65049	15	19818	187	45231
甘肃	51	14274	4	3028	47	11246
青海	16	4481			16	4481
宁夏	17	4064			17	4064
新疆	54	15008	4	3052	50	11956

2-28 各地区大中型住宿和餐饮业企业经营情况

单位：万元

地 区	营业额	客房收入	餐费收入	商品销售额	其他收入
全 国	**50203869**	**11529145**	**33965572**	**1194580**	**3514572**
北 京	6875082	1325484	4779360	84697	685541
天 津	896594	129363	702269	5230	59733
河 北	449272	147407	252851	7901	41112
山 西	366503	74756	264893	9392	17463
内 蒙 古	435561	92131	317353	4944	21133
辽 宁	1311920	237720	973268	30644	70287
吉 林	246380	92723	131697	1970	19990
黑 龙 江	222661	87642	107973	11864	15182
上 海	6766353	991902	5223711	72741	477999
江 苏	3610833	754479	2593812	97545	164996
浙 江	3872810	972380	2574132	58538	267760
安 徽	841130	204569	577780	27264	31518
福 建	1753347	438958	1144557	78122	91710
江 西	477656	152046	287055	12658	25897
山 东	2227565	635017	1389706	74452	128390
河 南	924263	298635	503878	34295	87456
湖 北	1501695	344216	1065140	24906	67433
湖 南	1364625	402948	811747	66476	83454
广 东	8310383	1892446	5559958	191897	666081
广 西	524592	172705	297684	17946	36258
海 南	888269	530894	284986	6621	65768
重 庆	1566103	269501	1189874	50159	56569
四 川	1937773	411915	1327965	91320	106574
贵 州	261140	103873	128133	8772	20361
云 南	715376	247825	362012	25975	79563
西 藏	31542	18203	9135	326	3877
陕 西	1173760	271217	748729	87027	66787
甘 肃	276296	107578	146290	5445	16984
青 海	64986	25109	31867	1491	6519
宁 夏	55748	18881	32716	1159	2991
新 疆	253651	76622	145041	2803	29186

2–29　各地区大型住宿和餐饮业企业经营情况

单位：万元

地　区	营业额	客房收入	餐费收入	商品销售额	其他收入
全　国	**24565449**	**3685170**	**18807696**	**525916**	**1546669**
北　京	4444953	653733	3335205	60064	395951
天　津	446432	12763	426681	896	6092
河　北	55317	15068	31319	876	8055
山　西	103085	12142	85400	37	5507
内蒙古	172331	6830	162868		2633
辽　宁	707520	64922	611955	8906	21736
吉　林	75913	24175	48618	214	2906
黑龙江	84461	25604	54126	1838	2893
上　海	4751728	548006	3840239	53553	309930
江　苏	1504617	149900	1239762	61066	53890
浙　江	1590544	254519	1185989	42253	107783
安　徽	263956	13207	237923	9853	2974
福　建	692720	131098	507039	28633	25950
江　西	94960	8410	78813	635	7102
山　东	725100	177283	475431	21703	50682
河　南	169176	23771	125464	2602	17339
湖　北	606003	77543	513807	1965	12687
湖　南	374914	49675	296873	10795	17572
广　东	4743343	818197	3440492	113127	371526
广　西	174295	35114	130831	5077	3272
海　南	510963	319903	148752	5734	36573
重　庆	663332	39464	598079	14498	11291
四　川	883868	94436	729757	35320	24356
贵　州	38880	11258	23319	1283	3021
云　南	210649	42387	143795	9181	15285
西　藏					
陕　西	347334	51655	244267	33618	17795
甘　肃	64356	13824	48187	1432	914
青　海					
宁　夏					
新　疆	64699	10283	42705	757	10954

2-30 各地区中型住宿和餐饮业企业经营情况

单位：万元

地区	营业额	客房收入	餐费收入	商品销售额	其他收入
全 国	**25638420**	**7843974**	**15157878**	**668666**	**1967904**
北 京	2430129	671751	1444155	24633	289590
天 津	450162	116601	275587	4334	53640
河 北	393954	132339	221532	7026	33058
山 西	263418	62614	179493	9356	11956
内蒙古	263230	85301	154484	4944	18501
辽 宁	604400	172798	361313	21738	48551
吉 林	170467	68548	83079	1756	17084
黑龙江	138200	62038	53847	10026	12289
上 海	2014624	443896	1383473	19187	168069
江 苏	2106215	604580	1354050	36479	111107
浙 江	2282266	717861	1388142	16285	159978
安 徽	577174	191362	339857	17411	28544
福 建	1060628	307860	637519	49490	65760
江 西	382696	143636	208243	12023	18795
山 东	1502465	457734	914275	52749	77707
河 南	755088	274863	378414	31693	70117
湖 北	895693	266673	551333	22941	54745
湖 南	989711	353273	514874	55681	65882
广 东	3567040	1074249	2119467	78770	294555
广 西	350298	137590	166853	12868	32986
海 南	377307	210991	136234	888	29194
重 庆	902771	230038	591795	35661	45278
四 川	1053905	317479	598208	56000	82218
贵 州	222259	92615	104814	7489	17341
云 南	504727	205437	218217	16795	64278
西 藏	31542	18203	9135	326	3877
陕 西	826425	219562	504462	53409	48992
甘 肃	211940	93754	98104	4013	16070
青 海	64986	25109	31867	1491	6519
宁 夏	55748	18881	32716	1159	2991
新 疆	188952	66338	102336	2045	18232

2-31 各地区大中型住宿业企业经营情况

单位：万元

地区	营业额	客房收入	餐费收入	商品销售额	其他收入
全国	**23092623**	**10299198**	**9265655**	**563203**	**2964570**
北京	2683217	1306718	756192	26057	594250
天津	235656	105793	91734	1933	36196
河北	352710	131604	175830	5566	39711
山西	123911	47291	60852	1230	14538
内蒙古	187257	69254	100697	256	17049
辽宁	575138	220767	281716	14006	58650
吉林	168117	73611	74343	1828	18335
黑龙江	171734	83290	64495	9186	14763
上海	2045907	952475	634387	22481	436565
江苏	1516646	578572	761159	50478	126437
浙江	2093989	823597	1019240	31430	219723
安徽	369736	153879	183907	7221	24730
福建	1076128	410883	528128	54267	82849
江西	296811	136155	128125	7376	25155
山东	1183566	469154	581665	37865	94881
河南	578067	253539	237376	23995	63157
湖北	567367	278116	217094	13892	58266
湖南	881240	364193	397399	47198	72450
广东	3788875	1752086	1377660	90159	568970
广西	350943	168976	133758	14059	34151
海南	871750	530894	268467	6621	65768
重庆	527276	237664	226149	18616	44847
四川	773722	350168	324436	22852	76266
贵州	196824	97867	74445	7940	16572
云南	456909	240898	141733	13490	60787
西藏	31542	18203	9135	326	3877
陕西	548623	236291	245795	23791	42746
甘肃	194632	100450	72987	4588	16608
青海	39683	18910	13542	1491	5740
宁夏	32469	14974	14175	617	2703
新疆	172178	72926	69034	2388	27830

2-32 各地区大中型餐饮业企业经营情况

单位：万元

地区	营业额	客房收入	餐费收入	商品销售额	其他收入
全国	**27111245**	**1229949**	**24699918**	**631382**	**550004**
北京	4191866	18767	4023168	58640	91291
天津	660939	23570	610534	3298	23537
河北	96561	15803	77021	2336	1401
山西	242592	27464	204041	8162	2925
内蒙古	248304	22877	216655	4688	4084
辽宁	736782	16954	691552	16638	11638
吉林	78263	19112	57355	142	1655
黑龙江	50927	4352	43478	2678	419
上海	4720445	39427	4589324	50260	41434
江苏	2094187	175907	1832653	47068	38560
浙江	1778821	148784	1554892	27108	48038
安徽	471394	50690	393873	20043	6788
福建	677219	28075	616429	23855	8861
江西	180845	15892	158930	5282	741
山东	1043999	165862	808041	36587	33508
河南	346196	45095	266502	10301	24299
湖北	934328	66100	848047	11015	9166
湖南	483386	38755	414349	19278	11004
广东	4521507	140361	4182298	101738	97111
广西	173649	3729	163926	3887	2108
海南	16519		16519		
重庆	1038827	31837	963725	31543	11722
四川	1164051	61747	1003529	68468	30308
贵州	64316	6006	53688	832	3790
云南	258467	6927	220279	12485	18776
西藏					
陕西	625136	34926	502934	63236	24041
甘肃	81664	7128	73303	857	376
青海	25303	6199	18325		779
宁夏	23279	3907	18541	543	288
新疆	81473	3696	76007	414	1356

2–33 各地区大中型住宿和餐饮业企业年末资产负债

单位：万元

地区	流动资产合计	固定资产原价	累计折旧	资产总计	负债合计	所有者权益合计
全国	**39746825**	**64855827**	**26039792**	**106427300**	**77786220**	**28640020**
北京	5710536	8387452	3865368	14738069	11069685	3668385
天津	512190	831526	283867	1420760	1228785	191975
河北	826490	1179499	428454	1881185	1561369	319817
山西	282342	639699	246678	897530	754588	142942
内蒙古	342312	843146	284663	1108417	747651	360766
辽宁	934499	1778832	761901	2456320	1594886	861433
吉林	242568	612396	230135	733523	468141	265382
黑龙江	149081	438638	203045	475551	320624	154927
上海	3860472	5684075	2673272	9302236	5442257	3859979
江苏	2619801	4872122	1864783	8060259	5885344	2174915
浙江	3206112	5976471	2325265	9182579	7021212	2161367
安徽	747767	1207644	359140	2513423	1845520	667903
福建	1286880	2099421	704926	3767827	2598136	1169691
江西	472962	673648	223755	1331157	963053	368104
山东	1867380	3506396	1295957	5331087	3847803	1483283
河南	1211903	1164409	468515	2384717	1780139	604577
湖北	823191	1863507	690381	2823519	2073729	749790
湖南	1076734	2124741	774579	3210459	2162512	1047947
广东	6172198	9304457	4094378	15348723	12541283	2806380
广西	461287	1022178	434911	1365931	1032592	333339
海南	1307166	1515741	488266	2889407	2103389	786018
重庆	1090428	1182541	449489	2391115	1842505	548610
四川	1941512	2462965	947153	4414872	3344533	1070339
贵州	284768	474692	138289	744797	620147	124650
云南	1064644	1626366	625473	2913872	1993941	919932
西藏	19565	206710	52011	188095	42701	145394
陕西	779295	2047705	688852	3035711	1963054	1072657
甘肃	125360	318189	143787	413625	256961	156664
青海	95861	167571	53853	243386	99094	144292
宁夏	60737	177091	44946	203866	216396	-12530
新疆	170784	465999	193700	655282	364190	291092

2-34 各地区大型住宿和餐饮业企业年末资产负债

单位：万元

地 区	流动资产合计	固定资产原价	累计折旧	资产总计	负债合计	所有者权益合计
全 国	**14519370**	**23779758**	**9998013**	**39773921**	**26282603**	**13491321**
北 京	2981694	4681688	2195204	8340077	5431678	2908398
天 津	67956	188175	56520	299021	184426	114595
河 北	48581	160881	44905	211949	218849	-6900
山 西	38652	106914	48917	123341	105181	18161
内蒙古	62481	150451	57530	182953	85801	97152
辽 宁	216156	520925	203415	756957	434081	322876
吉 林	52085	186943	72732	184524	70906	113618
黑龙江	86905	73674	35704	151139	97963	53177
上 海	2285001	3826500	1884317	6192949	3198288	2994661
江 苏	542569	1335553	468921	1972128	1312680	659448
浙 江	1163074	2156089	810085	3215231	2302779	912452
安 徽	112167	134803	64329	287513	202202	85310
福 建	348863	547427	253373	965748	657726	308022
江 西	16296	20678	5478	53958	28157	25801
山 东	633925	954904	396885	1558736	1119088	439648
河 南	247262	140995	67399	395916	317416	78500
湖 北	190533	361811	165818	697205	546469	150736
湖 南	487381	470188	226081	1000561	621833	378728
广 东	2845219	4793056	1965858	7921986	5992535	1929451
广 西	58045	241631	96690	261045	138069	122976
海 南	735014	626249	149881	1561536	985305	576231
重 庆	344438	344047	128140	813227	548881	264347
四 川	476478	607394	242782	1057851	636223	421628
贵 州	19097	61143	29011	54335	36057	18278
云 南	189787	370309	132534	499330	378222	121109
西 藏						
陕 西	213422	659046	156031	916511	580738	335773
甘 肃	26044	30538	26934	36309	26281	10028
青 海						
宁 夏						
新 疆	30245	27746	12539	61885	24769	37117

2-35 各地区中型住宿和餐饮业企业年末资产负债

单位：万元

地区	流动资产合计	固定资产原价	累计折旧	资产总计	负债合计	所有者权益合计
全国	**25227458**	**41076071**	**16041776**	**66653377**	**51503617**	**15148701**
北京	2728842	3705765	1670163	6397993	5638006	759987
天津	444234	643351	227347	1121738	1044359	77380
河北	777909	1018619	383549	1669236	1342519	326717
山西	243690	532784	197762	774189	649408	124781
内蒙古	279831	692696	227132	925464	661850	263614
辽宁	718343	1257907	558486	1699363	1160805	538558
吉林	190484	425452	157402	548999	397235	151764
黑龙江	62176	364964	167341	324412	222661	101751
上海	1575471	1857575	788955	3109287	2243970	865318
江苏	2077232	3536569	1395862	6088131	4572665	1515466
浙江	2043037	3820382	1515179	5967348	4718433	1248915
安徽	635600	1072841	294811	2225910	1643317	582593
福建	938017	1551994	451554	2802079	1940410	861669
江西	456667	652970	218277	1277199	934896	342303
山东	1233455	2551491	899072	3772351	2728715	1043636
河南	964641	1023414	401116	1988800	1462723	526077
湖北	632658	1501696	524562	2126314	1527260	599054
湖南	589353	1654553	548498	2209897	1540679	669218
广东	3326980	4511402	2128520	7426737	6548748	876930
广西	403242	780547	338221	1104886	894523	210363
海南	572152	889492	338385	1327871	1118084	209787
重庆	745991	838494	321349	1577888	1293624	284263
四川	1465034	1855572	704372	3357021	2708309	648711
贵州	265671	413549	109278	690463	584091	106372
云南	874857	1256057	492939	2414542	1615719	798823
西藏	19565	206710	52011	188095	42701	145394
陕西	565873	1388659	532821	2119199	1382315	736884
甘肃	99316	287651	116852	377316	230681	146636
青海	95861	167571	53853	243386	99094	144292
宁夏	60737	177091	44946	203866	216396	-12530
新疆	140539	438253	181161	593397	339421	253975

2-36 各地区大中型住宿业企业年末资产负债

单位：万元

地 区	流动资产合计	固定资产原价	累计折旧	资产总计	负债合计	所有者权益合计
全 国	**28252949**	**53565340**	**21775871**	**80362622**	**58788738**	**21573885**
北 京	4030452	7468877	3399811	11741815	8799006	2942809
天 津	250556	583862	193732	849691	800435	49256
河 北	755707	1092244	395486	1705476	1406344	299132
山 西	172831	358210	148817	503326	441757	61568
内蒙古	236920	612258	228435	777949	491619	286331
辽 宁	612481	1484487	648895	1699765	988308	711456
吉 林	214509	488929	198964	580192	420768	159424
黑龙江	124833	413945	196563	418019	297106	120913
上 海	2446523	4741694	2288715	6603373	3653922	2949450
江 苏	1595074	3719543	1455650	5530469	3856561	1673908
浙 江	2413344	4698270	1902932	6945069	5243946	1701123
安 徽	390759	907464	269043	1606066	1180673	425394
福 建	1054203	1899878	616212	3267361	2222315	1045046
江 西	415955	617581	209551	1179806	858142	321665
山 东	1243944	2434712	953916	3404255	2482541	921714
河 南	982862	1015592	409503	1930383	1475719	454664
湖 北	434526	1385537	510803	1708328	1125930	582398
湖 南	872287	1831349	682807	2663193	1788591	874602
广 东	4583555	7811674	3389832	11975142	10182988	1792154
广 西	413797	990551	419621	1275475	956772	318703
海 南	1300970	1508902	483830	2880126	2097293	782833
重 庆	788045	874456	327832	1681833	1437468	244365
四 川	1076759	1858646	733061	2665932	2066556	599376
贵 州	232509	432517	122706	650208	541297	108912
云 南	703306	1473214	580647	2393206	1639023	754183
西 藏	19565	206710	52011	188095	42701	145394
陕 西	518821	1684700	563559	2369884	1529612	840272
甘 肃	106632	290457	135368	359032	230669	128363
青 海	83308	109295	40448	158915	39746	119169
宁 夏	31526	158471	38028	155698	167353	-11655
新 疆	146390	411315	179093	494540	323577	170963

2-37 各地区大中型餐饮业企业年末资产负债

单位：万元

地 区	流动资产合计	固定资产原价	累计折旧	资产总计	负债合计	所有者权益合计
全 国	**11493878**	**11290486**	**4263921**	**26064679**	**18997484**	**7066134**
北 京	1680084	918575	465556	2996254	2270678	725576
天 津	261634	247665	90136	571069	428350	142719
河 北	70783	87255	32968	175709	155024	20685
山 西	109511	281488	97861	394204	312831	81373
内蒙古	105391	230889	56227	330468	256033	74435
辽 宁	322018	294345	113006	756555	606578	149977
吉 林	28060	123466	31171	153332	47373	105958
黑龙江	24248	24693	6482	57533	23518	34015
上 海	1413949	942381	384557	2698863	1788335	910529
江 苏	1024727	1152579	409134	2529791	2028783	501007
浙 江	792767	1278201	422333	2237510	1777266	460244
安 徽	357008	300180	90097	907357	664847	242510
福 建	232677	199543	88714	500466	375821	124645
江 西	57007	56067	14204	151351	104912	46439
山 东	623436	1071683	342041	1926832	1365263	561569
河 南	229040	148817	59012	454334	304420	149913
湖 北	388666	477970	179578	1115190	947799	167391
湖 南	204447	293392	91772	547266	373921	173344
广 东	1588644	1492783	704546	3373581	2358295	1014226
广 西	47490	31627	15290	90455	75819	14636
海 南	6196	6839	4437	9281	6096	3185
重 庆	302383	308084	121656	709282	405037	304245
四 川	864753	604319	214093	1748940	1277977	470963
贵 州	52259	42175	15583	94589	78851	15738
云 南	361338	153152	44826	520666	354918	165749
西 藏						
陕 西	260475	363005	125293	665826	433442	232385
甘 肃	18728	27732	8419	54594	26293	28301
青 海	12553	58276	13404	84471	59348	25122
宁 夏	29212	18621	6918	48168	49043	-874
新 疆	24394	54684	14607	160742	40613	120129

2–38 各地区大中型住宿和餐饮业企业实收资本及构成

单位：万元

地 区	实收资本	国家资本	集体资本	法人资本	个人资本	港澳台资本	外商资本
全 国	**29383975**	**7653689**	**517394**	**10391057**	**4199875**	**4240018**	**2381955**
北 京	3819409	927760	38255	1720111	204172	635147	293966
天 津	396529	130958	4394	168025	48849	16360	27944
河 北	604610	184979	864	172000	143261	103507	
山 西	201908	61125	110	50698	88237		1739
内蒙古	348158	75949	8245	106742	49167	75087	32968
辽 宁	689049	120657	2689	165781	106374	225275	68273
吉 林	161722	75838	5	35527	30795	18500	1059
黑龙江	267652	123587		74891	46106	23068	
上 海	3383203	1061815	116269	814416	154276	728945	507481
江 苏	2634296	794853	40327	772688	462033	232746	331650
浙 江	2450526	571384	46844	993813	475383	272405	90697
安 徽	632709	94932	14965	188219	187470	143947	3176
福 建	1265473	329252	19315	396655	247328	167838	105085
江 西	344144	117644	560	100878	100488	9524	15052
山 东	1061287	304162	29212	380555	126025	199202	22132
河 南	595528	138836	51378	231905	114247	50874	8289
湖 北	700763	210136	13901	235204	135403	63150	42969
湖 南	848075	223197	13106	378289	205403	5596	22483
广 东	3690703	720418	44580	1359206	404695	719605	442199
广 西	469700	85654		173075	37632	169814	3525
海 南	869603	238116	7680	387716	19623	195299	21169
重 庆	512282	35865	6739	345482	72718	7779	43699
四 川	968472	184793	30550	438383	219712	9560	85475
贵 州	167617	62479	1450	72318	23591	6800	980
云 南	689351	203856	13042	158367	211514	58654	43918
西 藏	149440	57197		9000			83243
陕 西	903282	251001	11543	277675	216670	97336	49057
甘 肃	154148	80517	1036	40555	18358	2000	11682
青 海	110478	45638		18310	25106		21424
宁 夏	31095	8362		16633	6100		
新 疆	262763	132729	335	107940	19139	2000	621

2–39 各地区大型住宿和餐饮业企业实收资本及构成

单位：万元

地区	实收资本						
		国家资本	集体资本	法人资本	个人资本	港澳台资本	外商资本
全国	**10021769**	**2720907**	**99123**	**3231426**	**571432**	**2150707**	**1248178**
北京	2083663	377178	16156	957518	46475	480930	205406
天津	75442	59120	994		1000		14328
河北	53004			5651	47353		
山西	22548	7881		1929	11000		1739
内蒙古	51964			1741	17255		32968
辽宁	284082	61006		19185	2266	181563	20062
吉林	44953	16653		6600	5000	16700	
黑龙江	32944	1097		31847			
上海	2151189	758243	52076	312322	54415	584762	389373
江苏	615151	240823	5477	149457	29124	33651	156620
浙江	799014	249079	6874	249452	100757	155452	37400
安徽	29155	5000		18740	5415		
福建	233975	28781	1050	121381	7622	48690	26450
江西	17059			8850	6100		2109
山东	199682	55495	2950	17263	22245	95099	6630
河南	100169	24572		18112	21690	34056	1738
湖北	171026	90539	135	3548	13717	26792	36296
湖南	206411	108558	3500	85612	5610	1390	1741
广东	1532808	338466	2825	677728	89869	205465	218455
广西	121729	34477		13328	739	71536	1650
海南	458640	73060		205260	10200	170119	
重庆	113318			91098	5140		17080
四川	171006	26155	1231	112886	14008	2464	14263
贵州	9916	6026		240	3650		
云南	101515	55455	5855	15435	1780		22990
西藏							
陕西	320109	90900		104459	43863	42038	38849
甘肃	5515	3105		1000			1410
青海							
宁夏							
新疆	15782	9238		784	5139		621

2-40 各地区中型住宿和餐饮业企业实收资本及构成

单位：万元

地 区	实收资本						
		国家资本	集体资本	法人资本	个人资本	港澳台资本	外商资本
全 国	**19362212**	**4932780**	**418272**	**7159634**	**3628445**	**2089311**	**1133777**
北 京	1735747	550581	22099	762593	157697	154217	88560
天 津	321087	71838	3400	168025	47849	16360	13616
河 北	551607	184979	864	166349	95909	103507	
山 西	179360	53244	110	48769	77237		
内蒙古	296194	75949	8245	105001	31912	75087	
辽 宁	404967	59651	2689	146596	104108	43711	48211
吉 林	116769	59184	5	28927	25795	1800	1059
黑龙江	234708	122490		43044	46106	23068	
上 海	1232014	303573	64194	502094	99862	144183	118108
江 苏	2019144	554030	34850	623231	432908	199095	175030
浙 江	1651513	322305	39970	744361	374626	116953	53297
安 徽	603554	89932	14965	169479	182055	143947	3176
福 建	1031498	300471	18265	275273	239706	119148	78635
江 西	327086	117644	560	92028	94388	9524	12943
山 东	861605	248667	26262	363292	103780	104103	15502
河 南	495360	114264	51378	213793	92557	16818	6551
湖 北	529737	119597	13766	231656	121687	36358	6673
湖 南	641664	114639	9606	292677	199794	4206	20742
广 东	2157895	381951	41755	681479	314826	514140	223744
广 西	347971	51177		159748	36893	98279	1875
海 南	410963	165056	7680	182456	9423	25180	21169
重 庆	398965	35865	6739	254385	67578	7779	26619
四 川	797466	158638	29319	325497	205704	7096	71212
贵 州	157702	56453	1450	72078	19941	6800	980
云 南	587836	148401	7187	142933	209734	58654	20928
西 藏	149440	57197		9000			83243
陕 西	583173	160101	11543	173216	172807	55298	10208
甘 肃	148633	77412	1036	39555	18358	2000	10272
青 海	110478	45638		18310	25106		21424
宁 夏	31095	8362		16633	6100		
新 疆	246981	123491	335	107156	13999	2000	

2-41 各地区大中型住宿业企业实收资本及构成

单位：万元

地区	实收资本	国家资本	集体资本	法人资本	个人资本	港澳台资本	外商资本
全国	**23872003**	**7168101**	**414899**	**8361028**	**2722674**	**3598697**	**1606607**
北京	3333168	903545	22391	1537385	127801	551617	190429
天津	307689	130356	4194	140966	12065	14555	5553
河北	539794	157986	594	160705	117003	103507	
山西	138963	55545	110	16412	66896		
内蒙古	276445	63325	4245	75775	25095	75037	32968
辽宁	586303	114350	2539	112078	91506	218984	46846
吉林	132779	57184	5	31527	24505	18500	1059
黑龙江	235019	123577		53958	34416	23068	
上海	2452806	1008135	114949	565178	57814	498822	207908
江苏	2069819	761403	25541	539737	294237	182998	265903
浙江	1997658	552694	20140	801284	323674	237083	62782
安徽	455321	76512	12929	110682	108074	143947	3176
福建	1111483	318358	18726	352563	216512	116617	88708
江西	312570	117112	560	94711	78720	8524	12943
山东	724820	223084	24344	230107	45108	186675	15502
河南	493867	138304	50678	196989	58804	48804	290
湖北	498801	188966	13901	146274	88618	55189	5853
湖南	670918	198589	12106	322889	115657	5596	16080
广东	3033326	666294	36381	1129982	296121	577941	326607
广西	455400	85654		162338	35719	169814	1875
海南	867326	238116	7680	387216	19493	193652	21169
重庆	355833	33328	6030	243412	37357	3100	32607
四川	726816	172552	15728	350264	113076	7096	68100
贵州	147511	62479	1450	59039	16763	6800	980
云南	646231	198401	13042	135237	198142	58548	42861
西藏	149440	57197		9000			83243
陕西	683012	231109	5903	220835	95473	88223	41469
甘肃	141414	80415	433	38309	9985	2000	10272
青海	85372	45638		17310	1000		21424
宁夏	25237	7804		16633	800		
新疆	216862	100089	300	102233	12240	2000	

2-42 各地区大中型餐饮业企业实收资本及构成

单位：万元

地区	实收资本	国家资本	集体资本	法人资本	个人资本	港澳台资本	外商资本
全国	**5511974**	**485585**	**102494**	**2030030**	**1477206**	**641320**	**775348**
北京	486241	24215	15864	182725	76371	83530	103536
天津	88840	602	200	27059	36784	1805	22391
河北	64816	26993	270	11295	26259		
山西	62945	5580		34286	21341		1739
内蒙古	71713	12624	4000	30967	24072	50	
辽宁	102745	6307	150	53703	14868	6290	21427
吉林	28943	18653		4000	6290		
黑龙江	32634	10		20934	11690		
上海	930397	53680	1320	249239	96462	230123	299573
江苏	564476	33450	14785	232951	167796	49748	65747
浙江	452868	18690	26704	192529	151709	35322	27915
安徽	177388	18420	2036	77536	79396		
福建	153990	10894	589	44091	30816	51221	16377
江西	31575	532		6166	21768	1000	2109
山东	336468	81077	4868	150448	80918	12527	6630
河南	101661	532	700	34917	55444	2070	7999
湖北	201962	21170		88930	46786	7961	37116
湖南	177157	24608	1000	55401	89746		6403
广东	657377	54124	8199	229225	108574	141664	115592
广西	14300			10737	1913		1650
海南	2277			500	130	1647	
重庆	156450	2537	709	102070	35362	4679	11093
四川	241656	12241	14822	88119	106636	2464	17375
贵州	20106			13279	6828		
云南	43120	5455		23130	13372	106	1057
西藏							
陕西	220270	19891	5640	56840	121197	9113	7588
甘肃	12734	102	603	2246	8373		1410
青海	25106			1000	24106		
宁夏	5858	558			5300		
新疆	45901	32640	35	5707	6899		621

2-43 各地区大中型住宿和餐饮业企业损益及分配

单位：万元

地区	主营业务收入	主营业务成本	主营业务税金及附加	主营业务利润	其他业务利润	销售费用	管理费用	财务费用	营业利润	利润总额	应交所得税	应付职工薪酬
全国	**49837304**	**20105612**	**2681546**	**27050146**	**963283**	**16039466**	**9981567**	**1975133**	**49680**	**316412**	**544690**	**10782289**
北京	6894514	2364986	370520	4159008	61232	2551464	1459076	239133	44543	72529	90899	1871774
天津	886896	388115	45874	452907	7654	319663	182395	26709	-71629	-68769	7390	205435
河北	449217	189271	25251	234695	6122	165280	136476	41484	-102336	-88414	1196	125518
山西	364902	174809	19830	170263	8270	126449	73540	13048	-40777	-30198	1619	92014
内蒙古	434315	224520	16317	193478	10136	105059	97948	12215	-22075	-28446	2348	81525
辽宁	1308929	587880	63625	657424	221671	399351	240119	31593	-16605	-11145	3771	152269
吉林	245220	87727	11291	146202	5108	75289	72216	13560	-11640	-17455	531	40870
黑龙江	222488	70393	11411	140684	2997	77756	62791	3334	3608	1315	3180	40933
上海	6642183	2480278	353537	3808368	162531	2390151	1091173	141320	259191	298067	104127	1205456
江苏	3568245	1486380	184992	1896873	27140	1122948	796832	131193	181136	195246	103093	700477
浙江	3886058	1494582	212324	2179152	74063	1233062	844544	222445	-51776	-10940	33710	808173
安徽	849626	383663	45509	420454	9752	250172	168310	43765	-28834	-18487	6247	168955
福建	1709992	698239	89883	921870	14862	539909	358368	66923	-26020	-19270	15089	384636
江西	483251	215541	23159	244551	7472	134433	107886	26886	-22865	-21582	2120	83801
山东	2198610	964415	112127	1122068	39875	631902	430540	89576	-24343	-23109	16952	424904
河南	894967	424042	43905	427020	21765	219300	186346	46336	-18882	1637	4646	173083
湖北	1528084	678127	157925	692032	20545	475559	260244	43184	2773	13609	12161	491657
湖南	1336125	594908	66840	674377	24408	331559	309152	74285	-32910	-33291	4800	273643
广东	8221756	3281131	435759	4504866	104913	2802414	1388702	365194	40266	58309	67028	1861530
广西	520480	202100	27466	290914	5787	172978	133062	29961	-28582	-33230	2306	114502
海南	923594	231548	51949	640097	20217	234283	342002	44518	34396	36844	13977	234077
重庆	1554053	814776	67221	672056	8901	342087	233628	50423	59306	45736	10267	249481
四川	1940127	814082	96206	1029839	39423	569558	350899	82884	71596	88971	22254	348002
贵州	258538	108251	13789	136498	9893	64309	62867	29041	-19993	-10818	1543	60055
云南	682834	299901	34409	348524	12729	182514	199382	59614	-67031	-20733	3626	164364
西藏	32186	8744	1812	21630	192	15920	17796	347	-11985	-11403	62	12443
陕西	1153689	551003	64495	538191	24852	317775	231035	31883	-35907	-39707	4125	247890
甘肃	272154	129272	14172	128710	7268	65700	51113	2782	10424	10920	3512	44900
青海	64135	22202	2787	39146	1500	22468	16085	2011	-851	-1104	139	19573
宁夏	55092	22251	2859	29982	144	22956	16475	3757	-11609	-11196	1	14734
新疆	255044	112475	14302	128267	1861	77198	60565	5729	-10909	-7474	1971	85615

2-44 各地区大型住宿和

地区	主营业务收入	主营业务成本	主营业务税金及附加	主营业务利润	其他业务利润	销售费用
全国	**24543196**	**9788387**	**1284137**	**13470672**	**483318**	**8061089**
北京	4482821	1590541	237401	2654879	22693	1618958
天津	446407	193756	23099	229552	47	162619
河北	53801	26287	3258	24256	3	25060
山西	103085	43320	6623	53142	3966	35266
内蒙古	172276	117279	3019	51978	7605	20859
辽宁	706032	321015	34192	350825	205340	224559
吉林	75913	28644	2284	44985		19641
黑龙江	84484	19959	4360	60165		35359
上海	4689632	1704788	252214	2732630	102994	1685103
江苏	1496521	670692	74438	751391	3008	456103
浙江	1595695	619911	88083	887701	21961	492558
安徽	279167	128421	15845	134901	1323	105719
福建	680552	278165	36237	366150	7628	201912
江西	94960	47762	4843	42355		26483
山东	714050	281456	37102	395492	5345	233676
河南	168068	66470	9773	91825	10824	53138
湖北	635950	289846	31832	314272	2969	231090
湖南	373986	136581	20496	216909	15324	125625
广东	4689655	1881065	244528	2564062	58665	1573237
广西	174065	65571	8935	99559	296	57683
海南	544494	146287	30386	367821	458	104672
重庆	653992	372529	28511	252952	424	134245
四川	914052	403285	45215	465552	10693	244490
贵州	38290	17001	2335	18954	420	7929
云南	200788	94644	9560	96584	1236	50315
西藏						
陕西	345749	173506	22475	149768	11	108838
甘肃	64356	33480	3533	27343		12565
青海						
宁夏						
新疆	64355	36126	3560	24669	85	13387

餐饮业企业损益及分配

单位：万元

管理费用	财务费用	营业利润	利润总额	应交所得税	应付职工薪酬
3802448	**691969**	**1186450**	**1235075**	**319835**	**4725402**
810132	127291	183862	192822	69616	1183094
51117	3485	9054	8452	4980	73618
8608	6122	-15532	-15491	735	9847
14718	630	1594	1402	806	20472
14710	4053	11574	1014		10089
97413	8070	16681	15478	958	47829
20114	2958	-756	-1627	440	7658
18252	577	5945	5633	1589	12676
690936	90059	318943	335320	90828	794970
221683	34538	49345	52462	19381	235559
262224	90490	72571	90343	22947	285676
14969	-998	22879	24934	3669	52626
117095	20462	33065	33376	8315	137462
9539	940	5274	4894	328	6165
135166	19982	3231	3574	5828	124738
39954	7474	-9064	1981	-215	33235
62364	11287	11868	15060	3569	91213
73924	29124	-8346	-5741	658	74934
648218	161611	233192	229648	45507	977269
28586	5442	7901	8235	493	31789
164782	24986	77871	77522	13329	121400
73631	10847	39988	38982	3543	94882
121752	9046	116334	117759	15801	147731
5783	1885	3478	4413	981	8417
38271	18107	-8481	-7670	1316	38503
41443	3703	-5230	-6830	2152	79277
9661	37	5093	4909	1482	6630
7403	-239	4116	4221	799	17643

2-45 各地区中型住宿和

地区	主营业务收入	主营业务成本	主营业务税金及附加	主营业务利润	其他业务利润	销售费用
全国	**25294115**	**10317227**	**1397413**	**13579475**	**479963**	**7978378**
北京	2411694	774445	133119	1504130	38539	932506
天津	440490	194360	22776	223354	7607	157044
河北	395416	162984	21993	210439	6119	140220
山西	261817	131489	13207	117121	4304	91182
内蒙古	262040	107241	13298	141501	2530	84200
辽宁	602898	266865	29433	306600	16330	174792
吉林	169308	59083	9007	101218	5108	55648
黑龙江	138005	50434	7052	80519	2997	42397
上海	1952551	775490	101323	1075738	59537	705048
江苏	2071724	815687	110554	1145483	24132	666845
浙江	2290364	874671	124241	1291452	52102	740504
安徽	570459	255242	29664	285553	8429	144453
福建	1029441	420074	53646	555721	7234	337997
江西	388291	167779	18316	202196	7472	107950
山东	1484560	682959	75025	726576	34530	398226
河南	726899	357572	34132	335195	10941	166162
湖北	892135	388281	126093	377761	17576	244469
湖南	962138	458327	46344	457467	9084	205934
广东	3532100	1400066	191231	1940803	46248	1229177
广西	346415	136529	18531	191355	5491	115295
海南	379099	85262	21564	272273	19760	129611
重庆	900061	442247	38710	419104	8477	207843
四川	1026075	410797	50992	564286	28730	325068
贵州	220248	91250	11454	117544	9472	56380
云南	482046	205257	24849	251940	11493	132199
西藏	32186	8744	1812	21630	192	15920
陕西	807940	377498	42020	388422	24841	208937
甘肃	207798	95792	10639	101367	7268	53136
青海	64135	22202	2787	39146	1500	22468
宁夏	55092	22251	2859	29982	144	22956
新疆	190690	76349	10742	103599	1776	63811

餐饮业企业损益及分配

单位：万元

管理费用	财务费用	营业利润	利润总额	应交所得税	应付职工薪酬
6179123	**1283163**	**-1136770**	**-918667**	**224857**	**6056886**
648944	111843	-139319	-120293	21283	688680
131278	23224	-80683	-77221	2410	131817
127868	35362	-86804	-72924	461	115671
58822	12418	-42371	-31600	813	71542
83238	8162	-33649	-29460	2348	71436
142706	23523	-33286	-26624	2813	104440
52103	10602	-10885	-15828	91	33212
44539	2757	-2338	-4318	1590	28257
400237	51262	-59751	-37253	13299	410486
575149	96655	131790	142784	83713	464919
582321	131955	-124347	-101283	10763	522497
153341	44762	-51713	-43421	2578	116329
241273	46462	-59084	-52646	6774	247174
98347	25946	-28139	-26475	1792	77635
295374	69594	-27574	-26683	11124	300166
146393	38862	-9818	-344	4861	139849
197880	31897	-9095	-1452	8592	400443
235228	45161	-24564	-27551	4142	198709
740484	203583	-192926	-171340	21521	884261
104476	24518	-36482	-41465	1813	82714
177220	19533	-43475	-40678	648	112677
159998	39576	19318	6754	6724	154599
229147	73838	-44738	-28788	6453	200271
57084	27156	-23471	-15230	563	51638
161111	41506	-58550	-13063	2311	125860
17796	347	-11985	-11403	62	12443
189592	28179	-30677	-32877	1973	168613
41451	2745	5331	6011	2030	38269
16085	2011	-851	-1104	139	19573
16475	3757	-11609	-11196	1	14734
53163	5967	-15025	-11696	1172	67972

2-46 各地区大中型住宿业

地区	主营业务收入	主营业务成本	主营业务税金及附加	主营业务利润	其他业务利润	销售费用
全国	**22955202**	**7926509**	**1225141**	**13803552**	**477300**	**6625701**
北京	2696950	700043	149927	1846980	30879	798061
天津	235137	100536	12094	122507	3397	73635
河北	350860	146301	19745	184814	6045	129015
山西	123813	43476	8138	72199	145	50080
内蒙古	187347	77454	10479	99414	10132	57622
辽宁	575916	249703	26274	299939	21335	151986
吉林	167263	54334	8768	104161	4344	51487
黑龙江	171074	49233	8577	113264	124	56140
上海	2030451	599366	106233	1324852	105414	506259
江苏	1496984	549028	77611	870345	14246	450678
浙江	2126752	679697	123873	1323182	57077	660898
安徽	365246	147983	20437	196826	7069	97734
福建	1047060	374230	56913	615917	11154	329643
江西	300082	121743	15159	163180	4922	82634
山东	1170026	447876	60602	661548	31284	359392
河南	568575	254801	29041	284733	15584	136484
湖北	580278	236324	27650	316304	14305	150813
湖南	853436	356372	42011	455053	8336	191254
广东	3723463	1315347	197687	2210429	58632	1096447
广西	348275	115601	18652	214022	5089	120872
海南	907074	226159	51037	629878	16396	222145
重庆	527625	203365	26333	297927	1220	137336
四川	757075	228748	38839	489488	19627	242131
贵州	195108	77286	10652	107170	7146	49889
云南	435712	159462	23054	253196	7276	126806
西藏	32186	8744	1812	21630	192	15920
陕西	543949	209799	29525	304625	10639	155222
甘肃	191574	89469	10344	91761	2819	44660
青海	39532	12077	1936	25519	1494	14954
宁夏	32594	13501	1956	17137	2	14682
新疆	173785	78451	9782	85552	976	50822

企业损益及分配

单位：万元

管理费用	财务费用	营业利润	利润总额	应交所得税	应付职工薪酬
6986338	**1562108**	**-977581**	**-735148**	**213956**	**5512142**
986612	198577	-36616	-15967	48716	843850
105074	20512	-84802	-82178	382	77067
116767	34274	-91070	-83054	1028	104032
39443	7971	-23283	-16078	330	47982
66217	7436	-31335	-32908	541	56843
164139	20663	-37188	-30462	1813	86171
52661	12153	-10620	-16107	439	29278
57850	2409	3154	2081	3066	33727
649375	98025	108149	131121	45727	399505
486464	89095	-138728	-118586	6135	338408
623838	176017	-99606	-63839	13341	482675
115194	30649	-42992	-35919	1047	82458
283450	58828	-38312	-29943	9354	253336
83798	22881	-24162	-23409	1895	63617
289376	54589	-36778	-33345	6688	252394
149517	36809	-31010	-16372	2998	115830
156666	28429	-10991	-2976	2354	121987
252876	60493	-41633	-40082	3347	175405
971397	323300	-115044	-88862	31728	947453
117165	28331	-35881	-40658	1441	84623
337327	44396	35070	37515	13805	231294
143019	41007	-20935	-19287	3604	106020
224072	51391	-11004	-6271	5349	150535
49992	26871	-20118	-15211	1486	44763
174200	54705	-78043	-31304	1928	113110
17796	347	-11985	-11403	62	12443
163674	22555	-35111	-35077	2679	137527
43351	1893	2895	3922	1408	33381
10269	852	-119	-2379	60	12707
10240	2091	-8465	-8221	43	8910
44519	4559	-11018	-9889	1162	64811

2-47 各地区大中型餐饮业

地　区	主营业务收入	主营业务成本	主营业务税金及附加	主营业务利润	其他业务利润	销售费用
全　国	**26882106**	**12179103**	**1456410**	**13246593**	**485981**	**9413765**
北　京	4197565	1664942	220593	2312030	30352	1753404
天　津	651759	287579	33780	330400	4257	246028
河　北	98357	42971	5506	49880	76	36264
山　西	241089	131333	11692	98064	8125	76368
内蒙古	246968	147066	5838	94064	3	47437
辽　宁	733013	338177	37351	357485	200335	247365
吉　林	77958	33393	2523	42042	764	23802
黑龙江	51415	21160	2835	27420	2873	21616
上　海	4611732	1880913	247305	2483514	57118	1883892
江　苏	2071261	937352	107381	1026528	12894	672270
浙　江	1759306	814885	88451	855970	16986	572164
安　徽	484380	235679	25072	223629	2683	152438
福　建	662933	324009	32970	305954	3709	210266
江　西	183169	93797	8000	81372	2550	51799
山　东	1028584	516539	51525	460520	8591	272510
河　南	326392	169241	14865	142286	6181	82817
湖　北	947806	441803	130275	375728	6240	324746
湖　南	482689	238536	24830	219323	16072	140305
广　东	4498293	1965784	238073	2294436	46281	1705966
广　西	172205	86499	8814	76892	698	52106
海　南	16519	5390	912	10217	3821	12139
重　庆	1026428	611411	40888	374129	7681	204751
四　川	1183052	585334	57367	540351	19796	327427
贵　州	63430	30965	3136	29329	2747	14420
云　南	247122	140439	11354	95329	5453	55708
西　藏						
陕　西	609740	341204	34970	233566	14213	162553
甘　肃	80580	39803	3828	36949	4449	21040
青　海	24603	10125	852	13626	6	7514
宁　夏	22499	8750	904	12845	142	8274
新　疆	81259	34024	4520	42715	885	26376

企业损益及分配

单位：万元

管理费用	财务费用	营业利润	利润总额	应交所得税	应付职工薪酬
2995233	**413028**	**1027264**	**1051558**	**330734**	**5270145**
472464	40556	81160	88496	42183	1027924
77322	6196	13173	13409	7008	128368
19709	7210	-11266	-5360	168	21486
34097	5077	-17494	-14120	1289	44032
31731	4779	9260	4462	1807	24682
75980	10930	20584	19316	1958	66097
19555	1407	-1020	-1348	92	11592
4941	925	454	-766	113	7205
441798	43296	151043	166945	58400	805951
310368	42098	319863	313831	96959	362069
220707	46428	47830	52899	20369	325498
53117	13116	14158	17432	5200	86497
74918	8095	12293	10673	5735	131300
24088	4006	1297	1827	225	20184
141165	34987	12435	10236	10264	172510
36829	9527	12129	18009	1649	57254
103577	14755	13764	16584	9806	369670
56276	13792	8723	6791	1453	98238
417305	41894	155310	147171	35300	914077
15897	1630	7300	7428	865	29879
4675	123	-674	-671	172	2783
90609	9417	80240	65023	6663	143461
126828	31493	82600	95243	16905	197467
12875	2170	125	4394	57	15292
25182	4908	11012	10571	1698	51254
67361	9328	-796	-4630	1446	110363
7762	889	7529	6998	2104	11518
5816	1160	-732	1275	80	6866
6235	1666	-3145	-2974	-42	5824
16046	1170	109	2414	808	20804

2-48 各地区大中型住宿和餐饮业企业经济效益分析指标

地　区	负债比率(%)	主营业务毛利率(%)	人均营业收入(万元)	费用率(%)
全　国	**73.1**	**59.7**	**22.2**	**56.2**
北　京	75.1	65.7	25.2	61.6
天　津	86.5	56.2	21.1	59.6
河　北	83.0	57.9	15.0	76.4
山　西	84.1	52.1	13.4	58.4
内蒙古	67.5	48.3	21.6	49.6
辽　宁	64.9	55.1	31.1	51.3
吉　林	63.8	64.2	18.8	65.7
黑龙江	67.4	68.4	18.4	64.7
上　海	58.5	62.7	28.4	54.5
江　苏	73.0	58.3	20.3	57.5
浙　江	76.5	61.5	23.7	59.2
安　徽	73.4	54.8	16.5	54.4
福　建	69.0	59.2	20.2	56.4
江　西	72.3	55.4	17.8	55.7
山　东	72.2	56.1	22.6	52.4
河　南	74.6	52.6	17.8	50.5
湖　北	73.4	55.6	22.6	51.0
湖　南	67.4	55.5	19.8	53.5
广　东	81.7	60.1	21.9	55.4
广　西	75.6	61.2	16.2	64.6
海　南	72.8	74.9	22.7	67.2
重　庆	77.1	47.6	23.0	40.3
四　川	75.8	58.0	21.2	51.7
贵　州	83.3	58.1	17.4	60.4
云　南	68.4	56.1	16.7	64.7
西　藏	22.7	72.8	17.2	105.8
陕　西	64.7	52.2	17.7	50.3
甘　肃	62.1	52.5	19.1	43.9
青　海	40.7	65.4	14.3	63.2
宁　夏	106.1	59.6	13.6	78.4
新　疆	55.6	55.9	17.0	56.3

注：费用率等于销售费用、管理费用、财务费用三项之和除以营业收入合计(下表同)。

2-49 各地区大型住宿和餐饮业企业经济效益分析指标

地区	负债比率 (%)	主营业务毛利率 (%)	人均营业收入 (万元)	费用率 (%)
全国	**66.1**	**60.1**	**26.5**	**51.2**
北京	65.1	64.5	27.6	57.0
天津	61.7	56.6	25.0	48.7
河北	103.3	51.1	24.8	74.0
山西	85.3	58.0	13.1	49.1
内蒙古	46.9	31.9	58.1	23.0
辽宁	57.3	54.5	46.6	46.7
吉林	38.4	62.3	23.0	56.3
黑龙江	64.8	76.4	20.8	64.1
上海	51.6	63.6	30.1	52.6
江苏	66.6	55.2	22.7	47.6
浙江	71.6	61.2	29.5	53.0
安徽	70.3	54.0	16.6	42.9
福建	68.1	59.1	23.5	49.9
江西	52.2	49.7	26.6	38.9
山东	71.8	60.6	29.7	54.5
河南	80.2	60.5	18.7	59.8
湖北	78.4	54.4	29.8	47.9
湖南	62.1	63.5	23.9	61.1
广东	75.6	59.9	26.3	50.8
广西	52.9	62.3	17.2	52.7
海南	63.1	73.1	30.8	54.1
重庆	67.5	43.0	22.3	33.4
四川	60.1	55.9	22.9	41.1
贵州	66.4	55.6	23.9	40.7
云南	75.7	52.9	18.0	53.1
西藏				
陕西	63.4	49.8	17.4	44.5
甘肃	72.4	48.0	21.3	34.6
青海				
宁夏				
新疆	40.0	43.9	21.1	31.9

2-50 各地区中型住宿和餐饮业企业经济效益分析指标

地 区	负债比率 (%)	主营业务毛利率 (%)	人均营业收入 (万元)	费用率 (%)
全 国	**77.3**	**59.2**	**19.1**	**61.0**
北 京	88.1	67.9	21.8	70.2
天 津	93.1	55.9	18.3	70.7
河 北	80.4	58.8	14.2	76.7
山 西	83.9	49.8	13.5	62.0
内蒙古	71.5	59.1	15.2	67.0
辽 宁	68.3	55.7	22.4	56.6
吉 林	72.4	65.1	17.4	69.9
黑龙江	68.6	63.5	17.1	65.0
上 海	72.2	60.3	25.0	59.2
江 苏	75.1	60.6	18.8	64.6
浙 江	79.1	61.8	20.8	63.5
安 徽	73.8	55.3	16.5	60.0
福 建	69.2	59.2	18.5	60.8
江 西	73.2	56.8	16.5	59.8
山 东	72.3	54.0	20.2	51.4
河 南	73.5	50.8	17.7	48.3
湖 北	71.8	56.5	19.3	53.2
湖 南	69.7	52.4	18.5	50.5
广 东	88.2	60.4	17.9	61.5
广 西	81.0	60.6	15.7	70.5
海 南	84.2	77.5	16.5	86.1
重 庆	82.0	50.9	23.5	45.3
四 川	80.7	60.0	19.9	61.2
贵 州	84.6	58.6	16.6	63.8
云 南	66.9	57.4	16.2	69.5
西 藏	22.7	72.8	17.2	105.8
陕 西	65.2	53.3	17.9	52.8
甘 肃	61.1	53.9	18.5	46.8
青 海	40.7	65.4	14.3	63.2
宁 夏	106.1	59.6	13.6	78.4
新 疆	57.2	60.0	15.9	64.5

2–51 各地区大中型住宿业企业经济效益分析指标

地 区	负债比率 (%)	主营业务毛利率 (%)	人均营业收入 (万元)	费用率 (%)
全 国	**73.2**	**65.5**	**21.5**	**66.1**
北 京	74.9	74.0	27.0	73.5
天 津	94.2	57.2	18.3	84.7
河 北	82.5	58.3	14.8	79.8
山 西	87.8	64.9	12.2	78.7
内蒙古	63.2	58.7	15.7	70.1
辽 宁	58.1	56.6	22.5	58.5
吉 林	72.5	67.5	18.2	69.5
黑龙江	71.1	71.2	19.1	68.0
上 海	55.3	70.5	36.5	61.7
江 苏	69.7	63.3	21.0	68.6
浙 江	75.5	68.0	23.6	68.7
安 徽	73.5	59.5	16.8	66.7
福 建	68.0	64.3	20.6	64.2
江 西	72.7	59.4	16.5	63.1
山 东	72.9	61.7	20.7	60.1
河 南	76.4	55.2	17.8	56.8
湖 北	65.9	59.3	19.6	57.9
湖 南	67.2	58.2	19.1	59.1
广 东	85.0	64.7	21.2	64.2
广 西	75.0	66.8	17.0	76.5
海 南	72.8	75.1	22.6	66.6
重 庆	85.5	61.5	23.3	60.9
四 川	77.5	69.8	20.5	68.4
贵 州	83.2	60.4	17.6	65.0
云 南	68.5	63.4	15.4	81.6
西 藏	22.7	72.8	17.2	105.8
陕 西	64.5	61.4	16.8	62.8
甘 肃	64.2	53.3	20.1	46.9
青 海	25.0	69.5	14.8	66.0
宁 夏	107.5	58.6	12.8	82.9
新 疆	65.4	54.9	16.6	57.5

2-52 各地区大中型餐饮业企业经济效益分析指标

地　区	负债比率 (%)	主营业务毛利率 (%)	人均营业收入 (万元)	费用率 (%)
全　国	**72.9**	**54.7**	**22.8**	**47.7**
北　京	75.8	60.3	24.2	54.0
天　津	75.0	55.9	22.4	50.6
河　北	88.2	56.3	15.8	64.2
山　西	79.4	45.5	14.1	47.9
内蒙古	77.5	40.5	30.0	34.0
辽　宁	80.2	53.9	44.5	45.6
吉　林	30.9	57.2	20.2	57.4
黑龙江	40.9	58.8	16.2	53.5
上　海	66.3	59.2	25.9	51.4
江　苏	80.2	54.7	19.7	49.5
浙　江	79.4	53.7	23.7	47.7
安　徽	73.3	51.3	16.3	45.1
福　建	75.1	51.1	19.6	44.2
江　西	69.3	48.8	20.5	43.6
山　东	70.9	49.8	25.2	43.6
河　南	67.0	48.1	17.9	39.6
湖　北	85.0	53.4	25.0	46.7
湖　南	68.3	50.6	21.2	43.6
广　东	69.9	56.3	22.5	48.1
广　西	83.8	49.8	14.7	40.4
海　南	65.7	67.4	28.7	102.5
重　庆	57.1	40.4	22.8	29.7
四　川	73.1	50.5	21.7	41.1
贵　州	83.4	51.2	16.9	46.5
云　南	68.2	43.2	19.5	34.7
西　藏				
陕　西	65.1	44.0	18.7	39.2
甘　肃	48.2	50.6	17.0	36.8
青　海	70.3	58.8	13.6	58.9
宁　夏	101.8	61.1	14.8	71.9
新　疆	25.3	58.1	17.9	53.6

行业篇

简要说明：

一、本篇资料主要内容为分行业分地区大中型批发和零售业、住宿和餐饮业企业单位数和从业人员数情况；分行业分地区大中型批发和零售业企业商品购、销、存情况；分行业分地区大中型住宿和餐饮业企业经营情况；分行业分地区大中型批发和零售业、住宿和餐饮业企业主要财务及经济效益分析指标等。

二、行业分类按照《国民经济行业分类》（GB/T 4754-2011）列示，包括批发和零售业、住宿和餐饮业两个门类，批发业、零售业、住宿业、餐饮业四个大类和25个行业中类。

3-1 大中型批发业企业分行业基本情况

地区	批发业		农、林、牧产品批发		食品、饮料及烟草制品批发	
	法人单位数(个)	年末从业人数(人)	法人单位数(个)	年末从业人数(人)	法人单位数(个)	年末从业人数(人)
全　国	**28395**	**3834134**	**1535**	**129718**	**3882**	**843718**
北　京	2074	350129	35	5463	195	51001
天　津	768	84488	17	969	71	8544
河　北	591	88315	51	3246	66	15331
山　西	380	65722	8	777	41	13778
内蒙古	222	28254	30	2876	43	8042
辽　宁	687	93523	41	2392	102	16204
吉　林	196	26431	49	7996	22	5798
黑龙江	242	34899	55	6034	40	7859
上　海	2216	429506	23	1845	198	52879
江　苏	2417	288898	151	14158	256	46153
浙　江	2624	287901	33	2872	254	52279
安　徽	682	90808	50	4368	122	30200
福　建	1314	113160	39	2012	199	33393
江　西	309	73141	20	2372	57	16582
山　东	2578	277609	255	14381	391	65863
河　南	1110	145445	146	14174	180	50627
湖　北	922	146980	108	7586	202	40750
湖　南	656	82370	53	4190	109	35917
广　东	4397	571081	85	8218	522	115814
广　西	365	49548	20	1550	54	15152
海　南	92	13606	1	32	15	2135
重　庆	849	97323	27	2125	173	26915
四　川	869	121309	31	2662	202	40175
贵　州	246	45433	1	74	56	25513
云　南	407	65224	14	1033	86	28091
西　藏	16	4416	1	120	7	720
陕　西	365	67089	14	675	69	17503
甘　肃	207	22627	9	488	59	9192
青　海	61	9706	1	30	14	1779
宁　夏	55	7781	2	50	12	1992
新　疆	478	51412	165	14950	65	7537

3-1 续表 1

地 区	纺织、服装及家庭用品批发		文化、体育用品及器材批发		医药及医疗器材批发	
	法人单位数(个)	年末从业人数(人)	法人单位数(个)	年末从业人数(人)	法人单位数(个)	年末从业人数(人)
全 国	**3899**	**729839**	**959**	**145370**	**3767**	**485616**
北 京	252	79642	107	22926	299	41050
天 津	61	25716	23	2044	71	7353
河 北	23	3045	8	871	125	13597
山 西	14	3977	10	1135	46	7300
内蒙古	9	1510	1	212	27	2779
辽 宁	77	33217	18	2981	98	7877
吉 林	9	764	5	595	48	3549
黑龙江	16	1286	1	171	43	3520
上 海	412	139157	76	14241	158	49174
江 苏	426	83448	84	11890	161	39844
浙 江	829	87428	125	8258	216	25913
安 徽	65	11646	19	2062	178	16110
福 建	351	27956	41	2973	104	7984
江 西	21	1636	1	66	101	22667
山 东	199	30171	43	13875	215	26177
河 南	68	7952	29	2531	158	21895
湖 北	66	9767	15	6448	174	30006
湖 南	40	5761	30	2356	133	14802
广 东	729	135390	258	38767	578	56174
广 西	40	4729	6	515	61	7330
海 南	6	877	1	310	41	7904
重 庆	40	7377	14	5203	159	13563
四 川	68	9420	12	1241	254	22553
贵 州	12	1073	4	293	54	4782
云 南	16	2278	8	609	87	11735
西 藏			1	83	4	3392
陕 西	20	11093	10	819	66	6501
甘 肃	6	699	4	884	46	4300
青 海	1	28	1	259	11	960
宁 夏	2	107	1	90	4	518
新 疆	21	2689	3	662	47	4307

3-1 续表 2

地区	矿产品、建材及化工产品批发		机械设备、五金产品及电子产品批发	
	法人单位数（个）	年末从业人数（人）	法人单位数（个）	年末从业人数（人）
全国	**8410**	**874886**	**4802**	**522285**
北京	419	51016	687	91077
天津	298	17236	160	14905
河北	253	29856	61	21900
山西	222	34845	33	3521
内蒙古	93	11676	18	1109
辽宁	227	20912	104	6963
吉林	33	6015	24	1449
黑龙江	55	13557	29	2189
上海	550	51916	626	98920
江苏	849	54977	379	32660
浙江	684	74570	439	34038
安徽	134	17252	85	6113
福建	394	25130	139	9995
江西	70	25607	30	3791
山东	1049	90813	325	30112
河南	383	36928	114	9182
湖北	221	42655	108	8378
湖南	189	12769	81	4985
广东	1062	98273	897	97110
广西	129	15652	53	4532
海南	18	1720	8	560
重庆	283	24406	108	12052
四川	182	27942	109	13124
贵州	88	11775	27	1643
云南	154	17628	34	2634
西藏			3	101
陕西	133	25032	42	4568
甘肃	65	5947	17	1095
青海	28	6239	5	411
宁夏	25	4519	7	347
新疆	120	18023	50	2821

3-1 续表 3

地区	贸易经纪与代理		其他批发业	
	法人单位数(个)	年末从业人数(人)	法人单位数(个)	年末从业人数(人)
全　国	**337**	**32656**	**804**	**70046**
北　京	38	4217	42	3737
天　津	18	4457	49	3264
河　北	2	106	2	363
山　西	1	94	5	295
内蒙古			1	50
辽　宁	3	1517	17	1460
吉　林			6	265
黑龙江			3	283
上　海	84	7985	89	13389
江　苏	23	1048	88	4720
浙　江	12	543	32	2000
安　徽			29	3057
福　建	12	1759	35	1958
江　西	2	87	7	333
山　东	24	1881	77	4336
河　南	1	30	31	2126
湖　北	2	70	26	1320
湖　南	1	23	20	1567
广　东	104	8393	162	12942
广　西			2	88
海　南			2	68
重　庆	1	20	44	5662
四　川	2	119	9	4073
贵　州			4	280
云　南	2	121	6	1095
西　藏				
陕　西	3	136	8	762
甘　肃			1	22
青　海				
宁　夏			2	158
新　疆	2	50	5	373

3-2 大中型批发业企业分行业商品购、销、存情况

农、林、牧产品批发

单位：万元

地　区	商品购进额	进　口	商品销售额	出　口	期末商品库存额
全　国	**55304205**	**6734393**	**56954025**	**813233**	**14883587**
北　京	9481493	4405835	9785117	14144	978174
天　津	616728	23369	501153	44047	464587
河　北	1383726	3998	1466721	453	157353
山　西	156662	1300	153802	900	104038
内蒙古	2675241		1634891	15576	1672226
辽　宁	1708252	996	1848586	10568	231350
吉　林	3183314		2463382	21505	2665845
黑龙江	2302085	279	2122891	494	1506086
上　海	2637772	725222	2794465	20378	265284
江　苏	2990464	46826	3404684	5785	401616
浙　江	560438	28037	584999	77275	126913
安　徽	1246954	3410	1427848	939	269533
福　建	840371	86957	806242	17310	363664
江　西	330258	65712	337784	11205	128377
山　东	4553026	127406	5018168	118151	690550
河　南	2972884	413386	3112462	68123	766512
湖　北	2788750		2810409	18114	1028998
湖　南	690234	9749	822321	20161	154438
广　东	5541910	636080	5989991	332825	535220
广　西	323382	2218	354062		98691
海　南	9479		9268		291
重　庆	613453		671049		80021
四　川	810382	26617	928436	15	415666
贵　州	5542		6619		454
云　南	104516	9007	129344	4102	37338
西　藏	13574		10357		1545
陕　西	231452	156	242926	10792	18646
甘　肃	170621		178004	371	13698
青　海	5935		4919		1020
宁　夏	22642		22417		8423
新　疆	6332665	117833	7310708		1697030

3-2 续表 1

食品、饮料及烟草制品批发　　　　单位：万元

地区	商品购进额	进口	商品销售额	出口	期末商品库存额
全　国	**282696683**	**9086196**	**357876021**	**4321072**	**28021318**
北　京	17358426	3225559	20342190	151977	2746343
天　津	4875282	57170	5987558	26265	339546
河　北	5204986	4083	6893297	1034	433368
山　西	3533432		4783294		334781
内蒙古	3210494		4128195		300124
辽　宁	5397725	111836	7041550	39424	487085
吉　林	1594355	69249	2233877		200655
黑龙江	4240373	110329	6137792	1070	604857
上　海	24407924	1678603	29049767	343050	1981123
江　苏	13874136	74713	18849278	114169	1078196
浙　江	17107684	464937	22854010	215327	1296274
安　徽	8116635	308629	10876958	301230	956942
福　建	16308708	814960	18565187	769357	913030
江　西	3795171	10107	5366121	66344	444110
山　东	21192453	478842	25834301	435215	1335343
河　南	15379932	4579	19020746	8339	1126622
湖　北	14232717	30863	17262980	20729	1700044
湖　南	8476068	11139	11416471	49370	1468335
广　东	35654582	1369010	42146541	983218	2509665
广　西	4684831	26786	5995701	62716	386003
海　南	2225917	388	2633504	100	87202
重　庆	10528393	99016	12864662	12535	565454
四　川	10875829	13517	14706763	34829	1292614
贵　州	5697875		10850150	48826	1139468
云　南	9646186	90117	13421503	574100	3418333
西　藏	432330	25	610130		81439
陕　西	4669364		6273348	5189	278787
甘　肃	3754789	146	4985964	27952	147825
青　海	1002670	34	1201737		23424
宁　夏	1461617		1248837		31528
新　疆	3755799	31559	4293609	28707	312798

3-2 续表 2

纺织、服装及家庭用品批发　　单位：万元

地区	商品购进额	进口	商品销售额	出口	期末商品库存额
全国	**250159211**	**13929308**	**266261747**	**47822643**	**25346857**
北京	34040920	2959095	37110645	483698	4283108
天津	4666775	154573	5445654	515753	217105
河北	910268	2107	973532	73584	130991
山西	549214		576096		107090
内蒙古	183128		342945		14027
辽宁	4572597	98675	4839593	497617	247719
吉林	194358		197284	14792	12192
黑龙江	359659	2011	440773	111966	15194
上海	28462339	5016065	41634964	5294695	5315427
江苏	62347982	1513772	47749983	7419560	4307923
浙江	30256503	1321263	33190094	14608111	2029174
安徽	5295839	30239	5913641	691170	564052
福建	13198112	636603	14463674	4047045	1061051
江西	766802		767952	157399	73056
山东	11219607	449934	11938412	3037900	659036
河南	2405693	86410	2451484	164256	285789
湖北	3130681	7528	3299496	134633	436218
湖南	1220911	7663	1364036	48607	301283
广东	35593845	1561905	41903463	9891442	4038100
广西	1353309	3141	1565525	83341	268453
海南	218881		213465		55903
重庆	2831990	53996	2988781	54	320753
四川	1922294	12469	2029765	409423	225621
贵州	254958		264618		41883
云南	507936		706962		34274
西藏					
陕西	3209028		3352547	102408	163541
甘肃	128931		154819		19674
青海	17657		20636	20636	6431
宁夏	15550		27276		11909
新疆	323444	11859	333632	14553	99880

3-2 续表 3

文化、体育用品及器材批发　　单位：万元

地 区	商品购进额	进 口	商品销售额	出 口	期末商品库存额
全 国	**57735464**	**3420051**	**63082472**	**3440474**	**8623345**
北 京	11302278	318535	12015897	140819	1632473
天 津	688023	6320	764661	43647	51804
河 北	663013		700215	4203	108899
山 西	372744		579507	22354	105599
内蒙古	72065		74729		497
辽 宁	446311		473185	19966	133054
吉 林	70572		73617		13327
黑龙江	58722		58754		18
上 海	9207726	1186725	10063182	166631	1157263
江 苏	3095373	54379	3666942	243135	757404
浙 江	4513084	300402	4783914	1056747	617071
安 徽	2517611	690336	2731760	688863	380716
福 建	2463903	130816	2669362	312314	60477
江 西	6912		7387		
山 东	3269792	1477	3502509	28627	367755
河 南	1314598	499	1409863	29878	82791
湖 北	1771761	20511	2016195	142	181751
湖 南	938578		1009282	17686	122763
广 东	11937907	503580	13525811	437930	2320839
广 西	212711		218126	14649	24898
海 南	46978		48552		7185
重 庆	394536		520246		192718
四 川	990562	204115	814636	212883	82950
贵 州	179927		146141		5794
云 南	353528	2251	346214		85859
西 藏	17360		18958		4061
陕 西	325636		319336		33335
甘 肃	197720		226267		31888
青 海	21980		23981		10579
宁 夏	25980		24645		4977
新 疆	257573		248598		44600

3-2 续表 4

医药及医疗器材批发　　单位：万元

地区	商品购进额	进口	商品销售额	出口	期末商品库存额
全国	**168103224**	**12852692**	**188532494**	**2296153**	**27101109**
北京	17450302	2868624	19133843	385662	2850927
天津	4738498	47745	5002959	76640	304258
河北	3873047	44853	4189069	7529	402235
山西	1688199	41703	1824907		152140
内蒙古	567359		614107		101598
辽宁	3824796	98046	4265738	16073	259678
吉林	1352036	101012	1568761	13	106537
黑龙江	1859483		2170103		70286
上海	18682329	6797037	22936582	336615	3009552
江苏	9314607	151070	11443598	157037	1056833
浙江	11856137	524497	12730156	584157	1162343
安徽	7745164	30793	8901916	110616	502434
福建	3297686	7281	3550884	38	227862
江西	2829659		3220131	21705	178817
山东	9213849	12729	10085367	65533	811259
河南	8930174	166702	9597735	11	566349
湖北	9615770	46145	9880842	40087	1116847
湖南	4696469	25479	5231701		9378262
广东	21940947	1499278	24306982	165536	2629149
广西	1590027	1854	1787510	249779	97862
海南	1007864	63802	1429573		171171
重庆	4592309	62554	5545826	31197	394165
四川	6354459	105411	7189934	21935	571333
贵州	1327461	12641	1447828		141889
云南	3936283	5556	4139543	25377	323935
西藏	217379		369174		7852
陕西	3006264	136614	3200902		200115
甘肃	1184060		1276568		106751
青海	167540		190953		11031
宁夏	207493		213113		18015
新疆	1035574	1266	1086189	613	169624

3-2 续表 5

矿产品、建材及化工产品批发　　　　单位：万元

地　区	商品购进额	进　口	商品销售额	出　口	期末商品库存额
全　国	**1310874879**	**96965464**	**1387067200**	**40487903**	**50908750**
北　京	150613478	19606493	152141323	9552094	11229831
天　津	122420437	7711004	128713615	1864549	3217550
河　北	29582251	702326	31218884	152238	798053
山　西	45218369	157092	46679483	69756	1136927
内蒙古	10026592	56310	12454112	9409	599803
辽　宁	53891430	1629386	56818496	648217	1731755
吉　林	6511781	67829	6638214	60551	280733
黑龙江	13782476	4914330	15020477	420731	429669
上　海	194249020	12524947	200002984	4513371	5861627
江　苏	72655967	5079044	77732363	4056511	3123629
浙　江	100376642	9697707	108035745	5072921	3887289
安　徽	13036281	346357	13609407	155814	588045
福　建	46004575	7181013	49147995	1925034	2568458
江　西	4796057	128884	7456524	25200	897919
山　东	56316333	3095323	59728307	1534114	1813480
河　南	22510011	606669	25507178	185157	594156
湖　北	41815598	237161	44055665	71141	1003490
湖　南	9785579	474160	10453734	413841	351593
广　东	150016374	11480393	152587392	6515660	5430699
广　西	13113162	166146	20517164	50046	428346
海　南	9189273	537638	9590715	521138	83176
重　庆	17234687	1148924	18763197	1052987	519874
四　川	20569360	282208	21596993	320819	659272
贵　州	7565070	242314	9014784	527530	338047
云　南	19980618	173292	21693346	414700	781302
西　藏					
陕　西	28501146	18810	31742254	78013	765704
甘　肃	17590915	116210	20850066	116752	1006613
青　海	2410582		2958034		119599
宁　夏	4252513	339976	4483987	6276	88729
新　疆	26858302	8243518	27854762	153333	573382

3-2 续表 6

机械设备、五金产品及电子产品批发　　　　单位：万元

地　区	商品购进额	进　口	商品销售额	出　口	期末商品库存额
全　国	**440506448**	**94941105**	**493437889**	**40139599**	**34191760**
北　京	98562373	26182874	113330836	6387281	11338920
天　津	19322190	5213666	22092439	763648	2919857
河　北	9888143	6609	10469596	176474	287944
山　西	606920	583	691944		67061
内蒙古	250985		302600		25614
辽　宁	3722400	352768	4493860	365426	368840
吉　林	1225515	17836	1391888	7021	76789
黑龙江	978282	296	1104798	51283	95638
上　海	137819812	51846879	157460207	12108568	9349690
江　苏	18023755	819136	19571461	2327740	1306588
浙　江	23461388	866519	24443279	4263169	854770
安　徽	2060619	57890	2152598	53613	284728
福　建	4085243	320041	4749967	229610	544605
江　西	1579380	11104	1645033	249210	155102
山　东	8391673	614827	10152192	1994779	582498
河　南	5177499	5316	5529960	178290	214810
湖　北	11676571	137294	13690345	1266253	527659
湖　南	1930515	39718	2120392	19845	117477
广　东	66278034	7869460	70838334	7868609	3203018
广　西	842753	16829	1051038	142092	119064
海　南	578192		680360	8271	15265
重　庆	9478074	259223	9895245	901574	631726
四　川	7574528	160649	8076568	151163	532904
贵　州	768431	1395	806616	24202	45578
云　南	740026	14211	830109	160786	142040
西　藏	25407		30598		4319
陕　西	1941963	64072	2191618	368084	142643
甘　肃	962368		991849	26935	41134
青　海	56595		59185		10630
宁　夏	51398		56524		10187
新　疆	2445416	61910	2536450	45673	174662

3-2 续表 7

贸易经纪与代理　　单位：万元

地　区	商品购进额	进　口	商品销售额	出　口	期末商品库存额
全　国	**39213341**	**8159932**	**42052423**	**11535718**	**2118343**
北　京	3497606	993497	3964945	1032208	199410
天　津	4214794	255731	4309699	910890	185666
河　北	28705	77	31867	26994	278
山　西	64052	38807	81505	6388	17404
内蒙古					
辽　宁	227661	5052	220301	23424	73485
吉　林					
黑龙江					
上　海	7416408	2358125	8390005	1262292	819841
江　苏	1306041	42043	1366110	545254	22966
浙　江	331910	75302	334161	242324	39804
安　徽					
福　建	1007165	72938	1077593	542003	56009
江　西	11126		12823	6066	307
山　东	1288672	223117	1498110	39606	107483
河　南	5709		6601	6601	358
湖　北	14192	2479	15454	12623	8
湖　南	15024		21148		202
广　东	18634063	3845384	19546025	6488329	508759
广　西					
海　南					
重　庆	3279	1054	6482	5421	716
四　川	19762	110	19944	17520	1696
贵　州					
云　南	1064457	244758	1086154	329229	76775
西　藏					
陕　西	43120	1387	42088	23057	4544
甘　肃					
青　海					
宁　夏					
新　疆	19595	71	21408	15489	2632

3-2 续表 8

其他批发业　　　　单位：万元

地　区	商品购进额	进　口	商品销售额	出　口	期末商品库存额
全　国	**52562244**	**10749171**	**58007457**	**11366507**	**4171737**
北　京	5222682	865665	5459246	1325142	1422053
天　津	5260461	168782	5635136	214019	285377
河　北	31836		22302		13243
山　西	123237	12531	119576		30752
内蒙古	5787		6183	6183	104
辽　宁	405700	15273	494665	70829	28364
吉　林	172451	594	184877	2925	14848
黑龙江	68656	49980	72430	3	6730
上　海	8717839	1797870	11263302	1565856	887825
江　苏	2648855	44103	2940291	71449	98919
浙　江	1338490	247632	1391802	260061	116875
安　徽	2139650		2345942	225	70696
福　建	5281116	624692	5429407	376562	262977
江　西	130956		145036		1812
山　东	2811318	358046	2983497	340390	79250
河　南	869292	17132	931682	3213	47710
湖　北	350818		365947		13248
湖　南	346729		411203	6645	18976
广　东	13349903	6542968	14290652	6931838	372213
广　西	30435		34183		1
海　南	14143		14161		652
重　庆	922280		983051		60169
四　川	356189	182	462896		77652
贵　州	46284		56577		2629
云　南	1683356	3170	1704738	185480	252295
西　藏					
陕　西	102564		114521		1001
甘　肃	5709		6643		
青　海					
宁　夏	62823	551	63006		2778
新　疆	62685		74505	5687	2588

3-3 大中型批发业企业分行业年末资产负债

农、林、牧产品批发

单位：万元

地 区	流动资产合计	固定资产原价	累计折旧	资产总计	负债合计	所有者权益合计
全 国	**36226040**	**5433378**	**1704633**	**52698116**	**37101243**	**15596878**
北 京	6701181	356083	101714	15227655	9460576	5767079
天 津	575945	21836	5375	644833	513062	131771
河 北	531617	160882	45323	739327	476649	262678
山 西	138748	54329	12800	190689	123032	67657
内蒙古	2289029	244835	54599	2568754	2297983	270772
辽 宁	1200420	132343	38995	1509939	1250982	258957
吉 林	4317053	345732	187610	4679065	3940571	738495
黑龙江	3089984	221081	60115	3392773	2868518	524255
上 海	1036015	247039	70914	2072827	864980	1207847
江 苏	1113397	422862	125162	1602529	1062941	539588
浙 江	367645	102808	29798	548336	412930	135406
安 徽	640434	142946	42566	913272	565732	347541
福 建	628161	156758	31701	810901	657941	152960
江 西	97356	53439	22983	165037	141589	23448
山 东	1887356	594080	127281	2789834	1626254	1163580
河 南	2225511	475894	102599	2894441	1966201	928239
湖 北	1482324	281759	82561	1815783	1370388	445395
湖 南	373283	123863	34447	597303	309190	288114
广 东	1616072	218444	71989	2146429	1302653	843776
广 西	281909	46567	14296	373959	291227	82733
海 南	545	66	33	578	360	219
重 庆	144308	48004	15733	258072	131264	126807
四 川	592415	90372	40445	737196	603340	133855
贵 州	3953	382	138	4199	1158	3042
云 南	94456	30779	8307	156274	96801	59473
西 藏	43247	6546	2507	55416	33592	21825
陕 西	56144	24689	5932	84719	57466	27253
甘 肃	68165	18036	5554	82766	71370	11396
青 海	7117	4111	418	10823	4114	6710
宁 夏	11756	3239	582	14673	9228	5444
新 疆	4610494	803574	362156	5609714	4589151	1020563

3-3 续表 1

食品、饮料及烟草制品批发 单位：万元

地　区	流动资产合计	固定资产原价	累计折旧	资产总计	负债合计	所有者权益合计
全　国	**128787493**	**22527603**	**9116553**	**167345967**	**80295967**	**87050004**
北　京	10062772	792703	307309	13147375	9594223	3553153
天　津	1914381	208427	75335	2180313	1299248	881065
河　北	2013988	382545	175432	2436438	931786	1504652
山　西	1184906	446827	181493	1537328	533198	1004129
内蒙古	1075149	279448	119947	1349988	449275	900713
辽　宁	2999627	420741	193543	3438435	1514331	1924104
吉　林	726408	275279	107816	932950	351049	581902
黑龙江	2200861	375572	157512	2746689	1530390	1216300
上　海	9897924	956501	448195	14829134	9284561	5544573
江　苏	8554568	1146146	440932	10277812	4220082	6057730
浙　江	9340625	1072301	467702	11769295	5728822	6040474
安　徽	4279139	543842	215621	5133829	2567174	2566655
福　建	5668524	1001824	375883	7979699	3646312	4333387
江　西	8053448	1077100	791239	9539528	2218152	7321376
山　东	5798699	2087366	652014	8089177	4248971	3840206
河　南	3515205	1157423	397832	4863705	1676919	3186786
湖　北	5323236	1316415	457097	6825040	3737997	3087043
湖　南	3660316	1154734	410579	5575748	2667726	2908022
广　东	12676601	1931150	758681	16772062	9416286	7355775
广　西	2707671	366191	164285	3564096	2290522	1273574
海　南	520692	85229	46053	622028	110478	511550
重　庆	2607190	974468	278688	4355906	1618072	2737835
四　川	6164379	964039	376868	7149335	3381170	3768165
贵　州	6789290	867653	360118	7692281	2387967	5304314
云　南	6637910	1378307	693876	8574038	2914954	5659084
西　藏	290382	78074	32397	363217	146657	216560
陕　西	1427969	400422	160163	1857350	552896	1304454
甘　肃	827649	309279	94789	1198346	379769	818577
青　海	400702	49317	22972	449770	85622	364148
宁　夏	310223	70145	34090	444793	74186	370607
新　疆	1157059	358135	118092	1650262	737172	913091

3-3 续表 2

纺织、服装及家庭用品批发　　单位：万元

地　区	流动资产合计	固定资产原价	累计折旧	资产总计	负债合计	所有者权益合计
全　国	**106295543**	**7854370**	**2794115**	**131586055**	**94998547**	**36587510**
北　京	11541017	603056	198534	15499786	9868074	5631712
天　津	2698247	62114	25004	2854918	2359125	495792
河　北	490168	14518	4845	512425	447303	65123
山　西	1315634	11555	5473	3163216	720840	2442376
内蒙古	111863	26182	912	161119	133299	27821
辽　宁	1267295	847727	48566	2362662	1090274	1272388
吉　林	27744	3065	932	31165	31853	-688
黑龙江	78869	57233	7772	181974	145722	36252
上　海	17779677	1665174	841583	22703929	14619270	8084659
江　苏	20938405	1229934	467104	24843323	18619213	6224110
浙　江	14501233	982906	384778	17627505	14203778	3423727
安　徽	2020248	110330	42291	2370300	2454546	-84246
福　建	7102901	374037	112857	8361591	5968732	2392859
江　西	473376	5238	2337	497521	393559	103962
山　东	4895778	282664	93861	5634469	4788465	846004
河　南	624923	236328	14557	927026	525325	401701
湖　北	1210249	67095	19281	1324392	1260951	63441
湖　南	693494	19640	5710	764403	687072	77331
广　东	14143487	992273	427680	16912004	12719827	4192178
广　西	1061986	33622	7413	1112886	1011686	101200
海　南	109179	1177	909	109450	102411	7039
重　庆	1126462	59195	17037	1223887	1031836	192052
四　川	632193	56672	15361	798171	567904	230266
贵　州	105537	1854	1198	106491	99587	6904
云　南	492460	7007	3311	498677	308071	190606
西　藏						
陕　西	582963	63649	31452	645831	563673	82158
甘　肃	30844	4672	1590	37190	29466	7724
青　海	8821	176	82	8926	7592	1334
宁　夏	46367	10600	1249	56335	33605	22730
新　疆	184123	24677	10436	254483	205488	48995

3-3 续表 3

文化、体育用品及器材批发

单位：万元

地　区	流动资产合计	固定资产原价	累计折旧	资产总计	负债合计	所有者权益合计
全　国	**30786033**	**2331920**	**896038**	**40112435**	**27199289**	**12913152**
北　京	6065294	446216	178912	8744739	6003271	2741469
天　津	1222517	34697	4870	1527651	1100329	427323
河　北	335269	38178	6580	561858	349402	212456
山　西	258978	28400	9436	360636	239802	120834
内蒙古	66636	27238	9714	93839	54383	39456
辽　宁	251501	23610	11933	283147	200642	82506
吉　林	54235	20710	7359	91357	61652	29705
黑龙江	43546	18604	885	74982	53419	21563
上　海	3293400	180591	78169	3938120	2510658	1427462
江　苏	2013840	257887	100808	3071641	1596974	1474667
浙　江	1745718	124785	56673	2111383	1552869	558515
安　徽	1679622	25874	12214	2048998	1452256	596742
福　建	494316	71905	37317	795235	455151	340083
江　西	1348	211	106	1455	824	631
山　东	2138439	248882	88514	2466150	2072854	393295
河　南	540574	41152	14613	910002	436356	473646
湖　北	746651	104728	30806	894669	612401	282268
湖　南	781986	42231	20105	1246915	823896	423019
广　东	6684151	399023	146321	7846766	5320205	2526562
广　西	182709	19332	5838	326583	180108	146476
海　南	38527	20930	4975	88677	22674	66003
重　庆	356399	24035	11643	378753	315234	63519
四　川	677523	13114	3759	795864	771344	24521
贵　州	347997	8269	4214	368093	290677	77416
云　南	323063	17013	9306	403992	267318	136674
西　藏	10551	3823	1433	13007	8036	4971
陕　西	117499	18220	7708	212522	131678	80844
甘　肃	136705	26523	10959	184145	129610	54535
青　海	27185	10559	5213	35546	27818	7729
宁　夏	16356	3395	1856	27090	12856	14234
新　疆	133498	31785	13799	208620	144592	64028

3-3 续表 4

医药及医疗器材批发　　　　单位：万元

地区	流动资产合计	固定资产原价	累计折旧	资产总计	负债合计	所有者权益合计
全国	**81505903**	**5942529**	**2206889**	**95942593**	**72440776**	**23501816**
北京	9826930	480318	235459	12785443	8932514	3852929
天津	2310136	110976	35954	2474555	1886900	587655
河北	1799153	122603	33128	2020731	1723779	296952
山西	993739	61796	15816	1101311	958746	142565
内蒙古	381845	20548	6006	412167	345360	66806
辽宁	1793617	79521	25050	1953088	1504915	448173
吉林	828298	65375	13329	971147	817288	153859
黑龙江	483693	22617	8047	561670	444814	116856
上海	9408986	1522421	747689	11613850	7773307	3840542
江苏	5331413	282722	114309	5996057	4954957	1041101
浙江	4803451	342590	132811	5884696	4271364	1613332
安徽	2840874	271140	77099	3280713	2716083	564630
福建	1308318	64475	21419	1482211	1113102	369108
江西	1129684	81878	23550	1299988	1017017	282971
山东	4755285	417043	84565	5571775	4476162	1095612
河南	4288052	148937	46949	4722676	3945122	777554
湖北	4806306	510510	135191	5602019	4113225	1488795
湖南	2001915	155337	36688	2240821	1813135	427686
广东	10264296	489709	183263	11942439	8845782	3096657
广西	685985	58597	17493	766942	640251	126691
海南	1075059	21252	8198	1454265	880897	573368
重庆	2044614	88275	30319	2362354	1694778	667577
四川	3052608	183442	65102	3445672	2740114	705559
贵州	790740	55583	14692	954680	749188	205492
云南	1634755	95365	38678	1788945	1311527	477418
西藏	273444	1880	620	314078	306780	7298
陕西	1276955	45323	15404	1378264	1258316	119948
甘肃	537731	49990	12063	675870	514855	161014
青海	118205	3738	1612	132969	97816	35153
宁夏	93620	13066	1619	108119	85679	22440
新疆	566196	75502	24767	643078	507003	136075

3-3 续表 5

矿产品、建材及化工产品批发　　　　单位：万元

地　区	流动资产合计	固定资产原价	累计折旧	资产总计	负债合计	所有者权益合计
全　国	**396109805**	**45794467**	**16256719**	**559879008**	**416679097**	**143296051**
北　京	70764409	2473214	1005068	103514767	74364064	29150702
天　津	29872036	1424156	546266	42370761	31840676	10530085
河　北	10512537	1195258	414654	13242952	10555440	2687512
山　西	18738331	2981098	810319	26028664	21885282	4143382
内蒙古	5369458	1103335	264899	8872762	6591391	2281372
辽　宁	8367088	1785032	693326	10751184	9152720	1468965
吉　林	1583140	355445	156051	2027372	1840292	187080
黑龙江	8464303	762713	305484	9443050	8663372	675590
上　海	37780020	2174411	855934	51377542	36811238	14566305
江　苏	20780912	2818712	867161	27262521	20049805	7212716
浙　江	31738222	4012170	1712188	46599358	34919324	11680035
安　徽	4146042	715054	273000	7634625	5732764	1901861
福　建	18022914	1445676	503049	26381562	17490413	8891149
江　西	2545898	827186	287696	4076660	2804933	1271727
山　东	14230195	3569233	1130610	19972649	14660772	5311877
河　南	4677201	1116681	371171	6998701	5004016	1994685
湖　北	4596766	2531699	869148	8409688	5563690	2845998
湖　南	2868395	312889	76992	3831112	2884600	946512
广　东	42414864	7616574	2957984	57559740	42338399	15218302
广　西	5036531	795901	277092	7991029	4740365	3250664
海　南	4260795	288672	54958	5254284	3678266	1576018
重　庆	6282094	616363	210872	7600011	6006479	1593532
四　川	5829490	702737	219555	8037997	6220890	1817107
贵　州	8130109	340355	81692	10399270	8512212	1887058
云　南	11544730	743976	233644	16836026	13438938	3397088
西　藏						
陕　西	6622915	742855	269021	9311806	7185404	2126402
甘　肃	2372065	481693	224331	3264474	1132174	2132300
青　海	581142	408372	134228	997318	671404	325914
宁　夏	1075021	343604	108646	1862746	1554006	308740
新　疆	6902182	1109403	341680	11968377	10385768	1915373

3-3 续表 6

机械设备、五金产品及电子产品批发 单位：万元

地 区	流动资产合计	固定资产原价	累计折旧	资产总计	负债合计	所有者权益合计
全 国	**196474239**	**8607264**	**3358377**	**241184594**	**176965476**	**64219120**
北 京	59855923	2275477	1051527	78438925	51016816	27422109
天 津	10330310	578133	168037	12582825	10219191	2363635
河 北	5375602	223266	64100	7300155	5774131	1526024
山 西	459263	54802	17452	553425	492109	61316
内 蒙 古	169325	22960	7471	212885	169791	43094
辽 宁	4251560	108689	48669	5131948	4336323	795625
吉 林	207631	26490	10062	242588	167022	75565
黑 龙 江	458521	41807	12714	533917	385693	148224
上 海	42342669	1243741	589326	50071427	36226735	13844692
江 苏	7940765	733549	236406	9764648	7847774	1916874
浙 江	8542809	471204	199367	10806134	8150358	2655776
安 徽	1506289	77447	30083	1648107	1476219	171888
福 建	4173996	217823	60485	6054749	4058095	1996654
江 西	418830	50876	12884	477936	446192	31745
山 东	4442837	650917	155041	5390883	4165680	1225204
河 南	1293429	82056	25984	1629943	1296013	333930
湖 北	3134065	146310	69911	3440109	2785112	654996
湖 南	747583	81779	22230	952575	877967	74608
广 东	28133376	1053514	398486	31863084	25407810	6455274
广 西	881430	36944	15041	958871	785316	173555
海 南	89691	988	636	96445	69594	26851
重 庆	4670105	99084	30539	5000924	4130744	870180
四 川	2992125	117848	51273	3347764	2764864	582901
贵 州	416487	10585	5978	478390	398986	79404
云 南	913880	31436	16564	1073210	902017	171192
西 藏	17522	5015	2067	21226	13172	8054
陕 西	880296	58469	24137	963505	855353	108152
甘 肃	237890	9104	4114	262419	236264	26155
青 海	41062	6650	2191	59770	50294	9476
宁 夏	41801	4686	1199	47299	39936	7363
新 疆	1507167	85615	24403	1778508	1419905	358604

3-3 续表 7

贸易经纪与代理

单位：万元

地 区	流动资产合计	固定资产原价	累计折旧	资产总计	负债合计	所有者权益合计
全 国	**33816003**	**813518**	**267342**	**38206802**	**32730042**	**5476758**
北 京	13828649	226219	67490	15913281	13272089	2641192
天 津	1027379	39045	13300	1181046	1190208	-9162
河 北	14137	169	90	14216	13842	374
山 西	124675	16245	5463	146827	111908	34920
内蒙古						
辽 宁	152490	7278	3149	156801	85859	70941
吉 林						
黑龙江						
上 海	2910976	153241	82047	3241093	2278085	963008
江 苏	205122	26614	8485	238445	190472	47972
浙 江	173552	12017	2348	186296	155860	30436
安 徽						
福 建	317129	44988	11320	604466	418283	186183
江 西	2492	97	48	2541	2258	283
山 东	567192	57728	12061	743794	689317	54477
河 南	1094	49	35	1108	1075	33
湖 北	6402	126	60	6753	4097	2655
湖 南		300	69	360	160	200
广 东	13956625	217360	56572	15218886	13825448	1393438
广 西						
海 南						
重 庆	35251	3	1	35253	30275	4978
四 川	28446	6633	1954	36111	7504	28607
贵 州						
云 南	429746	1201	624	440567	422103	18464
西 藏						
陕 西	18822	533	128	19614	14534	5079
甘 肃						
青 海						
宁 夏						
新 疆	15824	3672	2098	19344	16665	2680

3–3 续表 8

其他批发业　　单位：万元

地　区	流动资产合计	固定资产原价	累计折旧	资产总计	负债合计	所有者权益合计
全　国	**23830719**	**1513936**	**499829**	**31730236**	**25220715**	**6509521**
北　京	4406294	92070	35443	8200511	7310766	889744
天　津	1814298	78885	24664	1967064	1568639	398425
河　北	47530	6539	2288	55459	43544	11916
山　西	60169	8425	2475	68841	46427	22413
内蒙古	14117	29	18	16051	12668	3383
辽　宁	303405	21980	5888	458679	350691	107988
吉　林	159969	16146	2380	174684	135737	38947
黑龙江	21774	2676	1393	28993	37108	-8116
上　海	4395002	253128	107814	5319109	3630774	1688335
江　苏	836231	118218	38624	989877	691658	298219
浙　江	484156	96051	36041	607040	472287	134752
安　徽	1168274	71937	26057	1269280	1093623	175657
福　建	2106608	40547	16923	2756332	2046294	710037
江　西	14829	2446	846	17025	9729	7296
山　东	667949	118724	24988	901557	652145	249413
河　南	297962	96550	8841	435642	360170	75472
湖　北	59185	47482	11737	111225	55136	56089
湖　南	63149	17438	5265	79019	46129	32891
广　东	5870659	288296	100856	6807162	5982186	824976
广　西	9883	11	1	10074	9303	771
海　南	2478	1020	243	3479	2572	907
重　庆	113177	53386	7977	278218	80132	198085
四　川	37073	19651	2684	64012	37029	26983
贵　州	31561	3195	969	61255	43220	18035
云　南	652671	37735	25466	749533	254367	495166
西　藏						
陕　西	14713	5390	1205	21528	12220	9309
甘　肃	1097			1097	675	423
青　海						
宁　夏	137604	3780	1084	198060	164502	33559
新　疆	38902	12201	7659	79430	70984	8446

3–4 大中型批发业企业分行业实收资本及构成

农、林、牧产品批发 单位：万元

地区	实收资本	国家资本	集体资本	法人资本	个人资本	港澳台资本	外商资本
全国	**7552704**	**3253325**	**162411**	**2163880**	**1423525**	**303092**	**246476**
北京	2064955	1183541		421590	31746	246655	181424
天津	133168	105436		12450	11632		3650
河北	183062	35800	2075	56263	88925		
山西	28688	11333		1765	15590		
内蒙古	103085	16645		29844	56597		
辽宁	134694	21797		51917	60981		
吉林	704777	622585		60430	21762		
黑龙江	379830	296611		38409	44809		
上海	309724	60166	1800	197109	4180	405	46064
江苏	301112	159788	15249	35367	90709		
浙江	65749	20666	1600	24272	19211		
安徽	154071	48270	860	22150	82791		
福建	90982	15022		33421	28207	8116	6216
江西	20409	14203	1350	100	2820	1936	
山东	515258	34794	13347	257763	205883		3472
河南	660729	116863	56011	128347	324508	35000	
湖北	216655	45571	20120	102688	45997	2280	
湖南	149215	69851	723	25582	53058		
广东	537067	106195	39	385488	37553	7542	250
广西	48267	15568		15677	17023		
海南	500			245	255		
重庆	41375	6065	533	29933	4844		
四川	76906	8166	754	33606	28980		5400
贵州	3000				3000		
云南	35157	1616		7011	26530		
西藏	4329	4329					
陕西	16809	2904	6216	3300	4389		
甘肃	11504	1852	6889	1000	1763		
青海	3960				3960		
宁夏	1407	407			1000		
新疆	556260	227281	34845	188153	104822	1158	

3-4 续表 1

食品、饮料及烟草制品批发 单位：万元

地区	实收资本	国家资本	集体资本	法人资本	个人资本	港澳台资本	外商资本
全国	**13619380**	**4434188**	**238073**	**4888872**	**2176583**	**944219**	**937457**
北京	1668279	361853	8000	869784	111363	256571	60709
天津	134191	38358	3947	47297	30324	7858	6407
河北	98276	13652	5956	41327	37341		
山西	68134	22008	13927	23513	8687		
内蒙古	93162	71357		12743	9062		
辽宁	323657	48570	100	70952	42335		161700
吉林	27334	24364		1671	1300		
黑龙江	261747	57351	107	190689	13590	10	
上海	1852376	247053	36514	879409	93930	335661	259810
江苏	462332	134570	2875	117648	130720	66232	10287
浙江	871945	175400	19403	410519	206952	36201	23470
安徽	341350	126839	2566	83794	128152		
福建	1346184	878546	393	231496	219836	8518	7395
江西	100995	76211	277	18258	6250		
山东	693804	63753	14768	349871	197787	66646	980
河南	507508	266071	23771	106094	108749		2823
湖北	574164	175786	13537	248646	86335	44656	5205
湖南	345801	143360	5525	157652	39041		223
广东	1795698	437429	18033	482294	360502	102445	394996
广西	242195	158511	5540	50702	27443		
海南	29591	5505		22686	1350	50	
重庆	352389	123647	31527	163182	32034		2000
四川	376921	182026	605	61106	133185		
贵州	246952	188689	21530	10168	26565		
云南	311609	178984	1358	89363	21345	19321	1238
西藏	18569	18098			470		
陕西	127089	31472	3002	50950	41452		214
甘肃	89563	35580	223	21683	32027	50	
青海	27791	8386		18405	1000		
宁夏	22917	10874		4080	7963		
新疆	206857	129885	4589	52890	19493		

3–4 续表 2

纺织、服装及家庭用品批发　　　　单位：万元

地区	实收资本	国家资本	集体资本	法人资本	个人资本	港澳台资本	外商资本
全　国	**14396281**	**1049507**	**156839**	**5457905**	**2518076**	**2498024**	**2715932**
北　京	2809490	143001	757	496780	101897	670614	1396441
天　津	117243	10142	1379	54016	23801	18358	9547
河　北	20052	4129	1073	11355	3455	40	
山　西	75352			3030	68610	3712	
内蒙古	16450			16249	201		
辽　宁	1174845	24879		1098742	39382	8807	3036
吉　林	2666			1100	1066	500	
黑龙江	27374	100		1083	26191		
上　海	3020748	210066	35564	794417	130808	799761	1050132
江　苏	1763369	346008	41455	488496	390055	439683	57671
浙　江	1398595	37778	44564	569722	612846	108888	24796
安　徽	122440	16948	1250	31751	63991	500	8000
福　建	1004685	59684	1604	492706	325692	104718	20282
江　西	8333	1484	530	2152	4167		
山　东	500337	2865	4006	371682	117473		4310
河　南	155915	17152	115	72813	65835		
湖　北	102524	2112	2832	23442	32402	41237	500
湖　南	36799	4502	201	17253	14843		
广　东	1705807	134374	15842	770094	354038	290243	141217
广　西	40426		300	22111	8902	9113	
海　南	2578			648	1931		
重　庆	69496	13038	1800	21458	33200		
四　川	71560	8066	3567	36627	21450	1850	
贵　州	3975			1188	2787		
云　南	11508	3000		1919	6589		
西　藏							
陕　西	49891	5164		26127	18600		
甘　肃	4731			550	4181		
青　海	1500				1500		
宁　夏	20542			100	20442		
新　疆	57050	5015		30294	21741		

3-4 续表 3

文化、体育用品及器材批发　　　　单位：万元

地区	实收资本	国家资本	集体资本	法人资本	个人资本	港澳台资本	外商资本
全国	**5971394**	**1961755**	**57714**	**1859038**	**1092020**	**648182**	**352691**
北京	1324769	751050	18050	283057	75202	165308	32103
天津	307511	5837	1020	25322	268784	3012	3537
河北	18214	6149	3053	5492	3520		
山西	29621	15121		10460	4040		
内蒙古	26714	26514			200		
辽宁	58360			48907	9453		
吉林	24971	21851	300	1620	1200		
黑龙江	24167	24167					
上海	848528	52060	27250	368445	36971	126756	237046
江苏	526782	299045	2504	32890	81923	68533	41887
浙江	219937	85553	929	51745	75229		6481
安徽	140711	104954		23503	12253		
福建	157208	42120		48217	61642	4454	776
江西	600				600		
山东	142793	45120	60	63221	34392		
河南	176710	28500		3812	142327		2072
湖北	127408	77767		12515	2140	34987	
湖南	216369	167878	1200	31799	15093	400	
广东	1254115	126552	2848	630871	248353	221671	23821
广西	121071	1010		119321	740		
海南	56958			56958			
重庆	48749	5200		16965	3523	23061	
四川	17079	800		11667	4612		
贵州	7000	1600		5000	400		
云南	14783	12549	500	906			828
西藏	2310	2310					
陕西	41920	26000		5350	6430		4140
甘肃	13488	10000		920	2568		
青海	3070	3070					
宁夏	7009	7009					
新疆	12469	11969		75	425		

3-4 续表 4

医药及医疗器材批发　　单位：万元

地区	实收资本	国家资本	集体资本	法人资本	个人资本	港澳台资本	外商资本
全国	**12509195**	**1805373**	**125975**	**6869323**	**2759482**	**296644**	**652400**
北京	1644127	405773	10989	872538	211237	42430	101160
天津	397071	154056	1179	127401	53808	51246	9381
河北	207794	19216	13486	82942	92150		
山西	101651	5762	1231	40817	53841		
内蒙古	53424	2620	187	29322	21296		
辽宁	260456	123068	2290	93094	36767		5237
吉林	55267	20560		20890	13817		
黑龙江	72888	15355	184	39906	17410	5	28
上海	1348491	411473	7314	507888	32562	72128	317125
江苏	684868	27697	13211	309080	190061	9566	135254
浙江	634409	63461	12720	334445	216783	7000	
安徽	370918	19697	19722	188148	141551		1800
福建	300556	29931	5082	180224	79319	6000	
江西	189131	4778	900	94668	87385		1400
山东	410765	31165	7140	221807	142529	8113	10
河南	434157	57645	6362	212579	156671	900	
湖北	440302	27968	9591	261581	136213	4950	
湖南	296975	19168	752	150265	126790		
广东	1362245	157573	768	815827	224874	86962	76242
广西	92042	50	1500	39226	51266		
海南	237665	3360	58	209919	20292	4036	
重庆	851980	25202	1020	603478	221231		1050
四川	366525	47240	4755	168919	141059	839	3713
贵州	128738	4781	787	82445	40725		
云南	231925	88973		87873	53572	1508	
西藏	3461			1500	1000	961	
陕西	1119248	21072	1110	958990	138075		
甘肃	106378	4782	3000	70700	27896		
青海	17431	1400		6203	9828		
宁夏	10390			8000	2390		
新疆	77917	11547	637	48648	17084		

3-4 续表 5

矿产品、建材及化工产品批发 单位：万元

地区	实收资本	国家资本	集体资本	法人资本	个人资本	港澳台资本	外商资本
全国	**106195837**	**30034262**	**1139606**	**42403089**	**26021659**	**2682963**	**3914257**
北京	15637648	3585008	54436	9157543	955122	46032	1839508
天津	6192945	3269980	53664	2196143	643766	19165	10228
河北	1661423	358047	39705	791684	441354	10819	19813
山西	2091057	596904	131151	1112610	250391		
内蒙古	1528091	604156	55739	607706	260490		
辽宁	4471439	560543	4797	3630689	265177	3600	6632
吉林	392044	347482		15497	29065		
黑龙江	628513	427907	14918	155190	30498		
上海	13576437	1763431	40227	4090466	5819276	700214	1162822
江苏	4700040	2167637	102701	879115	1193357	219780	137449
浙江	9368064	2215402	131055	5052626	1608440	312508	48034
安徽	1139004	688279	63618	245034	142073		
福建	4971962	1467657	19204	2333351	810560	248836	92353
江西	638187	523380	640	78463	35703		
山东	2603593	407560	76608	1131906	920729	4396	62394
河南	1022804	347747	4886	312751	322452	34968	
湖北	2793149	982725	26159	1588933	159984	31348	4000
湖南	638802	170505	12698	274971	179872	756	
广东	19362828	2575961	72043	4533153	10845138	950980	385554
广西	2280340	1795838	4592	407636	72275		
海南	1226872	13100	1000	1200595	9814		2364
重庆	642991	163151	13839	284366	165815	15319	501
四川	1253260	567714	57223	315386	181121		131817
贵州	1005367	556797	9891	240390	114382	83907	
云南	1582403	1224592	20817	205146	131513	335	
西藏							
陕西	1442816	752651	98586	412128	174087		5363
甘肃	1453718	1155883	4437	249594	43805		
青海	67682	7087	1538	33844	19943		5270
宁夏	188570	43386	1950	123650	19584		
新疆	1633788	693752	21484	742523	175873		155

3-4 续表 6

机械设备、五金产品及电子产品批发　　　　单位：万元

地区	实收资本						
		国家资本	集体资本	法人资本	个人资本	港澳台资本	外商资本
全国	**29439672**	**3090314**	**419655**	**10827258**	**6516377**	**2084376**	**6501698**
北京	9840476	1381205	15135	4490224	553717	437209	2962986
天津	1016885	172051	8450	362425	85712	155303	232944
河北	2141768	7544	122872	18770	1992582		
山西	75765	8907		33140	12786	20932	
内蒙古	19666	1880	606	8783	8397		
辽宁	559035	27638		80853	45727	190000	214818
吉林	33976	8500		8770	11706		5000
黑龙江	47276	10027	3000	23472	10776		
上海	5905300	547018	183268	1289863	1103214	641529	2140408
江苏	1378074	169888	14010	441062	263303	102139	387671
浙江	1223830	50136	17464	727708	370372	39137	19014
安徽	104038	118	2920	61874	36017	2563	545
福建	952721	10793	8365	520615	296899	22076	93975
江西	46067	13960	2000	10746	17167	2194	
山东	595966	38823	2784	316614	161666	61500	14580
河南	251651	52793	220	93368	103470		1800
湖北	212079	65499	4550	77218	51129	5999	7685
湖南	103388	11817		27931	45640	18000	
广东	3456998	414073	7052	1407181	924636	341328	362729
广西	58304			33435	24869		
海南	105800		600	103000	2200		
重庆	618080	12813	10820	457735	68475	19648	48589
四川	247463	36691	3439	87774	93839	22540	3180
贵州	38232	15913		6550	15770		
云南	43558	8823	1000	20910	12825		
西藏	887	887					
陕西	60175	7617	11000	23854	14175	2279	1250
甘肃	22885	10800		6100	5985		
青海	6809		100	5300	1409		
宁夏	8272			6722	1550		
新疆	264248	4100		75261	180364		4524

3-4 续表 7

贸易经纪与代理 单位：万元

地区	实收资本	国家资本	集体资本	法人资本	个人资本	港澳台资本	外商资本
全国	**3022936**	**882112**	**19826**	**1226148**	**268772**	**90777**	**535300**
北京	1528345	431472		886736	10572	30238	169326
天津	109623	37035	1196	26028	7840	400	37124
河北	790			500	290		
山西	5000				5000		
内蒙古							
辽宁	62254	38800				23454	
吉林							
黑龙江							
上海	435511	39505	1320	29869	10902	31380	322534
江苏	42727	19473	15	8845	14394		
浙江	22576	3000		8518	10950		108
安徽							
福建	34920	12639		16870	5411		
江西	250			50	200		
山东	50113	540		10705	38868		
河南	100				100		
湖北	2200		2000	200			
湖南	200			200			
广东	682796	282932	14968	212627	160756	5305	6208
广西							
海南							
重庆	5000			5000			
四川	25279	4792		20000	488		
贵州							
云南	11000	10000			1000		
西藏							
陕西	2251	1924	327				
甘肃							
青海							
宁夏							
新疆	2001				2001		

3-4 续表 8

其他批发业　　　　单位：万元

地区	实收资本	国家资本	集体资本	法人资本	个人资本	港澳台资本	外商资本
全国	**3358566**	**1093812**	**64861**	**1000082**	**634824**	**360817**	**204170**
北京	335605	231402	3800	60744	23140	4455	12064
天津	260144	52309	20502	96712	62399	13477	14746
河北	5133	133		5000			
山西	7508	308		372	6828		
内蒙古	4000			4000			
辽宁	117279	16543		67751	31861		1124
吉林	15513	3000	11627		886		
黑龙江	1050			50	1000		
上海	713634	192952	1220	80149	8803	276979	153530
江苏	184086	2050	10480	57013	109545		4998
浙江	74160	700	1500	26759	45201		
安徽	48700	7798	732	19344	20826		
福建	322488	183509	1606	87071	34075	16226	
江西	3612	800		1337	1475		
山东	157480	13642	1835	97216	41682		3105
河南	60196	20553	704	21637	17301		
湖北	30045	2585	77	16379	9005	2000	
湖南	25568	3166	2122	12643	6636		1000
广东	488644	66176	2488	175352	193309	39217	12103
广西	510			510			
海南	700			100	600		
重庆	33463	6182	1446	10119	7254	8463	
四川	16897	3150	92	6840	6815		
贵州	11136	10253		583	300		
云南	373945	270825	800	99781	2539		
西藏							
陕西	3062	160		600	2302		
甘肃	700				700		
青海							
宁夏	50000			50000			
新疆	13308	5616	3830	2020	342		1500

3-5 大中型批发业企业

农、林、牧产品批发

地　区	主营业务收入	主营业务成本	主营业务税金及附加	主营业务利润	其他业务利润	销售费用
全　国	**53940837**	**50393853**	**153653**	**3393331**	**130007**	**1078109**
北　京	9131042	8765366	9302	356374	47243	127304
天　津	790495	645229	5716	139550	193	36120
河　北	1413893	1360902	759	52232	1313	34758
山　西	153888	144071	41	9776	290	4286
内蒙古	1595824	1500053	1738	94033	4918	38878
辽　宁	1716553	1628243	3173	85137	2843	34150
吉　林	2444940	2314245	1016	129679	23507	64917
黑龙江	2164489	1973991	5265	185233	6030	67927
上　海	2506846	2436255	1269	69322	8597	40120
江　苏	3251289	2952383	10451	288455	5161	66434
浙　江	565801	519405	621	45775	796	19260
安　徽	1368108	1276388	9547	82173	340	28318
福　建	783721	755238	440	28043	383	24806
江　西	315740	302504	334	12902	316	7664
山　东	4912955	4374353	37182	501420	2010	90148
河　南	2965769	2541054	41350	383365	4431	63500
湖　北	2774825	2580492	11055	183278	1213	37895
湖　南	735642	655054	6295	74293	1902	21582
广　东	4848442	4604966	1982	241494	9749	84932
广　西	340865	324384	325	16156	881	6715
海　南	9268	9479		-211		26
重　庆	650744	613719	1977	35048	203	7662
四　川	921620	892467	918	28235	2270	14252
贵　州	6619	6546		73		
云　南	124578	110923	175	13480	16	3638
西　藏	10357	14131	132	-3906	110	3054
陕　西	242926	231114	1162	10650	94	2056
甘　肃	170897	165617	266	5014	117	2031
青　海	7371	6448	3	920	224	146
宁　夏	22417	21378	5	1034		116
新　疆	6992913	6667455	1154	324304	4857	145414

分行业损益及分配

单位：万元

管理费用	财务费用	营业利润	利润总额	应交所得税	应付职工薪酬	应交增值税
975202	**963646**	**1061849**	**1890330**	**155781**	**820194**	**178904**
192929	200123	326810	424401	39186	123901	44919
12954	15407	75549	1294	380	19440	2042
17897	22266	-11179	337	806	11478	1442
3058	2611	-445	4095	19	2483	
41989	63188	-44175	38390	1571	8558	-15808
25128	36502	1334	20012	1067	10452	-3705
26018	129845	-86040	117017	12101	30723	-3564
45094	99723	25043	132956	9797	34351	6363
35432	11853	-1796	23462	4507	26902	-4439
72613	27761	129517	157940	17261	59874	13046
22264	9111	1137	12329	951	16750	1236
25594	8263	21702	30054	658	20101	5156
23153	17079	-35553	11160	930	12977	2101
8371	1405	-4446	5688	427	5899	238
80823	42055	337943	344209	30827	61134	52661
68542	49464	190520	212849	6508	61222	23426
38244	71585	38740	92863	6353	29340	12406
27506	13145	17165	24492	2461	25548	2313
56679	25965	87725	113461	7654	49438	13218
7131	5334	-957	6004	1113	4531	1110
105		-342	-342		91	
13628	2187	13661	16870	2674	10096	2199
15111	24252	-31196	4587	659	11226	1102
150	26	-103	-103		174	
5763	2973	2058	6883	397	3186	680
988	402	-5907	3831	338	1760	81
3193	1494	3806	9060	30	1848	284
2047	1593	-605	200	105	1679	59
349	90	335	666	166	90	5
147	210	700	743	29	176	2
102302	77734	10848	74922	6806	174766	20331

3-5 续表 1

食品、饮料及烟草制品批发

地区	主营业务收入	主营业务成本	主营业务税金及附加	主营业务利润	其他业务利润	销售费用
全国	**313039976**	**247854418**	**14259880**	**50925678**	**1942914**	**15297239**
北京	16389996	13992790	279387	2117819	585995	1606978
天津	5367002	4449920	199792	717290	4897	247060
河北	5987463	4468553	526520	992390	3827	219797
山西	4276526	3259699	356136	660691	2074	91609
内蒙古	3798361	2867079	276418	654864	1375	85404
辽宁	6279395	4981147	419691	878557	8689	161892
吉林	2124006	1576612	209370	338024	-543	64704
黑龙江	5692574	4570495	301481	820598	4317	113676
上海	25750576	21843554	324701	3582321	79642	2449993
江苏	16550574	12610626	865133	3074815	21583	817732
浙江	19809181	15862050	956754	2990377	61289	1028765
安徽	9420606	7271840	531558	1617208	70855	536049
福建	13940887	11816119	490180	1634588	14402	462516
江西	5016648	3688761	410537	917350	77298	136502
山东	23300529	18568362	929758	3802409	94895	847928
河南	17829691	14021976	874895	2932820	18559	572003
湖北	13409930	10080888	587769	2741273	17091	1044973
湖南	10482253	8070146	714795	1697312	2427	410876
广东	36030092	30275586	1214154	4540352	64463	1696921
广西	5237768	4115334	380883	741551	7170	146665
海南	2281797	1948114	125522	208161	1595	23745
重庆	11897510	9618904	618568	1660038	684506	311697
四川	13395908	10414932	699215	2281761	20276	511749
贵州	9577252	5140680	514316	3922256	9376	561709
云南	12134994	8635536	484398	3015060	8627	605584
西藏	521555	388179	53820	79556	350	14157
陕西	5726201	4252735	389913	1083553	613	210534
甘肃	4696447	3893544	198038	604865	71334	198213
青海	1160516	995554	61543	103419	1849	14122
宁夏	1145653	950361	65024	130268	261	20764
新疆	3808085	3224342	199611	384132	3822	82922

单位：万元

管理费用	财务费用	营业利润	利润总额	应交所得税	应付职工薪酬	应交增值税
9714893	**11094**	**28662655**	**29047170**	**6001153**	**9955881**	**9687109**
346022	81611	701635	750689	118764	596233	370275
118749	-18525	316344	327015	75724	98883	136582
242436	-23437	560927	549279	142291	168586	227339
167347	-14251	416307	402981	103856	143975	167046
155292	-16593	382654	362798	71942	126824	104337
178292	-20672	565085	552533	125678	165407	177252
91092	-7465	190270	196995	41286	116093	88218
153177	14437	642549	492537	69341	243058	108151
788598	107546	1034532	1155911	178171	792709	305817
403601	-92159	1958664	1994042	471374	371717	767725
599726	-56388	1745244	1791600	411107	624094	620582
290476	-30523	888444	906079	233699	362107	309899
376699	50371	1012828	1057729	213460	389394	340630
186600	-32281	628375	660894	151318	179470	232924
774193	66433	2174238	2104398	290306	596998	654306
551369	14949	1795639	1788357	248607	529409	478520
527713	-4519	1194447	1212008	287904	476135	434451
430999	28041	833484	956133	241531	387305	399503
1060194	21871	2167581	2278362	439021	1081528	1032050
198992	55096	348278	366377	100441	172696	202884
47341	-15697	184520	185174	39282	47850	62681
370788	-2894	1018709	981083	137107	336941	303276
408342	-14239	1327292	1330661	314223	452015	566644
401246	-9338	2985333	3019270	733330	427180	343449
320522	-40114	2145967	2219555	519784	488694	680302
34158	-2563	30596	30485	3063	24353	11265
188962	1798	724854	684543	107606	244602	225527
145820	-4300	253371	257599	58518	155238	136378
30531	-11588	83906	83959	5434	28901	29884
35862	-5682	124687	126053	16925	34067	75439
89754	-7831	225895	222071	50060	93419	93773

3–5 续表 2

纺织、服装及家庭用品批发

地　区	主营业务收入	主营业务成本	主营业务税金及附加	主营业务利润	其他业务利润	销售费用
全　国	**238286382**	**205536352**	**647980**	**32102050**	**745930**	**18131206**
北　京	30821299	27481649	57411	3282239	124771	2405962
天　津	4752825	3965470	8845	778510	7377	312633
河　北	942258	885979	1894	54385	4837	27683
山　西	551147	407433	567	143147	678	70356
内蒙古	339153	301054	4019	34080	1745	13247
辽　宁	4354976	3459770	19176	876030	2138	311765
吉　林	188088	177939	362	9787		7357
黑龙江	567700	548190	1924	17586	2938	15212
上　海	36877833	26815660	141296	9920877	181983	6599536
江　苏	43086058	38184715	78536	4822807	44909	2155374
浙　江	31462253	28606979	47524	2807750	72629	1503448
安　徽	5325438	4585139	10460	729839	15890	677283
福　建	13065001	11891416	22452	1151133	166743	574298
江　西	696105	653425	1027	41653	406	17280
山　东	10959632	10164882	53070	741680	36001	384674
河　南	2239083	2045795	14742	178546	293	55938
湖　北	2897910	2639257	8988	249665	6105	170017
湖　南	1228846	1110271	2990	115585	1877	68957
广　东	37804975	32409442	147765	5247768	57046	2244425
广　西	1407812	1322770	1623	83419	8834	42494
海　南	183273	171097	295	11881	559	6990
重　庆	2626517	2350554	6356	269607	476	155953
四　川	1909035	1733265	3369	172401	5076	106934
贵　州	228840	209705	449	18686	356	13413
云　南	622638	451918	2676	168044	1006	106361
西　藏						
陕　西	2657822	2508864	9464	139494	657	57756
甘　肃	133088	123753	177	9158		4908
青　海	20636	20073		563		47
宁　夏	25580	22029	78	3473		2206
新　疆	310561	287859	445	22257	600	18699

单位：万元

管理费用	财务费用	营业利润	利润总额	应交所得税	应付职工薪酬	应交增值税
7398450	**563563**	**7414838**	**7786941**	**1628655**	**6196261**	**4298828**
673962	30358	408349	511595	114822	1021930	413895
59972	6399	408307	421189	104689	147339	138246
11188	1276	15112	14861	3823	13526	2720
10418	850	62847	62916	2003	14919	11011
8096	1576	12739	12755	90	7535	18999
245081	18069	312600	301559	27631	164487	95667
2024	72	1776	1829	367	2935	717
3589	3894	-1485	-785	208	4329	7408
1813402	110241	1743599	1811775	424636	1783480	1176447
1432605	121944	1425493	1514019	340572	651336	602656
625014	137619	697652	774904	144825	641594	322229
87464	19931	-27584	-49872	2811	103980	76953
309595	32849	304538	335142	56205	223415	129182
8473	606	15405	16145	266	7234	5886
144369	12219	251364	257117	39082	157082	134382
23847	8683	93076	92777	14626	32337	33853
66491	9534	12201	14382	4178	38286	17786
19891	5957	24358	23091	3697	25269	13756
1715903	13895	1398502	1411750	275691	953756	927903
25229	7568	12068	11949	2179	19914	9077
2431	553	2444	2608	724	3922	585
29928	8343	78108	79870	15321	41608	84773
34386	5318	51215	51725	8473	55466	20423
3275	497	1693	2647	601	6116	3551
4320	774	55459	55637	8419	13912	29682
24178	-1057	60267	59788	32225	44448	13737
3491	866	90	321	50	3170	1481
289	331	-104	-123		76	
670	258	339	343	57	705	525
8869	4140	-5590	-4973	384	12155	5298

3-5 续表 3

文化、体育用品及器材批发

地 区	主营业务收入	主营业务成本	主营业务税金及附加	主营业务利润	其他业务利润	销售费用
全 国	**57531033**	**52463342**	**124860**	**4942831**	**294680**	**2543020**
北 京	11100438	10274493	20042	805903	105633	389841
天 津	641206	575772	1747	63687	3889	23891
河 北	513712	471485	4209	38018	568	4094
山 西	567042	537287	320	29435	198	9573
内蒙古	47805	43689	43	4073	1682	1713
辽 宁	422026	371160	498	50368	2385	27161
吉 林	62026	50974	53	10999	25	3681
黑龙江	43846	39464		4382	45	1347
上 海	9077598	8100941	27840	948817	19857	613625
江 苏	3003602	2659388	9745	334469	70189	165301
浙 江	4369456	4127527	5865	236064	7866	116646
安 徽	2530116	2405529	395	124192	3097	67045
福 建	2404112	2185451	6077	212584	8549	135056
江 西	7253	6186		1067		819
山 东	3599616	3310064	6843	282709	1420	111843
河 南	1297526	1225199	1946	70381	2921	38205
湖 北	1761551	1602302	3831	155418	7486	68650
湖 南	934365	799814	1729	132822	808	37022
广 东	12525111	11325171	30439	1169501	42833	600253
广 西	191257	163996	65	27196	8263	14386
海 南	36631	31609		5022	655	3045
重 庆	493795	417648	1445	74702	1557	49303
四 川	783273	747668	408	35197	839	8602
贵 州	142612	132440	48	10124		2765
云 南	239938	218049	96	21793	1033	13660
西 藏	15075	12813		2262		626
陕 西	306786	257959	873	47954	839	10266
甘 肃	180516	163541	83	16892		7537
青 海	23981	16255	57	7669	973	5021
宁 夏	20151	17877	1	2273	172	677
新 疆	188611	171591	162	16858	898	11366

单位：万元

管理费用	财务费用	营业利润	利润总额	应交所得税	应付职工薪酬	应交增值税
1250935	**280240**	**1381848**	**1455052**	**269828**	**1341294**	**521138**
225447	97926	292549	312935	84928	261881	129204
19009	1136	23627	26786	5991	24123	5182
15209	1229	10821	6058	35	8506	767
10593	-616	11880	11801	3463	7528	207
3316	-1635	1695	1689		2153	
11509	1672	11857	12378	2018	15364	2939
8095	-29	2161	3189	682	2511	1344
2779	174	128	142		1204	
183163	60455	154957	169433	55007	215944	63385
88761	3933	177498	192942	19446	94733	56957
64628	11929	68769	69678	9913	59997	26702
18231	27489	35553	39566	922	11240	-2134
41100	8595	46835	49142	4006	29856	11179
279	-50	20	20	5	205	
93817	-1863	76794	73625	6833	104164	19759
16926	3038	22252	27661	1585	14935	6872
40443	1559	41882	47940	7328	52932	11822
31219	-7156	70233	72276	2653	28458	7529
311959	50699	258537	273660	60530	315587	172090
5733	245	8910	8731	1470	6303	76
1604	18	1199	2062		2563	
12009	1002	13814	13691	905	32887	1937
10587	19881	-6568	-20513	166	9447	3221
2837	852	4089	4786	199	2794	370
4342	862	15332	15283	773	6199	330
505	-15	1146	1473	22	372	
7354	-397	32391	32266	462	6496	1020
9100	-245	500	1522		5544	
4015	-72	-252	614	127	5910	56
1435	-16	352	391		1123	
4931	-360	2887	3825	359	10335	324

3-5 续表 4

医药及医疗器材批发

地　区	主营业务收入	主营业务成本	主营业务税金及附加	主营业务利润	其他业务利润	销售费用
全　国	**168970387**	**150753800**	**384369**	**17832218**	**995644**	**9261024**
北　京	16658099	14600879	41371	2015849	176064	1138332
天　津	4334016	3938938	8802	386276	1135	198346
河　北	3969283	3778792	3897	186594	2745	68953
山　西	1631524	1491874	2678	136972	2354	80207
内蒙古	585258	544771	869	39618	22	15502
辽　宁	3825663	3507289	11021	307353	3675	96627
吉　林	1507820	1259685	5446	242689	45937	150772
黑龙江	2993949	2313118	7972	672859	4795	70872
上　海	20780985	17075058	34802	3671125	263872	2122641
江　苏	9906051	8361004	37822	1507225	140244	1253588
浙　江	11066784	10163215	18394	885175	47849	415945
安　徽	7845574	7450181	19487	375906	10539	207265
福　建	3074479	2898072	6144	170263	66378	55398
江　西	3055767	2636520	13165	406082	3863	265049
山　东	9075508	8244895	19813	810800	10384	407092
河　南	8877317	8348945	11812	516560	19572	140395
湖　北	8515614	7882122	21384	612108	29026	244533
湖　南	4624307	4281010	14572	328725	10349	133536
广　东	21711599	19282791	47931	2380877	95100	1070130
广　西	1659749	1553034	3139	103576	1585	47095
海　南	1304603	933358	5132	366113	11630	292468
重　庆	4933305	4532779	10695	389831	8472	154215
四　川	6399401	5854519	19125	525757	6374	213547
贵　州	1243220	1150971	2710	89539	747	36367
云　南	3616951	3357956	5945	253050	13929	125301
西　藏	341221	192781	2979	145461	1	136394
陕　西	2897993	2767694	4078	126221	12693	54303
甘　肃	1165346	1091670	1223	72453	5310	25265
青　海	176168	161699	300	14169	6	3517
宁　夏	184307	174506	183	9618	77	3467
新　疆	1008526	923674	1478	83374	917	33902

单位：万元

管理费用	财务费用	营业利润	利润总额	应交所得税	应付职工薪酬	应交增值税
3803275	**991437**	**5398904**	**4527517**	**941471**	**3969109**	**2623069**
446804	88568	618651	614219	137039	597535	302375
70830	28090	86503	90972	21651	65514	58210
55051	15571	57552	45991	12897	53163	23460
35267	15533	9146	9645	3542	41211	18293
12566	3272	8804	8696	2001	8088	18892
75210	26223	113437	111394	25701	40357	104693
27763	13443	56287	44240	6661	14672	45711
25780	3232	1099508	86228	3170	16857	12726
891347	118485	789651	840486	190455	801639	297437
257959	46775	122614	205323	80146	593276	236666
209564	66369	246765	264384	58650	191613	124101
100461	30605	70233	79663	15413	63843	106880
51704	22633	44479	44472	11282	44580	27834
50016	12104	83107	89118	16189	104561	78350
168459	56581	183801	178401	40802	134318	117036
115347	69999	192686	192781	40544	75625	81701
145490	83059	175619	182997	43845	156102	99381
87735	27352	87951	78066	13188	76563	80339
505056	126937	799746	788419	147487	421572	341700
35692	10114	12664	13129	2370	29080	34068
39525	6101	132349	136573	9018	59016	32310
82798	36764	108429	106658	11626	71154	62180
140787	27732	144136	145913	20433	107060	170773
27621	8230	16014	15900	5035	20419	10396
53919	14141	62148	65048	10803	71278	62984
4502	-901	5536	13887	1140	26697	25332
38957	19628	16378	15397	3111	34713	16858
17461	8209	23584	27411	2300	17569	10390
4637	1038	3543	3848	271	2898	2347
2489	26	3650	3829	635	3776	1450
22478	5524	23933	24429	4066	24360	18196

3-5 续表 5

矿产品、建材及化工产品批发

地 区	主营业务收入	主营业务成本	主营业务税金及附加	主营业务利润	其他业务利润	销售费用
全 国	**1246115353**	**1206951832**	**1819886**	**37343635**	**1171795**	**16092524**
北 京	134652567	130967595	83428	3601544	243252	1540805
天 津	112755923	110376861	344997	2034065	53314	501786
河 北	34957234	33662200	19749	1275285	22438	440300
山 西	39348135	38383482	37558	927095	52398	577037
内蒙古	12320693	11988949	26577	305167	11011	224147
辽 宁	50109018	49652358	29606	427054	-656	373690
吉 林	6157935	6014127	14469	129339	16405	129871
黑龙江	14335301	13874944	68552	391805	5939	301705
上 海	178973794	174557346	75613	4340835	218319	1909968
江 苏	68678742	65689791	96200	2892751	49479	1014029
浙 江	95242458	92742354	95433	2404671	102130	1149619
安 徽	11919843	11451737	12130	455976	8414	266718
福 建	43366446	41895552	42762	1428132	53108	787021
江 西	6666062	6317614	12622	335826	8711	177318
山 东	60328162	56560632	240412	3527118	49231	1201503
河 南	23431609	22115679	104830	1211100	11274	422232
湖 北	35766677	34385648	49796	1331233	10726	573456
湖 南	9323330	8817245	48274	457811	5671	160115
广 东	134654930	130031412	123552	4499966	147618	1721323
广 西	17290973	16736160	15461	539352	40853	278718
海 南	9153991	8808920	3177	341894	2817	36051
重 庆	17383785	16483316	46627	853842	4039	226297
四 川	19478357	18658382	32357	787618	10894	345462
贵 州	9994087	9588737	38054	367296	12084	181160
云 南	19758912	19151127	15809	591976	-33823	237232
西 藏						
陕 西	30081129	29286215	37744	757170	10702	554122
甘 肃	17702530	17725128	4409	-27007	10207	94571
青 海	3465759	3135759	83601	246399	7281	79618
宁 夏	4284164	4127148	2916	154100	5685	89672
新 疆	24532807	23765414	13171	754222	32274	496978

单位：万元

管理费用	财务费用	营业利润	利润总额	应交所得税	应付职工薪酬	应交增值税
8506819	**6939291**	**8860276**	**8557005**	**2563462**	**8752298**	**8261330**
1053024	1145056	634026	796683	242998	960212	363883
280601	694453	568393	619887	147945	178817	265389
178262	200926	73107	7475	41393	172160	146366
328620	309247	-187874	-124891	35885	193554	266119
104315	70252	-162899	-118720	-1751	78335	233203
240730	185913	-369234	-362301	34126	202996	168916
20760	29345	-43590	-40677	4868	58458	26902
74862	71024	-44075	9864	27102	123008	200872
1229821	669756	1115872	1318712	403473	1118793	1096048
554713	461926	1024094	1100956	206270	368154	475139
814423	533750	610117	694255	215980	742980	528972
99242	84024	85759	83817	16658	868321	59284
282536	318351	759878	800172	168254	279149	194825
77068	37771	39998	72246	29410	150258	94050
618852	347088	1431117	412351	219882	544308	540712
214682	116388	505546	493020	51913	176240	195950
267710	68482	397698	394134	81429	308764	251657
124612	85901	118209	94204	21326	72165	58834
1012452	592745	1254236	1292183	343598	919072	1282278
109650	89996	122924	141128	23310	142439	138123
20258	79114	210178	228928	17453	13357	11851
127912	102391	392883	332041	32521	114461	117540
125751	146014	148936	112766	23952	141855	78671
62771	91552	54677	66263	9753	75109	129728
129756	200020	-699	-17531	27797	120718	356591
149037	63045	44805	43712	26979	188001	471333
81506	33433	-165337	-191599	4077	78664	96935
28576	6517	148302	138317	65680	147276	28362
10601	29451	-38164	-39218	2514	32856	86714
83716	75360	131393	198828	38667	181818	296083

3-5 续表 6

机械设备、五金产品及电子产品批发

地区	主营业务收入	主营业务成本	主营业务税金及附加	主营业务利润	其他业务利润	销售费用
全国	**435155199**	**400455517**	**1301534**	**33398148**	**2056495**	**18036532**
北京	91147189	82160883	181473	8804833	691145	4731255
天津	19712806	17896926	638617	1177263	609325	412615
河北	9242975	8898659	10154	334162	1329	198078
山西	653879	619604	1205	33070	4912	25565
内蒙古	274706	248706	678	25322	274	9722
辽宁	4030856	3789411	7076	234369	23563	93636
吉林	1381746	1229019	2920	149807	826	114016
黑龙江	1168095	1042084	7082	118929	8141	24046
上海	142026863	130412731	174944	11439188	331487	6876190
江苏	17528742	16246059	40258	1242425	55586	466812
浙江	22525822	21305650	28108	1192064	25754	744880
安徽	3109976	2976279	2194	131503	7025	76428
福建	4116531	3839702	7055	269774	12398	97743
江西	1545179	1429371	4732	111076	864	73601
山东	9417370	8512985	34949	869436	39141	291783
河南	5006322	4672840	15632	317850	7627	203808
湖北	11860693	10592808	18379	1249506	11199	671274
湖南	1878320	1746948	10934	120438	659	104326
广东	64155743	59731767	79628	4344348	177442	2068773
广西	977227	897085	1931	78211	2224	47110
海南	534353	498977	176	35200	704	37585
重庆	8905271	8416818	18187	470266	8028	276001
四川	7289288	6931582	8443	349263	26190	211314
贵州	726715	684825	1032	40858	870	22350
云南	743011	685090	1228	56693	3440	32815
西藏	30643	26089	16	4538		1538
陕西	1876494	1791317	2118	83059	3085	55489
甘肃	910913	886201	527	24185	444	15155
青海	70667	65532	43	5092	49	2514
宁夏	55490	50693	139	4658	519	4063
新疆	2251314	2168876	1676	80762	2245	46047

单位：万元

管理费用	财务费用	营业利润	利润总额	应交所得税	应付职工薪酬	应交增值税
7504808	**1655591**	**8590562**	**9857979**	**2653838**	**6883661**	**4684047**
2372261	143341	2749561	3431629	950809	2270199	1242061
273837	247133	188539	212176	68933	183148	645692
55655	50625	50258	55984	14259	81536	32874
15485	7164	-12387	-11268	359	14977	5694
10165	3579	2353	4138	1542	6947	2025
65718	44497	32527	35643	9616	51409	20747
17084	933	19033	17940	5101	16913	17680
33499	8322	57138	49165	2603	14063	8416
2155221	538130	2683889	3066697	938233	2036094	975566
300327	115844	184490	215453	71051	251888	237997
296084	42889	223079	264238	52224	257029	106973
41306	30532	-9498	-7774	-10849	37185	13035
92050	35282	128221	130678	16233	81700	40894
23735	1658	12928	15121	2393	18444	10644
200735	76590	315740	324902	46749	185857	98070
52091	14287	46975	51096	8188	59581	32448
199103	-6163	420884	417942	106357	64265	122773
34511	8520	-23460	-35110	3617	27375	14159
952429	200661	1362869	1443259	321809	899625	707311
23360	5140	6235	10346	1245	23401	5991
7818	-835	-8609	-8343	-2452	4961	1531
82810	15747	101760	121556	18618	83345	225599
96132	34680	41594	29079	16077	93585	51183
10968	6507	754	1083	603	7884	30318
20940	9060	5884	7310	1289	17581	10109
760	140	2102	2578	137	998	5
32336	-616	6311	7527	3714	31433	7040
6457	2028	1834	1944	695	33410	3535
2637	1554	1189	130	26	1537	164
1764	817	-1468	-590	70	2137	1406
27530	17545	-163	3450	4589	25154	12107

3-5 续表 7

贸易经纪与代理

地　区	主营业务收入	主营业务成本	主营业务税金及附加	主营业务利润	其他业务利润	销售费用
全　国	**39300252**	**37396941**	**54091**	**1849220**	**96442**	**903835**
北　京	4670282	4248011	15830	406441	59297	128008
天　津	2810114	2622679	2489	184946	625	201360
河　北	31826	28921	2	2903	1	2584
山　西	84020	81135	268	2617	122	2118
内蒙古						
辽　宁	211346	186081	236	25029	1	7078
吉　林						
黑龙江						
上　海	7572416	6920534	7206	644676	19437	358524
江　苏	1172148	1131661	385	40102	126	22137
浙　江	334164	320874	167	13123	1120	7245
安　徽						
福　建	995085	934235	2462	58388	2242	31790
江　西	10959	9363	6	1590		1113
山　东	1406813	1286470	4311	116032	847	39013
河　南	6601	5961		640		558
湖　北	14142	12963	4	1175		489
湖　南	21148	16212	1303	3633		743
广　东	18784375	18457023	9562	317790	9269	91808
广　西						
海　南						
重　庆	6328	6367		-39		
四　川	20107	18656	50	1401	380	1131
贵　州						
云　南	1084451	1050164	9800	24487	2773	5408
西　藏						
陕　西	44843	40838	7	3998		2406
甘　肃						
青　海						
宁　夏						
新　疆	19084	18793	3	288	202	322

单位：万元

管理费用	财务费用	营业利润	利润总额	应交所得税	应付职工薪酬	应交增值税
526041	**451752**	**319941**	**370185**	**148345**	**497800**	**213896**
128703	265943	113022	102283	69276	121589	32910
26098	12182	-24277	-19363	673	52251	21567
390	-107	36	48	1	345	4
1397	296	-942	14		773	-1234
5793	4981	7246	7248	2879	6093	1718
181251	31576	115454	128659	35435	199181	39296
11857	6258	1663	1330	1397	8552	3335
5393	-1434	1885	2477	717	3273	461
13050	4137	16519	18813	4378	10383	9006
415	9	54	54	11	346	96
11061	27965	44030	43932	6441	10310	10340
86	4	-7	-3	1	108	
499	70	117	120	15	395	
886		2005			79	153
133724	88417	41532	81289	26486	78666	100048
256	-290	-5	-5		150	
1276	-103	-1374	-653	152	1762	3063
2325	11880	2839	3701	322	2610	-7058
929	-98	728	720	148	739	165
652	66	-584	-479	13	195	26

3-5 续表 8

其他批发业

地　区	主营业务收入	主营业务成本	主营业务税金及附加	主营业务利润	其他业务利润	销售费用
全　国	**53389903**	**49566197**	**189329**	**3634377**	**81440**	**1215030**
北　京	5146332	4633207	6167	506958	10844	157539
天　津	4920797	4797655	14892	108250	2211	39402
河　北	21347	20929	39	379		458
山　西	113673	105299	121	8253	48	4723
内蒙古	6183	5787	11	385		1303
辽　宁	457411	418019	3061	36331	371	8648
吉　林	168553	151902	565	16086		2360
黑龙江	71219	69169	43	2007	161	4278
上　海	10208534	9044311	16972	1147251	44953	483510
江　苏	2641541	2440978	13987	186576	1415	50396
浙　江	1241333	1181278	3071	56984	3409	24993
安　徽	2069274	1911965	36772	120537	313	42866
福　建	4847480	4741006	3312	103162	3156	43020
江　西	138037	126867	1185	9985	4	2531
山　东	2804136	2647482	16802	139852	3614	35719
河　南	908422	773251	6280	128891		34956
湖　北	356938	323055	3464	30419	171	7775
湖　南	379991	332910	5782	41299	12	13198
广　东	13661945	12993939	22669	645337	8651	162402
广　西	26863	21884	9	4970		3031
海　南	14161	13887	4	270		50
重　庆	940038	822201	9120	108717	819	18214
四　川	451109	324478	21611	105020		36004
贵　州	50252	43737	220	6295	292	2470
云　南	1502014	1398659	994	102361	439	30504
西　藏						
陕　西	109830	99249	1887	8694		1351
甘　肃	5716	4880	17	819		675
青　海						
宁　夏	61013	59178	69	1766		808
新　疆	65761	59035	203	6523	557	1846

单位：万元

管理费用	财务费用	营业利润	利润总额	应交所得税	应付职工薪酬	应交增值税
968131	**470869**	**1167636**	**1271589**	**249201**	**660361**	**603071**
97473	54563	229705	256221	61494	98904	40100
39196	23116	2394	40639	5062	26398	127724
1563	1077	2940	3017	824	1596	320
3894	211	-527	-486	106	879	1108
942	-80	-821	9		756	
7817	2132	15208	15853	1219	5932	10444
2036	18	9568	9463	2367	577	607
1206	1510	-4978	-4649	244	901	311
395438	34496	294182	309625	74794	221644	106628
34460	22505	77916	82249	17782	26885	50548
12140	18604	6878	18501	4747	10747	19841
41790	16542	20699	33898	4788	36006	60801
22031	74918	-9223	1240	4769	23395	5138
3128	616	3766	3526	754	1747	2395
29350	15499	62945	58264	9949	22826	36672
12530	14960	62787	60235	2834	7168	9542
7201	2594	12558	12347	2350	4884	5830
14125	4616	10119	6499	1208	9339	3067
158308	165981	193689	201470	27359	103993	89279
106	-449	2656	2705	55	1035	144
183	19	19	35	1	353	10
26824	1804	74269	57354	2263	9850	11677
22868	8642	37506	39831	9421	15902	4083
1923	1062	3146	3228	660	1755	452
21837	-1715	65691	66279	13899	17964	8624
2945	437	3969	3152	80	4009	6121
95	49	1	1		76	128
2512	5766	-9296	-9282	15	1425	294
4210	1376	-130	365	157	3415	1183

3-6 大中型批发业企业分行业经济效益分析指标

农、林、牧产品批发

地区	负债比率(%)	主营业务毛利率(%)	人均营业收入(万元)	费用率(%)
全国	**70.4**	**6.6**	**415.8**	**5.6**
北京	62.1	4.0	1671.4	5.7
天津	79.6	18.4	815.8	8.2
河北	64.5	3.7	435.6	5.3
山西	64.5	6.4	198.1	6.5
内蒙古	89.5	6.0	554.9	9.0
辽宁	82.8	5.1	717.6	5.6
吉林	84.2	5.3	305.8	9.0
黑龙江	84.5	8.8	358.7	9.8
上海	41.7	2.8	1358.7	3.5
江苏	66.3	9.2	229.6	5.1
浙江	75.3	8.2	197.0	8.9
安徽	61.9	6.7	313.2	4.5
福建	81.1	3.6	389.5	8.3
江西	85.8	4.2	133.1	5.5
山东	58.3	11.0	341.6	4.3
河南	67.9	14.3	209.2	6.1
湖北	75.5	7.0	365.8	5.3
湖南	51.8	11.0	175.6	8.5
广东	60.7	5.0	590.0	3.5
广西	77.9	4.8	219.9	5.6
海南	62.3	-2.3	289.6	1.4
重庆	50.9	5.7	306.2	3.6
四川	81.8	3.2	346.2	5.8
贵州	27.6	1.1	89.4	2.7
云南	61.9	11.0	120.6	9.9
西藏	60.6	-36.4	86.3	42.9
陕西	67.8	4.9	359.9	2.8
甘肃	86.2	3.1	350.2	3.3
青海	38.0	12.5	245.7	7.9
宁夏	62.9	4.6	448.3	2.1
新疆	81.8	4.7	467.8	4.7

注：费用率等于销售费用、管理费用、财务费用三项之和除以营业收入合计(下表同)。

3-6 续表 1

食品、饮料及烟草制品批发

地　区	负债比率(%)	主营业务毛利率(%)	人均营业收入(万元)	费用率(%)
全　国	**48.0**	**20.8**	**371.0**	**8.0**
北　京	73.0	14.6	321.4	12.4
天　津	59.6	17.1	628.2	6.5
河　北	38.2	25.4	390.5	7.3
山　西	34.7	23.8	310.4	5.7
内蒙古	33.3	24.5	472.3	5.9
辽　宁	44.0	20.7	387.5	5.1
吉　林	37.6	25.8	366.3	7.0
黑龙江	55.7	19.7	724.3	4.9
上　海	62.6	15.2	487.0	13.0
江　苏	41.1	23.8	358.6	6.8
浙　江	48.7	19.9	378.9	7.9
安　徽	50.0	22.8	311.9	8.4
福　建	45.7	15.2	417.5	6.4
江　西	23.3	26.5	302.5	5.8
山　东	52.5	20.3	353.8	7.2
河　南	34.5	21.4	352.2	6.4
湖　北	54.8	24.8	329.1	11.7
湖　南	47.8	23.0	291.8	8.3
广　东	56.1	16.0	311.1	7.7
广　西	64.3	21.4	345.7	7.7
海　南	17.8	14.6	1068.8	2.4
重　庆	37.1	19.2	442.0	5.7
四　川	47.3	22.3	333.4	6.8
贵　州	31.0	46.3	375.4	10.0
云　南	34.0	28.8	432.0	7.3
西　藏	40.4	25.6	724.4	8.8
陕　西	29.8	25.7	327.2	7.0
甘　肃	31.7	17.1	510.9	7.2
青　海	19.0	14.2	652.3	2.8
宁　夏	16.7	17.0	575.1	4.4
新　疆	44.7	15.3	505.3	4.3

3-6 续表 2

纺织、服装及家庭用品批发

地　区	负债比率(%)	主营业务毛利率(%)	人均营业收入(万元)	费用率(%)
全　国	**72.2**	**13.7**	**326.5**	**11.0**
北　京	63.7	10.8	387.0	10.1
天　津	82.6	16.6	184.8	8.0
河　北	87.3	6.0	309.4	4.3
山　西	22.8	26.1	138.6	14.8
内蒙古	82.7	11.2	224.6	6.8
辽　宁	46.1	20.6	131.1	13.2
吉　林	102.2	5.4	246.2	5.0
黑龙江	80.1	3.4	441.4	4.0
上　海	64.4	27.3	265.0	23.1
江　苏	74.9	11.4	516.3	8.6
浙　江	80.6	9.1	359.9	7.2
安　徽	103.6	13.9	457.3	14.7
福　建	71.4	9.0	467.3	7.0
江　西	79.1	6.1	425.5	3.8
山　东	85.0	7.3	363.3	4.9
河　南	56.7	8.6	281.6	4.0
湖　北	95.2	8.9	296.7	8.5
湖　南	89.9	9.6	213.3	7.7
广　东	75.2	14.3	279.2	10.5
广　西	90.9	6.0	297.7	5.3
海　南	93.6	6.6	209.0	5.4
重　庆	84.3	10.5	356.0	7.4
四　川	71.2	9.2	202.7	7.7
贵　州	93.5	8.4	213.3	7.5
云　南	61.8	27.4	273.3	17.9
西　藏				
陕　西	87.3	5.6	239.6	3.0
甘　肃	79.2	7.0	190.4	7.0
青　海	85.1	2.7	737.0	3.2
宁　夏	59.7	13.9	239.1	12.3
新　疆	80.7	7.3	115.5	10.2

3-6 续表 3

文化、体育用品及器材批发

地　区	负债比率(%)	主营业务毛利率(%)	人均营业收入(万元)	费用率(%)
全　国	**67.8**	**8.8**	**395.8**	**7.1**
北　京	68.7	7.4	484.2	6.4
天　津	72.0	10.2	313.7	6.9
河　北	62.2	8.2	589.8	4.0
山　西	66.5	5.2	499.6	3.4
内蒙古	58.0	8.6	225.5	7.1
辽　宁	70.9	12.1	141.6	9.6
吉　林	67.5	17.8	104.2	18.9
黑龙江	71.2	10.0	256.4	9.8
上　海	63.8	10.8	637.4	9.4
江　苏	52.0	11.5	252.6	8.6
浙　江	73.5	5.5	529.1	4.4
安　徽	70.9	4.9	1227.0	4.5
福　建	57.2	9.1	808.6	7.7
江　西	56.6	14.7	109.9	14.4
山　东	84.1	8.0	259.4	5.7
河　南	48.0	5.6	512.7	4.5
湖　北	68.5	9.0	273.2	6.3
湖　南	66.1	14.4	396.6	6.5
广　东	67.8	9.6	323.1	7.7
广　西	55.1	14.3	371.4	10.6
海　南	25.6	13.7	118.2	12.7
重　庆	83.2	15.4	94.9	12.6
四　川	96.9	4.5	631.2	5.0
贵　州	79.0	7.1	486.7	4.5
云　南	66.2	9.1	394.0	7.9
西　藏	61.8	15.0	181.6	7.4
陕　西	62.0	15.9	374.6	5.6
甘　肃	70.4	9.4	204.2	9.1
青　海	78.3	32.2	92.6	37.4
宁　夏	47.5	11.3	223.9	10.4
新　疆	69.3	9.0	284.9	8.4

3-6 续表 4

医药及医疗器材批发

地区	负债比率 (%)	主营业务毛利率 (%)	人均营业收入 (万元)	费用率 (%)
全国	**75.5**	**10.8**	**348.0**	**8.3**
北京	69.9	12.3	405.8	10.0
天津	76.3	9.1	589.4	6.9
河北	85.3	4.8	291.9	3.5
山西	87.1	8.6	223.5	8.0
内蒙古	83.8	6.9	210.6	5.4
辽宁	77.1	8.3	485.7	5.2
吉林	84.2	16.5	424.9	12.7
黑龙江	79.2	22.7	850.6	3.3
上海	66.9	17.8	422.6	15.1
江苏	82.6	15.6	248.6	15.7
浙江	72.6	8.2	427.1	6.3
安徽	82.8	5.0	487.0	4.3
福建	75.1	5.7	385.1	4.2
江西	78.2	13.7	134.8	10.7
山东	80.3	9.2	346.7	7.0
河南	83.5	6.0	405.4	3.7
湖北	73.4	7.4	283.8	5.6
湖南	80.9	7.4	312.4	5.4
广东	74.1	11.2	386.5	7.8
广西	83.5	6.4	226.4	5.6
海南	60.6	28.5	165.1	25.9
重庆	71.7	8.1	363.7	5.5
四川	79.5	8.5	283.7	6.0
贵州	78.5	7.4	260.0	5.8
云南	73.3	7.2	308.2	5.3
西藏	97.7	43.5	100.6	41.0
陕西	91.3	4.5	445.8	3.9
甘肃	76.2	6.3	271.0	4.4
青海	73.6	8.2	183.5	5.2
宁夏	79.2	5.3	355.8	3.2
新疆	78.8	8.4	234.2	6.1

3-6 续表 5

矿产品、建材及化工产品批发

地 区	负债比率 (%)	主营业务毛利率 (%)	人均营业收入 (万元)	费用率 (%)
全 国	**74.4**	**3.1**	**1424.3**	**2.5**
北 京	71.8	2.7	2639.4	2.8
天 津	75.1	2.1	6541.9	1.3
河 北	79.7	3.7	1170.9	2.3
山 西	84.1	2.5	1129.2	3.1
内蒙古	74.3	2.7	1055.2	3.2
辽 宁	85.1	0.9	2396.2	1.6
吉 林	90.8	2.3	1023.8	2.9
黑龙江	91.7	3.2	1057.4	3.1
上 海	71.6	2.5	3447.4	2.1
江 苏	73.5	4.4	1249.2	3.0
浙 江	74.9	2.6	1277.2	2.6
安 徽	75.1	3.9	690.9	3.8
福 建	66.3	3.4	1725.7	3.2
江 西	68.8	5.2	260.3	4.4
山 东	73.4	6.2	664.3	3.6
河 南	71.5	5.6	634.5	3.2
湖 北	66.2	3.9	838.5	2.5
湖 南	75.3	5.4	730.2	4.0
广 东	73.6	3.4	1370.2	2.5
广 西	59.3	3.2	1104.7	2.8
海 南	70.0	3.8	5322.1	1.5
重 庆	79.0	5.2	712.3	2.6
四 川	77.4	4.2	697.1	3.2
贵 州	81.9	4.1	848.8	3.4
云 南	79.8	3.1	1120.9	2.9
西 藏				
陕 西	77.2	2.6	1201.7	2.5
甘 肃	34.7	-0.1	2976.7	1.2
青 海	67.3	9.5	555.5	3.3
宁 夏	83.4	3.7	948.0	3.0
新 疆	86.8	3.1	1361.2	2.7

3-6 续表 6

机械设备、五金产品及电子产品批发

地　区	负债比率 (%)	主营业务毛利率 (%)	人均营业收入 (万元)	费用率 (%)
全　国	**73.4**	**8.0**	**833.2**	**6.2**
北　京	65.0	9.9	1000.8	8.0
天　津	81.2	9.2	1322.6	4.7
河　北	79.1	3.7	422.1	3.3
山　西	88.9	5.2	185.7	7.4
内蒙古	79.8	9.5	247.7	8.5
辽　宁	84.5	6.0	578.9	5.1
吉　林	68.9	11.1	953.6	9.6
黑龙江	72.2	10.8	533.6	5.6
上　海	72.4	8.2	1435.8	6.7
江　苏	80.4	7.3	536.7	5.0
浙　江	75.4	5.4	661.8	4.8
安　徽	89.6	4.3	508.7	4.8
福　建	67.0	6.7	411.9	5.5
江　西	93.4	7.5	407.6	6.4
山　东	77.3	9.6	312.7	6.0
河　南	79.5	6.7	545.2	5.4
湖　北	81.0	10.7	1415.7	7.3
湖　南	92.2	7.0	376.8	7.8
广　东	79.7	6.9	660.7	5.0
广　西	81.9	8.2	215.6	7.7
海　南	72.2	6.6	954.2	8.3
重　庆	82.6	5.5	738.9	4.2
四　川	82.6	4.9	555.4	4.7
贵　州	83.4	5.8	442.3	5.5
云　南	84.0	7.8	282.1	8.5
西　藏	62.1	14.9	303.4	8.0
陕　西	88.8	4.5	410.8	4.6
甘　肃	90.0	2.7	831.9	2.6
青　海	84.1	7.3	171.9	9.5
宁　夏	84.4	8.6	159.9	12.0
新　疆	79.8	3.7	798.1	4.0

3-6 续表 7

贸易经纪与代理

地 区	负债比率 (%)	主营业务毛利率 (%)	人均营业收入 (万元)	费用率 (%)
全 国	**85.7**	**4.8**	**1203.5**	**4.8**
北 京	83.4	9.0	1107.5	11.2
天 津	100.8	6.7	630.5	8.5
河 北	97.4	9.1	300.2	9.0
山 西	76.2	3.4	893.8	4.5
内蒙古				
辽 宁	54.8	12.0	139.3	8.4
吉 林				
黑龙江				
上 海	70.3	8.6	948.3	7.5
江 苏	79.9	3.5	1118.5	3.4
浙 江	83.7	4.0	615.4	3.4
安 徽				
福 建	69.2	6.1	565.7	4.9
江 西	88.9	14.6	126.0	14.0
山 东	92.7	8.6	747.9	5.5
河 南	97.0	9.7	220.0	9.8
湖 北	60.7	8.3	202.0	7.5
湖 南	44.4	23.3	919.5	7.7
广 东	90.8	1.7	2238.1	1.7
广 西				
海 南				
重 庆	85.9	-0.6	316.4	-0.5
四 川	20.8	7.2	169.0	11.5
贵 州				
云 南	95.8	3.2	8962.4	1.8
西 藏				
陕 西	74.1	8.9	329.7	7.2
甘 肃				
青 海				
宁 夏				
新 疆	86.2	1.5	381.7	5.4

3-6 续表 8

其他批发业

地　区	负债比率 (%)	主营业务毛利率 (%)	人均营业收入 (万元)	费用率 (%)
全　国	**79.5**	**7.2**	**762.2**	**5.0**
北　京	89.2	10.0	1377.1	6.0
天　津	79.7	2.5	1507.6	2.1
河　北	78.5	2.0	58.8	14.5
山　西	67.4	7.4	385.3	7.8
内蒙古	78.9	6.4	123.7	35.0
辽　宁	76.5	8.6	313.3	4.1
吉　林	77.7	9.9	636.0	2.6
黑龙江	128.0	2.9	251.7	9.8
上　海	68.3	11.4	762.5	8.9
江　苏	69.9	7.6	559.6	4.1
浙　江	77.8	4.8	620.7	4.5
安　徽	86.2	7.6	676.9	4.9
福　建	74.2	2.2	2475.7	2.9
江　西	57.1	8.1	414.5	4.5
山　东	72.3	5.6	646.7	2.9
河　南	82.7	14.9	427.3	6.9
湖　北	49.6	9.5	270.4	4.9
湖　南	58.4	12.4	242.5	8.4
广　东	87.9	4.9	1055.6	3.6
广　西	92.3	18.5	305.3	10.0
海　南	73.9	1.9	208.3	1.8
重　庆	28.8	12.5	166.0	5.0
四　川	57.8	28.1	110.8	15.0
贵　州	70.6	13.0	179.5	10.9
云　南	33.9	6.9	1371.7	3.4
西　藏				
陕　西	56.8	9.6	144.1	4.3
甘　肃	61.5	14.6	259.8	14.3
青　海				
宁　夏	83.1	3.0	386.2	14.9
新　疆	89.4	10.2	176.3	11.3

3–7 大中型零售业企业分行业基本情况

地区	零售业		综合零售		食品、饮料及烟草制品专门零售	
	法人单位数（个）	年末从业人数（人）	法人单位数（个）	年末从业人数（人）	法人单位数（个）	年末从业人数（人）
全国	**27250**	**5590824**	**7252**	**2448925**	**1427**	**234704**
北京	1029	328646	169	127513	46	16707
天津	374	87455	84	32826	18	3996
河北	953	218340	321	130976	13	1065
山西	707	130145	186	47934	37	5593
内蒙古	406	78685	94	28138	16	1789
辽宁	762	197179	242	113691	19	2510
吉林	373	66259	107	31421	11	1490
黑龙江	399	80885	146	40277	8	1402
上海	949	344531	192	121533	54	20748
江苏	2311	451089	513	196834	178	27300
浙江	1806	300896	340	113164	58	9293
安徽	1090	194913	397	101867	67	8437
福建	1048	178930	237	71230	89	18904
江西	569	104325	170	46810	31	6443
山东	2268	458636	689	232580	117	15007
河南	2072	315923	624	147457	99	11755
湖北	1191	259565	348	137997	110	17057
湖南	1074	201095	324	93617	79	12424
广东	2438	552017	476	184757	85	14228
广西	647	91496	205	41142	16	1322
海南	123	25135	41	8625	3	198
重庆	649	163571	124	79536	52	7512
四川	1267	266893	366	115686	70	10617
贵州	428	62829	132	24614	17	1727
云南	570	118613	146	34808	50	7909
西藏	28	4498	8	1677	1	96
陕西	910	169013	360	85468	49	4768
甘肃	306	54638	101	20092	27	3487
青海	87	14101	18	6133	2	177
宁夏	142	25756	33	13587	3	452
新疆	274	44767	59	16935	2	291

3-7 续表 1

地区	纺织、服装及日用品专门零售		文化、体育用品及器材专门零售		医药及医疗器材专门零售	
	法人单位数（个）	年末从业人数（人）	法人单位数（个）	年末从业人数（人）	法人单位数（个）	年末从业人数（人）
全 国	**1816**	**494011**	**1020**	**177840**	**2027**	**438681**
北 京	111	34226	65	13344	51	10017
天 津	35	7484	26	5270	10	2476
河 北	44	8261	22	6339	61	15589
山 西	66	11673	18	2566	53	12687
内蒙古	31	8467	10	1071	30	4245
辽 宁	63	8674	27	4488	69	18936
吉 林	30	3771	14	1373	32	5948
黑龙江	39	10065	16	2676	45	10907
上 海	170	112658	45	9565	46	11028
江 苏	108	30977	130	17874	182	34578
浙 江	123	28315	75	8653	141	21792
安 徽	50	7695	33	3560	106	17367
福 建	81	17080	25	4761	71	9618
江 西	24	3885	12	6593	48	9574
山 东	111	27428	41	8867	171	35619
河 南	124	14969	135	14231	143	24449
湖 北	74	15500	40	6625	107	16683
湖 南	55	8558	42	6631	67	20387
广 东	189	72334	88	18880	158	43997
广 西	8	1186	23	2756	72	13060
海 南	4	2459	5	558	3	1826
重 庆	61	13307	15	4485	57	14039
四 川	82	19828	22	10380	78	14941
贵 州	10	1596	14	1291	41	7855
云 南	20	4996	26	6807	47	30102
西 藏					1	57
陕 西	48	9025	20	3924	59	13794
甘 肃	18	3395	11	1574	30	7206
青 海	3	843	2	248	8	1334
宁 夏	11	1859	2	362	19	2136
新 疆	23	3497	16	2088	21	6434

3-7 续表 2

地区	汽车、摩托车、燃料及零配件专门零售		家用电器及电子产品专门零售	
	法人单位数(个)	年末从业人数(人)	法人单位数(个)	年末从业人数(人)
全国	**10455**	**1189036**	**1687**	**336334**
北京	426	55273	75	50976
天津	160	23365	18	6033
河北	397	42501	62	9793
山西	270	37084	35	4106
内蒙古	169	25552	31	4788
辽宁	269	31968	45	10577
吉林	143	17799	24	3368
黑龙江	102	9677	29	4385
上海	334	34694	25	12341
江苏	937	94262	152	31379
浙江	870	86249	97	17659
安徽	339	38634	48	7476
福建	392	38331	56	9499
江西	217	18965	41	7522
山东	797	80709	160	24039
河南	662	68522	137	16877
湖北	376	44930	70	11597
湖南	382	45106	69	8096
广东	1118	150169	179	41906
广西	259	23557	42	5489
海南	50	8936	11	2069
重庆	235	27027	60	10106
四川	513	66650	90	14809
贵州	185	22043	18	2355
云南	240	28955	25	3172
西藏	15	1993	3	675
陕西	266	31366	47	9052
甘肃	93	12508	10	1701
青海	44	4265	6	711
宁夏	59	5170	11	1787
新疆	136	12776	11	1991

3-7 续表 3

地区	五金、家具及室内装饰材料专门零售		货摊、无店铺及其他零售业	
	法人单位数（个）	年末从业人数（人）	法人单位数（个）	年末从业人数（人）
全　国	**792**	**124771**	**774**	**146522**
北　京	30	5487	56	15103
天　津	11	1232	12	4773
河　北	22	2396	11	1420
山　西	13	1158	29	7344
内蒙古	15	3477	10	1158
辽　宁	19	3935	9	2400
吉　林	7	527	5	562
黑龙江	10	970	4	526
上　海	36	6385	47	15579
江　苏	58	8385	53	9500
浙　江	23	3099	79	12672
安　徽	26	4645	24	5232
福　建	37	3589	60	5918
江　西	15	2753	11	1780
山　东	115	24749	67	9638
河　南	102	12206	46	5457
湖　北	40	4572	26	4604
湖　南	24	3009	32	3267
广　东	49	6249	96	19497
广　西	6	444	16	2540
海　南	3	233	3	231
重　庆	28	4848	17	2711
四　川	27	5151	19	8831
贵　州	3	259	8	1089
云　南	12	1529	4	335
西　藏				
陕　西	50	9084	11	2532
甘　肃	7	4090	9	585
青　海	1	104	3	286
宁　夏	3	206	1	197
新　疆			6	755

3-8 大中型零售业企业分行业商品购、销、存情况

综合零售　　　　单位：万元

地区	商品购进额	进口	商品销售额	出口	期末商品库存额
全国	**199934686**	**1100136**	**249085551**	**58803**	**20351240**
北京	14237645	249134	17132232		1066956
天津	2541401		3883855		236351
河北	8774321		10055732		904434
山西	2089924	818	2916231		282608
内蒙古	1655806	1065	2203725		138894
辽宁	6341134	21298	9849958		456142
吉林	4295127	50	6700828		168603
黑龙江	2984676		5193024		228453
上海	12210284	438744	15497327	3611	1530801
江苏	18633899	102203	23676042	2743	1524272
浙江	11409774	29682	14030805	27943	1313686
安徽	8008508	15352	9206029		758147
福建	4657517	88358	5345384	6	344743
江西	2368384	36167	2911309		324519
山东	23958635	33471	26763167	3581	1447567
河南	7548105	1394	10059241		724722
湖北	14748644	770	16911606		1666151
湖南	7431357	24769	7989252		1653170
广东	16938456	19877	20793997		2505658
广西	2420893	4056	3249729		255603
海南	644963	9	793472		83992
重庆	4933977	594	7679423		747944
四川	8364842	27173	10328697		632506
贵州	1420912	1225	1705167		150063
云南	2535211		2894201	20919	257799
西藏	60942		77365		52149
陕西	5206984	3305	6616519		406942
甘肃	1022712	622	1443642		143205
青海	333849		438362		69500
宁夏	858574		936854		181876
新疆	1297230		1802376		93784

3-8 续表 1

食品、饮料及烟草制品专门零售 单位：万元

地区	商品购进额	进口	商品销售额	出口	期末商品库存额
全国	**14413160**	**218941**	**17792857**	**60834**	**1470035**
北京	650693	27230	1080341		159114
天津	154806		207231		11733
河北	28485		29730		5127
山西	308096		435404	334	33077
内蒙古	135183	10	68585		55576
辽宁	127239	6738	136923	45384	36127
吉林	66667		86411		62746
黑龙江	108274		124604		13987
上海	833822	11094	1065388	622	60832
江苏	1175477	10	1485222		120012
浙江	494977	3868	550173	9560	63040
安徽	724739	7776	863751		34886
福建	1274923	4240	1437099		74028
江西	248498	366	317184		20288
山东	1217541	17730	1346539		92716
河南	547371		642988		58924
湖北	2193792	10311	2514503		129648
湖南	715437	23336	1001797		65369
广东	1056423	92286	1549652		134141
广西	53523	512	70898		9371
海南	14986		14839		3256
重庆	502779		628765	695	21066
四川	626502	5384	697751		66270
贵州	53136		67264		5224
云南	586484	7979	651941	239	60092
西藏	32592	29	43759		5789
陕西	327995	42	499709		41592
甘肃	136763		157273	4000	23852
青海	4186		5463		80
宁夏	6996		7839		1098
新疆	4775		3831		974

3-8 续表 2

纺织、服装及日用品专门零售　　单位：万元

地区	商品购进额	进口	商品销售额	出口	期末商品库存额
全国	**26882274**	**2122419**	**38398505**	**17779**	**8105760**
北京	1664942	207772	2805938	51	451299
天津	722238	1618	960848		125976
河北	367942	630	447557	1406	50809
山西	533042		817495		84910
内蒙古	348140		442962		75445
辽宁	759168	83961	913135		150915
吉林	392192		542370	6649	36815
黑龙江	506105	234	680168		41173
上海	5825973	1302844	9764700	1320	3023824
江苏	1695228	10532	2289040	400	345388
浙江	2386993	84244	3437608	711	778741
安徽	478771		603521		123366
福建	1043541	735	1345945		182378
江西	165137		175392		70160
山东	1551464	21798	1960767		280105
河南	679178	14527	762628		56955
湖北	693104	15	922974		158254
湖南	563988		671434		144482
广东	2383258	70971	3691190	7242	1137774
广西	54640	126	57279		12020
海南	360940	315237	477509		128107
重庆	619406		817269		115070
四川	826619	24	1141393		243252
贵州	105193		128558		22140
云南	272807	7151	384904		71227
西藏					
陕西	1425576		1586983		116203
甘肃	62563		85636		19901
青海	34750		42678		7722
宁夏	38185		49103		18044
新疆	321191		391521		33305

3-8 续表 3

文化、体育用品及器材专门零售　　　　　单位：万元

地区	商品购进额	进口	商品销售额	出口	期末商品库存额
全国	**16885686**	**406773**	**18674871**	**6901**	**4088142**
北京	2433974	308273	2608995	4878	849995
天津	726303		942297		64262
河北	521252		523611		130597
山西	255812		229765		91318
内蒙古	35374	50	46475		17532
辽宁	283663		321973		67873
吉林	79421		80358		15896
黑龙江	100479		186680		50354
上海	1098230	97985	1375341	1316	501456
江苏	2674037		2596054		480268
浙江	1001949		1015634		327300
安徽	371212		433073		74059
福建	721421		794928		144096
江西	763902	12	809483		36326
山东	688037	251	748306		143087
河南	706384	13	768175	2	94286
湖北	473667		592577		92436
湖南	711405		857042		64411
广东	684084	19	849297	97	282673
广西	123166		149850	517	20612
海南	10327		15748		4094
重庆	480391		509635		36880
四川	604574		615618		133104
贵州	117957		109623		17236
云南	495582		739901	91	154514
西藏					
陕西	352252	170	373167		95318
甘肃	138768		147029		11630
青海	4249		4641		928
宁夏	20957		19787		7479
新疆	206857		209808		78122

3-8 续表 4

医药及医疗器材专门零售　　　　单位：万元

地　区	商品购进额	进　口	商品销售额	出　口	期末商品库存额
全　国	**45548002**	**214439**	**50893032**	**1637**	**5622781**
北　京	2264157	44501	2452683		241986
天　津	600016		647292		40274
河　北	1964656	135101	2164214		206922
山　西	891468	4	1015898		125706
内蒙古	152577		187945		43054
辽　宁	1450373		1712745		177093
吉　林	510978		589869		60001
黑龙江	1178380	112	1349360		136995
上　海	1557863		1839569		142536
江　苏	7342728	8810	8054703		832954
浙　江	2734595	2473	2958074		434243
安　徽	2283163		2456009		260790
福　建	1235453	2225	1428673		114862
江　西	1348532		1447987		252799
山　东	3689940		4098114		292340
河　南	1300073	2532	1416566		120510
湖　北	2186902	9326	2538003	725	320963
湖　南	2035423	880	2251807		255088
广　东	2738314	299	3134663	912	446712
广　西	1985341	2431	2152956		149097
海　南	19380		27334		5035
重　庆	2039131		2179294		196472
四　川	642808	484	807733		98183
贵　州	701919	1909	754089		130767
云　南	652374	122	935482		127525
西　藏	8697		10439		195
陕　西	531054	13	601024		115508
甘　肃	187542		241105		39118
青　海	55554		58190		11193
宁　夏	236662	3217	281411		35344
新　疆	1021949		1099801		208516

3-8 续表 5

汽车、摩托车、燃料及零配件专门零售 单位：万元

地 区	商品购进额	进 口	商品销售额	出 口	期末商品库存额
全 国	**348806358**	**17941858**	**390089929**	**88678**	**42282404**
北 京	22338092	611891	22735819	246	2018363
天 津	7101629	252102	8027107		481411
河 北	10507433	373587	11385128	1950	2362367
山 西	8157811	163348	9530348		951859
内蒙古	6435693	155211	7619200		498204
辽 宁	10651765	393259	11115859	710	5512734
吉 林	5399230	248264	5984502		423162
黑龙江	2907479	183324	3220846		336366
上 海	13258945	1055310	14028279		1513958
江 苏	32065113	1661930	36747153		2732331
浙 江	26880808	2424639	29975514	7257	3214812
安 徽	10467393	429661	11980745		802694
福 建	10782325	784820	11729113		943967
江 西	5120308	117367	5729177		480289
山 东	21375768	597026	23331053	17765	2316441
河 南	15676969	570061	16796413	17344	1471022
湖 北	15326556	436049	15944346		1632017
湖 南	12109341	696616	16271481		1080020
广 东	40973586	3029162	46598757	42648	6772737
广 西	4914607	252656	5401709		611936
海 南	2704548	91681	3007664		196842
重 庆	8792721	678715	9946883		674354
四 川	22372981	1294147	24009088		1647101
贵 州	6640977	151229	8639376		954963
云 南	8022669	251327	10093103		712340
西 藏	528254		645860		26560
陕 西	8509420	657701	9540126		897557
甘 肃	3732873	97066	4311882		290709
青 海	878896	18687	1059431		116366
宁 夏	988038	147926	1151288		169482
新 疆	3184130	117096	3532679	758	439440

3-8 续表 6

家用电器及电子产品专门零售　　单位：万元

地　区	商品购进额	进　口	商品销售额	出　口	期末商品库存额
全　国	**65795788**	**156435**	**71520871**	**337661**	**4387025**
北　京	21335247	40218	22319919	314082	446483
天　津	1147992		1277310		90574
河　北	950547		1030154		153707
山　西	453648		517918		55205
内蒙古	554746		623000		79486
辽　宁	1626540	70	1560431		240653
吉　林	432113		460018	9734	25841
黑龙江	696909		772991		48686
上　海	2986397	3975	3554008		319265
江　苏	5083736	11362	5716403		337180
浙　江	2350084	3330	2704616		253794
安　徽	1220552		1264035		103434
福　建	1328603		1491098	1100	88901
江　西	858786		896273		71504
山　东	4554624	2484	4850976	4802	349597
河　南	1635236		1909800		184281
湖　北	2203293	10384	2357867		130776
湖　南	1319250	11964	1411832		120385
广　东	6349740	12325	6958622	7943	688748
广　西	536676		618372		50598
海　南	243605	4898	257518		32625
重　庆	1684524		1774277		135684
四　川	2516676		2702889		164258
贵　州	362086		398354		10092
云　南	299544		578941		29179
西　藏	40954		39620		7772
陕　西	2163305		2579498		111916
甘　肃	231912	55425	248972		5139
青　海	76707		90275		4045
宁　夏	253856		247349		32640
新　疆	297900		307535		14577

3-8 续表 7

五金、家具及室内装饰材料专门零售　　单位：万元

地　区	商品购进额	进　口	商品销售额	出　口	期末商品库存额
全　国	**13994594**	**52574**	**18083028**	**229**	**1178223**
北　京	486280	8020	905540		77071
天　津	333257	1414	438299	204	24575
河　北	169991		219436		13599
山　西	181839		206614		31303
内蒙古	395836		368630		118156
辽　宁	324982	5334	384433		31858
吉　林	17222		16235		5496
黑龙江	43082		57684		4487
上　海	399151	15769	700934		81303
江　苏	1545040	3565	1652265		152298
浙　江	254746		321464	25	24548
安　徽	563037		658443		43168
福　建	1059762	3723	1151677		54804
江　西	252824		284195		16441
山　东	1926479		2374936		127199
河　南	692955		829505		51452
湖　北	663697		734713		60895
湖　南	304934	186	343255		13294
广　东	716793	11381	954486		113866
广　西	8674		12740		2789
海　南	9053		10421		4523
重　庆	769271	3182	2174095		36073
四　川	505263		581582		24760
贵　州	10658		12021		675
云　南	362976		367535		16565
西　藏					
陕　西	1891817		2143779		40182
甘　肃	97476		161352		3939
青　海			5035		1
宁　夏	7499		11724		2903
新　疆					

3-8 续表 8

货摊、无店铺及其他零售业

单位：万元

地区	商品购进额	进口	商品销售额	出口	期末商品库存额
全国	**32166659**	**233716**	**36663468**	**8147**	**2278599**
北京	2186183	41724	2451813	27	157125
天津	741168	22653	1571107		45219
河北	63710		74433		6474
山西	328242		377232		4620
内蒙古	110299		136261		2706
辽宁	922552		983892		10995
吉林	94431		100290		2590
黑龙江	11437		17597		4285
上海	7278525	1170	7748098		258671
江苏	2299745	6481	2739651		52440
浙江	2258051	4094	2754299		232337
安徽	335338	62512	561965		104570
福建	1042373	2707	1379592	135	160990
江西	237979		243903	4838	5105
山东	1196498	7563	1409037		59763
河南	317486	567	364563		8861
湖北	1919320		2050871		11759
湖南	334242	49	461569	103	25727
广东	6410330	77309	6827023	3044	453972
广西	229209		253029		32943
海南	9991		13094		1474
重庆	103924	6887	122306		19774
四川	2607548		2769786		594424
贵州	130979		165153		8030
云南	5771		9497		758
西藏					
陕西	917035		966082		2615
甘肃	26496		40723		6536
青海	15936		24534		2745
宁夏	3978		6948		861
新疆	27883		39120		230

3-9 大中型零售业企业分行业年末资产负债

综合零售　　　　　　　　单位：万元

地　区	流动资产合计	固定资产原价	累计折旧	资产总计	负债合计	所有者权益合计
全　国	**81219131**	**43488495**	**14740023**	**140394688**	**103402290**	**36980283**
北　京	7241498	2716771	1103378	11570359	8026383	3543975
天　津	892419	704515	275572	2515668	1982191	533478
河　北	3178713	1741253	512484	5442418	4403391	1039026
山　西	1499550	538803	175070	2129235	1918255	210981
内蒙古	1001849	434245	108222	1504942	1314011	190931
辽　宁	4407380	2356706	768665	8245746	6564535	1681211
吉　林	1557725	1771421	392906	3794138	2914704	879434
黑龙江	1410387	1255165	349983	2767732	1978805	788926
上　海	5506369	3602492	1597472	9395396	6876681	2518715
江　苏	7482612	4363607	1518113	13581054	9951186	3629868
浙　江	5898865	2730695	886180	10313851	7429520	2884331
安　徽	2306288	1610575	519435	4194623	3297463	897161
福　建	1992382	697630	270488	2848543	1798865	1049678
江　西	954689	642956	196395	1741842	1272352	469490
山　东	8507876	4287220	1388839	14153923	10564493	3589429
河　南	2743765	1452423	353585	4508907	3563800	945107
湖　北	3316112	2884969	795195	6849809	5028040	1821769
湖　南	2457547	1785777	581353	5156085	3348429	1807656
广　东	7230899	2153632	1025370	9994242	7608853	2373272
广　西	949799	598078	202248	1604967	1085309	519658
海　南	425409	245978	71388	698290	532201	166089
重　庆	1760423	725711	305573	2698639	1926994	771645
四　川	2666254	1321961	477305	4362033	3038719	1323314
贵　州	572290	258732	73527	950183	680174	270009
云　南	952367	453324	153844	1570165	910545	659620
西　藏	34826	24693	5561	67548	56822	10727
陕　西	2633333	1107839	315634	4510988	2982227	1528762
甘　肃	485973	256115	108989	938025	614612	323414
青　海	138273	156871	28360	295556	239075	56482
宁　夏	342257	111007	39247	590252	343862	246389
新　疆	671002	497331	139642	1399529	1149793	249736

3-9 续表 1

食品、饮料及烟草制品专门零售　　　　单位：万元

地区	流动资产合计	固定资产原价	累计折旧	资产总计	负债合计	所有者权益合计
全国	**6901749**	**2581513**	**726730**	**10715758**	**6662092**	**4053665**
北京	639420	210708	82167	857857	391060	466797
天津	86146	20630	9938	154067	75688	78379
河北	18604	3263	827	26228	13654	12574
山西	96157	175175	22039	304271	252989	51282
内蒙古	111608	22687	4311	151212	109570	41641
辽宁	29316	27163	7306	51895	24246	27649
吉林	127825	37708	12020	159437	149574	9863
黑龙江	16210	9787	3181	26951	22148	4802
上海	267495	127648	67155	393987	322147	71840
江苏	474527	311589	88570	857606	490709	366897
浙江	257828	77885	30915	360888	250625	110264
安徽	166979	53635	14718	259416	139498	119918
福建	307655	134381	35943	511286	190593	320693
江西	911214	52780	10250	998376	845669	152707
山东	371914	242900	59691	618597	429139	189458
河南	154716	112727	22343	287916	148271	139645
湖北	612865	170630	40919	820255	370956	449299
湖南	255504	90484	17380	481531	284434	197096
广东	638519	144407	40443	1025625	487090	538535
广西	37178	8364	4433	47606	21466	26140
海南	7542	3536	482	11596	8449	3147
重庆	116061	41067	13073	227012	107705	119307
四川	566680	65312	16750	691724	476811	214914
贵州	40615	21676	4341	106164	64187	41977
云南	218263	93518	25268	379963	232981	146981
西藏	7573	4621	1979	10625	3352	7274
陕西	275881	259773	81479	720186	613970	106216
甘肃	70490	48985	6595	145473	116008	29465
青海	9573	5943	1639	14278	5385	8893
宁夏	2489	1390	267	3799	5951	-2152
新疆	4902	1141	308	9931	7767	2164

3–9 续表 2

纺织、服装及日用品专门零售　　　　单位：万元

地　区	流动资产合计	固定资产原价	累计折旧	资产总计	负债合计	所有者权益合计
全　国	**16853763**	**4295757**	**1417202**	**26663196**	**17612992**	**9049774**
北　京	1305905	240202	111794	1674281	1431630	242651
天　津	309768	256761	37387	626762	443422	183340
河　北	375054	150835	50259	597138	509099	88039
山　西	271588	139704	49915	543158	402822	140336
内蒙古	193101	56725	20836	279724	283863	-4139
辽　宁	369535	142603	50772	540703	470206	70497
吉　林	146910	132816	28027	265418	210984	54433
黑龙江	289090	196296	48567	512352	362876	149476
上　海	4738335	1155946	533813	6561922	4897049	1664873
江　苏	836694	253623	55623	1775164	1298844	476320
浙　江	1809886	330791	71341	2565124	2058634	506490
安　徽	187256	72896	11828	2736717	214969	2521749
福　建	366263	49242	13833	444942	297780	146733
江　西	125455	16465	4286	151672	81141	70531
山　东	511932	170092	51497	685591	447631	237960
河　南	190786	70003	17692	296003	198467	97535
湖　北	444523	120771	23633	598864	362605	236259
湖　南	197282	42679	14380	250333	195110	55223
广　东	2176916	189289	85661	2695225	1625889	1069336
广　西	31438	9000	2053	42663	30481	12182
海　南	292611	72307	6454	396139	146479	249660
重　庆	421142	114160	13079	646018	457900	188118
四　川	507329	81882	26568	663867	422247	241620
贵　州	44585	6761	4992	60149	36266	23883
云　南	162493	20707	13209	176580	130975	45605
西　藏						
陕　西	253383	69032	28253	433340	184289	249051
甘　肃	57276	21699	4920	87503	62391	25113
青　海	10554	22924	3103	33099	35461	-2363
宁　夏	43290	9783	3557	57907	62730	-4823
新　疆	183383	79763	29870	264838	250752	14086

3-9 续表 3

文化、体育用品及器材专门零售

单位：万元

地　区	流动资产合计	固定资产原价	累计折旧	资产总计	负债合计	所有者权益合计
全　国	**11656075**	**3595004**	**1378422**	**17259186**	**10347934**	**6911253**
北　京	2349117	182695	87397	3000414	2133192	867222
天　津	460376	246035	92012	866978	672275	194703
河　北	339396	88494	32456	489813	271492	218322
山　西	160307	69013	24468	243813	123435	120378
内蒙古	38314	17924	6808	58123	47716	10407
辽　宁	140507	76189	30199	218246	156805	61441
吉　林	29411	17083	6752	48615	44877	3738
黑龙江	177918	55485	7820	237816	136596	101221
上　海	748410	226070	79122	978572	670326	308246
江　苏	1056187	276932	119571	1399524	903000	496524
浙　江	684377	223685	69884	973259	574208	399051
安　徽	232865	60914	29096	299518	123752	175766
福　建	643538	124805	56905	906751	432242	474508
江　西	740555	288841	103644	1122504	501409	621095
山　东	299439	100734	35023	457695	330791	126904
河　南	276677	108227	40377	446808	246843	199965
湖　北	276575	107792	45483	430157	309040	121118
湖　南	416368	74152	29565	532756	228025	304731
广　东	588792	369858	192320	920408	573121	347288
广　西	63538	44896	19102	134366	56425	77941
海　南	24901	13889	5728	37476	46699	-9223
重　庆	322897	149317	62694	642876	365130	277746
四　川	559930	230776	75312	1219703	471939	747764
贵　州	160162	6114	2451	164643	132043	32600
云　南	465841	131338	46689	633458	400140	233318
西　藏						
陕　西	232721	73848	30435	370458	223306	147151
甘　肃	37704	116360	13185	158989	64170	94819
青　海	5436	5807	3757	8341	4794	3547
宁　夏	13057	8020	2521	21001	12023	8978
新　疆	110759	99711	27646	236105	92120	143984

3-9 续表 4

医药及医疗器材专门零售　　单位：万元

地　区	流动资产合计	固定资产原价	累计折旧	资产总计	负债合计	所有者权益合计
全　国	**23697005**	**2167516**	**773317**	**28886488**	**22236571**	**6649919**
北　京	1747941	60008	30596	3094762	2570276	524486
天　津	362502	16745	4658	400977	249562	151415
河　北	982253	57066	23111	1080467	947278	133189
山　西	500157	27252	11690	561441	404274	157168
内蒙古	88434	16893	6070	114502	90762	23740
辽　宁	792888	62450	24394	891553	715209	176344
吉　林	387974	34896	9984	448701	359492	89209
黑龙江	527025	87194	25511	615452	457581	157871
上　海	695700	55643	26379	769099	652799	116300
江　苏	3146404	288155	104853	3577067	2807709	769358
浙　江	1172605	113928	44873	1455471	1108566	346904
安　徽	1165383	116327	36927	1306061	1027079	278982
福　建	556838	75647	28949	689556	458928	230629
江　西	626826	57111	19285	776121	652815	123307
山　东	2166495	288315	95119	2522716	1980645	542071
河　南	467739	98192	42089	579917	431847	148070
湖　北	1515869	90803	28620	1718920	1461936	256984
湖　南	1014094	84297	27001	1243872	806326	437546
广　东	1266666	143878	43702	1481189	1048418	432772
广　西	976825	50918	17413	1085205	810977	274227
海　南	21390	2573	1305	23042	11539	11503
重　庆	1229087	100578	45211	1655533	1133157	522376
四　川	279144	49899	16824	356248	282924	73324
贵　州	404152	20958	8628	447320	371233	76087
云　南	424781	30590	11388	611992	355124	256868
西　藏	7808	109	107	7810	5878	1932
陕　西	275930	33101	12040	344197	264720	79477
甘　肃	107534	21656	4708	143365	114990	28375
青　海	71791	6780	1518	78158	64155	14003
宁　夏	158963	20351	6892	184199	152957	31242
新　疆	555807	55203	13472	621575	437415	184160

3-9 续表 5

汽车、摩托车、燃料及零配件专门零售　　单位：万元

地区	流动资产合计	固定资产原价	累计折旧	资产总计	负债合计	所有者权益合计
全国	**111712204**	**28963842**	**10084824**	**157302639**	**116323141**	**41051789**
北京	6651574	1453126	605334	8582532	6839366	1743166
天津	1934013	838184	285164	3504073	1960969	1543103
河北	3447862	955319	377417	4651604	3506489	1145116
山西	2618714	926366	321525	3703384	2794298	909086
内蒙古	1954819	937509	330074	3171058	2498900	672158
辽宁	2536879	1005320	389109	4300478	2932482	1360966
吉林	1465854	560162	203385	2268902	1671807	599789
黑龙江	1249345	233016	85764	1650294	1469968	180326
上海	3893583	631300	232330	4824762	3760590	1064172
江苏	9963584	2781168	929465	13879031	10006370	3872662
浙江	8049153	1878713	644831	11191750	9354152	1837598
安徽	4131427	926277	298869	5582865	3922262	1660603
福建	2813976	776168	276470	4020331	2817201	1203129
江西	1508880	373762	107450	2197363	1700584	496779
山东	6484636	1664791	599578	9044306	8123709	920597
河南	4922698	1011065	324756	6949502	5423055	1526446
湖北	4400938	1755877	661317	6872142	5470356	1401786
湖南	3543344	1385406	441401	5845961	4089252	1756709
广东	19809576	2592331	1051826	23774046	15706265	8067781
广西	1698348	297580	104063	2167441	1613943	553499
海南	620647	323637	136141	962326	602055	360272
重庆	2116601	609713	197486	3252098	2521757	730341
四川	4931853	1946066	543978	8095512	5312620	2782892
贵州	2622002	589232	179855	3491917	2600707	891210
云南	2713112	922106	276640	4791801	2954911	1836890
西藏	125368	110311	43935	270186	156884	113302
陕西	2508635	591866	159093	3665863	2732148	933715
甘肃	768524	308012	94986	1335516	1077940	242854
青海	275307	86704	28061	376654	280646	96008
宁夏	478844	120143	34941	668598	520576	148022
新疆	1472108	372612	119580	2210343	1900879	400812

3-9 续表 6

家用电器及电子产品专门零售

单位：万元

地 区	流动资产合计	固定资产原价	累计折旧	资产总计	负债合计	所有者权益合计
全 国	**22196610**	**2403809**	**699651**	**29357761**	**20596005**	**8761758**
北 京	6143369	145027	71980	7235911	4711352	2524559
天 津	604848	15670	6806	750042	699495	50547
河 北	440739	37150	14769	490744	424305	66439
山 西	170139	23293	5459	214889	173969	40919
内蒙古	352644	52802	8379	506994	366981	140013
辽 宁	359864	21807	9399	491993	344576	147418
吉 林	173252	49735	11421	248692	195993	52700
黑龙江	222071	111510	23130	337133	292846	44287
上 海	1569472	55382	32141	1796887	1115477	681410
江 苏	2654171	606246	155469	5012900	3494015	1518885
浙 江	750000	96341	41898	969926	728376	241550
安 徽	461550	81377	10938	649032	521485	127548
福 建	446990	51375	17493	563299	393619	169679
江 西	341832	26207	9542	389814	271358	118457
山 东	1029582	193152	49975	1411049	1094805	316244
河 南	619527	81747	28327	768182	570054	198128
湖 北	561709	246234	39878	879589	506927	372662
湖 南	289499	57357	14365	432723	292934	139789
广 东	2556148	123018	54182	2838615	2305689	532926
广 西	217097	22334	6186	257780	187139	70641
海 南	95892	18253	5814	113934	101045	12890
重 庆	243090	42069	13307	550829	299700	251129
四 川	824625	87738	23664	1048481	721081	327400
贵 州	64922	5739	1719	75229	17129	58101
云 南	118471	16236	6359	182744	100695	82049
西 藏	22531	3651	527	27781	16067	11713
陕 西	544005	111998	29884	749091	403660	345430
甘 肃	71155	4727	1517	79617	56354	23263
青 海	32002	3975	889	36634	16088	20547
宁 夏	106058	7367	1384	124619	85208	39411
新 疆	109356	4292	2850	122608	87583	35024

3-9 续表 7

五金、家具及室内装饰材料专门零售　　单位：万元

地　区	流动资产合计	固定资产原价	累计折旧	资产总计	负债合计	所有者权益合计
全　国	**5057042**	**2800297**	**659087**	**10233712**	**6828389**	**3405329**
北　京	346441	119840	46394	466688	420806	45883
天　津	50536	219695	42371	331194	313818	17377
河　北	41346	48430	10497	100581	76326	24255
山　西	102411	24581	5066	143118	77860	65258
内蒙古	130942	42752	11742	190651	63090	127561
辽　宁	65805	117323	35839	210982	205527	5455
吉　林	13363	1777	242	14997	10998	3999
黑龙江	30162	13974	2430	48587	44437	4150
上　海	298189	418191	78265	910570	747256	163315
江　苏	1432137	339102	101659	3367902	2067844	1300058
浙　江	107386	200887	31816	357495	293982	63513
安　徽	191963	99217	24293	304991	230540	74451
福　建	137719	32443	13659	208846	117690	91156
江　西	54547	24888	7739	86096	37675	48421
山　东	554640	260421	65989	875896	488140	387757
河　南	190028	95469	15558	318630	154732	163898
湖　北	247006	96804	13957	413235	333236	80000
湖　南	18606	27338	6522	75724	26810	48914
广　东	395901	73581	30919	498335	345270	153065
广　西	7954	1552	721	9921	7076	2845
海　南	6400	385	214	6573	5396	1177
重　庆	281016	284988	42345	633950	355082	278868
四　川	94723	51790	18355	148634	90862	57773
贵　州	700	918	172	1642	1381	261
云　南	37301	15645	2979	54698	31188	23511
西　藏						
陕　西	194842	147354	43087	381945	250838	131107
甘　肃	16933	38328	5122	60655	20436	40218
青　海	189	383	76	1236	504	732
宁　夏	7856	2241	1059	9940	9589	351
新　疆						

3-9 续表 8

货摊、无店铺及其他零售业　　　　单位：万元

地区	流动资产合计	固定资产原价	累计折旧	资产总计	负债合计	所有者权益合计
全国	**8162676**	**3004712**	**854533**	**13139091**	**11824193**	**1314902**
北京	669156	76412	43935	895555	1783106	-887552
天津	576362	39846	7978	635952	659857	-23905
河北	53101	73093	12999	182041	105104	76937
山西	340614	641123	171996	921873	821075	100798
内蒙古	79403	108650	23385	209304	141673	67631
辽宁	30674	22576	5607	49775	47965	1809
吉林	10514	3966	1227	15289	6480	8808
黑龙江	17002	15832	1497	37043	30349	6695
上海	2117879	267425	102825	2405189	2529614	-124426
江苏	786496	159800	43465	1020394	834540	185855
浙江	635600	136018	39682	850366	618201	232165
安徽	161547	31524	4695	258089	169800	88290
福建	355730	58560	11698	453033	312669	140364
江西	58339	7260	1963	66565	41171	25394
山东	542732	494934	133389	2224172	1870428	353744
河南	117933	154160	25924	278867	120704	158163
湖北	78928	89235	24740	190693	165714	24979
湖南	104640	48407	9794	317014	173250	143765
广东	555823	297947	103186	891104	617259	273845
广西	149652	41094	18014	192412	110680	81732
海南	9298	1208	927	14080	5718	8363
重庆	85004	6345	2747	122260	84175	38085
四川	340124	40846	13624	401677	323240	78437
贵州	64939	26690	10140	116189	63444	52745
云南	18157	6966	2185	28007	20017	7990
西藏						
陕西	88325	66366	9420	156202	54706	101497
甘肃	55080	14311	5717	66900	46646	20254
青海	35548	23948	8737	61271	26257	35014
宁夏	3034	5155	3516	5370	1388	3983
新疆	21042	45015	9521	72405	38963	33443

3–10 大中型零售业企业分行业实收资本及构成

综合零售　　　　单位：万元

地区	实收资本	国家资本	集体资本	法人资本	个人资本	港澳台资本	外商资本
全　国	**25745944**	**2836237**	**923008**	**10999674**	**4796568**	**2970704**	**3151662**
北　京	1680147	83203	36219	815653	187981	137957	419134
天　津	860043	2235	14750	335283	17488	452883	37404
河　北	1456924	17642	48618	1216891	158668	1305	13800
山　西	198558	4471	8470	65231	116408	1331	2648
内蒙古	134617	1300	2855	97601	31489	1372	
辽　宁	1308810	35096	57834	469196	170874	378919	196891
吉　林	345958	5227	18230	240554	57648	21189	3111
黑龙江	416229	37030	17921	187975	129190	27829	16284
上　海	2444625	610308	76086	673371	146165	290381	648316
江　苏	2435668	65644	52441	711252	649852	525490	430990
浙　江	1330155	43480	39491	573241	259913	209414	204616
安　徽	1131328	618588	12662	208308	198322	58840	34608
福　建	793130	32891	17556	481377	94091	50683	116532
江　西	290905	2600	14056	182861	57478	13332	20578
山　东	1416188	175570	154921	586754	268980	113268	116695
河　南	683598	10764	67279	240320	278011	69274	17950
湖　北	1122601	472312	41045	225726	139726	42114	133576
湖　南	646421	26771	74153	272828	183395	19978	69297
广　东	2582302	462828	40942	1361200	160370	218807	338155
广　西	262234	21543	10797	113861	97139	11848	7045
海　南	138411	750	3180	90177	23273	1294	19738
重　庆	366474	15057	75	258400	36602	37877	18463
四　川	1052390	64244	19288	354067	269158	192275	153360
贵　州	913366	3363	32924	61276	789406	16858	9539
云　南	269417	420	10373	155500	43064	9049	51011
西　藏	5281			4430	851		
陕　西	624420	8486	10309	362503	123972	59440	59710
甘　肃	119682	5042	7711	60195	43324	1411	2000
青　海	31580	2450	14305	6030	7510	1286	
宁　夏	67006	807	9332	45622	11245		
新　疆	617476	6115	9185	541991	44975	5000	10211

3-10 续表 1

食品、饮料及烟草制品专门零售　　单位：万元

地区	实收资本	国家资本	集体资本	法人资本	个人资本	港澳台资本	外商资本
全国	**2345989**	**203934**	**71459**	**1220759**	**683185**	**139593**	**27068**
北京	150577	2531	20441	91658	24765	3183	8000
天津	27680	7938	50	9285	7347	3061	
河北	12467			3917	8550		
山西	44473	9768	1177	9087	24441		
内蒙古	24505	754		18729	5023		
辽宁	18969		585	5175	13210		
吉林	20823	18869		1954			
黑龙江	3806	734	165	2902	5		
上海	134679	20865	449	15183	9302	74288	14593
江苏	207962	1438	2265	100592	97146	6521	
浙江	67610	5886	536	32747	27936		505
安徽	559015	3277	1165	518043	36295	232	2
福建	122168	5430	3287	58604	39407	14845	596
江西	47303	573		4690	39686	2354	
山东	106309	8933	1192	50717	39436	4835	1196
河南	75415	2776	285	35496	35506	65	1287
湖北	147607	18588	4150	57907	65571	652	739
湖南	124644	18994	8747	35128	61776		
广东	126264	39446	2504	49554	18621	16139	
广西	14689	591	126	4156	9170	646	
海南	867	267			600		
重庆	30217	3082	2635	8779	15721		
四川	84184	180	321	31958	51726		
贵州	26361	13910	13	11141	1299		
云南	82049	10118	4478	35424	27746	4133	150
西藏	2953	2953					
陕西	61072	3185	16681	19598	12969	8639	
甘肃	17371	2848	207	5235	9081		
青海	1600			1000	600		
宁夏	1250			1000	250		
新疆	1100			1100			

3-10 续表 2

纺织、服装及日用品专门零售　　　　单位：万元

地　区	实收资本	国家资本	集体资本	法人资本	个人资本	港澳台资本	外商资本
全　国	**4888257**	**372118**	**50143**	**1481523**	**816828**	**1287219**	**880425**
北　京	386788	567	2518	68451	20830	94332	200090
天　津	156494	1000		69950	30101	55226	217
河　北	63072		380	31391	31300		
山　西	76948	396	1332	23573	45548	1100	5000
内蒙古	34569	301		22567	9762	1940	
辽　宁	127835	1621	50	38171	27918	59632	443
吉　林	65082	250	6	31026	32274	1525	
黑龙江	91154		15000	35913	34041	6200	
上　海	1419920	30081	405	176591	36739	558748	617356
江　苏	376248	125895	2283	62832	78064	105675	1500
浙　江	387816	1550		193476	60301	100846	31643
安　徽	51813	12500	29	21450	9004	8830	
福　建	92654	50		52171	30525	9908	
江　西	32569	51		26140	4058	2320	
山　东	112683	228	5265	44085	37109	24055	1940
河　南	69880	454	3356	26980	38969	120	
湖　北	130788	17138	625	81329	21528	8073	2095
湖　南	36109	816	1408	19082	14444	359	
广　东	466415	3795	10258	189756	120418	125566	16623
广　西	5113	576		1880	530	2127	
海　南	180855	170055		6800	4000		
重　庆	140529		800	93899	39695	6135	
四　川	116273	18	555	43509	20386	51537	268
贵　州	12224			2117	1766	7090	1250
云　南	42656	1020		6351	7600	27685	
西　藏							
陕　西	130826	2656		76646	25134	26390	
甘　肃	21308			7093	13215	1000	
青　海	8200		5000	3200			
宁　夏	10410		873	916	8621		
新　疆	41026	1100		24178	12948	800	2000

3-10 续表 3

文化、体育用品及器材专门零售　　单位：万元

地　区	实收资本	国家资本	集体资本	法人资本	个人资本	港澳台资本	外商资本
全　国	**2894025**	**1063818**	**29799**	**787251**	**554414**	**84766**	**373983**
北　京	290074	24816	1530	127547	81602	7750	46829
天　津	197092	16698	200	82891	70575	24547	2181
河　北	34218	14150		13885	6183		
山　西	74571	3538		45855	24030	1148	
内蒙古	9150	50		67	9033		
辽　宁	42097	19336	695	1434	15689		4943
吉　林	10856	5098		4658	1100		
黑龙江	35851	25239	150	1104	9358		
上　海	345919	8580	1350	36552	7255	25952	266231
江　苏	172541	27399	4406	66573	71975		2188
浙　江	113186	33510	235	48060	30881		500
安　徽	65506	31950	509	13832	19215		
福　建	178910	112295	1225	42873	22518		
江　西	304582	280003		14533	10045		
山　东	66519	6533	5500	21441	32545		500
河　南	92803	41726	50	20201	29468	1359	
湖　北	111293	65365	148	14755	24856	4169	2000
湖　南	161091	115135	500	35664	7543	225	2025
广　东	160271	51312	1444	57845	28975	19616	1080
广　西	82021	58362		17068	6091		500
海　南	7488	600	3500	3188	200		
重　庆	24137	13600	4206	2608	3724		
四　川	134567	64822	1367	64787	3591		
贵　州	8430	3981		3138	1310		
云　南	66046	9674	2784	33251	18695		1643
西　藏							
陕　西	58233	3320		4950	6600		43363
甘　肃	7965	2774		4026	1166		
青　海	1650			1628	22		
宁　夏	6837	4000		2837			
新　疆	30121	19952			10169		

3-10 续表 4

医药及医疗器材专门零售　　　　单位：万元

地区	实收资本	国家资本	集体资本	法人资本	个人资本	港澳台资本	外商资本
全　国	**3721292**	**1242915**	**60089**	**1605677**	**753590**	**54873**	**4157**
北　京	173808	6132	80	157099	8055	1000	1442
天　津	125663	3918		121000	745		
河　北	75922	12860	579	32790	29694		
山　西	134598	101876	40	22027	10655		
内蒙古	20489	1934	884	9683	7988		
辽　宁	123993	41579		38129	24286	20000	
吉　林	45157	3500	118	11886	29653		
黑龙江	49270	3	3105	40777	5385		
上　海	547832	514684	187	21781	11179		
江　苏	415382	221841	4530	107505	78896	2081	530
浙　江	242492	17256	6892	174406	38166	5100	672
安　徽	213759	62326	1340	82512	67581		
福　建	105997	10898	420	62627	26478	5574	
江　西	67349	19811		19314	28224		
山　东	179803	5739	4450	99537	70078		
河　南	85002	4460	2328	49430	28744	21	19
湖　北	166071	9579	5203	123800	26505		984
湖　南	143684	8339	8000	75272	44473	7601	
广　东	192588	8125	3226	125203	54950	1085	
广　西	126315	50609	570	43065	26209	5862	
海　南	10160			8280	1880		
重　庆	156410	110901	16849	22110	6551		
四　川	67766	8882	336	32258	25642	649	
贵　州	47306	360		26033	20404		510
云　南	69157	4000	175	48123	10959	5900	
西　藏	455				455		
陕　西	63354	2113	634	16435	44173		
甘　肃	18965	210	43	7614	11098		
青　海	10994			6678	4316		
宁　夏	20040	180	100	13394	6366		
新　疆	21511	10800		6909	3802		

3-10 续表 5

汽车、摩托车、燃料及零配件专门零售　　单位：万元

地　区	实收资本	国家资本	集体资本	法人资本	个人资本	港澳台资本	外商资本
全　国	**41070366**	**6524133**	**321951**	**17228771**	**14724865**	**1717607**	**553045**
北　京	1546094	67569	4413	1084523	242618	87985	58987
天　津	883149	504584	2571	187056	121560	12842	54537
河　北	511678	45015	7139	272189	177489	4717	5130
山　西	610540	104022	7880	257541	227744	12854	500
内蒙古	413230	81060	4312	234377	83306	4776	5400
辽　宁	2861050	393754	7908	262627	2110457	70535	15769
吉　林	448942	47050	3180	157842	229136	1350	10385
黑龙江	206429	15498	11200	129260	47171	3300	
上　海	720295	98455	40938	270854	149601	129788	30659
江　苏	1815812	268782	7111	537417	812255	124628	65620
浙　江	6409352	273923	49241	1344583	4314995	331310	95301
安　徽	2482817	371644	4345	1951684	139749	5046	10350
福　建	1976549	339259	5691	1391006	201225	30641	8726
江　西	1057583	56818	6595	173272	800900	14553	5445
山　东	3620007	74691	65556	528437	2872498	52432	26393
河　南	1025331	91636	5256	448706	465265	6888	7580
湖　北	726029	240974	14837	272108	176365	1600	20145
湖　南	922704	494904	4062	253934	153801	16002	
广　东	2696349	1021578	25507	905120	499291	201149	43704
广　西	303196	13601	8430	183662	78038	19464	
海　南	184925	123508	2700	49424	6570	1688	1035
重　庆	510974	31317	7550	326880	107071	30033	8123
四　川	1234265	311003	11988	566489	236000	46112	62673
贵　州	468615	229087	1090	160197	77730	510	
云　南	1181639	555076	82	473102	109495	42300	1584
西　藏	80964	61860		15342	3763		
陕　西	5167397	504840	7997	4455408	173932	13799	11422
甘　肃	144440	12653	1000	97965	29011	3810	
青　海	50102	3333		32283	12386	2100	
宁　夏	112605	1642	872	68798	35856	3889	1548
新　疆	697304	84997	2500	136685	29587	441506	2029

3-10 续表 6

家用电器及电子产品专门零售　　单位：万元

地区	实收资本	国家资本	集体资本	法人资本	个人资本	港澳台资本	外商资本
全国	**5759096**	**30719**	**98027**	**3296998**	**1922408**	**187726**	**223223**
北京	630448	7800	1507	215129	266930	7281	131801
天津	55356		26504	17427	11425		
河北	64689	119	200	39294	25076		
山西	28998		28	12302	16669		
内蒙古	88248		350	37052	50847		
辽宁	154489	103	17	85300	25631		43439
吉林	37770			30834	6935		
黑龙江	40754	1044		29386	10325		
上海	234830		485	116048	39296	35300	43701
江苏	1200799	6008		188125	874392	130825	1450
浙江	1172262		1000	1108087	63175		
安徽	65526	2597	180	54423	8326		
福建	131009		500	111767	17643	799	300
江西	49724		1539	24529	18433	5223	
山东	216371	2024	421	112927	100584		414
河南	124879	6404	721	53458	63796		500
湖北	114825	61	1820	85894	24551	2500	
湖南	73643	641	25119	31608	15448	826	
广东	315543	50	966	221768	90081	2619	58
广西	42399			19495	22904		
海南	14975			8888	6088		
重庆	90130	705	85	11400	76588	1353	
四川	113578	2983	4590	72725	32280	1000	
贵州	33273	180		24970	8122		
云南	519387			516438	2949		
西藏	3500			2700	800		
陕西	94352		31545	37088	24160		1560
甘肃	8613			7480	1134		
青海	5010		100	2510	2400		
宁夏	9954			5220	4734		
新疆	23762		350	12726	10686		

3-10 续表 7

五金、家具及室内装饰材料专门零售　　单位：万元

地区	实收资本	国家资本	集体资本	法人资本	个人资本	港澳台资本	外商资本
全国	**1663576**	**53466**	**40543**	**513532**	**515244**	**54904**	**485885**
北京	116599	4		27378	8860	205	80151
天津	87246		45	57271	10240		19690
河北	14048		3023	7854	3171		
山西	30374		7474	5050	17850		
内蒙古	91420			8425	82995		
辽宁	75434		2000	14635	3936		54863
吉林	1580			830	750		
黑龙江	9704			6274	3430		
上海	255272	39824	5196	75510	8470	10950	115322
江苏	109301		30	10648	43338	6622	48662
浙江	107155		1370	32567	13998	937	58283
安徽	49178		2792	35203	11182		
福建	52733		120	20010	27717		4886
江西	17114		24	4215	12875		
山东	86674	80	2640	49917	34038		
河南	92502	1488	5065	32391	53338	130	89
湖北	72699		1664	15156	28395		27484
湖南	22873	3106	1953	11784	6029		
广东	108843			27905	17669	36060	27208
广西	1685			1605	80		
海南	700				700		
重庆	122063		500	13512	77063		30989
四川	41672	8964		10759	7826		14124
贵州	410			210	200		
云南	8865		350	1412	2969		4134
西藏							
陕西	64454		6297	36036	22122		
甘肃	15678			5675	10003		
青海	200			200			
宁夏	7100			1100	6000		
新疆							

3-10 续表 8

货摊、无店铺及其他零售业　　单位：万元

地　区	实收资本	国家资本	集体资本	法人资本	个人资本	港澳台资本	外商资本
全　国	**2595526**	**310877**	**58295**	**838373**	**590366**	**632205**	**165412**
北　京	250471	3200		44291	56587	104830	41564
天　津	22229			9150	11762		1317
河　北	59388	14268		710	44410		
山　西	94671	29412	2257	35221	20730		7050
内蒙古	32628	1000	65	28900	2663		
辽　宁	20174			5688	12956		1530
吉　林	1970			1310	660		
黑龙江	6015	2000		1015			3000
上　海	578814	6339	3692	93425	12192	463075	91
江　苏	103046	25927	770	37617	29595	3034	6102
浙　江	178683	18340	1935	107254	39118	11042	993
安　徽	57970	500		30378	27092		
福　建	118171	14030		64469	33901	5271	501
江　西	16454	5204		8443	2807		
山　东	252961	75977	14051	74575	56218	14109	18032
河　南	81369	4666	700	41834	26870	7300	
湖　北	63263	28884		20701	13379	300	
湖　南	144891	75	2630	27464	112202	2520	
广　东	266990	21280	1936	114406	47182	17224	64961
广　西	13850	3533	36	2360	5766		2155
海　南	4110			600	3510		
重　庆	19340	1440	1350	8372	7676		503
四　川	105893	28678	20200	29103	12299		15613
贵　州	34374	4653	8006	15750	2465	3500	
云　南	1604	127			1477		
西　藏							
陕　西	24168	16513	667	3788	1200		2000
甘　肃	9758	660		7149	1949		
青　海	2500			1000	1500		
宁　夏	4171	4171					
新　疆	25600			23400	2200		

3-11 大中型零售业企业

综合零售

地区	主营业务收入	主营业务成本	主营业务税金及附加	主营业务利润	其他业务利润	销售费用
全国	**205473359**	**174287851**	**1583113**	**29602395**	**5945677**	**20735236**
北京	14367364	12224434	115212	2027718	913766	1919114
天津	2723238	2409153	21461	292624	142169	341236
河北	7450448	6510525	63476	876447	176348	619508
山西	2580608	2129244	13725	437639	45957	225474
内蒙古	1941160	1697492	17902	225766	39884	112290
辽宁	7955404	6564425	83147	1307832	244162	650716
吉林	3951183	3323498	34829	592856	46137	240101
黑龙江	3852018	3303127	35274	513617	74933	241379
上海	13192709	10808552	91549	2292608	451387	1878095
江苏	19781533	17115852	126562	2539119	550572	1887029
浙江	11331786	9645355	88864	1597567	362285	1234371
安徽	7725755	6455500	42233	1228022	116715	665333
福建	4685905	3938719	30168	717018	80113	635842
江西	2604106	2227723	23330	353053	67596	253601
山东	23343176	20346710	170903	2825563	393872	1499993
河南	8220333	6913773	99378	1207182	234877	596448
湖北	11005883	9045371	92681	1867831	663047	1133636
湖南	8409562	7145526	72589	1191447	113516	850116
广东	17610299	14728100	108481	2773718	452190	2251991
广西	2616581	2215688	18368	382525	82041	320888
海南	656292	496223	4586	155483	16283	93528
重庆	6476311	5546366	44795	885150	178865	763276
四川	9215960	7878473	56794	1280693	183528	981910
贵州	1525906	1267196	14176	244534	47079	193888
云南	2536815	2129500	11204	396111	23957	192983
西藏	77142	67724	478	8940	1045	6295
陕西	5738484	4859813	59740	818931	133881	551170
甘肃	1244016	1050888	15862	177266	22024	109071
青海	374177	316287	2343	55547	44798	44756
宁夏	755683	624047	6968	124668	16934	101045
新疆	1523522	1302567	16035	204920	25716	140153

分行业损益及分配

单位：万元

管理费用	财务费用	营业利润	利润总额	应交所得税	应付职工薪酬	应交增值税
9405010	**1480603**	**5055807**	**5273733**	**1393487**	**10311973**	**3784109**
731918	52930	417032	437162	122465	920287	260643
202949	49490	-124664	-117373	8243	191993	44584
388025	80923	102389	131257	46670	382879	108571
103862	44754	-3015	5274	5214	112872	22565
89587	37408	49631	56258	10241	75016	14808
629892	127155	58786	23200	38854	457336	651874
313154	76965	187740	178625	30472	114459	26263
192088	34480	212631	196454	34250	223069	37150
778913	54802	126972	189961	108770	729772	217471
863782	97939	527434	490103	148722	818613	299965
537170	74813	240213	270340	80379	616480	177240
303571	43029	71856	62734	27672	316994	120981
159198	14677	118296	114906	16382	301065	78042
92635	23916	51110	50566	14617	140554	36640
858381	192959	754771	818885	166253	889971	370014
405198	63809	389953	386406	52002	440626	135610
449837	82190	366296	367398	87980	663786	200860
318904	47055	235823	252944	43775	276751	83259
592799	56931	546444	615050	188021	942626	343387
119089	15228	31073	31935	9649	151883	48826
46702	16946	18555	20665	8428	40670	8800
197899	21975	101463	95401	19427	390055	104959
326604	55632	161895	174806	43792	402949	143438
49074	10469	58248	56928	12063	87631	35733
104159	14693	130737	130201	17764	111510	40902
6246	282	813	2078	171	4041	1479
316631	42353	150856	147789	26149	310422	74367
40553	10831	51001	52223	11384	46610	31490
17070	7194	6467	7821	4288	18782	40565
28375	5036	14827	19276	4841	36170	6092
140745	23739	174	4460	4549	96101	17531

3-11 续表 1

食品、饮料及烟草制品专门零售

地　区	主营业务收入	主营业务成本	主营业务税金及附加	主营业务利润	其他业务利润	销售费用
全　国	**16233370**	**12842511**	**160680**	**3230179**	**113348**	**1654853**
北　京	1104185	692692	9524	401969	22741	298419
天　津	179469	126614	1285	51570	481	23929
河　北	25242	22634	133	2475	905	1584
山　西	355492	310316	1250	43926	868	23580
内蒙古	64824	58590	269	5965	1057	7859
辽　宁	131478	93807	618	37053	94	9952
吉　林	83929	68047	476	15406	271	6202
黑龙江	106275	81627	3491	21157	211	3407
上　海	970695	732343	6691	231661	10161	247177
江　苏	1367940	1048220	9377	310343	3161	120072
浙　江	487175	404848	1693	80634	7877	60904
安　徽	765097	679832	7626	77639	1847	28136
福　建	1298972	1012873	22184	263915	6419	141589
江　西	274889	207433	1924	65532	11640	33055
山　东	1305790	1116841	16060	172889	3258	59888
河　南	600536	502774	8466	89296	7984	34436
湖　北	2231982	1786157	24653	421172	4424	143723
湖　南	962518	785591	11388	165539	5972	78995
广　东	1162080	845885	12625	303570	16251	138693
广　西	56783	46264	317	10202	169	5469
海　南	13558	14127	22	-591		671
重　庆	585713	496111	4326	85276	4058	40714
四　川	695660	568869	4961	121830	1284	72015
贵　州	67695	53540	519	13636	641	6381
云　南	644359	567422	2354	74583	2131	33031
西　藏	37401	30256	4103	3042		1128
陕　西	491117	354683	3593	132841	-578	17036
甘　肃	145821	120280	699	24842	21	14618
青　海	5102	4338	39	725		131
宁　夏	7762	5829	4	1929		1715
新　疆	3831	3668	10	153		344

单位：万元

管理费用	财务费用	营业利润	利润总额	应交所得税	应付职工薪酬	应交增值税
711741	**200223**	**799542**	**861250**	**152697**	**1043216**	**401189**
72197	3365	48640	54118	22169	132118	76184
13427	754	14627	14943	4089	21126	10557
1987	484	-444	-40	23	3345	471
14264	6296	1020	2228	548	16888	2784
2856	4691	-8315	-1001	275	4377	182
7365	466	8438	8406	241	7033	2608
12359	3322	-6475	-2115	335	5424	379
2670	805	16932	12225	11	3711	107
56059	4541	-50547	-39802	5478	109348	16278
61003	14020	126866	129279	22790	106163	42279
23293	4177	3951	6106	1003	42640	8434
14423	4474	28024	30980	2310	21421	8656
62824	4276	53911	55564	7814	67910	26859
57607	3230	-27874	11168	1536	94693	4399
35789	12938	57351	54221	5158	55596	14614
17578	6638	31438	27359	1450	34721	5661
69254	15515	198882	193713	28384	68306	116198
43695	9756	59560	51602	6172	40180	8057
55338	-6044	157026	156057	32457	82285	23063
3730	558	393	760	206	5243	692
805	180	-2247	-413	15	900	185
15724	3926	26365	23568	2347	26023	5664
20493	5185	24941	24124	2984	26720	13926
3574	219	4105	7759	874	4880	1025
19597	5691	18935	20445	2832	28827	4864
2275		-310	-364	21	1836	1202
15042	89496	10953	17845	430	18336	3883
5790	1106	3659	2601	745	10800	1907
131	10	453	476		571	25
270	62	-117	-46		1057	44
322	86	-599	-516		738	2

3-11 续表 2

纺织、服装及日用品专门零售

地区	主营业务收入	主营业务成本	主营业务税金及附加	主营业务利润	其他业务利润	销售费用
全国	**33725469**	**23467801**	**330655**	**9927013**	**291216**	**6410656**
北京	2396302	1533103	20147	843052	51856	697137
天津	876569	700733	3986	171850	11036	123362
河北	399867	324728	4866	70273	12264	34360
山西	696814	596395	3540	96879	17285	66478
内蒙古	382088	309418	9137	63533	13518	21917
辽宁	808411	656030	7737	144644	8413	84664
吉林	502075	427809	18255	56011	757	17105
黑龙江	620668	497903	8459	114306	590	40933
上海	8560426	4737705	69591	3753130	29656	2636838
江苏	1972173	1497028	14712	460433	52083	299949
浙江	2904352	2123619	17361	763372	16523	455180
安徽	516647	420652	4970	91025	3778	60414
福建	1194627	959820	5629	229178	448	131110
江西	183581	128453	2039	53089	940	34580
山东	1729577	1399252	26974	303351	4577	135901
河南	730523	579656	16428	134439	2758	47388
湖北	808788	601072	8009	199707	5046	112823
湖南	623328	499601	9777	113950	3080	57028
广东	3285243	1973809	23259	1288175	17210	853799
广西	49536	35083	371	14082	515	8010
海南	465408	317342	14021	134045	1622	42827
重庆	706119	507275	9106	189738	5316	79511
四川	1019612	728771	11678	279163	7355	177437
贵州	108610	74942	588	33080	434	12066
云南	333696	257767	3452	72477	2161	47802
西藏						
陕西	1324319	1148330	12477	163512	6154	72190
甘肃	82445	62636	819	18990	321	9636
青海	38597	31110	88	7399	3022	5442
宁夏	44361	36315	261	7785	3651	6818
新疆	360707	301444	2918	56345	8847	37951

单位：万元

管理费用	财务费用	营业利润	利润总额	应交所得税	应付职工薪酬	应交增值税
2478424	**289126**	**1065232**	**1178314**	**337275**	**2754527**	**1040574**
174017	12667	13558	18727	13158	262796	127244
46621	6218	8292	12563	2164	34576	18757
31970	15437	8899	-1031	1460	25893	6475
51552	7215	-9296	-7756	1114	24005	3549
37960	4303	14059	13302	2510	21374	2601
64286	16311	-6117	-7088	2708	30450	21174
27287	3641	15217	15582	1266	16787	1819
24592	2569	47534	38821	1876	24316	2931
1008483	49951	133414	245797	107942	934337	285980
87230	23329	99359	101216	30710	147902	73344
162825	39139	72411	85125	31085	189716	86401
20684	1337	13553	14278	2160	32919	18514
42492	7358	50948	32312	7194	77782	29909
9738	3847	8873	8581	1485	13325	7178
58027	10207	103701	106836	23785	96337	27145
33825	5563	49352	51124	3464	39154	12524
48738	7528	30873	29498	4432	69024	26137
24030	7600	27108	18023	3660	33050	10515
285048	19420	142322	150739	35130	397072	190741
1841	273	5286	5336	739	3574	1877
25241	5447	60032	60359	15903	22544	1509
72429	16724	38439	38489	5358	61293	18698
57453	7484	46178	50445	8949	88647	22228
4947	996	16860	22361	927	7103	1725
18772	6452	-56	46	1532	26533	11986
23482	749	70633	70337	23090	37373	14503
2825	1423	5444	5201	862	9770	8908
4309	79	592	1099	19	3163	290
4780	875	-1380	-1252	42	5075	613
22940	4984	-856	-756	2551	18637	5299

3-11 续表 3

文化、体育用品及器材专门零售

地　区	主营业务收入	主营业务成本	主营业务税金及附加	主营业务利润	其他业务利润	销售费用
全　国	**17177385**	**13551354**	**132851**	**3493180**	**212105**	**1618079**
北　京	2381220	2014031	8830	358359	27246	216122
天　津	652828	554802	5570	92456	17036	63163
河　北	476757	370550	1744	104463	6840	20134
山　西	206802	171903	2871	32028	8188	22281
内蒙古	45742	35044	1071	9627	222	5363
辽　宁	290890	235298	4105	51487	4116	23664
吉　林	74655	58011	385	16259	1507	3638
黑龙江	183788	141116	1367	41305	1225	26938
上　海	1146579	792864	23162	330553	40195	260383
江　苏	2348221	1962744	18508	366969	24371	155123
浙　江	925843	768176	7056	150611	6993	75134
安　徽	405411	331055	2396	71960	3919	30236
福　建	674367	539261	2977	132129	300	61757
江　西	800389	632712	6822	160855	4814	32955
山　东	683131	575142	7166	100823	1602	39886
河　南	714072	555146	6591	152335	8249	62369
湖　北	521111	426069	3528	91514	4765	36284
湖　南	728212	583566	2674	141972	3189	89870
广　东	1034768	747380	8064	279324	16983	98223
广　西	144904	109223	678	35003	2944	17999
海　南	15391	9619	879	4893	188	4200
重　庆	509396	345708	1526	162162	4240	25161
四　川	698271	460085	2996	235190	13602	86217
贵　州	103106	83170	321	19615	681	6848
云　南	686207	506308	5561	174338	6220	89587
西　藏						
陕　西	361463	273954	2864	84645	831	30191
甘　肃	143727	106199	2454	35074	233	4128
青　海	4380	2994	131	1255	59	476
宁　夏	17423	12613	14	4796	162	2192
新　疆	198331	146611	540	51180	1185	27557

单位：万元

管理费用	财务费用	营业利润	利润总额	应交所得税	应付职工薪酬	应交增值税
1154073	**120874**	**785451**	**870085**	**73268**	**1215777**	**205306**
125234	15322	35037	47783	13891	161258	25860
70728	13581	-11626	-94	2960	39050	11343
48437	1600	38369	42136	49	37470	1115
9108	3014	4002	4370	1023	10051	2263
4828	258	-369	-422	2	3984	344
24222	6094	2005	3723	189	17193	5444
8783	796	4121	1231		5838	249
9147	1211	4758	5131	174	7002	5719
99904	17624	-13606	-7186	5355	88666	15899
84604	12494	137711	143521	10004	103497	27044
44692	4068	35695	36199	3610	64370	11250
18141	2477	26110	24277	587	20001	1966
54662	1082	29275	30941	217	55485	6354
49318	2214	81081	77812	4322	45076	12702
25844	8218	33220	34020	4442	51984	7429
44559	5556	53089	50804	1575	59290	7686
37753	5395	15564	17999	2176	26022	7260
33311	970	20841	24250	214	50242	9530
111442	4508	95391	100720	3286	125702	12013
13252	339	7908	8349	237	16615	1666
4382	224	199	411	25	1951	706
20830	-4827	34664	35641	1119	27673	1412
104428	3881	53438	63069	3565	89752	9110
8075	182	4956	5705	145	6966	955
42033	8678	38507	63562	8740	43082	12658
21655	4595	30735	29330	1331	24579	2949
18837	1110	11389	11369	277	6117	2074
630	56	107	228	27	624	4
2533	136	97	524	-64	3049	51
12701	18	12783	14682	3790	23188	2251

3-11 续表 4

医药及医疗器材专门零售

地区	主营业务收入	主营业务成本	主营业务税金及附加	主营业务利润	其他业务利润	销售费用
全国	**44592888**	**39108353**	**149335**	**5335200**	**259303**	**2751421**
北京	2105851	1899725	4905	201221	35686	117045
天津	558389	506612	1108	50669	1250	18209
河北	1890229	1710105	3696	176428	1213	71982
山西	928356	820751	1893	105712	11625	65179
内蒙古	174379	139412	724	34243	957	20092
辽宁	1551154	1315051	5191	230912	3352	141707
吉林	567239	489097	1629	76513	233	39407
黑龙江	1193233	1053492	3746	135995	1059	36958
上海	1609157	1405768	4109	199280	10245	118017
江苏	6982656	6356940	15477	610239	46166	288708
浙江	2579126	2300607	5778	272741	13485	148274
安徽	2165214	1979099	4849	181266	6773	76517
福建	1235612	1122589	2218	110805	2346	48946
江西	1270231	1158917	2805	108509	3561	60541
山东	3669467	3154747	21218	493502	10990	199778
河南	1235625	1041086	11922	182617	396	77916
湖北	2026332	1805063	10507	210762	8794	99193
湖南	1976367	1686465	8841	281061	8224	165380
广东	2789527	2207008	11578	570941	18316	327532
广西	1868152	1693479	3389	171284	40722	79849
海南	44635	29506	176	14953	161	11197
重庆	1924894	1726583	3952	194359	14600	96516
四川	728652	591803	4045	132804	3458	88528
贵州	656803	572103	2003	82697	411	40548
云南	824140	582205	3854	238081	4808	174978
西藏	10439	8604	36	1799		978
陕西	542149	461112	4058	76979	948	47284
甘肃	233584	175149	2701	55734	933	36511
青海	54500	45410	115	8975	3639	4203
宁夏	247817	222006	743	25068	1183	11838
新疆	948979	847859	2069	99051	3769	37610

单位：万元

管理费用	财务费用	营业利润	利润总额	应交所得税	应付职工薪酬	应交增值税
1305802	**408427**	**1109244**	**1132532**	**212667**	**1785998**	**807120**
57262	65762	40017	41332	2007	85081	36338
10310	7386	16849	17096	4544	12794	7698
44783	23827	38358	39538	11726	61616	29873
26339	3618	15820	16139	4400	32684	12168
12257	1138	1326	781	479	11845	7966
42174	11882	40869	41074	8125	77424	37128
17982	6858	14909	15087	3961	20323	9168
56174	4045	36036	38073	10317	45159	19808
45147	-455	50025	51638	6982	64161	26551
153592	57021	152271	159900	34183	168069	92073
79166	17282	49422	51024	11970	109435	34944
61223	20321	26910	27884	5430	56973	23386
29531	8118	40972	41369	4114	45558	12866
22321	14491	14076	14235	2594	33373	15449
145091	35906	132850	130500	25920	133207	79397
40535	9827	55845	52039	6552	67398	22378
52347	28980	42959	43060	9090	63506	70057
55240	11748	67008	67379	11676	85421	35885
104044	14802	73904	75294	22043	226052	91214
46506	10463	38904	42549	6860	55298	23658
2316	113	1257	1310	369	6714	1587
46874	21441	55932	59868	5543	59263	24410
40296	5701	2919	3837	418	44403	11156
19717	6500	16409	16295	3007	26475	11287
33877	4389	27170	28528	799	90352	31903
19	6	797	780	90	298	313
18063	3279	7715	7763	691	48419	9117
10610	1943	6319	5666	1526	13853	6122
2393	1087	1242	1380	21	3273	595
7949	3209	2410	2890	800	9903	9722
21664	7739	37744	38224	6430	27668	12903

3-11 续表 5

汽车、摩托车、燃料及零配件专门零售

地区	主营业务收入	主营业务成本	主营业务税金及附加	主营业务利润	其他业务利润	销售费用
全国	**346100577**	**323657007**	**758995**	**21684575**	**1501451**	**11511963**
北京	19919915	18702339	32566	1185010	238802	722253
天津	6755991	6246403	12200	497388	28132	339072
河北	10369188	9784889	13108	571191	72096	351570
山西	8507829	8094553	9040	404236	24912	303286
内蒙古	6843415	6243676	24533	575206	15350	316376
辽宁	10223548	9522415	19409	681724	19998	349432
吉林	5483927	5164053	6701	313173	14702	181251
黑龙江	2954685	2753368	8041	193276	7884	84483
上海	12578272	11836012	15475	726785	9813	358123
江苏	31407054	29342523	52262	2012269	170129	987703
浙江	26183041	24723728	44771	1414542	130343	730369
安徽	10513844	9850401	14573	648870	22576	309535
福建	10553429	9922699	18032	612698	37312	392276
江西	5079263	4746340	86770	246153	20128	138002
山东	22363466	20966940	61919	1334607	65633	658395
河南	15323223	14330279	36873	956071	51717	406285
湖北	14810432	13772791	38027	999614	25158	441903
湖南	14344617	13468689	45304	830624	27814	479033
广东	40482082	37726822	78648	2676612	284267	1513910
广西	4834349	4527569	9853	296927	19677	159002
海南	2570786	2367558	4496	198732	13721	108175
重庆	9125829	8519947	19791	586091	17906	250224
四川	21201342	19752872	43667	1404803	83936	741322
贵州	6824361	6394920	10241	419200	14705	210937
云南	8912769	8247668	18406	646695	34380	362829
西藏	631720	584899	1041	45780	1678	24234
陕西	8370139	7781177	19896	569066	17013	280185
甘肃	3845648	3572161	4997	268490	10941	124780
青海	924915	858654	1211	65050	4286	27480
宁夏	1028152	954671	1491	71990	7779	29806
新疆	3133346	2895991	5653	231702	8663	129732

单位：万元

管理费用	财务费用	营业利润	利润总额	应交所得税	应付职工薪酬	应交增值税
6069277	**2685223**	**3350088**	**3240849**	**728147**	**7389490**	**5765615**
446708	136932	114961	120479	50524	516513	204491
142262	45707	8154	10484	19399	187744	125821
160540	89450	29676	36862	12662	220853	206368
150154	61309	-84966	-78153	8341	194848	50970
108076	46874	118815	88576	6753	157360	170774
179016	95801	94202	96050	9907	201514	140215
94612	48543	1443	11688	9333	98329	97146
62192	43077	14210	27347	3150	46273	22930
288568	77708	142942	166368	31940	264409	104602
550946	290614	376921	378815	72649	513498	685689
525333	243464	62390	78945	53411	584557	282131
150053	72290	129020	81238	17566	184363	94570
171129	82171	47160	53646	19591	252605	152790
88967	69716	64649	68575	9327	110299	98390
378173	191654	159275	155274	47888	424469	270578
226553	126158	210614	194623	19291	285122	202403
277168	131244	199194	149975	35101	334893	200890
210876	74420	91845	85897	28116	258203	151834
761534	273925	449924	460768	107700	1008105	782649
92018	25832	45022	48514	11111	120167	77943
47399	10681	62300	61578	15131	63021	36415
123311	47685	185863	165935	25371	169552	226968
309619	141720	308462	255540	42077	404527	367322
92678	43028	65280	66815	6059	118647	418004
141086	69316	171113	178707	18370	164982	206109
10557	1481	8048	6242	3962	15833	3573
146342	72762	96071	55648	20510	172933	166617
38482	31364	78800	107244	6382	88486	135694
19630	7420	11445	9987	3750	109609	30807
28264	13757	10104	15185	3604	22296	8109
47031	19120	77151	81997	9171	95480	42813

3-11 续表 6

家用电器及电子产品专门零售

地　区	主营业务收入	主营业务成本	主营业务税金及附加	主营业务利润	其他业务利润	销售费用
全　国	**62519577**	**56073650**	**230068**	**6215859**	**478455**	**4335689**
北　京	19203115	17905728	35968	1261419	87998	1017587
天　津	1311377	1211938	1812	97627	35081	177029
河　北	920204	812108	3163	104933	11607	73189
山　西	467079	405784	1140	60155	1215	39352
内蒙古	603056	527068	1903	74085	6168	39948
辽　宁	1357258	1235752	5062	116444	1307	83284
吉　林	451886	393818	1480	56588	1047	33350
黑龙江	734647	629377	3779	101491	6820	48319
上　海	3117237	2695405	8965	412867	8682	292612
江　苏	4902483	4232370	16992	653121	62184	478304
浙　江	2368065	2119899	7023	241143	26523	183612
安　徽	1073126	960636	3010	109480	1528	83194
福　建	1236479	1110321	3330	122828	7891	99713
江　西	823661	744866	2891	75904	11436	39988
山　东	4186166	3761338	19137	405691	13573	191292
河　南	1725139	1506176	16135	202828	36370	121348
湖　北	2071497	1783302	9008	279187	20947	113388
湖　南	1284753	1125417	6553	152783	3356	80614
广　东	6047105	5386346	17537	643222	60014	493755
广　西	562167	499385	1798	60984	4829	45231
海　南	224981	197968	620	26393	1630	22023
重　庆	1636911	1466753	12700	157458	15343	105459
四　川	2399643	2091172	8333	300138	14892	187902
贵　州	344617	305125	963	38529	3613	29295
云　南	409588	343225	1419	64944	3953	49392
西　藏	38112	35433	294	2385	4731	4338
陕　西	2216895	1888617	36228	292050	13718	127735
甘　肃	218232	192206	979	25047		18392
青　海	90174	76416	285	13473	325	6512
宁　夏	210227	180724	940	28563	8252	22842
新　疆	283697	248977	621	34099	3422	26690

单位：万元

管理费用	财务费用	营业利润	利润总额	应交所得税	应付职工薪酬	应交增值税
1414884	**161411**	**1810116**	**1955525**	**213063**	**1568407**	**721332**
254704	-45367	884814	909516	49931	309099	115950
22736	7609	-85331	-71424	4050	53861	5370
24131	5352	10273	8794	774	32545	10438
18727	2969	1469	5064	246	15143	4019
25255	6285	11487	10379	4816	21437	17568
38216	14570	-12575	-6735	774	20828	7508
19718	586	4170	4044	1419	11459	4029
30112	1921	38916	31815	1587	16722	22286
55509	2601	113770	157908	18418	62131	28366
205915	49835	107332	119693	18510	132959	78819
64680	12795	4152	7482	4481	88446	34528
21240	3310	13586	16526	3511	30975	22132
25576	3260	7855	12281	2277	47282	15073
17635	1498	14446	13991	1963	27979	9126
77587	16086	143848	154815	26596	82420	54041
48132	11293	47285	55291	4397	64665	22482
79507	8720	88936	111364	24917	62315	34772
28824	9772	40332	32921	2575	36227	15059
155127	20431	80638	85674	21501	202216	102133
18551	3620	555	3144	680	18897	5310
8219	578	-987	-602	185	8634	5274
30912	6440	28706	27231	3238	64227	17303
38898	6514	122075	123664	2823	60014	29677
10182	1175	8010	7912	705	10818	4569
13459	648	1033	2089	976	17502	6099
2165	140	519	568	44	2337	48
55120	4812	118903	115427	8638	37705	38888
4937	1771	3097	2964	73	6685	1494
3655	258	4128	4299	1167	3708	1637
6592	1079	6259	6811	1228	8804	2432
8863	850	2415	2619	563	10367	4902

3-11 续表 7

五金、家具及室内装饰材料专门零售

地 区	主营业务收入	主营业务成本	主营业务税金及附加	主营业务利润	其他业务利润	销售费用
全 国	**15554890**	**12032032**	**340257**	**3182601**	**84716**	**995228**
北 京	555168	331039	7632	216497	11364	132198
天 津	362665	251992	7724	102949	457	28211
河 北	176408	141231	3827	31350	323	10849
山 西	161412	131002	1181	29229	22	10205
内蒙古	361225	268102	8202	84921	2643	19366
辽 宁	328314	276647	2280	49387	230	19295
吉 林	16829	14003	130	2696	27	594
黑龙江	51916	37426	638	13852	286	4183
上 海	584644	409688	5529	169427	9361	109625
江 苏	1459560	1119136	18518	321906	2866	111161
浙 江	279407	220485	3282	55640	1994	29236
安 徽	426640	332830	9086	84724	11226	24336
福 建	1002490	873064	19878	109548	606	31945
江 西	270916	238166	2487	30263	5441	3804
山 东	1898494	1530865	38552	329077	11255	63887
河 南	801109	634280	21058	145771	255	37952
湖 北	621208	505849	8788	106571	6395	37802
湖 南	330973	283354	4423	43196	8151	15114
广 东	835654	632468	15501	187685	5567	86251
广 西	11723	8472	187	3064	6	2982
海 南	8906	7329	22	1555		845
重 庆	2080398	1356912	102807	620679	757	130976
四 川	561079	456948	17459	86672	1515	35330
贵 州	10650	8804	538	1308		539
云 南	366970	327957	645	38368	664	4120
西 藏						
陕 西	1831770	1492921	38714	300135	3292	32805
甘 肃	145773	132105	1053	12615	13	7343
青 海	2650	1442	29	1179		832
宁 夏	9939	7515	87	2337		3442
新 疆						

单位：万元

管理费用	财务费用	营业利润	利润总额	应交所得税	应付职工薪酬	应交增值税
722118	**190892**	**1332295**	**1269263**	**159426**	**511395**	**287943**
42543	2759	48650	47990	13379	47544	23706
59742	11186	4337	4643	1	6730	3177
13910	1824	6320	2664	269	7302	537
5378	438	13124	12911	3	2646	5914
10346	2629	52632	52742	198	11743	3381
25055	7536	-4161	-2320	500	13559	10223
1582	99	423	366	92	1048	120
2342	455	1817	-3078	2	2384	532
70239	19691	965	10503	3374	42306	17358
92800	39514	87397	87813	18294	38858	35842
26810	6894	-5105	-4079	529	24347	4150
20005	6623	36803	36010	2779	17813	4544
29161	1889	45857	15646	1846	15711	5495
6723	1402	18335	18257	345	7100	566
55550	18374	190169	185850	24020	78522	33111
32787	15685	57902	53111	2969	35007	9280
30334	10554	36291	27869	2118	17530	11480
11517	5400	10973	1949	171	6980	1498
46425	5288	51706	48051	9492	36152	22262
1049	129	-1090	-334	20	1195	79
545	10	156	150	61	689	187
72589	17640	399745	403636	60654	35270	48338
23463	2389	26069	23374	2892	20780	7733
1161	58	-449	-266	1	911	1643
2061	96	32663	30180	183	4008	2010
32978	11496	222802	217937	15003	24232	34280
3963	178	984	723	231	10101	148
185	1	161	161		210	35
875	655	-3181	-3196		717	314

3-11 续表 8

货摊、无店铺及其他零售业

地 区	主营业务收入	主营业务成本	主营业务税金及附加	主营业务利润	其他业务利润	销售费用
全 国	**32265655**	**28707096**	**94115**	**3464444**	**190617**	**2760894**
北 京	2176850	1868838	4780	303232	57988	334901
天 津	1384457	1225835	2305	156317	649	98129
河 北	70108	58253	446	11409	1562	4312
山 西	424158	377521	2150	44487	1843	16545
内蒙古	140728	109928	867	29933	173	6377
辽 宁	981897	975720	2854	3323		9659
吉 林	100289	81390	114	18785		2758
黑龙江	17289	12004	243	5042	24	2359
上 海	6662579	6178332	9361	474886	28416	687825
江 苏	2406639	2115313	4697	286629	41684	228093
浙 江	2410154	2045418	5156	359580	3302	233306
安 徽	530820	423151	1656	106013	126	84440
福 建	1085633	953781	2332	129520	3817	83640
江 西	217619	181756	783	35080	4412	29563
山 东	1301309	1080585	6983	213741	15582	82133
河 南	348034	244956	4712	98366	411	11716
湖 北	1787048	1658384	4435	124229	3525	111872
湖 南	454457	368228	17627	68602	3030	25366
广 东	5747085	5233429	10130	503526	17377	407401
广 西	255532	195261	1407	58864	259	25355
海 南	12379	9575	88	2716	105	1572
重 庆	116431	97768	2150	16513	969	8251
四 川	2511066	2269067	4516	237483	1392	163212
贵 州	145150	105489	1312	38349	468	35650
云 南	12207	9441	121	2645	3083	389
西 藏						
陕 西	854628	748064	2072	104492		51661
甘 肃	39176	31767	236	7173		3001
青 海	25163	16310	317	8536	24	2321
宁 夏	6148	5110	24	1014	168	586
新 疆	40622	26422	241	13959	228	8501

单位：万元

管理费用	财务费用	营业利润	利润总额	应交所得税	应付职工薪酬	应交增值税
849260	**127800**	**58156**	**113054**	**100244**	**1014693**	**438768**
114612	10624	-96721	-90950	2589	176252	36488
41632	783	16672	19913	3102	58311	46009
5260	943	3137	5242	1833	9529	1191
31818	12578	-12014	835	2265	24605	3016
4917	2160	16936	16712	2258	4427	28516
4950	882	-12167	-12098	447	17710	8312
2410	392	13236	13047	15	1767	35
2995	-99	-19	-15	60	2502	571
149569	9972	-258192	-253760	15325	158290	55770
72805	3876	33126	37315	8078	62661	32641
77030	8196	46125	45311	10888	68741	34992
13771	277	9285	9009	3164	20406	6148
24753	3535	21296	23607	3491	34298	12199
3537	5	6660	6910	266	8080	4066
58435	53656	50711	65287	12572	47703	34728
14618	6134	66318	60846	2372	18622	5541
16658	1331	-976	-861	4639	27629	24192
25853	7788	13574	14045	1046	16221	1896
75631	3362	37403	39320	13757	163040	69143
9930	-1776	25200	25625	6025	15845	2850
777	-11	640	729	107	1182	277
7545	384	881	978	780	10721	1894
63232	1181	14478	20327	1930	31855	16700
6798	397	9150	10282	530	7624	3116
1352	284	1023	583	200	1035	162
10974	223	42505	44739	524	15311	2450
2480	364	2107	2108	601	2395	992
1951	-421	4931	5010	950	2082	2910
520	91	-14	227		1281	185
2447	689	2865	2731	430	4568	1778

3-12 大中型零售业企业分行业经济效益分析指标

综合零售

地　区	负债比率 (%)	主营业务毛利率 (%)	人均营业收入 (万元)	费用率 (%)
全　国	**73.7**	**15.2**	**83.9**	**15.4**
北　京	69.4	14.9	112.7	18.8
天　津	78.8	11.5	83.0	21.8
河　北	80.9	12.6	56.9	14.6
山　西	90.1	17.5	53.8	14.5
内蒙古	87.3	12.6	69.0	12.3
辽　宁	79.6	17.5	70.0	17.7
吉　林	76.8	15.9	125.7	16.0
黑龙江	71.5	14.2	95.6	12.1
上　海	73.2	18.1	108.6	20.6
江　苏	73.3	13.5	100.5	14.4
浙　江	72.0	14.9	100.1	16.3
安　徽	78.6	16.4	75.8	13.1
福　建	63.2	15.9	65.8	17.3
江　西	73.0	14.5	55.6	14.2
山　东	74.6	12.8	100.4	10.9
河　南	79.0	15.9	55.7	13.0
湖　北	73.4	17.8	79.8	15.1
湖　南	64.9	15.0	89.8	14.5
广　东	76.1	16.4	95.3	16.5
广　西	67.6	15.3	63.6	17.4
海　南	76.2	24.4	76.1	23.9
重　庆	71.4	14.4	81.4	15.2
四　川	69.7	14.5	79.7	14.8
贵　州	71.6	17.0	62.0	16.6
云　南	58.0	16.1	72.9	12.3
西　藏	84.1	12.2	46.0	16.6
陕　西	66.1	15.3	67.1	15.9
甘　肃	65.5	15.5	61.9	12.9
青　海	80.9	15.5	61.0	18.4
宁　夏	58.3	17.4	55.6	17.8
新　疆	82.2	14.5	90.0	20.0

注：费用率等于销售费用、管理费用、财务费用三项之和除以营业收入合计(下表同)。

3-12 续表 1

食品、饮料及烟草制品专门零售

地　区	负债比率 (%)	主营业务毛利率 (%)	人均营业收入 (万元)	费用率 (%)
全　国	**62.2**	**20.9**	**69.2**	**15.8**
北　京	45.6	37.3	66.1	33.9
天　津	49.1	29.5	44.9	21.2
河　北	52.1	10.3	23.7	16.1
山　西	83.1	12.7	63.6	12.4
内蒙古	72.5	9.6	36.2	23.8
辽　宁	46.7	28.7	52.4	13.5
吉　林	93.8	18.9	56.3	26.1
黑龙江	82.2	23.2	75.8	6.5
上　海	81.8	24.6	46.8	31.7
江　苏	57.2	23.4	50.1	14.3
浙　江	69.4	16.9	52.4	18.1
安　徽	53.8	11.1	90.7	6.1
福　建	37.3	22.0	68.7	16.1
江　西	84.7	24.5	42.7	34.2
山　东	69.4	14.5	87.0	8.3
河　南	51.5	16.3	51.1	9.8
湖　北	45.2	20.0	130.9	10.2
湖　南	59.1	18.4	77.5	13.8
广　东	47.5	27.2	81.7	16.2
广　西	45.1	18.5	43.0	17.2
海　南	72.9	-4.2	68.5	12.2
重　庆	47.4	15.3	78.0	10.3
四　川	68.9	18.2	65.5	14.0
贵　州	60.5	20.9	39.2	15.0
云　南	61.3	11.9	81.5	9.1
西　藏	31.5	19.1	389.6	9.1
陕　西	85.3	27.8	103.0	24.8
甘　肃	79.7	17.5	41.8	14.8
青　海	37.7	15.0	28.8	5.3
宁　夏	156.6	24.9	17.2	26.4
新　疆	78.2	4.3	13.2	19.6

3-12 续表 2

纺织、服装及日用品专门零售

地　区	负债比率(%)	主营业务毛利率(%)	人均营业收入(万元)	费用率(%)
全　国	**66.1**	**30.4**	**68.3**	**27.2**
北　京	85.5	36.0	70.0	36.9
天　津	70.7	20.1	117.1	20.1
河　北	85.3	18.8	48.4	20.4
山　西	74.2	14.4	59.7	18.0
内蒙古	101.5	19.0	45.1	16.8
辽　宁	87.0	18.8	93.2	20.4
吉　林	79.5	14.8	133.1	9.6
黑龙江	70.8	19.8	61.7	11.0
上　海	74.6	44.7	76.0	43.2
江　苏	73.2	24.1	63.7	20.8
浙　江	80.3	26.9	102.6	22.6
安　徽	7.9	18.6	67.1	16.0
福　建	66.9	19.7	69.9	15.1
江　西	53.5	30.0	47.3	26.2
山　东	65.3	19.1	63.1	11.8
河　南	67.0	20.7	48.8	11.9
湖　北	60.5	25.7	52.2	20.9
湖　南	77.9	19.8	72.8	14.2
广　东	60.3	39.9	45.4	35.3
广　西	71.4	29.2	41.8	20.4
海　南	37.0	31.8	189.3	15.8
重　庆	70.9	28.2	53.1	23.9
四　川	63.6	28.5	51.4	23.8
贵　州	60.3	31.0	68.1	16.6
云　南	74.2	22.8	66.8	21.9
西　藏				
陕　西	42.5	13.3	146.7	7.3
甘　肃	71.3	24.0	24.3	16.8
青　海	107.1	19.4	45.8	25.5
宁　夏	108.3	18.1	23.9	28.1
新　疆	94.7	16.4	103.1	18.3

3-12 续表 3

文化、体育用品及器材专门零售

地区	负债比率(%)	主营业务毛利率(%)	人均营业收入(万元)	费用率(%)
全国	**60.0**	**21.1**	**96.6**	**16.8**
北京	71.1	15.4	178.4	15.0
天津	77.5	15.0	123.9	22.6
河北	55.4	22.3	75.2	14.7
山西	50.6	16.9	80.6	16.6
内蒙古	82.1	23.4	42.7	22.8
辽宁	71.8	19.1	64.8	18.6
吉林	92.3	22.3	54.4	17.7
黑龙江	57.4	23.2	68.7	20.3
上海	68.5	30.8	119.9	33.0
江苏	64.5	16.4	131.4	10.7
浙江	59.0	17.0	107.0	13.4
安徽	41.3	18.3	113.9	12.5
福建	47.7	20.0	141.6	17.4
江西	44.7	20.9	121.4	10.6
山东	72.3	15.8	77.0	10.8
河南	55.2	22.3	50.2	15.8
湖北	71.8	18.2	78.7	15.2
湖南	42.8	19.9	109.8	17.0
广东	62.3	27.8	54.8	20.7
广西	42.0	24.6	52.6	21.8
海南	124.6	37.5	27.6	57.2
重庆	56.8	32.1	113.6	8.1
四川	38.7	34.1	67.3	27.9
贵州	80.2	19.3	79.9	14.6
云南	63.2	26.2	100.8	20.4
西藏				
陕西	60.3	24.2	92.1	15.6
甘肃	40.4	26.1	91.3	16.8
青海	57.5	31.6	17.7	26.5
宁夏	57.2	27.6	48.1	27.9
新疆	39.0	26.1	95.0	20.3

3-12 续表 4

医药及医疗器材专门零售

地　区	负债比率(%)	主营业务毛利率(%)	人均营业收入(万元)	费用率(%)
全　国	**77.0**	**12.3**	**101.7**	**10.0**
北　京	83.1	9.8	210.2	11.4
天　津	62.2	9.3	225.5	6.4
河　北	87.7	9.5	121.3	7.4
山　西	72.0	11.6	73.2	10.2
内蒙古	79.3	20.1	41.1	19.2
辽　宁	80.2	15.2	81.9	12.6
吉　林	80.1	13.8	95.4	11.3
黑龙江	74.3	11.7	109.4	8.1
上　海	84.9	12.6	145.9	10.1
江　苏	78.5	9.0	201.9	7.2
浙　江	76.2	10.8	118.4	9.5
安　徽	78.6	8.6	124.7	7.3
福　建	66.6	9.1	128.5	7.0
江　西	84.1	8.8	132.7	7.7
山　东	78.5	14.0	103.0	10.4
河　南	74.5	15.7	50.5	10.4
湖　北	85.0	10.9	121.5	8.9
湖　南	64.8	14.7	96.9	11.8
广　东	70.8	20.9	63.4	16.0
广　西	74.7	9.4	143.0	7.3
海　南	50.1	33.9	24.4	30.5
重　庆	68.4	10.3	137.1	8.6
四　川	79.4	18.8	48.8	18.5
贵　州	83.0	12.9	83.6	10.2
云　南	58.0	29.4	27.4	25.9
西　藏	75.3	17.6	183.1	9.6
陕　西	76.9	14.9	39.3	12.7
甘　肃	80.2	25.0	32.4	21.0
青　海	82.1	16.7	40.9	14.1
宁　夏	83.0	10.4	116.0	9.3
新　疆	70.4	10.7	147.5	7.1

3-12 续表 5

汽车、摩托车、燃料及零配件专门零售

地　区	负债比率 (%)	主营业务毛利率 (%)	人均营业收入 (万元)	费用率 (%)
全　国	**73.9**	**6.5**	**291.1**	**5.9**
北　京	79.7	6.1	360.4	6.6
天　津	56.0	7.5	289.2	7.8
河　北	75.4	5.6	244.0	5.8
山　西	75.5	4.9	229.4	6.1
内蒙古	78.8	8.8	267.8	6.9
辽　宁	68.2	6.9	319.8	6.1
吉　林	73.7	5.8	308.1	5.9
黑龙江	89.1	6.8	305.3	6.4
上　海	77.9	5.9	362.5	5.8
江　苏	72.1	6.6	333.2	5.8
浙　江	83.6	5.6	303.6	5.7
安　徽	70.3	6.3	272.1	5.1
福　建	70.1	6.0	275.3	6.1
江　西	77.4	6.6	267.8	5.8
山　东	89.8	6.2	277.1	5.5
河　南	78.0	6.5	223.6	5.0
湖　北	79.6	7.0	329.6	5.7
湖　南	70.0	6.1	318.0	5.3
广　东	66.1	6.8	269.6	6.3
广　西	74.5	6.3	205.2	5.7
海　南	62.6	7.9	287.7	6.5
重　庆	77.5	6.6	337.7	4.6
四　川	65.6	6.8	318.1	5.6
贵　州	74.5	6.3	309.6	5.1
云　南	61.7	7.5	307.8	6.4
西　藏	58.1	7.4	317.0	5.7
陕　西	74.5	7.0	266.9	6.0
甘　肃	80.7	7.1	307.5	5.1
青　海	74.5	7.2	216.9	5.9
宁　夏	77.9	7.1	198.9	7.0
新　疆	86.0	7.6	245.3	6.3

3-12 续表 6

家用电器及电子产品专门零售

地 区	负债比率 (%)	主营业务毛利率 (%)	人均营业收入 (万元)	费用率 (%)
全 国	**70.2**	**10.3**	**185.9**	**9.5**
北 京	65.1	6.8	376.7	6.4
天 津	93.3	7.6	217.4	15.8
河 北	86.5	11.7	94.0	11.2
山 西	81.0	13.1	113.8	13.1
内 蒙 古	72.4	12.6	126.0	11.9
辽 宁	70.0	9.0	128.3	10.0
吉 林	78.8	12.9	134.2	11.9
黑 龙 江	86.9	14.3	167.5	10.9
上 海	62.1	13.5	252.6	11.3
江 苏	69.7	13.7	156.2	15.0
浙 江	75.1	10.5	134.1	11.0
安 徽	80.3	10.5	143.5	10.0
福 建	69.9	10.2	130.2	10.4
江 西	69.6	9.6	109.5	7.2
山 东	77.6	10.1	174.1	6.8
河 南	74.2	12.7	102.2	10.5
湖 北	57.6	13.9	178.6	9.7
湖 南	67.7	12.4	158.7	9.3
广 东	81.2	10.9	144.3	11.1
广 西	72.6	11.2	102.4	12.0
海 南	88.7	12.0	108.7	13.7
重 庆	54.4	10.4	162.0	8.7
四 川	68.8	12.9	162.0	9.7
贵 州	22.8	11.5	146.3	11.8
云 南	55.1	16.2	129.1	15.5
西 藏	57.8	7.0	56.5	17.4
陕 西	53.9	14.8	244.9	8.5
甘 肃	70.8	11.9	128.3	11.5
青 海	43.9	15.3	126.8	11.6
宁 夏	68.4	14.0	117.6	14.5
新 疆	71.4	12.2	142.5	12.8

3-12 续表 7

五金、家具及室内装饰材料专门零售

地　区	负债比率(%)	主营业务毛利率(%)	人均营业收入(万元)	费用率(%)
全　国	**66.7**	**22.6**	**124.7**	**12.3**
北　京	90.2	40.4	101.2	32.0
天　津	94.8	30.5	294.4	27.3
河　北	75.9	19.9	73.6	15.1
山　西	54.4	18.8	139.4	9.9
内蒙古	33.1	25.8	103.9	9.0
辽　宁	97.4	15.7	83.4	15.8
吉　林	73.3	16.8	31.9	13.5
黑龙江	91.5	27.9	53.5	13.4
上　海	82.1	29.9	91.6	34.1
江　苏	61.4	23.3	174.1	16.7
浙　江	82.2	21.1	90.2	22.5
安　徽	75.6	22.0	91.8	11.9
福　建	56.4	12.9	279.3	6.3
江　西	43.8	12.1	98.4	4.4
山　东	55.7	19.4	76.7	7.3
河　南	48.6	20.8	65.6	10.8
湖　北	80.6	18.6	135.9	12.7
湖　南	35.4	14.4	110.0	9.7
广　东	69.3	24.3	133.7	16.5
广　西	71.3	27.7	26.4	35.5
海　南	82.1	17.7	38.2	15.7
重　庆	56.0	34.8	429.1	10.6
四　川	61.1	18.6	108.9	10.9
贵　州	84.1	17.3	41.1	16.5
云　南	57.0	10.6	240.0	1.7
西　藏				
陕　西	65.7	18.5	201.6	4.2
甘　肃	33.7	9.4	35.6	7.9
青　海	40.8	45.6	25.5	38.4
宁　夏	96.5	24.4	48.2	50.0
新　疆				

3-12 续表 8

货摊、无店铺及其他零售业

地　区	负债比率(%)	主营业务毛利率(%)	人均营业收入(万元)	费用率(%)
全　国	**90.0**	**11.0**	**220.2**	**11.6**
北　京	199.1	14.1	144.1	21.1
天　津	103.8	11.5	290.1	10.2
河　北	57.7	16.9	49.4	15.0
山　西	89.1	11.0	57.8	14.4
内蒙古	67.7	21.9	121.5	9.6
辽　宁	96.4	0.6	409.1	1.6
吉　林	42.4	18.8	178.5	5.5
黑龙江	81.9	30.6	32.9	30.4
上　海	105.2	7.3	427.7	12.7
江　苏	81.8	12.1	253.3	12.7
浙　江	72.7	15.1	190.2	13.2
安　徽	65.8	20.3	101.5	18.6
福　建	69.0	12.1	183.4	10.3
江　西	61.9	16.5	122.3	15.2
山　东	84.1	17.0	135.0	14.9
河　南	43.3	29.6	63.8	9.3
湖　北	86.9	7.2	388.2	7.3
湖　南	54.7	19.0	139.1	13.0
广　东	69.3	8.9	294.8	8.5
广　西	57.5	23.6	100.6	13.1
海　南	40.6	22.7	53.6	18.9
重　庆	68.8	16.0	42.9	13.9
四　川	80.5	9.6	284.3	9.1
贵　州	54.6	27.3	133.3	29.5
云　南	71.5	22.7	36.4	16.6
西　藏				
陕　西	35.0	12.5	337.5	7.4
甘　肃	69.7	18.9	67.0	14.9
青　海	42.9	35.2	88.0	15.3
宁　夏	25.8	16.9	31.2	19.5
新　疆	53.8	35.0	53.8	28.6

3-13 大中型住宿业企业分行业基本情况

地区	住宿业		旅游饭店	
	法人单位数(个)	年末从业人数(人)	法人单位数(个)	年末从业人数(人)
全国	**3780**	**1066942**	**3307**	**950363**
北京	331	99956	280	87085
天津	47	12827	37	9936
河北	85	23773	66	17856
山西	32	10138	29	9570
内蒙古	43	11926	36	10400
辽宁	93	25593	86	23952
吉林	37	9168	35	8723
黑龙江	33	8952	27	7536
上海	189	55560	154	46487
江苏	278	71137	257	67473
浙江	350	90045	317	82487
安徽	93	21717	82	19539
福建	179	50722	157	45744
江西	74	18201	61	14891
山东	204	56658	180	48798
河南	136	31897	108	26577
湖北	117	29597	99	25348
湖南	167	44725	147	40434
广东	515	175277	455	156370
广西	72	20471	67	19208
海南	102	40108	99	39321
重庆	89	22608	79	20597
四川	149	36979	127	33124
贵州	49	11075	43	10125
云南	93	28335	81	25279
西藏	8	1872	8	1872
陕西	117	32391	99	28523
甘肃	39	9535	37	9084
青海	9	2678	9	2678
宁夏	10	2547	10	2547
新疆	40	10474	35	8799

3-13 续表

地 区	一般旅馆		其他住宿业	
	法人单位数(个)	年末从业人数（人）	法人单位数(个)	年末从业人数(人)
全 国	**403**	**99806**	**70**	**16773**
北 京	43	10735	8	2136
天 津	9	2302	1	589
河 北	13	3800	6	2117
山 西	3	568		
内蒙古	7	1526		
辽 宁	6	1537	1	104
吉 林			2	445
黑龙江	4	1020	2	396
上 海	28	7723	7	1350
江 苏	16	2878	5	786
浙 江	32	7425	1	133
安 徽	10	1934	1	244
福 建	18	4070	4	908
江 西	12	3114	1	196
山 东	22	7595	2	265
河 南	26	4811	2	509
湖 北	17	4073	1	176
湖 南	19	3512	1	779
广 东	51	16467	9	2440
广 西	4	1108	1	155
海 南	1	362	2	425
重 庆	9	1649	1	362
四 川	19	3446	3	409
贵 州	5	680	1	270
云 南	10	2598	2	458
西 藏				
陕 西	12	2747	6	1121
甘 肃	2	451		
青 海				
宁 夏				
新 疆	5	1675		

3-14 大中型住宿业企业分行业经营情况

旅游饭店　　　　单位：万元

地区	营业额	客房收入	餐费收入	商品销售额	其他收入
全国	**20759672**	**9106000**	**8442941**	**518478**	**2692260**
北京	2341734	1084676	698101	22388	536570
天津	190316	92461	73597	952	23307
河北	258250	99257	125673	2909	30411
山西	115619	43404	56674	1129	14413
内蒙古	161478	59401	86091	188	15798
辽宁	543515	210260	266249	9747	57259
吉林	160306	71706	68461	1826	18314
黑龙江	149990	66245	60745	9186	13815
上海	1745722	807222	557139	20558	360803
江苏	1450440	543057	736781	49833	120769
浙江	1945047	760830	942259	29850	212108
安徽	318406	134898	155640	5082	22786
福建	971503	369066	471716	53136	77585
江西	249634	109646	110789	5384	23815
山东	1043274	393631	530166	34346	85130
河南	464415	198084	190463	18831	57038
湖北	487228	228941	192951	11908	53428
湖南	784995	320949	355865	45236	62945
广东	3535630	1609103	1294727	87114	544687
广西	321412	150220	129365	13782	28046
海南	862284	527690	265055	6621	62918
重庆	480220	213688	203809	18503	44219
四川	688055	305891	293858	20602	67704
贵州	181669	89255	69511	7672	15232
云南	394361	201421	131822	11608	49510
西藏	31542	18203	9135	326	3877
陕西	479745	211756	207793	21584	38613
甘肃	184853	92843	71314	4530	16166
青海	39683	18910	13542	1491	5740
宁夏	32469	14974	14175	617	2703
新疆	145877	58312	59475	1539	26551

3-14 续表 1

一般旅馆 单位：万元

地区	营业额	客房收入	餐费收入	商品销售额	其他收入
全国	**1988648**	**1034868**	**697564**	**40343**	**215879**
北京	270138	190886	42824	3117	33310
天津	33303	11728	13373	93	8110
河北	66335	21590	39334	971	4441
山西	8292	3888	4178	101	125
内蒙古	25779	9853	14607	69	1251
辽宁	28435	7546	15467	4259	1162
吉林					
黑龙江	17156	14421	2317		418
上海	265553	121651	68233	1923	73746
江苏	50634	25174	19468	591	5401
浙江	145923	60526	76339	1580	7479
安徽	45828	17931	24063	2107	1727
福建	78736	34849	38879	694	4314
江西	43429	24940	15200	1991	1297
山东	133292	71704	48445	3482	9661
河南	104359	49639	43437	5164	6119
湖北	77288	47390	23603	1954	4342
湖南	79912	36775	34155	1962	7020
广东	215313	123597	68408	2788	20520
广西	23484	18529	4191	273	492
海南	4891	1428	1808		1655
重庆	41696	20893	20397	113	293
四川	78005	39162	28299	2181	8364
贵州	12649	7355	3688	269	1338
云南	56681	36020	8156	1836	10669
西藏					
陕西	45457	15173	27463	1917	905
甘肃	9779	7606	1673	58	441
青海					
宁夏					
新疆	26301	14614	9559	850	1279

3-14 续表 2

其他住宿业 单位：万元

地区	营业额				
		客房收入	餐费收入	商品销售额	其他收入
全国	**344307**	**158335**	**125153**	**4384**	**56439**
北京	71345	31155	15267	552	24370
天津	12036	1605	4765	888	4779
河北	28125	10757	10823	1686	4859
山西					
内蒙古					
辽宁	3189	2960			229
吉林	7811	1905	5882	2	22
黑龙江	4588	2624	1434		530
上海	34633	23602	9015		2016
江苏	15572	10342	4910	53	267
浙江	3019	2241	642		136
安徽	5502	1049	4204	32	217
福建	25889	6969	17533	437	950
江西	3748	1569	2136		43
山东	7001	3820	3053	37	91
河南	9293	5817	3477		
湖北	2852	1785	540	30	497
湖南	16332	6469	7379		2485
广东	37932	19386	14525	257	3764
广西	6047	227	202	4	5614
海南	4575	1776	1604		1195
重庆	5361	3083	1943		336
四川	7662	5115	2279	69	199
贵州	2506	1258	1246		3
云南	5867	3458	1755	46	608
西藏					
陕西	23422	9363	10539	291	3229
甘肃					
青海					
宁夏					
新疆					

3-15 大中型住宿业企业分行业年末资产负债

旅游饭店

单位：万元

地 区	流动资产合计	固定资产原价	累计折旧	资产总计	负债合计	所有者权益合计
全 国	**25351362**	**50533952**	**20678853**	**73486348**	**53668864**	**19817487**
北 京	3191279	6990942	3222572	9847673	7531495	2316178
天 津	216690	466649	142205	739484	667764	71720
河 北	467233	907381	323343	1241488	1057311	184177
山 西	164966	355824	147389	493960	435896	58064
内蒙古	208176	543986	197089	705869	422729	283139
辽 宁	536733	1416620	625729	1562726	865198	697528
吉 林	211490	488179	198373	577004	416321	160683
黑龙江	122153	343526	145512	393525	236728	156797
上 海	2218948	4576509	2203661	6145933	3255967	2889965
江 苏	1538937	3682881	1440664	5389750	3744006	1645744
浙 江	2303378	4494040	1856159	6524153	4933098	1591056
安 徽	343488	854946	252921	1486258	1108410	377848
福 建	995480	1829584	585749	3120987	2117032	1003955
江 西	380722	516736	195192	1022157	763097	259061
山 东	1163613	2256579	887578	3098368	2156841	941527
河 南	921961	925181	377322	1746716	1340300	406416
湖 北	397886	1318423	485799	1587916	1048083	539834
湖 南	457707	1670812	621750	1953866	1390363	563503
广 东	4324027	7372540	3216263	11334752	9666761	1667992
广 西	383432	984536	417434	1189169	887666	301504
海 南	1296678	1353397	463029	2741115	2023876	717238
重 庆	742334	826058	314329	1562356	1329440	232917
四 川	1025327	1790890	710849	2545697	1958512	587185
贵 州	225313	417309	116622	631985	531704	100281
云 南	650365	1380933	541104	2268768	1556397	712371
西 藏	19565	206710	52011	188095	42701	145394
陕 西	486482	1613466	551986	2256014	1446482	809532
甘 肃	104233	288746	134657	346864	219427	127437
青 海	83308	109295	40448	158915	39746	119169
宁 夏	31526	158471	38028	155698	167353	-11655
新 疆	137932	392803	173086	469087	308160	160927

3-15 续表 1

一般旅馆　　　　单位：万元

地区	流动资产合计	固定资产原价	累计折旧	资产总计	负债合计	所有者权益合计
全　国	**1976306**	**2304395**	**817466**	**5108836**	**3774304**	**1334533**
北　京	498577	333251	125722	1342964	740796	602168
天　津	28113	117213	51527	101062	130439	-29377
河　北	243435	89799	28322	345452	227108	118344
山　西	7865	2387	1428	9366	5862	3504
内蒙古	28745	68272	31346	72081	68889	3192
辽　宁	61734	43442	14996	105529	98139	7390
吉　林						
黑龙江	1782	10985	836	13013	7613	5400
上　海	201984	136107	74856	410783	364906	45877
江　苏	49732	34738	13464	124368	87869	36499
浙　江	109591	203569	46213	420439	309789	110650
安　徽	46863	49441	14210	110380	63335	47046
福　建	31169	43941	19146	93711	54033	39678
江　西	32687	95085	12139	144962	91570	53392
山　东	70515	175570	65309	294533	316490	-21956
河　南	59549	89205	32086	181200	134068	47132
湖　北	35733	51350	22540	101025	62273	38752
湖　南	24705	100018	22238	122707	91366	31341
广　东	243767	360589	148740	557680	473808	83872
广　西	22795	4921	1501	77469	65356	12112
海　南	1448	48927	8136	42240	46938	-4698
重　庆	41842	45054	11109	113197	88919	24277
四　川	45044	64182	19570	111841	103460	8382
贵　州	6879	14357	5485	17522	8507	9014
云　南	48854	79166	33852	110803	77545	33258
西　藏						
陕　西	22041	22603	5976	46888	28567	18322
甘　肃	2399	1711	712	12168	11242	926
青　海						
宁　夏						
新　疆	8458	18512	6007	25453	15417	10036

3-15 续表 2

其他住宿业　　单位：万元

地　区	流动资产合计	固定资产原价	累计折旧	资产总计	负债合计	所有者权益合计
全　国	**925282**	**726996**	**279553**	**1767445**	**1345577**	**421869**
北　京	340596	144684	51517	551179	526716	24463
天　津	5753			9145	2232	6913
河　北	45040	95064	43821	118536	121926	-3390
山　西						
内蒙古						
辽　宁	14014	24425	8170	31510	24972	6538
吉　林	3018	750	591	3188	4447	-1259
黑龙江	897	59435	50215	11481	52765	-41284
上　海	25591	29078	10198	46657	33049	13608
江　苏	6405	1924	1522	16350	24686	-8335
浙　江	375	661	559	477	1060	-582
安　徽	408	3078	1913	9428	8928	500
福　建	27554	26353	11317	52663	51250	1413
江　西	2547	5760	2220	12687	3475	9212
山　东	9816	2563	1030	11354	9210	2144
河　南	1353	1206	95	2468	1352	1116
湖　北	907	15764	2464	19387	15575	3812
湖　南	389875	60520	38820	586621	306862	279759
广　东	15761	78545	24828	82710	42419	40291
广　西	7569	1093	686	8838	3750	5088
海　南	2844	106578	12665	96772	26479	70293
重　庆	3869	3344	2395	6280	19109	-12829
四　川	6388	3574	2642	8394	4585	3809
贵　州	318	851	599	702	1085	-383
云　南	4087	13115	5690	13636	5082	8554
西　藏						
陕　西	10297	48631	5596	66982	54563	12418
甘　肃						
青　海						
宁　夏						
新　疆						

3−16 大中型住宿业企业分行业实收资本及构成

旅游饭店

单位：万元

地区	实收资本	国家资本	集体资本	法人资本	个人资本	港澳台资本	外商资本
全国	**22033952**	**6802408**	**391532**	**7447918**	**2426990**	**3447931**	**1517181**
北京	2781765	882842	21291	1101047	99140	488036	189409
天津	282478	119269	3200	127836	12065	14555	5553
河北	455475	142989	380	147125	61983	102998	
山西	137162	55544	110	14612	66896		
内蒙古	263599	60602	4245	70122	20625	75037	32968
辽宁	581827	113550	2339	109578	90530	218984	46846
吉林	131579	57184	5	31127	23705	18500	1059
黑龙江	220843	120367		45886	34406	20185	
上海	2311321	1007035	114449	467331	36176	498822	187508
江苏	2024019	760210	23841	523104	277391	178570	260903
浙江	1902932	547032	20140	766660	269235	237083	62782
安徽	415968	76226	12929	79904	99786	143947	3176
福建	1064055	311282	18726	340903	192058	112379	88708
江西	249597	79248	560	74172	74150	8524	12943
山东	695621	220642	23844	208967	39992	186675	15502
河南	454320	129372	50291	183230	51692	39445	290
湖北	473560	183083	12899	134526	87011	55189	853
湖南	537636	96056	11761	306751	101493	5496	16080
广东	2823721	658979	32331	1051882	277723	512273	290534
广西	451804	85654		160930	33531	169814	1875
海南	751126	122116	7680	387016	19493	193652	21169
重庆	319695	33228	1030	217474	32257	3100	32607
四川	704889	167048	15498	336803	110344	7096	68100
贵州	136760	61880	1300	53137	12663	6800	980
云南	607453	197903	7187	126175	196712	58548	20928
西藏	149440	57197		9000			83243
陕西	649318	230414	4763	202135	82314	88223	41469
甘肃	140608	80415	433	37809	9679	2000	10272
青海	85372	45638		17310	1000		21424
宁夏	25237	7804		16633	800		
新疆	204772	91599	300	98733	12140	2000	

3-16 续表 1

一般旅馆 单位：万元

地区	实收资本	国家资本	集体资本	法人资本	个人资本	港澳台资本	外商资本
全国	**1489727**	**167412**	**21221**	**811067**	**270813**	**131024**	**88188**
北京	489735	20523		392375	24458	51360	1020
天津	24217	11087		13130			
河北	71819	12997	213	7080	51520	9	
山西	1801	1		1800			
内蒙古	12846	2723		5653	4470		
辽宁	3476	800	200	1500	976		
吉林							
黑龙江	4277	3125		1142	10		
上海	137097		500	96247	19950		20400
江苏	44422	1092	1650	16633	15619	4428	5000
浙江	94726	5662		34624	54439		
安徽	38853	286		30778	7788		
福建	32107	3743		4660	23604	100	
江西	52773	37864		10340	4569		
山东	27902	2442	500	19844	5116		
河南	39140	8932	386	13714	6749	9359	
湖北	21240	5884	1002	7748	1607		5000
湖南	31389	641	346	16138	14164	100	
广东	193160	7305	4050	69644	11659	65668	34834
广西	3488			1300	2188		
海南	28000	28000					
重庆	36038		5000	25938	5100		
四川	20843	5120	229	12761	2732		
贵州	10152		150	5902	4100		
云南	34681		5855	5462	1430		21934
西藏							
陕西	22649	695	1140	12654	8159		
甘肃	806			500	306		
青海							
宁夏							
新疆	12090	8490		3500	100		

3-16 续表 2

其他住宿业　　　　单位：万元

地区	实收资本	国家资本	集体资本	法人资本	个人资本	港澳台资本	外商资本
全国	**348326**	**198284**	**2144**	**102045**	**24870**	**19743**	**1240**
北京	61668	180	1100	43964	4203	12221	
天津	994		994				
河北	12500	2000		6500	3500	500	
山西							
内蒙古							
辽宁	1000			1000			
吉林	1200			400	800		
黑龙江	9899	85		6930		2884	
上海	4388	1100		1600	1688		
江苏	1379	102	50		1227		
浙江							
安徽	500				500		
福建	15321	3333		7000	850	4138	
江西	10200			10200			
山东	1296			1296			
河南	408			45	362		
湖北	4000			4000			
湖南	101893	101893					
广东	16445	10		8456	6740		1240
广西	108			108			
海南	88200	88000		200			
重庆	100	100					
四川	1084	384		700			
贵州	599	599					
云南	4098	498		3600			
西藏							
陕西	11046			6046	5000		
甘肃							
青海							
宁夏							
新疆							

3-17 大中型住宿业企业

旅游饭店

地 区	主营业务收入	主营业务成本	主营业务税金及附加	主营业务利润	其他业务利润
全 国	**20646315**	**7061408**	**1106403**	**12478504**	**445246**
北 京	2353773	601930	130616	1621227	22524
天 津	190177	81986	10356	97835	3397
河 北	258319	104363	14359	139597	5703
山 西	115525	40526	7560	67439	145
内蒙古	161523	70339	9114	82070	10132
辽 宁	544534	233521	25171	285842	20960
吉 林	159474	52149	8329	98996	4345
黑龙江	149330	44213	7260	97857	120
上 海	1733166	530785	91137	1111244	99929
江 苏	1431819	526968	74002	830849	13927
浙 江	1977753	630746	115524	1231483	52949
安 徽	314055	121537	17739	174779	7069
福 建	944203	336240	51461	556502	7559
江 西	252792	96272	12661	143859	4922
山 东	1030803	396018	54300	580485	29328
河 南	457560	192037	24598	240925	15215
湖 北	506003	206194	24591	275218	14000
湖 南	755022	301114	37175	416733	4122
广 东	3478063	1223018	184148	2070897	57877
广 西	318557	111026	17280	190251	5089
海 南	899039	224482	50603	623954	14896
重 庆	482581	177589	23943	281049	1166
四 川	666321	203592	34151	428578	19595
贵 州	179961	73956	9895	96110	7107
云 南	374140	121863	20298	231979	7276
西 藏	32186	8744	1812	21630	192
陕 西	477969	181338	26148	270483	10493
甘 肃	181795	84053	9978	87764	2819
青 海	39532	12077	1936	25519	1494
宁 夏	32594	13501	1956	17137	2
新 疆	147746	59231	8302	80213	894

分行业损益及分配

单位：万元

销售费用	管理费用	财务费用	营业利润	利润总额	应交所得税	应付职工薪酬
5978439	**6361430**	**1442802**	**-946381**	**-714700**	**189014**	**5004852**
705297	874338	168677	-45113	-25047	42923	753133
59226	79539	20328	-68689	-66530	38	63356
102697	90031	31146	-80604	-75803	959	79699
48579	36879	7885	-23912	-16715	118	46431
48277	57448	5446	-28585	-30557	307	51225
142628	157131	18792	-33438	-26766	1809	82084
49151	49718	12128	-10501	-16006	439	27317
46897	48706	2274	6269	5576	2947	30179
435512	534394	86393	86264	104493	36760	347785
430963	463020	88008	-134246	-114095	5710	322737
609785	581617	168147	-94002	-59754	13183	447729
87217	108525	26775	-43957	-37695	743	76179
296618	261836	56525	-42179	-34311	8303	227880
70513	78252	19694	-22625	-21749	1174	53488
296450	271372	48382	-30746	-27855	5422	221484
121035	137727	32870	-44180	-27246	2010	101036
131089	139935	25548	-12926	-6270	1824	104082
176968	233668	47126	-34145	-31126	2698	158381
1008393	905256	307771	-86441	-63349	31133	874182
107388	109752	27717	-38150	-43090	1155	82238
217907	328589	44673	40417	42860	13788	227836
130886	131471	41017	-20745	-19390	2889	97349
214739	202806	48608	-20304	-13976	5264	138014
46037	44083	26553	-19778	-14240	1471	41429
117377	166624	48938	-77143	-30780	1775	102858
15920	17796	347	-11985	-11403	62	12443
139931	145806	21909	-36414	-35546	2308	125217
43597	43011	1722	472	1500	585	31972
14954	10269	852	-119	-2379	60	12707
14682	10240	2091	-8465	-8221	43	8910
47726	41591	4460	-10411	-9230	1114	55492

3-17 续表 1

一般旅馆

地 区	主营业务收入	主营业务成本	主营业务税金及附加	主营业务利润	其他业务利润	销售费用
全 国	**1970443**	**764020**	**100656**	**1105767**	**26104**	**550147**
北 京	267603	86261	15369	165973	7894	70113
天 津	32937	14693	1552	16692		9044
河 北	64543	34321	3733	26489	7	20716
山 西	8288	2950	578	4760		1501
内蒙古	25824	7115	1365	17344		9345
辽 宁	28194	15178	1072	11944	120	7773
吉 林						
黑龙江	17156	3264	927	12965	4	8107
上 海	263489	60845	13246	189398	813	55314
江 苏	49639	18259	2755	28625	319	14461
浙 江	145981	48532	8184	89265	4128	48825
安 徽	45690	24282	2377	19031		9415
福 建	77003	23482	4006	49515	3595	29064
江 西	43542	24327	2255	16960		10710
山 东	132288	47783	6080	78425	1956	60870
河 南	101722	55440	4032	42250	368	15232
湖 北	71424	28423	2905	40096	305	19534
湖 南	82083	47579	4035	30469	4214	14149
广 东	214466	84853	11635	117978	528	77200
广 西	23683	4377	1007	18299		12928
海 南	3391	773	190	2428	1500	2276
重 庆	39987	23271	2107	14609	54	6291
四 川	83093	23825	4253	55015	32	23072
贵 州	12641	2723	617	9301	39	2970
云 南	55839	34061	2386	19392		9140
西 藏						
陕 西	44119	22767	2144	19208	146	7939
甘 肃	9779	5416	366	3997		1063
青 海						
宁 夏						
新 疆	26039	19220	1480	5339	82	3095

单位：万元

管理费用	财务费用	营业利润	利润总额	应交所得税	应付职工薪酬
509523	**83537**	**-6728**	**1086**	**22421**	**425702**
87336	10536	15210	16010	5098	71881
23875	100	-17013	-16595	71	10761
12829	1137	-8189	-7216	46	17189
2565	86	629	637	212	1551
8769	1990	-2750	-2351	234	5619
6767	524	-2986	-2929	4	3884
5487	135	-764	-661	119	2864
105082	11359	22785	27067	8855	44922
18768	963	-3481	-3489	411	12410
42058	7848	-5568	-4059	124	34353
5847	3548	198	688	304	5117
17830	1205	2475	3155	697	20700
4760	3157	-1673	-1805	721	9280
17219	6196	-5804	-5328	1204	29835
11640	3855	12062	9766	462	13502
15855	2862	2029	3371	530	17032
12439	3530	1403	-38	650	11954
50203	14711	-24922	-22459	528	60577
5811	411	-851	-671		1789
3024	15	-1470	-1471		1877
8455	-20	711	992	714	6664
20226	2625	8923	7345	68	11250
4220	308	481	-149	15	2601
6204	5757	-1186	-1169	112	8884
8986	429	1208	681	371	8479
340	172	2423	2423	823	1409
2928	98	-608	-659	48	9318

3–17 续表 2

其他住宿业

地　区	主营业务收入	主营业务成本	主营业务税金及附加	主营业务利润	其他业务利润	销售费用
全　国	**338453**	**101081**	**18085**	**219287**	**5951**	**97115**
北　京	75574	11853	3943	59778	462	22651
天　津	12023	3857	187	7979		5365
河　北	27999	7616	1654	18729	336	5603
山　西						
内蒙古						
辽　宁	3189	1005	31	2153	256	1585
吉　林	7789	2185	440	5164	-1	2336
黑龙江	4588	1756	389	2443		1136
上　海	33796	7736	1849	24211	4672	15432
江　苏	15527	3800	854	10873		5255
浙　江	3019	418	165	2436		2287
安　徽	5502	2165	321	3016		1102
福　建	25854	14508	1447	9899		3961
江　西	3748	1145	242	2361		1410
山　东	6935	4074	222	2639		2072
河　南	9293	7324	411	1558		217
湖　北	2852	1707	154	991		191
湖　南	16332	7679	801	7852		137
广　东	30934	7475	1904	21555	226	10855
广　西	6035	198	366	5471		556
海　南	4645	904	245	3496		1962
重　庆	5057	2505	283	2269		160
四　川	7662	1332	434	5896		4320
贵　州	2506	607	140	1759		881
云　南	5733	3538	370	1825		289
西　藏						
陕　西	21861	5694	1233	14934		7352
甘　肃						
青　海						
宁　夏						
新　疆						

单位：万元

管理费用	财务费用	营业利润	利润总额	应交所得税	应付职工薪酬
115390	**35768**	**-24472**	**-21529**	**2525**	**81586**
24938	19363	-6713	-6931	695	18836
1659	85	900	947	274	2950
13908	1991	-2278	-35	24	7143
241	1347	-765	-767		203
2944	26	-119	-101		1962
3657		-2351	-2833		684
9899	272	-900	-438	111	6798
4676	124	-1001	-1002	14	3261
163	22	-36	-26	34	593
822	326	767	1088		1161
3784	1098	1392	1213	355	4756
786	29	136	146		849
785	11	-228	-163	63	1075
151	84	1108	1108	526	1291
877	18	-94	-76		872
6768	9837	-8890	-8918		5071
15939	818	-3681	-3054	67	12694
1602	204	3120	3104	286	596
5714	-292	-3877	-3874	17	1581
3094	10	-901	-889		2008
1040	158	378	360	17	1271
1689	9	-821	-822		732
1372	11	287	645	42	1368
8882	217	95	-211		3831

3-18 大中型住宿业企业分行业经济效益分析指标

旅游饭店

地　区	负债比率 (%)	主营业务毛利率 (%)	人均营业收入 (万元)	费用率 (%)
全　国	**73.0**	**65.8**	**21.7**	**66.8**
北　京	76.5	74.4	27.0	74.3
天　津	90.3	56.9	19.1	83.7
河　北	85.2	59.6	14.5	86.7
山　西	88.2	64.9	12.1	80.8
内蒙古	59.9	56.5	15.5	68.8
辽　宁	55.4	57.1	22.7	58.5
吉　林	72.2	67.3	18.3	69.6
黑龙江	60.2	70.4	19.8	65.5
上　海	53.0	69.4	37.3	60.9
江　苏	69.5	63.2	21.2	68.6
浙　江	75.6	68.1	24.0	68.7
安　徽	74.6	61.3	16.1	70.9
福　建	67.8	64.4	20.6	65.1
江　西	74.7	61.9	17.0	66.6
山　东	69.6	61.6	21.1	59.8
河　南	76.7	58.0	17.2	63.7
湖　北	66.0	59.3	20.0	58.6
湖　南	71.2	60.1	18.7	60.6
广　东	85.3	64.8	22.2	63.9
广　西	74.6	65.1	16.6	76.9
海　南	73.8	75.0	22.9	65.8
重　庆	85.1	63.2	23.4	62.9
四　川	76.9	69.4	20.1	70.0
贵　州	84.1	58.9	17.8	64.8
云　南	68.6	67.4	14.8	89.0
西　藏	22.7	72.8	17.2	105.8
陕　西	64.1	62.1	16.8	64.4
甘　肃	63.3	53.8	20.0	48.6
青　海	25.0	69.5	14.8	66.0
宁　夏	107.5	58.6	12.8	82.9
新　疆	65.7	59.9	16.8	63.5

注：费用率等于销售费用、管理费用、财务费用三项之和除以营业收入合计(下表同)。

3-18 续表 1

一般旅馆

地区	负债比率(%)	主营业务毛利率(%)	人均营业收入(万元)	费用率(%)
全国	**73.9**	**61.2**	**19.7**	**58.0**
北京	55.2	67.8	24.9	62.8
天津	129.1	55.4	14.3	100.2
河北	65.7	46.8	17.0	53.7
山西	62.6	64.4	14.6	50.1
内蒙古	95.6	72.4	16.9	77.9
辽宁	93.0	46.2	18.3	53.4
吉林				
黑龙江	58.5	81.0	16.8	80.0
上海	88.8	76.9	34.1	65.2
江苏	70.7	63.2	17.2	68.9
浙江	73.7	66.8	19.7	67.6
安徽	57.4	46.9	23.6	41.2
福建	57.7	69.5	18.9	62.5
江西	63.2	44.1	14.0	42.8
山东	107.5	63.9	17.4	63.7
河南	74.0	45.5	21.1	30.2
湖北	61.6	60.2	17.5	53.6
湖南	74.5	42.0	23.4	36.7
广东	85.0	60.4	13.0	66.3
广西	84.4	81.5	21.4	80.9
海南	111.1	77.2	9.4	156.7
重庆	78.6	41.8	24.2	36.8
四川	92.5	71.3	24.1	55.3
贵州	48.6	78.5	18.6	59.3
云南	70.0	39.0	21.5	37.8
西藏				
陕西	60.9	48.4	16.1	39.3
甘肃	92.4	44.6	21.7	16.1
青海				
宁夏				
新疆	60.6	26.2	15.5	23.5

3-18　续表 2

其他住宿业

地　区	负债比率 (%)	主营业务毛利率 (%)	人均营业收入 (万元)	费用率 (%)
全　国	**76.1**	**70.1**	**20.2**	**73.4**
北　京	95.6	84.3	35.4	88.6
天　津	24.4	67.9	20.4	59.1
河　北	102.9	72.8	13.2	76.8
山　西				
内蒙古				
辽　宁	79.3	68.5	30.7	99.5
吉　林	139.5	71.9	17.5	68.1
黑龙江	459.6	61.7	11.6	104.5
上　海	70.8	77.1	25.0	75.8
江　苏	151.0	75.5	19.8	64.8
浙　江	222.2	86.2	22.7	81.9
安　徽	94.7	60.7	22.5	40.9
福　建	97.3	43.9	28.5	34.2
江　西	27.4	69.5	19.1	59.4
山　东	81.1	41.3	26.2	41.4
河　南	54.8	21.2	18.3	4.9
湖　北	80.3	40.1	16.2	38.1
湖　南	52.3	53.0	21.0	102.5
广　东	51.3	75.8	12.7	89.3
广　西	42.4	96.7	38.9	39.1
海　南	27.4	80.5	10.9	159.0
重　庆	304.3	50.5	14.0	64.5
四　川	54.6	82.6	18.7	72.0
贵　州	154.6	75.8	9.3	102.9
云　南	37.3	38.3	12.5	29.2
西　藏				
陕　西	81.5	74.0	19.5	75.3
甘　肃				
青　海				
宁　夏				
新　疆				

3-19 大中型餐饮业企业分行业基本情况

地区	餐饮业		正餐服务	
	法人单位数（个）	年末从业人数（人）	法人单位数（个）	年末从业人数（人）
全国	**2721**	**1180774**	**2322**	**698464**
北京	315	173190	251	104213
天津	56	29124	42	10835
河北	26	6226	26	6226
山西	38	17105	34	12104
内蒙古	32	8221	30	7884
辽宁	45	16462	31	6102
吉林	8	3860	6	2384
黑龙江	8	3168	7	2586
上海	329	178131	263	100388
江苏	247	104979	211	51919
浙江	216	74166	194	48475
安徽	65	29708	59	16747
福建	81	33840	63	15479
江西	26	8931	25	6905
山东	146	40820	130	32921
河南	59	18270	53	11411
湖北	100	37972	93	26939
湖南	73	22815	68	15359
广东	426	200362	353	96692
广西	26	11681	20	4469
海南	4	576	3	456
重庆	104	45092	93	39469
四川	122	54409	112	28401
贵州	15	3757	15	3757
云南	29	12658	24	7459
西藏				
陕西	85	32658	80	29949
甘肃	12	4739	11	2995
青海	7	1803	7	1803
宁夏	7	1517	7	1517
新疆	14	4534	11	2620

3-19 续表

地区	快餐服务		饮料及冷饮服务		其他餐饮业	
	法人单位数（个）	年末从业人数（人）	法人单位数（个）	年末从业人数（人）	法人单位数（个）	年末从业人数（人）
全　国	**252**	**374237**	**30**	**43462**	**117**	**64611**
北　京	39	49788	4	5034	21	14155
天　津	7	16460			7	1829
河　北						
山　西	4	5001				
内蒙古	2	337				
辽　宁	9	9376	2	440	3	544
吉　林	2	1476				
黑龙江	1	582				
上　海	29	38905	11	27443	26	11395
江　苏	23	45413	2	957	11	6690
浙　江	13	22822	2	346	7	2523
安　徽	6	12961				
福　建	14	16526			4	1835
江　西	1	2026				
山　东	11	5078	1	244	4	2577
河　南	5	6588			1	271
湖　北	5	8740	1	1788	1	505
湖　南	5	7456				
广　东	46	88509	5	5060	22	10101
广　西	6	7212				
海　南	1	120				
重　庆	6	4422			5	1201
四　川	6	14028	1	2030	3	9950
贵　州						
云　南	3	4487	1	120	1	592
西　藏						
陕　西	4	2266			1	443
甘　肃	1	1744				
青　海						
宁　夏						
新　疆	3	1914				

3-20 大中型餐饮业企业分行业经营情况

正餐服务 单位：万元

地区	营业额	客房收入	餐费收入	商品销售额	其他收入
全国	**15445780**	**1215222**	**13336924**	**469817**	**423818**
北京	2435528	18767	2330343	31660	54759
天津	204189	20365	166303	2702	14819
河北	96561	15803	77021	2336	1401
山西	171003	27464	132451	8162	2925
内蒙古	240102	22688	212795	535	4084
辽宁	156206	16954	123954	5800	9499
吉林	44832	19112	23932	142	1646
黑龙江	34922	4352	27472	2678	419
上海	2865025	39427	2747112	46755	31731
江苏	1047852	175907	817412	18587	35946
浙江	1086180	147833	888797	12720	36830
安徽	327576	48594	253652	18542	6788
福建	305969	28075	265863	8154	3877
江西	124758	15892	102843	5282	741
山东	693781	165862	467830	30360	29729
河南	232685	45095	166938	9722	10930
湖北	530874	66100	444604	11015	9155
湖南	303120	38755	237345	18383	8637
广东	2021013	140361	1743866	57218	79568
广西	67923	3729	58199	3887	2108
海南	10087		10087		
重庆	895070	27359	827528	30269	9914
四川	593339	60748	435357	67003	30231
贵州	64316	6006	53688	832	3790
云南	173467	6927	138355	12300	15886
西藏					
陕西	576932	32117	465249	63236	16331
甘肃	55230	7128	46869	857	376
青海	25303	6199	18325		779
宁夏	23279	3907	18541	543	288
新疆	38658	3696	34193	137	631

3-20 续表 1

快餐服务　　单位：万元

地　区	营业额	客房收入	餐费收入	商品销售额	其他收入
全　国	**9016716**	**4235**	**8850702**	**79829**	**81956**
北　京	1357060		1336154	6665	14241
天　津	418991		410097	595	8299
河　北					
山　西	71590		71590		
内蒙古	8202	189	3860	4153	
辽　宁	548242		537770	8586	1887
吉　林	33431		33422		9
黑龙江	16005		16005		
上　海	873774		870587		3187
江　苏	914861		892250	22163	448
浙　江	621403	951	596827	14196	9430
安　徽	143819	2096	140221	1501	
福　建	323899		304900	14930	4069
江　西	56087		56087		
山　东	307296		305882	979	436
河　南	107971		94130	473	13369
湖　北	332156		332145		12
湖　南	180265		177004	895	2367
广　东	2091744		2077252	1664	12828
广　西	105727		105727		
海　南	6432		6432		
重　庆	105438		104337	1101	
四　川	207230	999	204716	1465	50
贵　州					
云　南	74649		71574	186	2890
西　藏					
陕　西	41195		33485		7710
甘　肃	26434		26434		
青　海					
宁　夏					
新　疆	42815		41814	277	724

3-20 续表 2

饮料及冷饮服务　　单位：万元

地区	营业额	客房收入	餐费收入	商品销售额	其他收入
全国	**1370024**		**1341226**	**26438**	**2359**
北京	208805		188728	19675	402
天津					
河北					
山西					
内蒙古					
辽宁	17673		15421	2252	
吉林					
黑龙江					
上海	777906		777688	202	16
江苏	16793		14851		1941
浙江	6183		5991	192	
安徽					
福建					
江西					
山东	9925		9024	901	
河南					
湖北	54672		54672		
湖南					
广东	206999		203783	3216	
广西					
海南					
重庆					
四川	69263		69263		
贵州					
云南	1805		1805		
西藏					
陕西					
甘肃					
青海					
宁夏					
新疆					

3-20 续表 3

其他餐饮业 单位：万元

地区	营业额				
		客房收入	餐费收入	商品销售额	其他收入
全 国	**1278731**	**10492**	**1171071**	**55299**	**41873**
北 京	190473		167943	640	21890
天 津	37759	3205	34134		420
河 北					
山 西					
内蒙古					
辽 宁	14660		14408		252
吉 林					
黑龙江					
上 海	203741		193937	3303	6501
江 苏	114682		108139	6319	224
浙 江	65055		63278		1778
安 徽					
福 建	47352		45667	771	914
江 西					
山 东	32997		25307	4347	3344
河 南	5540		5434	106	
湖 北	16626		16626		
湖 南					
广 东	201751		157397	39640	4715
广 西					
海 南					
重 庆	38319	4478	31860	173	1808
四 川	294220		294194		27
贵 州					
云 南	8546		8546		
西 藏					
陕 西	7010	2809	4201		
甘 肃					
青 海					
宁 夏					
新 疆					

3-21 大中型餐饮业企业分行业年末资产负债

正餐服务　　　　单位：万元

地　区	流动资产合计	固定资产原价	累计折旧	资产总计	负债合计	所有者权益合计
全　国	**8851506**	**8912367**	**3158560**	**19843376**	**14867372**	**4974948**
北　京	1232556	614242	302702	2145495	1678006	467489
天　津	203218	140276	39444	370779	277951	92828
河　北	70783	87255	32968	175709	155024	20685
山　西	101416	270390	90922	367212	294441	72771
内蒙古	100196	222959	52326	320413	249282	71131
辽　宁	247059	235224	89491	496551	409477	87074
吉　林	24800	114697	28496	138180	42727	95454
黑龙江	17085	19304	5518	41378	12670	28708
上　海	966634	611808	233523	1781248	1183426	597822
江　苏	864267	969666	320025	2102632	1760769	341864
浙　江	660341	1118167	345314	1865445	1482809	382636
安　徽	293809	260462	77000	792247	596723	195524
福　建	176985	112830	49909	321486	253916	67570
江　西	55497	51160	14204	132254	93135	39119
山　东	574453	990282	299805	1767806	1240529	527277
河　南	206768	103540	33870	378541	234943	143599
湖　北	349839	410154	143780	947849	827352	120498
湖　南	185105	241670	70063	465103	326156	138947
广　东	942080	954396	447967	1844876	1388150	455666
广　西	29889	16572	9932	44519	47915	-3397
海　南	3041	4351	2487	5587	5212	375
重　庆	233599	233209	99737	544089	286566	257523
四　川	610949	508087	175546	1325522	1077787	247735
贵　州	52259	42175	15583	94589	78851	15738
云　南	334331	129498	32814	467590	322812	144779
西　藏						
陕　西	242840	308690	109356	596797	381536	215261
甘　肃	13427	24276	6266	43295	20875	22420
青　海	12553	58276	13404	84471	59348	25122
宁　夏	29212	18621	6918	48168	49043	-874
新　疆	16515	40130	9190	133545	29941	103604

3-21 续表 1

快餐服务 单位：万元

地 区	流动资产合计	固定资产原价	累计折旧	资产总计	负债合计	所有者权益合计
全 国	**1657828**	**1932721**	**926761**	**4577800**	**3161699**	**1416105**
北 京	267263	251387	135338	596873	356601	240272
天 津	44392	104767	49152	183458	137523	45935
河 北						
山 西	8095	11098	6939	26992	18390	8602
内 蒙 古	5195	7930	3901	10054	6751	3303
辽 宁	60194	53609	20508	236213	191003	45210
吉 林	3260	8770	2675	15151	4647	10505
黑 龙 江	7163	5388	964	16155	10848	5307
上 海	189372	185371	91184	410463	297004	113458
江 苏	113906	155180	75594	344319	231000	113319
浙 江	101586	149097	71726	330409	268002	62407
安 徽	63198	39718	13097	115110	68124	46986
福 建	39862	80460	35653	156627	115245	41382
江 西	1510	4907		19097	11777	7320
山 东	35591	78690	40949	139942	116786	23156
河 南	17790	42082	23958	68656	68039	618
湖 北	26161	58887	31924	135870	108236	27634
湖 南	19342	51722	21709	82162	47765	34397
广 东	499834	483633	227774	1302580	871839	430741
广 西	17601	15056	5358	45937	27904	18033
海 南	3156	2488	1950	3694	884	2810
重 庆	46902	30754	14073	99508	65242	34266
四 川	47684	53857	25318	129280	76983	52298
贵 州						
云 南	10775	18959	9182	34300	21283	13018
西 藏						
陕 西	14816	20901	10265	36453	23732	12722
甘 肃	5301	3456	2153	11299	5418	5881
青 海						
宁 夏						
新 疆	7879	14554	5417	27198	10673	16525

3-21 续表 2

饮料及冷饮服务　　单位：万元

地　区	流动资产合计	固定资产原价	累计折旧	资产总计	负债合计	所有者权益合计
全　国	**392394**	**216582**	**94238**	**798552**	**435227**	**363325**
北　京	65815	29971	14287	120268	78529	41739
天　津						
河　北						
山　西						
内蒙古						
辽　宁	4426	3086	1496	10693	3261	7432
吉　林						
黑龙江						
上　海	193636	123630	50904	423807	252865	170942
江　苏	18196	10623	4485	38777	19783	18994
浙　江	2899	968	429	4638	725	3912
安　徽						
福　建						
江　西						
山　东	3419	1450	715	6627	1912	4716
河　南						
湖　北	8436	8648	3712	27091	10579	16512
湖　南						
广　东	71797	27636	13386	120028	45163	74865
广　西						
海　南						
重　庆						
四　川	17009	10245	4499	39484	15771	23713
贵　州						
云　南	6761	325	325	7139	6639	500
西　藏						
陕　西						
甘　肃						
青　海						
宁　夏						
新　疆						

3-21 续表 3

其他餐饮业　　单位：万元

地　区	流动资产合计	固定资产原价	累计折旧	资产总计	负债合计	所有者权益合计
全　国	**592151**	**228823**	**84366**	**844953**	**533188**	**311764**
北　京	114451	22976	13230	133618	157542	-23924
天　津	14024	2622	1540	16832	12875	3956
河　北						
山　西						
内蒙古						
辽　宁	10338	2426	1511	13099	2837	10262
吉　林						
黑龙江						
上　海	64307	21571	8946	83346	55039	28306
江　苏	28358	17110	9031	44063	17231	26831
浙　江	27941	9969	4864	37019	25730	11289
安　徽						
福　建	15830	6254	3152	22353	6660	15694
江　西						
山　东	9974	1263	572	12457	6036	6421
河　南	4482	3195	1184	7136	1439	5697
湖　北	4230	281	162	4381	1633	2748
湖　南						
广　东	74932	27118	15420	106097	53143	52955
广　西						
海　南						
重　庆	21883	44121	7846	65685	53229	12456
四　川	189111	32131	8730	254653	107436	147217
贵　州						
云　南	9472	4371	2505	11637	4184	7453
西　藏						
陕　西	2818	33415	5673	32577	28174	4403
甘　肃						
青　海						
宁　夏						
新　疆						

3–22 大中型餐饮业企业分行业实收资本及构成

正餐服务 单位：万元

地区	实收资本	国家资本	集体资本	法人资本	个人资本	港澳台资本	外商资本
全国	**4205343**	**455897**	**95529**	**1700325**	**1369487**	**344798**	**239313**
北京	328473	23315	14784	159191	65079	19207	46898
天津	66581	602	200	26389	33069	1569	4752
河北	64816	26993	270	11295	26259		
山西	60046	5580		34226	20241		
内蒙古	69663	12624	2000	30967	24072		
辽宁	63417	2580		44603	14868		1365
吉林	19943	18653			1290		
黑龙江	23952	10		12252	11690		
上海	531057	42872	790	145231	88643	126335	127187
江苏	462080	33450	12294	229304	155379	27980	3674
浙江	387235	18323	26647	154246	149121	32197	6700
安徽	169483	13420	2036	75166	78861		
福建	102442	10094	589	41351	26456	23902	50
江西	29466	532		6166	21768	1000	
山东	315989	77797	4868	148433	76355	8537	
河南	86392	532	700	34817	50344		
湖北	162614	20970		88410	46786	6221	228
湖南	155916	24608	1000	45400	84246		662
广东	418728	51476	7574	152538	81630	92448	33063
广西	6872			4968	1904		
海南	1939			500	130	1309	
重庆	133241	579	677	87055	34621	2612	7696
四川	207518	12241	14822	81869	98086		500
贵州	20106			13279	6828		
云南	34358	5455		15925	12872	106	
西藏							
陕西	202601	19891	5640	48840	120316	1375	6538
甘肃	11324	102	603	2246	8373		
青海	25106			1000	24106		
宁夏	5858	558			5300		
新疆	38127	32640	35	4658	794		

3-22 续表 1

快餐服务 单位：万元

地区	实收资本	国家资本	集体资本	法人资本	个人资本	港澳台资本	外商资本
全国	**1016841**	**16193**	**6383**	**238808**	**74132**	**209142**	**472188**
北京	120637	735	1080	14712	7062	55167	41882
天津	19124			150	1100	235	17638
河北							
山西	2899			60	1100		1739
内蒙古	2050		2000			50	
辽宁	31383		150	9100		2070	20062
吉林	9000			4000	5000		
黑龙江	8682			8682			
上海	269929	6887	30	59371	1890	72151	129600
江苏	77754		2492	2662	9731	5964	56906
浙江	60893	100		35662	2116	1800	21215
安徽	7905	5000		2370	535		
福建	48399			2123	3861	26088	16327
江西	2109						2109
山东	17551	2771		1515	3463	3173	6630
河南	11169			100	1000	2070	7999
湖北	37408			520			36888
湖南	21241			10000	5500		5741
广东	206672	700	600	70197	22588	30059	82529
广西	7428			5769	9		1650
海南	337					337	
重庆	10886		31	5000	391	2068	3397
四川	18187				1800	172	16216
贵州							
云南	6345			5766			579
西藏							
陕西	9669				881	7738	1050
甘肃	1410						1410
青海							
宁夏							
新疆	7774			1049	6105		621

3-22 续表 2

饮料及冷饮服务　　　　单位：万元

地　区	实收资本	国家资本	集体资本	法人资本	个人资本	港澳台资本	外商资本
全　国	**153807**	**3651**		**42971**	**500**	**53744**	**52940**
北　京	16409			200		9157	7052
天　津							
河　北							
山　西							
内蒙古							
辽　宁	3570					3570	
吉　林							
黑龙江							
上　海	93669	3406		40500		8917	40845
江　苏	19482					14439	5043
浙　江	916	245		671			
安　徽							
福　建							
江　西							
山　东	818					818	
河　南							
湖　北	1740					1740	
湖　南							
广　东	14411			1600		12811	
广　西							
海　南							
重　庆							
四　川	2292					2292	
贵　州							
云　南	500				500		
西　藏							
陕　西							
甘　肃							
青　海							
宁　夏							
新　疆							

3-22 续表 3

其他餐饮业 单位：万元

地 区	实收资本	国家资本	集体资本	法人资本	个人资本	港澳台资本	外商资本
全 国	**135984**	**9843**	**583**	**47926**	**33087**	**33638**	**10907**
北 京	20722	165		8622	4230		7705
天 津	3135			520	2615		
河 北							
山 西							
内蒙古							
辽 宁	4376	3726				650	
吉 林							
黑龙江							
上 海	35742	515	500	4136	5929	22720	1942
江 苏	5160			985	2686	1365	124
浙 江	3825	22	58	1950	471	1325	
安 徽							
福 建	3149	800		618	500	1231	
江 西							
山 东	2109	509		500	1100		
河 南	4100				4100		
湖 北	200	200					
湖 南							
广 东	17567	1948	25	4890	4356	6347	
广 西							
海 南							
重 庆	12323	1958		10015	350		
四 川	13659			6250	6750		659
贵 州							
云 南	1917			1440			477
西 藏							
陕 西	8000			8000			
甘 肃							
青 海							
宁 夏							
新 疆							

3–23 大中型餐饮业企业分行业损益及分配

正餐服务

单位：万元

地　区	主营业务收入	主营业务成本	主营业务税金及附加	主营业务利润
全　国	**15314001**	**7186320**	**871119**	**7256562**
北　京	2465147	990433	133948	1340766
天　津	202616	85557	10618	106441
河　北	98357	42971	5506	49880
山　西	169454	94752	7830	66872
内蒙古	238767	143415	5570	89782
辽　宁	156013	82627	7670	65716
吉　林	44527	15727	1723	27077
黑龙江	35410	15406	2106	17898
上　海	2807470	1166932	152921	1487617
江　苏	1026884	442875	55585	528424
浙　江	1074313	496487	53954	523872
安　徽	323137	169601	16779	136757
福　建	299821	151987	15217	132617
江　西	127082	67215	4929	54938
山　东	680854	345667	34705	300482
河　南	226899	121617	9865	95417
湖　北	527999	259662	108342	159995
湖　南	301533	156612	15099	129822
广　东	2020441	927248	112560	980633
广　西	66479	39028	3169	24282
海　南	10087	3459	562	6066
重　庆	881941	547946	34180	299815
四　川	592085	303148	28303	260634
贵　州	63430	30965	3136	29329
云　南	160450	97678	7449	55323
西　藏				
陕　西	572806	324596	33061	215149
甘　肃	54146	28195	2413	23538
青　海	24603	10125	852	13626
宁　夏	22499	8750	904	12845
新　疆	38751	15639	2163	20949

3-23 续表 1

正餐服务

地 区	其他业务利润	销售费用	管理费用	财务费用
全 国	**209901**	**4969116**	**2020452**	**354861**
北 京	18403	981312	315877	34205
天 津	4210	78870	31140	4614
河 北	76	36264	19709	7210
山 西	8125	54620	29251	4991
内蒙古	3	43667	30895	4546
辽 宁	4682	37714	24823	7650
吉 林	764	13523	16028	1176
黑龙江	2873	12184	4270	323
上 海	53180	1127733	305049	37287
江 苏	6531	327210	216111	36098
浙 江	10598	344480	165365	40868
安 徽	2683	74941	44393	11708
福 建	508	81453	40822	5742
江 西	2550	35168	19085	3899
山 东	4760	162890	110861	32547
河 南	6086	45616	22338	8916
湖 北	6241	162088	68032	11682
湖 南	16072	76134	43139	11518
广 东	29440	697290	230979	31928
广 西	492	18618	8062	1301
海 南	3821	10855	2147	101
重 庆	3244	154256	73012	7442
四 川	4152	161207	79063	28007
贵 州	2747	14420	12875	2170
云 南	3464	29017	17093	4952
西 藏				
陕 西	8718	145797	59771	9067
甘 肃	4449	14279	5819	982
青 海	6	7514	5816	1160
宁 夏	142	8274	6235	1666
新 疆	881	11722	12392	1105

单位：万元

营业利润	利润总额	应交所得税	应付职工薪酬
468954	**523887**	**198819**	**3198780**
34573	40796	22864	601837
2065	3401	2406	43302
-11266	-5360	168	21486
-21071	-17333	439	34659
9808	5013	1807	23166
-5626	-5565	665	21118
-1942	-1919	87	7145
1635	422	113	4719
43223	73320	30567	477149
267153	262882	80595	203517
-733	6281	6247	202523
9248	11380	3322	51603
2671	3086	2977	59610
-3278	-2748	225	19449
-3739	-5584	5532	132003
18655	20271	1903	36181
85	4599	7209	317979
-1348	-2550	1381	65318
69737	76647	16485	445650
-3660	-2613	275	13238
-991	-1031	82	2273
69107	54453	5680	127547
-4698	1572	4591	102904
125	4394	57	15292
3736	3137	1142	34574
-73	-2341	837	100793
2730	2224	907	8692
-732	1275	80	6866
-3145	-2974	-42	5824
-3295	-1248	218	12363

3-23 续表 2

快餐服务

地　区	主营业务收入	主营业务成本	主营业务税金及附加	主营业务利润	其他业务利润	销售费用
全　国	**8976932**	**3932153**	**464879**	**4579900**	**263786**	**3455380**
北　京	1336583	522073	67794	746716	11669	598026
天　津	410624	183105	21586	205933	47	157458
河　北						
山　西	71635	36581	3862	31192		21748
内蒙古	8202	3651	269	4282		3770
辽　宁	545716	242017	28499	275200	195654	200535
吉　林	33431	17667	799	14965		10279
黑龙江	16005	5753	729	9523		9432
上　海	874683	379603	48045	447035	4185	357700
江　苏	913215	429868	46776	436571	6134	296155
浙　江	615892	273504	32244	310144	4641	211003
安　徽	161243	66078	8293	86872		77497
福　建	315835	143551	15766	156518	3186	120317
江　西	56087	26582	3071	26434		16631
山　东	305193	145733	14908	144552	3826	102415
河　南	93953	43563	4932	45458	-11	37105
湖　北	348509	161716	18161	168632	-1	127557
湖　南	181156	81925	9731	89500		64171
广　东	2073026	879455	106683	1086888	16752	863710
广　西	105727	47471	5645	52611	206	33488
海　南	6432	1930	350	4152		1284
重　庆	106264	45219	6083	54962	4437	41227
四　川	226273	118403	11677	96193	5762	41852
贵　州						
云　南	71668	31541	3654	36473	1989	25956
西　藏						
陕　西	30638	15170	1550	13918	5306	14649
甘　肃	26434	11608	1416	13410		6760
青　海						
宁　夏						
新　疆	42508	18386	2356	21766	4	14655

单位：万元

管理费用	财务费用	营业利润	利润总额	应交所得税	应付职工薪酬
773070	**48514**	**333530**	**323221**	**73728**	**1519977**
123713	3938	30962	32384	11048	274642
39159	1438	10021	8963	4052	64621
4846	86	3577	3213	849	9373
836	233	-548	-551		1516
47533	3270	22383	21332	317	34030
3526	231	922	572	4	4447
671	601	-1182	-1188		2487
78233	3985	17782	22534	5074	165307
87780	5303	46992	45394	14864	144813
51675	5171	45583	43544	13566	110715
8723	1408	4910	6053	1878	34894
31767	2436	3541	1444	2306	63667
5003	106	4575	4575		735
26348	2206	12046	11815	3956	28273
14040	617	-7397	-3257	-512	20948
32293	2756	5248	3711	584	42436
13137	2274	10071	9341	71	32920
148746	9793	39328	24941	7605	395566
7835	329	10959	10040	590	16640
2528	22	318	360	90	510
8856	555	10706	10496	731	8604
20396	1578	47446	53277	3942	31781
6002	-24	6400	6669	317	11776
3827	231	683	-877	609	8009
1943	-94	4800	4774	1197	2826
3654	65	3404	3662	590	8441

3-23 续表 3

饮料及冷饮服务

地　区	主营业务收入	主营业务成本	主营业务税金及附加	主营业务利润	其他业务利润	销售费用
全　国	**1316682**	**363906**	**67531**	**885245**	**183**	**640651**
北　京	207146	53458	10681	143007		107916
天　津						
河　北						
山　西						
内蒙古						
辽　宁	17608	4334	907	12367		9117
吉　林						
黑龙江						
上　海	725980	210805	36993	478182	124	349530
江　苏	16788	6376	515	9897	4	7130
浙　江	6155	1462	348	4345	55	3575
安　徽						
福　建						
江　西						
山　东	9856	2515	510	6831		5099
河　南						
湖　北	54672	13394	2844	38434		26788
湖　南						
广　东	206999	53748	11020	142231		98893
广　西						
海　南						
重　庆						
四　川	69263	16431	3612	49220		32181
贵　州						
云　南	2215	1383	101	731		422
西　藏						
陕　西						
甘　肃						
青　海						
宁　夏						
新　疆						

单位：万元

管理费用	财务费用	营业利润	利润总额	应交所得税	应付职工薪酬
70702	**3028**	**171282**	**149677**	**44876**	**266818**
14564	571	20357	19754	7465	95464
1072	59	2120	1966	518	8162
34105	1648	92820	72720	22164	116255
3038	397	-639	-238	44	3758
636	-12	213	195	11	1695
331	23	1378	1320	333	4000
2680	270	8696	8544	2013	7278
10172	-38	33204	32755	9163	29449
3938	110	12990	12661	3165	373
166		143			384

3-23 续表 4

其他餐饮业

地区	主营业务收入	主营业务成本	主营业务税金及附加	主营业务利润	其他业务利润	销售费用
全　国	**1274494**	**696727**	**52885**	**524882**	**12112**	**348622**
北　京	188689	98978	8170	81541	280	66150
天　津	38519	18917	1576	18026		9700
河　北						
山　西						
内蒙古						
辽　宁	13676	9198	276	4202		
吉　林						
黑龙江						
上　海	203600	123573	9347	70680	-371	48929
江　苏	114373	58233	4504	51636	224	41775
浙　江	62946	43433	1906	17607	1692	13106
安　徽						
福　建	47277	28472	1986	16819	15	8496
江　西						
山　东	32681	22624	1403	8654	6	2106
河　南	5540	4061	67	1412	106	96
湖　北	16626	7031	928	8667		8312
湖　南						
广　东	197828	105334	7811	84683	89	46074
广　西						
海　南						
重　庆	38223	18246	626	19351		9269
四　川	295431	147352	13775	134304	9882	92188
贵　州						
云　南	12789	9837	151	2801		314
西　藏						
陕　西	6296	1438	359	4499	189	2107
甘　肃						
青　海						
宁　夏						
新　疆						

单位：万元

管理费用	财务费用	营业利润	利润总额	应交所得税	应付职工薪酬
131009	**6620**	**53494**	**54773**	**13307**	**284572**
18310	1843	-4733	-4438	806	55981
7023	144	1088	1045	550	20445
2553	-49	1706	1583	458	2789
24411	375	-2783	-1629	595	47240
3438	300	6357	5793	1456	9980
3031	401	2767	2879	544	10564
2330	-83	6081	6143	452	8024
3624	211	2750	2685	444	8234
452	-6	871	995	257	124
573	47	-265	-269		1977
27407	210	13041	12828	2047	43413
8741	1419	427	74	252	7311
23431	1798	26860	27732	5207	62409
1922	-20	733	765	239	4520
3763	30	-1406	-1413		1561

3-24 大中型餐饮业企业分行业经济效益分析指标

正餐服务

地区	负债比率 (%)	主营业务毛利率 (%)	人均营业收入 (万元)	费用率 (%)
全国	**74.9**	**53.1**	**21.9**	**48.0**
北京	78.2	59.8	23.7	54.0
天津	75.0	57.8	18.7	56.6
河北	88.2	56.3	15.8	64.2
山西	80.2	44.1	14.0	52.4
内蒙古	77.8	39.9	30.3	33.1
辽宁	82.5	47.0	25.6	45.0
吉林	30.9	64.7	18.7	69.0
黑龙江	30.6	56.5	13.7	47.4
上海	66.4	58.4	28.0	52.4
江苏	83.7	56.9	19.8	56.4
浙江	79.5	53.8	22.2	51.3
安徽	75.3	47.5	19.3	40.6
福建	79.0	49.3	19.4	42.7
江西	70.4	47.1	18.4	45.8
山东	70.2	49.2	20.7	45.0
河南	62.1	46.4	19.9	33.9
湖北	87.3	50.8	19.6	45.8
湖南	70.1	48.1	19.6	43.4
广东	75.2	54.1	20.9	47.5
广西	107.6	41.3	14.9	42.1
海南	93.3	65.7	22.1	129.9
重庆	52.7	37.9	22.3	26.6
四川	81.3	48.8	20.8	45.3
贵州	83.4	51.2	16.9	46.5
云南	69.0	39.1	21.5	31.8
西藏				
陕西	63.9	43.3	19.1	37.5
甘肃	48.2	47.9	18.1	38.9
青海	70.3	58.8	13.6	58.9
宁夏	101.8	61.1	14.8	71.9
新疆	22.4	59.6	14.8	65.1

注：费用率等于销售费用、管理费用、财务费用三项之和除以营业收入合计(下表同)。

3–24　续表 1

快餐服务

地　区	负债比率 (%)	主营业务毛利率 (%)	人均营业收入 (万元)	费用率 (%)
全　国	**69.1**	**56.2**	**24.0**	**47.6**
北　京	59.7	60.9	26.8	54.3
天　津	75.0	55.4	24.9	48.2
河　北				
山　西	68.1	48.9	14.3	37.2
内蒙古	67.1	55.5	24.3	59.0
辽　宁	80.9	55.7	58.2	46.1
吉　林	30.7	47.2	22.6	42.0
黑龙江	67.1	64.1	27.5	66.9
上　海	72.4	56.6	22.5	50.3
江　苏	67.1	52.9	20.1	42.6
浙　江	81.1	55.6	27.0	43.5
安　徽	59.2	59.0	12.4	54.3
福　建	73.6	54.5	19.1	48.9
江　西	61.7	52.6	27.7	38.8
山　东	83.5	52.2	60.1	42.9
河　南	99.1	53.6	14.3	55.1
湖　北	79.7	53.6	39.9	46.7
湖　南	58.1	54.8	24.3	43.9
广　东	66.9	57.6	23.4	49.3
广　西	60.7	55.1	14.7	39.4
海　南	23.9	70.0	53.6	59.6
重　庆	65.6	57.4	24.0	47.7
四　川	59.5	47.7	16.1	28.2
贵　州				
云　南	62.0	56.0	16.0	44.6
西　藏				
陕　西	65.1	50.5	13.5	61.1
甘　肃	48.0	56.1	15.2	32.6
青　海				
宁　夏				
新　疆	39.2	56.7	22.2	43.2

3-24 续表 2

饮料及冷饮服务

地区	负债比率(%)	主营业务毛利率(%)	人均营业收入(万元)	费用率(%)
全国	**54.5**	**72.4**	**30.3**	**54.3**
北京	65.3	74.2	41.1	59.4
天津				
河北				
山西				
内蒙古				
辽宁	30.5	75.4	40.0	58.2
吉林				
黑龙江				
上海	59.7	71.0	26.5	53.1
江苏	51.0	62.0	17.5	62.9
浙江	15.6	76.2	17.8	68.2
安徽				
福建				
江西				
山东	28.9	74.5	40.4	55.3
河南				
湖北	39.0	75.5	30.6	54.4
湖南				
广东	37.6	74.0	40.9	52.7
广西				
海南				
重庆				
四川	39.9	76.3	34.1	52.3
贵州				
云南	93.0	37.6	18.5	26.5
西藏				
陕西				
甘肃				
青海				
宁夏				
新疆				

3-24 续表 3

其他餐饮业

地区	负债比率(%)	主营业务毛利率(%)	人均营业收入(万元)	费用率(%)
全国	**63.1**	**45.3**	**19.7**	**38.2**
北京	117.9	47.5	13.3	45.7
天津	76.5	50.9	21.1	43.8
河北				
山西				
内蒙古				
辽宁	21.7	32.7	25.1	18.3
吉林				
黑龙江				
上海	66.0	39.3	17.9	36.2
江苏	39.1	49.1	17.1	39.8
浙江	69.5	31.0	24.9	26.3
安徽				
福建	29.8	39.8	25.8	22.7
江西				
山东	48.5	30.8	12.7	18.2
河南	20.2	26.7	20.4	9.8
湖北	37.3	57.7	32.9	53.7
湖南				
广东	50.1	46.8	19.6	37.3
广西				
海南				
重庆	81.0	52.3	31.8	50.8
四川	42.2	50.1	29.7	39.7
贵州				
云南	36.0	23.1	21.6	17.3
西藏				
陕西	86.5	77.2	14.2	93.7
甘肃				
青海				
宁夏				
新疆				

企业篇

简要说明:

一、本篇资料主要内容为分地区大型批发业、零售业、住宿业和餐饮业企业名称、所属行业和所在地等。

二、本篇资料来源于批发和零售业、住宿和餐饮业企业上报的2015年统计年报。

4-1 各地区大型批发业企业名单

企业名称	所属行业	企业所在地
北京市		
中国石化化工销售有限公司	其他化工产品批发	北京市朝阳区
北京京东世纪贸易有限公司	家用电器批发	北京市大兴区
宝马(中国)汽车贸易有限公司	汽车批发	北京市朝阳区
一汽丰田汽车销售有限公司	汽车批发	北京市海淀区
三星(中国)投资有限公司	通讯及广播电视设备批发	北京市朝阳区
中国航空油料有限责任公司	石油及制品批发	北京市海淀区
中国进口汽车贸易有限公司	汽车批发	北京市海淀区
联通华盛通信有限公司	通讯及广播电视设备批发	北京市东城区
北京普天太力通信科技有限公司	通讯及广播电视设备批发	北京市海淀区
中国海洋石油总公司销售分公司	石油及制品批发	北京市东城区
天翼电信终端有限公司	通讯及广播电视设备批发	北京市西城区
中农集团控股股份有限公司	化肥批发	北京市西城区
丰田汽车(中国)投资有限公司	汽车批发	北京市朝阳区
中国中煤能源股份有限公司	煤炭及制品批发	北京市朝阳区
西门子(中国)有限公司	通讯及广播电视设备批发	北京市朝阳区
中化化肥有限公司	化肥批发	北京市西城区
五矿有色金属股份有限公司	金属及金属矿批发	北京市海淀区
奥迪(中国)企业管理有限公司	汽车批发	北京市朝阳区
中粮贸易有限公司	谷物、豆及薯类批发	北京市东城区
中石油昆仑燃气有限公司	石油及制品批发	北京市朝阳区
中国石化燃料油销售有限公司	石油及制品批发	北京市朝阳区
华润雪花啤酒(中国)有限公司	酒、饮料及茶叶批发	北京市东城区
北京科园信海医药经营有限公司	中药批发	北京市丰台区
中国烟草总公司北京市公司	烟草制品批发	北京市通州区
佳能(中国)有限公司	家用电器批发	北京市东城区
日产(中国)投资有限公司	汽车批发	北京市朝阳区
神华国华(北京)电力研究院有限公司	煤炭及制品批发	北京市朝阳区
中国矿产有限责任公司	金属及金属矿批发	北京市海淀区
施耐德电气(中国)有限公司	电气设备批发	北京市朝阳区
中国黄金集团黄金珠宝(北京)有限公司	首饰、工艺品及收藏品批发	北京市东城区
中国有色金属建设股份有限公司	金属及金属矿批发	北京市朝阳区
北京红牛饮料销售有限公司	酒、饮料及茶叶批发	北京市朝阳区
翰林汇信息产业股份有限公司	计算机、软件及辅助设备批发	北京市海淀区
索尼(中国)有限公司	家用电器批发	北京市朝阳区
松下电器(中国)有限公司	家用电器批发	北京市朝阳区
中国邮电器材集团公司	通讯及广播电视设备批发	北京市西城区
神华销售集团有限公司	煤炭及制品批发	北京市东城区
中国石油技术开发公司	其他机械设备及电子产品批发	北京市西城区
大金(中国)投资有限公司	家用电器批发	北京市东城区
国药集团药业股份有限公司	西药批发	北京市东城区
中国石油天然气股份有限公司北京销售分公司	石油及制品批发	北京市朝阳区
路易达孚(中国)贸易有限责任公司	谷物、豆及薯类批发	北京市朝阳区
中国首钢国际贸易工程公司	金属及金属矿批发	北京市海淀区
诺基亚通信系统技术(北京)有限公司	通讯及广播电视设备批发	北京市东城区
中国联合石油有限责任公司	石油及制品批发	北京市西城区
斯巴鲁汽车(中国)有限公司	汽车零配件批发	北京市朝阳区
中国电子进出口总公司	其他机械设备及电子产品批发	北京市海淀区
中钢设备有限公司	其他机械设备及电子产品批发	北京市海淀区
国药控股北京有限公司	西药批发	北京市东城区

4-1 续表 1

企业名称	所属行业	企业所在地
中化塑料有限公司	其他化工产品批发	北京市西城区
北京乐语世纪科技集团有限公司	通讯及广播电视设备批发	北京市海淀区
北京汽车销售有限公司	汽车批发	北京市大兴区
中粮集团有限公司	谷物、豆及薯类批发	北京市东城区
乐金电子(中国)有限公司	家用电器批发	北京市朝阳区
神华物资集团有限公司	其他机械设备及电子产品批发	北京市昌平区
中国机械进出口(集团)有限公司	贸易代理	北京市西城区
北京金隅水泥经贸有限公司	建材批发	北京市房山区
新时代健康产业(集团)有限公司	营养和保健品批发	北京市昌平区
中航技进出口有限责任公司	其他未列明批发业	北京市朝阳区
北京糖业烟酒集团有限公司	酒、饮料及茶叶批发	北京市东城区
中建材信息技术有限公司	计算机、软件及辅助设备批发	北京市海淀区
保利科技有限公司	其他机械设备及电子产品批发	北京市东城区
中国铁路物资北京有限公司	金属及金属矿批发	北京市西城区
中建材国际贸易有限公司	建材批发	北京市海淀区
戴姆勒东北亚零部件贸易服务有限公司	汽车零配件批发	北京市朝阳区
现代汽车(中国)投资有限公司	汽车批发	北京市朝阳区
中国航空技术北京有限公司	其他机械设备及电子产品批发	北京市大兴区
中粮国际(北京)有限公司	米、面制品及食用油批发	北京市东城区
李宁(中国)体育用品有限公司	体育用品及器材批发	北京市通州区
中国免税品(集团)有限责任公司	烟草制品批发	北京市东城区
北京九州通医药有限公司	西药批发	北京市大兴区
北京龙禹石油化工有限公司	石油及制品批发	北京市平谷区
国药控股北京天星普信生物医药有限公司	西药批发	北京市丰台区
中国再生资源开发有限公司	再生物资回收与批发	北京市西城区
卡特彼勒(中国)投资有限公司	电气设备批发	北京市朝阳区
北京福田国际贸易有限公司	汽车批发	北京市昌平区
北京金隅商贸有限公司	建材批发	北京市朝阳区
中国铁路物资股份有限公司	金属及金属矿批发	北京市丰台区
北京当当科文电子商务有限公司	音像制品及电子出版物批发	北京市东城区
国药控股北京华鸿有限公司	西药批发	北京市东城区
三星电子(北京)技术服务有限公司	其他机械设备及电子产品批发	北京市朝阳区
中铁物产控股发展有限公司	建材批发	北京市海淀区
嘉事堂药业股份有限公司	医疗用品及器材批发	北京市海淀区
北京惠买在线网络科技有限公司	厨房、卫生间用具及日用杂货批发	北京市大兴区
东陶(中国)有限公司	厨房、卫生间用具及日用杂货批发	北京市朝阳区
中国石化润滑油有限公司	汽车零配件批发	北京市海淀区
北京美康永正医药有限公司	西药批发	北京市朝阳区
中铁物资集团有限公司	金属及金属矿批发	北京市海淀区
中国仪器进出口(集团)公司	贸易代理	北京市西城区
北京三聚环保新材料股份有限公司	其他化工产品批发	北京市海淀区
北京现代摩比斯汽车配件有限公司	汽车零配件批发	北京市顺义区
中农立华生物科技股份有限公司	农药批发	北京市西城区
默克雪兰诺有限公司	西药批发	北京市顺义区
中国科学器材公司	其他机械设备及电子产品批发	北京市朝阳区
中国石化国际事业有限公司	其他机械设备及电子产品批发	北京市朝阳区
奥林巴斯(北京)销售服务有限公司	医疗用品及器材批发	北京市朝阳区
北京金泰港物流有限公司	金属及金属矿批发	北京市大兴区
北京周大福珠宝金行有限公司	首饰、工艺品及收藏品批发	北京市东城区
百丽鞋业(北京)有限公司	鞋帽批发	北京市通州区
中国水利电力物资有限公司	金属及金属矿批发	北京市西城区

4-1 续表 2

企业名称	所属行业	企业所在地
中建材国际装备有限公司	建材批发	北京市海淀区
北京同仁堂健康药品经营有限公司	中药批发	北京市朝阳区
北京盛世欣兴格力贸易有限公司	家用电器批发	北京市大兴区
北京颖泰嘉和生物科技有限公司	农药批发	北京市海淀区
国金黄金集团有限公司	首饰、工艺品及收藏品批发	北京市平谷区
中国精密机械进出口有限公司	贸易代理	北京市海淀区
中国航空技术国际控股有限公司	其他机械设备及电子产品批发	北京市朝阳区
爱尔康(中国)眼科产品有限公司	医疗用品及器材批发	北京市朝阳区
亚马逊卓越有限公司	图书批发	北京市朝阳区
北京中青旅创格科技有限公司	计算机、软件及辅助设备批发	北京市海淀区
本田技研工业(中国)投资有限公司	汽车批发	北京市朝阳区
北京朝批商贸股份有限公司	米、面制品及食用油批发	北京市朝阳区
北京市西南郊食品冷冻厂	肉、禽、蛋、奶及水产品批发	北京市丰台区
北京胜多商贸有限责任公司	其他机械设备及电子产品批发	北京市海淀区
北京同仁堂商业投资集团有限公司	中药批发	北京市西城区
华润新龙(北京)医药有限公司	西药批发	北京市大兴区
富通时代科技有限公司	计算机、软件及辅助设备批发	北京市平谷区
北京一商宇洁商贸有限公司	厨房、卫生间用具及日用杂货批发	北京市东城区
乐友(中国)超市连锁有限公司	其他家庭用品批发	北京市通州区
中牧农业连锁发展有限公司	饲料批发	北京市丰台区
索尼移动通信产品(中国)有限公司	通讯及广播电视设备批发	北京市朝阳区
北京中科三环高技术股份有限公司	金属及金属矿批发	北京市海淀区
纷美(北京)贸易有限公司	其他未列明批发业	北京市朝阳区
北京双鹤药业经营有限责任公司	西药批发	北京市东城区
威斯特(北京)机械设备有限公司	其他机械设备及电子产品批发	北京市大兴区
恒信玺利实业股份有限公司	首饰、工艺品及收藏品批发	北京市朝阳区
史赛克(北京)医疗器械有限公司	医疗用品及器材批发	北京市东城区
中铁建(北京)国际贸易有限公司	其他贸易经纪与代理	北京市海淀区
康明斯排放处理系统(中国)有限公司	汽车零配件批发	北京市大兴区
北京中科资源有限公司	金属及金属矿批发	北京市海淀区
中国石油物资公司	金属及金属矿批发	北京市西城区
北京市千叶珠宝股份有限公司	首饰、工艺品及收藏品批发	北京市东城区
北京二商集团有限责任公司	糕点、糖果及糖批发	北京市西城区
北京中邮普泰移动通信设备有限责任公司	通讯及广播电视设备批发	北京市丰台区
北京法雅商贸有限责任公司	服装批发	北京市西城区
北京北方京糖洋酒销售有限公司	酒、饮料及茶叶批发	北京市西城区
北京一商美洁商业有限公司	化妆品及卫生用品批发	北京市丰台区
中国集邮总公司	首饰、工艺品及收藏品批发	北京市东城区
中国大恒(集团)有限公司	计算机、软件及辅助设备批发	北京市海淀区
北京曲美馨家商业有限公司	其他家庭用品批发	北京市顺义区
利洁时(中国)投资有限公司	化妆品及卫生用品批发	北京市朝阳区
北京中油公交石油销售有限公司	石油及制品批发	北京市通州区
通用美康医药有限公司	中药批发	北京市东城区
北京润美康医药有限公司	西药批发	北京市顺义区
北京蒙牛宏达乳制品有限责任公司	肉、禽、蛋、奶及水产品批发	北京市丰台区
北京朝批中得商贸有限公司	其他家庭用品批发	北京市朝阳区
国科恒泰(北京)医疗科技有限公司	医疗用品及器材批发	北京市大兴区
北京鑫方盛五金交电有限公司	五金产品批发	北京市大兴区
北京威联德骨科技术有限公司	医疗用品及器材批发	北京市海淀区
北京瑞华赢科技发展有限公司	电气设备批发	北京市朝阳区
央广幸福购物(北京)有限公司	首饰、工艺品及收藏品批发	北京市大兴区

4-1 续表 3

企业名称	所属行业	企业所在地
北京建贸新科建材有限公司	建材批发	北京市朝阳区
北京赛科昌盛医药有限责任公司	西药批发	北京市朝阳区
北京纳通医疗技术有限公司	医疗用品及器材批发	北京市海淀区
北京台湖出版物会展贸易中心有限责任公司	图书批发	北京市通州区
超威半导体产品(中国)有限公司	通讯及广播电视设备批发	北京市海淀区
北京云杉世界信息技术有限公司	果品、蔬菜批发	北京市海淀区
北京伊藤忠华糖综合加工有限公司	化妆品及卫生用品批发	北京市东城区
北京美的制冷产品销售有限公司	家用电器批发	北京市门头沟区
北京紫竹医药经营有限公司	西药批发	北京市朝阳区
博世热力技术(北京)有限公司	其他机械设备及电子产品批发	北京市大兴区
朗姿股份有限公司	服装批发	北京市顺义区
北京恒城实业发展公司	化妆品及卫生用品批发	北京市朝阳区
北京青岛啤酒北方销售有限公司	酒、饮料及茶叶批发	北京市密云区
中航国际航空发展有限公司	贸易代理	北京市朝阳区
北京金象复星医药股份有限公司	西药批发	北京市西城区
北京红太阳药业有限公司	西药批发	北京市朝阳区
威能(北京)供暖设备有限公司	其他机械设备及电子产品批发	北京市朝阳区
富士施乐(中国)有限公司	其他机械设备及电子产品批发	北京市朝阳区
华歌尔(中国)时装有限公司	服装批发	北京市经济技术开发区
北京市朝批调味品有限责任公司	盐及调味品批发	北京市朝阳区
东芝医疗系统(中国)有限公司	医疗用品及器材批发	北京市朝阳区
泰戈特(北京)工程技术有限公司	其他机械设备及电子产品批发	北京市朝阳区
北京双鹤药业销售有限责任公司	西药批发	北京市东城区
爱氏晨曦乳制品进出口有限公司	其他食品批发	北京市房山区
北京金色农华种业科技股份有限公司	种子批发	北京市海淀区
康乐保(中国)医疗用品有限公司	医疗用品及器材批发	北京市朝阳区
北京全聚德仿膳食品有限责任公司	肉、禽、蛋、奶及水产品批发	北京市大兴区
北京光华时代纺织服装有限公司	纺织品、针织品及原料批发	北京市朝阳区
北京纳威德医疗器械有限公司	医疗用品及器材批发	北京市海淀区
诺托弗朗克建筑五金(北京)有限公司	其他机械设备及电子产品批发	北京市海淀区
北京中润长江食品有限公司	其他食品批发	北京市昌平区
北京远宏欧珀电子设备有限公司	通讯及广播电视设备批发	北京市东城区
北京世龙经略供应链管理有限公司	医疗用品及器材批发	北京市海淀区
北京元隆雅图文化传播股份有限公司	首饰、工艺品及收藏品批发	北京市西城区
北京吉元盛宝国际贸易有限公司	服装批发	北京市西城区
迈盛悦合体育用品有限公司	服装批发	北京市东城区
北京燃气绿源达清洁燃料有限公司	石油及制品批发	北京市海淀区
北京中油潞安石油销售有限公司	石油及制品批发	北京市东城区
北京鼎力兴商贸有限责任公司	酒、饮料及茶叶批发	北京市朝阳区
北京五洲东方科技发展有限公司	其他机械设备及电子产品批发	北京市海淀区
北京利仁科技有限责任公司	家用电器批发	北京市西城区
北京华润北贸医药经营有限公司	中药批发	北京市朝阳区
霍曼(北京)贸易有限公司	五金产品批发	北京市大兴区
北京燃气用户服务有限公司	厨房、卫生间用具及日用杂货批发	北京市朝阳区
北京艾鲜乳品销售有限责任公司	其他食品批发	北京市丰台区
北京美缇商贸有限公司	化妆品及卫生用品批发	北京市朝阳区
天津市		
中国石化销售有限公司华北分公司	石油及制品批发	天津市西青区
大众汽车(中国)销售有限公司	汽车批发	天津市滨海新区
中铁油料有限公司	石油及制品批发	天津市河东区
天津市化轻贸易有限公司	其他化工产品批发	天津市河西区

4-1 续表 4

企业名称	所属行业	企业所在地
中国烟草总公司天津市公司	烟草制品批发	天津市和平区
中粮食品营销有限公司	贸易代理	天津市滨海新区
中海油销售天津有限公司	石油及制品批发	天津市滨海新区
国药控股天津有限公司	西药批发	天津市和平区
天津天士力医药营销集团有限公司	中药批发	天津市北辰区
天津医药集团太平医药有限公司	西药批发	天津市和平区
丰田通商(天津)有限公司	汽车零配件批发	天津市滨海新区
中国铁路物资天津有限公司	金属及金属矿批发	天津市河东区
中海油能源物流有限公司	石油及制品批发	天津市滨海新区
三星爱商(天津)国际物流有限公司	其他未列明批发业	天津市河西区
天津天物国际贸易发展有限公司	汽车批发	天津市滨海新区
天津红日康仁堂药品销售有限公司	中药批发	天津市武清区
威莱(天津)贸易有限公司	化妆品及卫生用品批发	天津市武清区
华润雪花啤酒(中国)有限公司天津分公司	酒、饮料及茶叶批发	天津市南开区
天津市永隆金钟农产品批发有限公司	果品、蔬菜批发	天津市东丽区
天津都市风尚服装销售有限公司	服装批发	天津市武清区
京瓷(中国)商贸有限公司	其他机械设备及电子产品批发	天津市河西区
天津空港国际汽车园发展有限公司	汽车批发	天津市东丽区
天津市奥淇医科医药销售有限公司	西药批发	天津市南开区
美卓矿机(天津)国际贸易有限公司	电气设备批发	天津市滨海新区
海龙国际物流(天津)有限公司	再生物资回收与批发	天津市宁河区
天津市万达轮胎集团有限公司	其他化工产品批发	天津市北辰区
天津裕华经济贸易总公司	其他化工产品批发	天津市和平区
拉夏贝尔服饰(天津)有限公司	服装批发	天津市西青区
赫璟(中国)服饰有限公司	服装批发	天津市武清区
天津渤商大百商贸股份有限公司	其他家庭用品批发	天津市西青区
天天希杰(天津)商贸有限公司	首饰、工艺品及收藏品批发	天津市东丽区
永立建机(中国)有限公司	电气设备批发	天津市滨海新区
天津市正威燃气有限公司	石油及制品批发	天津市武清区
福建恒安集团厦门商贸有限公司天津分公司	化妆品及卫生用品批发	天津市西青区
天津市金郁华商贸有限公司	化妆品及卫生用品批发	天津市南开区
天津罗升企业有限公司	电气设备批发	天津市滨海新区
狮桥融资租赁(中国)有限公司	农业机械批发	天津市滨海新区
河北省		
冀中能源国际物流集团有限公司	煤炭及制品批发	河北省邯郸市
保定哈弗汽车销售有限公司	汽车批发	河北省保定市
迁安市九江煤炭储运有限公司	煤炭及制品批发	河北省唐山市
河北省烟草公司石家庄市公司	烟草制品批发	河北省石家庄市
新奥能源贸易有限公司	其他化工产品批发	河北省廊坊市
河北省烟草公司保定市公司	烟草制品批发	河北省保定市
中国石化销售有限公司河北唐山石油分公司	石油及制品批发	河北省唐山市
庞大汽贸集团股份有限公司	汽车批发	河北省唐山市
河北省烟草公司唐山市公司	烟草制品批发	河北省唐山市
河北省烟草公司邯郸市公司	烟草制品批发	河北省邯郸市
河北省农业生产资料有限公司	化肥批发	河北省石家庄市
河北省烟草公司沧州市公司	烟草制品批发	河北省沧州市
河北新兴格力电器销售有限公司	家用电器批发	河北省石家庄市
中国煤炭工业秦皇岛进出口有限公司	煤炭及制品批发	河北省秦皇岛市
河北省烟草公司邢台市公司	烟草制品批发	河北省邢台市
唐山市冀东物贸集团有限责任公司	汽车批发	河北省唐山市
中国石化销售有限公司河北邢台石油分公司	石油及制品批发	河北省邢台市

4-1 续表 5

企业名称	所属行业	企业所在地
中国石化销售有限公司河北承德石油分公司	石油及制品批发	河北省承德市
中国石油化工股份有限公司河北邯郸石油分公司	石油及制品批发	河北省邯郸市
中国石化销售有限公司河北廊坊石油分公司	石油及制品批发	河北省廊坊市
保定市保北医药药材有限责任公司	西药批发	河北省保定市
河北省新华书店有限责任公司	图书批发	河北省石家庄市
河北省烟草公司承德市公司	烟草制品批发	河北省承德市
河北省烟草公司衡水市公司	烟草制品批发	河北省衡水市
中国石化销售有限公司河北衡水石油分公司	石油及制品批发	河北省衡水市
河北省烟草公司秦皇岛市公司	烟草制品批发	河北省秦皇岛市
中国石油化工股份有限公司河北张家口石油分公司	石油及制品批发	河北省张家口市
衡水老白干营销有限公司	酒、饮料及茶叶批发	河北省衡水市
承德承钢物流有限公司	金属及金属矿批发	河北省承德市
华润廊坊医药有限公司	中药批发	河北省廊坊市
中国石油天然气股份有限公司河北唐山销售分公司	石油及制品批发	河北省唐山市
秦皇岛中油华奥销售有限公司	石油及制品批发	河北省秦皇岛市
河北金仑医药有限公司	西药批发	河北省石家庄市
河北爱普医药药材有限公司	西药批发	河北省石家庄市
中国石油天然气股份有限公司河北邯郸销售分公司	石油及制品批发	河北省邯郸市
中国石油天然气股份有限公司河北廊坊销售分公司	石油及制品批发	河北省廊坊市
中铁物资集团华北有限公司	金属及金属矿批发	河北省石家庄市
中国石油天然气股份有限公司河北张家口销售分公司	石油及制品批发	河北省张家口市
唐山市祥宝贸易有限公司	金属及金属矿批发	河北省唐山市
中国石油天然气股份有限公司河北衡水销售分公司	石油及制品批发	河北省衡水市
河北省盐业专营集团公司	盐及调味品批发	河北省石家庄市
沧州天元医药有限公司	西药批发	河北省沧州市
遵化市国龙煤炭有限公司	煤炭及制品批发	河北省唐山市
中国石油天然气股份有限公司河北承德销售分公司	石油及制品批发	河北省承德市
怀来西八里煤炭运销有限公司	煤炭及制品批发	河北省张家口市
河北省永年县高新建材有限公司	建材批发	河北省邯郸市
河北白象食品销售有限公司	其他食品批发	河北省保定市
中国船舶燃料秦皇岛有限公司	石油及制品批发	河北省秦皇岛市
承德避暑山庄企业集团冀门酒业销售有限公司	酒、饮料及茶叶批发	河北省承德市
河北顺泽医药有限公司	中药批发	河北省保定市
承德聚鑫贸易有限责任公司	酒、饮料及茶叶批发	河北省承德市
河北冀北医药物流有限公司	西药批发	河北省保定市
河北省唐山医药采购供应站	西药批发	河北省唐山市
邯郸市龙安达贸易有限公司	建材批发	河北省邯郸市
石家庄中山日化有限责任公司	化妆品及卫生用品批发	河北省石家庄市
山西省		
山西潞安煤炭经销有限责任公司	金属及金属矿批发	山西省长治市
山西省国新能源发展集团有限公司	煤炭及制品批发	山西省太原市
山西焦煤集团国际贸易有限责任公司	煤炭及制品批发	山西省太原市
山西建邦集团有限公司	金属及金属矿批发	山西省临汾市
山西省焦炭集团有限责任公司	煤炭及制品批发	山西省太原市
山西省烟草公司太原市公司	烟草制品批发	山西省太原市
山西杏花村国贸投资公司	金属及金属矿批发	山西省太原市
山西省烟草公司运城市公司	烟草制品批发	山西省运城市
山西省烟草公司临汾市公司	烟草制品批发	山西省临汾市
山西大运汽车销售有限公司	汽车批发	山西省运城市
山西省烟草公司吕梁市公司	烟草制品批发	山西省吕梁市

4-1 续表 6

企业名称	所属行业	企业所在地
山西省烟草公司大同市公司	烟草制品批发	山西省大同市
山西煤炭运销集团吕梁交口有限公司	煤炭及制品批发	山西省吕梁市
山西省烟草公司晋中市公司	烟草制品批发	山西省晋中市
山西省烟草公司长治市公司	烟草制品批发	山西省长治市
国药控股山西有限公司	西药批发	山西省太原市
山西省烟草公司忻州市公司	烟草制品批发	山西省忻州市
山西煤炭运销集团阳泉有限公司	煤炭及制品批发	山西省阳泉市
大同煤矿集团煤炭运销朔州矿业公司	煤炭及制品批发	山西省朔州市
山西百圆裤业连锁经营股份有限公司	服装批发	山西省太原市
山西新华书店集团有限公司	图书批发	山西省太原市
清徐县美特好农产品配送物流有限公司	果品、蔬菜批发	山西省太原市
山西省烟草公司晋城市公司	烟草制品批发	山西省晋城市
五寨县国新能源煤炭运销公司	煤炭及制品批发	山西省忻州市
山西亚宝医药经销有限公司	中药批发	山西省运城市
山西康美徕医药有限公司	西药批发	山西省太原市
山西省烟草公司朔州市公司	烟草制品批发	山西省朔州市
阳城县皇城相府(集团)实业有限公司	煤炭及制品批发	山西省晋城市
阳泉天成煤炭铁路集运有限公司	煤炭及制品批发	山西省阳泉市
山西省烟草公司阳泉市公司	烟草制品批发	山西省阳泉市
山西九州通医药有限公司	西药批发	山西省太原市
潞安五阳广源实业公司	金属及金属矿批发	山西省长治市
山西汇丰兴业焦煤集团有限公司	煤炭及制品批发	山西省吕梁市
山西焦煤集团中源物贸有限责任公司	煤炭及制品批发	山西省太原市
山西晟世晋兴格力贸易有限公司	家用电器批发	山西省太原市
华润新龙(山西)医药有限公司	西药批发	山西省太原市
山西省国新能源发展集团宏达煤炭有限公司	煤炭及制品批发	山西省忻州市
晋城市铁路煤炭销售有限公司	煤炭及制品批发	山西省晋城市
山西新华现代出版物连锁有限责任公司	图书批发	山西省晋中市
山西煤炭运销集团临汾有限公司	煤炭及制品批发	山西省临汾市
汾阳市北廓村晋阳农副产品批发市场	果品、蔬菜批发	山西省吕梁市
朔州中芦煤炭销售有限公司	煤炭及制品批发	山西省朔州市
深圳创维-RGB电子有限公司山西分公司	家用电器批发	山西省太原市
山西滔搏商贸有限公司	服装批发	山西省太原市
山西诚信种业有限公司	种子批发	山西省吕梁市
内蒙古自治区		
中国石油天然汽股份有限公司内蒙古赤峰销售分公司	石油及制品批发	内蒙古自治区赤峰市
内蒙古自治区烟草公司呼和浩特市公司	烟草制品批发	内蒙古自治区呼和浩特市
内蒙古自治区烟草公司包头市公司	烟草制品批发	内蒙古自治区包头市
内蒙古自治区烟草公司鄂尔多斯市公司	烟草制品批发	内蒙古自治区鄂尔多斯市
中国石油天然气股份有限公司内蒙古呼和浩特市分公司	石油及制品批发	内蒙古自治区呼和浩特市
内蒙古自治区烟草公司赤峰市公司	烟草制品批发	内蒙古自治区赤峰市
内蒙古万苗惠普农副产品商贸有限公司	其他农牧产品批发	内蒙古自治区呼和浩特市
呼和浩特市朝晖商贸有限责任公司	糕点、糖果及糖批发	内蒙古自治区呼和浩特市
内蒙古自治区烟草公司乌兰察布市公司	烟草制品批发	内蒙古自治区乌兰察布市
内蒙古自治区烟草公司呼伦贝尔市公司	烟草制品批发	内蒙古自治区呼伦贝尔市
内蒙古烟草公司巴彦淖尔市分公司	烟草制品批发	内蒙古自治区巴彦淖尔市
内蒙古自治区烟草公司通辽分公司	烟草制品批发	内蒙古自治区通辽市
中国石油天然气股份有限公司内蒙古巴彦淖尔分公司	石油及制品批发	内蒙古自治区巴彦淖尔市
呼和浩特市恒昌商贸有限责任公司	服装批发	内蒙古自治区呼和浩特市
中国石化销售有限公司内蒙古呼和浩特石油分公司	石油及制品批发	内蒙古自治区呼和浩特市

4-1 续表 7

企业名称	所属行业	企业所在地
内蒙古鄂尔多斯服装有限公司	服装批发	内蒙古自治区鄂尔多斯市
内蒙古食全食美股份有限公司	其他农牧产品批发	内蒙古自治区呼和浩特市
中国石化销售有限公司内蒙古赤峰石油分公司	石油及制品批发	内蒙古自治区赤峰市
内蒙古九州通医药有限公司	西药批发	内蒙古自治区呼和浩特市
内蒙古朋贺商贸有限责任公司	肉、禽、蛋、奶及水产品批发	内蒙古自治区呼和浩特市
内蒙古河套酒业集团销售有限责任公司	酒、饮料及茶叶批发	内蒙古自治区巴彦淖尔市
内蒙古新华发行集团股份有限公司	图书批发	内蒙古自治区呼和浩特市
神华杭锦能源有限责任公司	煤炭及制品批发	内蒙古自治区鄂尔多斯市
辽宁省		
鞍钢集团国际经济贸易公司	金属及金属矿批发	辽宁省鞍山市
辽宁省烟草公司沈阳市公司	烟草制品批发	辽宁省沈阳市
国药控股沈阳有限公司	西药批发	辽宁省沈阳市
中国烟草总公司大连市公司	烟草制品批发	辽宁省大连市
葛洲坝环嘉(大连)再生资源有限公司	金属及金属矿批发	辽宁省大连市
海城南台箱包有限公司	其他家庭用品批发	辽宁省鞍山市
中国石油天然气股份有限公司辽宁鞍山销售分公司	石油及制品批发	辽宁省鞍山市
中国石油天然气股份有限公司辽宁营口销售分公司	石油及制品批发	辽宁省营口市
华润辽宁医药有限公司	西药批发	辽宁省沈阳市
中铁物资集团东北有限公司	金属及金属矿批发	辽宁省沈阳市
辽宁省烟草公司鞍山市公司	烟草制品批发	辽宁省鞍山市
中国铁路物资沈阳有限公司	金属及金属矿批发	辽宁省沈阳市
海城市路士威服装销售有限公司	服装批发	辽宁省鞍山市
海城市兴创贸易有限公司	服装批发	辽宁省鞍山市
海城市恒运广商贸有限公司	服装批发	辽宁省鞍山市
海城市佳信美贸易有限公司	服装批发	辽宁省鞍山市
海城市胜元服装销售有限公司	服装批发	辽宁省鞍山市
海城市浩达明商贸有限公司	服装批发	辽宁省鞍山市
中国石油天然气股份有限公司辽宁抚顺销售分公司	石油及制品批发	辽宁省抚顺市
辽宁省烟草公司铁岭市公司	烟草制品批发	辽宁省铁岭市
辉山乳业(沈阳)销售有限公司	酒、饮料及茶叶批发	辽宁省沈阳市
中国石油天然气股份有限公司辽宁葫芦岛销售分公司	石油及制品批发	辽宁省葫芦岛市
中国石油天然气股份有限公司辽宁盘锦销售分公司	石油及制品批发	辽宁省盘锦市
辽宁省烟草公司营口市分公司	烟草制品批发	辽宁省营口市
辽宁省烟草公司丹东市公司	酒、饮料及茶叶批发	辽宁省丹东市
辽宁省烟草公司锦州市公司	烟草制品批发	辽宁省锦州市
中国石油天然气股份有限公司辽宁朝阳销售分公司	石油及制品批发	辽宁省朝阳市
海城市天威服装贸易有限公司	服装批发	辽宁省鞍山市
海城市广旭贸易有限公司	服装批发	辽宁省鞍山市
中油辽宁铁岭销售分公司	石油及制品批发	辽宁省铁岭市
中国石油天然气股份有限公司辽宁辽阳销售分公司	石油及制品批发	辽宁省辽阳市
海城市凯达信商贸有限公司	服装批发	辽宁省鞍山市
辽宁省烟草公司朝阳市公司	烟草制品批发	辽宁省朝阳市
辽宁省烟草公司葫芦岛市公司	烟草制品批发	辽宁省葫芦岛市
海城市富明达服装贸易有限公司	服装批发	辽宁省鞍山市
辽宁省烟草公司辽阳市公司	烟草制品批发	辽宁省辽阳市
辽宁九州通医药有限公司	医疗用品及器材批发	辽宁省沈阳市
周大福珠宝金行(沈阳)有限公司	首饰、工艺品及收藏品批发	辽宁省沈阳市
辽宁省烟草公司抚顺市公司	烟草制品批发	辽宁省抚顺市
中国石油天然气股份有限公司辽宁阜新销售分公司	石油及制品批发	辽宁省阜新市
中国石油天然气股份有限公司辽宁本溪分公司	石油及制品批发	辽宁省本溪市

4-1 续表 8

企业名称	所属行业	企业所在地
辽宁省烟草公司阜新市公司	烟草制品批发	辽宁省阜新市
辽宁省烟草公司盘锦市公司(专卖局)	烟草制品批发	辽宁省盘锦市
辽宁省烟草公司本溪市公司	烟草制品批发	辽宁省本溪市
蒂业技凯中国投资有限公司	其他机械设备及电子产品批发	辽宁省大连市
东北制药集团公司供销公司	西药批发	辽宁省沈阳市
中国船舶燃料大连有限公司	石油及制品批发	辽宁省大连市
一重集团大连国际科技贸易有限公司	其他机械设备及电子产品批发	辽宁省大连市
辽宁石油实业发展公司	石油及制品批发	辽宁省沈阳市
大连环嘉集团有限公司	再生物资回收与批发	辽宁省大连市
辽宁成大国际贸易有限公司	服装批发	辽宁省大连市
华润雪花啤酒(中国)有限公司沈阳分公司	酒、饮料及茶叶批发	辽宁省沈阳市
鞍山银珠米业有限公司	米、面制品及食用油批发	辽宁省鞍山市
沈阳长生产业集团股份有限公司	米、面制品及食用油批发	辽宁省沈阳市
中国石油天然气股份有限公司河北销售瑞州分公司	石油及制品批发	辽宁省葫芦岛市
亚洲渔港供应链管理(大连)有限公司	肉、禽、蛋、奶及水产品批发	辽宁省大连市
大连金嘉物资回收有限公司	再生物资回收与批发	辽宁省大连市
丽珂贸易(沈阳)有限公司	贸易代理	辽宁省沈阳市
时代万恒(辽宁)民族贸易有限公司	服装批发	辽宁省大连市
百丽鞋业(沈阳)商贸有限公司	鞋帽批发	辽宁省沈阳市
大连五佳国际贸易有限公司	酒、饮料及茶叶批发	辽宁省大连市
吉林省		
一汽马自达汽车销售有限公司	汽车零配件批发	吉林省长春市
扶余市三井子园区市场建设运营有限公司	谷物、豆及薯类批发	吉林省松原市
中国石油天然气股份有限公司吉林长春分公司	石油及制品批发	吉林省长春市
吉林省烟草公司长春市公司	烟草制品批发	吉林省长春市
中国石油天然气股份有限公司吉林松原销售分公司	石油及制品批发	吉林省松原市
修正药业集团营销有限公司	中药批发	吉林省通化市
吉林省浩丰生猪交易市场有限公司	牲畜批发	吉林省四平市
吉林瓮福隆源农业发展有限公司	化肥批发	吉林省长春市
中国石油天然气股份有限公司吉林省吉林市销售分公司	石油及制品批发	吉林省吉林市
吉林省烟草公司吉林市公司	烟草制品批发	吉林省吉林市
吉林省烟草公司四平市公司	烟草制品批发	吉林省四平市
吉林省烟草公司延边州公司	烟草制品批发	吉林省延边朝鲜族自治州
吉林省烟草公司松原市公司	烟草制品批发	吉林省松原市
吉林省烟草公司白城市公司	烟草制品批发	吉林省白城市
吉林省烟草公司通化公司	烟草制品批发	吉林省通化市
吉林省烟草公司白山市公司	烟草制品批发	吉林省白山市
中国石油天然气股份公司吉林辽源销售分公司	石油及制品批发	吉林省辽源市
重庆新日日顺家电销售有限公司长春分公司	家用电器批发	吉林省长春市
吉林省北方医药有限责任公司	西药批发	吉林省长春市
长春九州通医疗有限公司	西药批发	吉林省长春市
黑龙江省		
中国石油销售东北公司大庆分公司	石油及制品批发	黑龙江省大庆市
黑龙江倍丰农业生产资料集团有限公司	化肥批发	黑龙江省哈尔滨市
黑龙江省烟草公司哈尔滨市公司	烟草制品批发	黑龙江省哈尔滨市
中国石油天然气股份有限公司黑龙江哈尔滨销售分公司	石油及制品批发	黑龙江省哈尔滨市
中油黑龙江农垦石油有限公司	石油及制品批发	黑龙江省哈尔滨市
哈尔滨禧龙建材城有限公司	建材批发	黑龙江省哈尔滨市
中国石油天然气股份有限公司黑龙江大庆销售分公司	石油及制品批发	黑龙江省大庆市
中国石油天燃汽股份有限公司黑龙江齐齐哈尔销售分公司	石油及制品批发	黑龙江省齐齐哈尔市

4-1 续表 9

企业名称	所属行业	企业所在地
黑龙江象屿农业物产有限公司	谷物、豆及薯类批发	黑龙江省齐齐哈尔市
葵花药业集团医药有限公司	中药批发	黑龙江省哈尔滨市
黑龙江省烟草公司齐齐哈尔市公司	烟草制品批发	黑龙江省齐齐哈尔市
中国石油天然气股份有限公司黑龙江鸡西销售分公司	石油及制品批发	黑龙江省鸡西市
黑龙江省烟草公司绥化市公司	烟草制品批发	黑龙江省绥化市
北大荒垦丰种业股份有限公司	种子批发	黑龙江省哈尔滨市
黑龙江省烟草公司大庆市公司	烟草制品批发	黑龙江省大庆市
中国石油天然气股份有限公司黑龙江佳木斯销售分公司	石油及制品批发	黑龙江省佳木斯市
哈尔滨珍宝岛医药贸易有限公司	中药批发	黑龙江省哈尔滨市
中国铁路物资哈尔滨有限公司	石油及制品批发	黑龙江省哈尔滨市
黑龙江省烟草公司佳木斯市公司	烟草制品批发	黑龙江省佳木斯市
黑龙江省烟草公司牡丹江烟叶公司	烟草制品批发	黑龙江省牡丹江市
中国石油天然气股份有限公司绥化分公司	石油及制品批发	黑龙江省绥化市
黑龙江省烟草公司哈尔滨烟叶公司	酒、饮料及茶叶批发	黑龙江省哈尔滨市
黑龙江省烟草公司牡丹江市公司	烟草制品批发	黑龙江省牡丹江市
中国石油天然气股份有限公司黑龙江牡丹江销售分公司	石油及制品批发	黑龙江省牡丹江市
中国石油天然气股份有限公司黑龙江双鸭山销售分公司	石油及制品批发	黑龙江省双鸭山市
中国石油天然气股份有限公司黑龙江尚志销售分公司	石油及制品批发	黑龙江省哈尔滨市
黑龙江省烟草公司鸡西市公司	烟草制品批发	黑龙江省鸡西市
中国石油天然气股分有限公司黑龙江七台河销售分公司	石油及制品批发	黑龙江省七台河市
中国石油天燃气股份有限公司黑龙江销售肇东分公司	石油及制品批发	黑龙江省绥化市
中石油天然气股份有限公司黑龙江鹤岗分公司	石油及制品批发	黑龙江省鹤岗市
黑龙江北大荒粮油批发市场有限责任公司	谷物、豆及薯类批发	黑龙江省哈尔滨市
中国石油天然气股份有限公司黑龙江伊春销售分公司	石油及制品批发	黑龙江省伊春市
齐齐哈尔市北方洽洽食品销售有限公司	果品、蔬菜批发	黑龙江省齐齐哈尔市
黑龙江省农业机械有限责任公司	农业机械批发	黑龙江省哈尔滨市
上海市		
苹果电脑贸易(上海)有限公司	通讯及广播电视设备批发	上海市浦东新区
中国石化销售有限公司华东分公司	石油及制品批发	上海市长宁区
上海上汽大众汽车销售有限公司	汽车批发	上海市嘉定区
上汽通用汽车销售有限公司	汽车批发	上海市浦东新区
上海三星半导体有限公司	其他机械设备及电子产品批发	上海市长宁区
中国石化炼油销售有限公司	石油及制品批发	上海市长宁区
益海嘉里食品营销有限公司	米、面制品及食用油批发	上海市浦东新区
捷豹路虎汽车贸易(上海)有限公司	汽车批发	上海市浦东新区
保时捷(中国)汽车销售有限公司	汽车批发	上海市浦东新区
康成投资(中国)有限公司	酒、饮料及茶叶批发	上海市闸北区
宝洁(中国)营销有限公司	厨房、卫生间用具及日用杂货批发	上海市浦东新区
中国石油化工股份有限公司上海石油分公司	石油及制品批发	上海市黄浦区
中船工业成套物流有限公司	金属及金属矿批发	上海市杨浦区
上海医药分销控股有限公司	西药批发	上海市长宁区
上海钢银电子商务有限公司	金属及金属矿批发	上海市宝山区
上海老凤祥银楼有限公司	首饰、工艺品及收藏品批发	上海市黄浦区
中嘉汽车制造(上海)有限公司	汽车批发	上海市嘉定区
国药控股分销中心有限公司	西药批发	上海市浦东新区
上海钢富电子商务有限公司	金属及金属矿批发	上海市杨浦区
松下电器机电(中国)有限公司	其他机械设备及电子产品批发	上海市浦东新区
上海浦东国际机场航空油料有限责任公司	石油及制品批发	上海市浦东新区
欧莱雅(中国)有限公司	化妆品及卫生用品批发	上海市静安区
上海汽车进出口有限公司	汽车批发	上海市浦东新区

4-1 续表 10

企业名称	所属行业	企业所在地
欧尚(中国)投资有限公司	其他未列明批发业	上海市杨浦区
福特汽车(中国)有限公司	汽车批发	上海市浦东新区
百丽鞋业(上海)有限公司	鞋帽批发	上海市虹口区
佳电(上海)管理有限公司	计算机、软件及辅助设备批发	上海市长宁区
华硕电脑(上海)有限公司	计算机、软件及辅助设备批发	上海市闵行区
中化国际(控股)股份有限公司	其他化工产品批发	上海市浦东新区
巴斯夫(中国)有限公司	其他化工产品批发	上海市浦东新区
康德乐(上海)医药有限公司	西药批发	上海市松江区
村田电子贸易(上海)有限公司	其他机械设备及电子产品批发	上海市闸北区
上海豫园黄金珠宝集团有限公司	首饰、工艺品及收藏品批发	上海市浦东新区
舍弗勒贸易(上海)有限公司	其他未列明批发业	上海市嘉定区
强生(上海)医疗器材有限公司	医疗用品及器材批发	上海市浦东新区
三菱商事(上海)有限公司	其他化工产品批发	上海市浦东新区
瑞表企业管理(上海)有限公司	其他家庭用品批发	上海市徐汇区
佳通轮胎(中国)投资有限公司	汽车零配件批发	上海市长宁区
丰田通商(上海)有限公司	其他机械设备及电子产品批发	上海市浦东新区
中国石油天然气股份有限公司上海销售分公司	石油及制品批发	上海市浦东新区
通用电气医疗系统贸易发展(上海)有限公司	医疗用品及器材批发	上海市浦东新区
雅培贸易(上海)有限公司	其他食品批发	上海市浦东新区
罗氏诊断产品(上海)有限公司	医疗用品及器材批发	上海市徐汇区
三井物产(上海)贸易有限公司	其他化工产品批发	上海市浦东新区
泰科电子(上海)有限公司	其他机械设备及电子产品批发	上海市浦东新区
亿滋食品企业管理(上海)有限公司	米、面制品及食用油批发	上海市徐汇区
上海海烟物流发展有限公司	烟草制品批发	上海市长宁区
上海伊藤忠商事有限公司	其他化工产品批发	上海市浦东新区
普利司通(中国)投资有限公司	汽车零配件批发	上海市黄浦区
米其林(中国)投资有限公司	汽车零配件批发	上海市长宁区
夏普商贸(中国)有限公司	家用电器批发	上海市黄浦区
埃克森美孚(中国)投资有限公司	石油及制品批发	上海市徐汇区
杜邦贸易(上海)有限公司	其他化工产品批发	上海市浦东新区
上海良友(集团)有限公司	谷物、豆及薯类批发	上海市浦东新区
捷太格特(中国)投资有限公司	汽车零配件批发	上海市长宁区
保乐力加(中国)贸易有限公司	酒、饮料及茶叶批发	上海市黄浦区
立邦投资有限公司	其他化工产品批发	上海市浦东新区
东芝电子(中国)有限公司	其他机械设备及电子产品批发	上海市静安区
佳杰科技(上海)有限公司	计算机、软件及辅助设备批发	上海市长宁区
金佰利(中国)有限公司	厨房、卫生间用具及日用杂货批发	上海市黄浦区
沃尔沃汽车销售(上海)有限公司	汽车批发	上海市嘉定区
上海诺华贸易有限公司	医疗用品及器材批发	上海市浦东新区
历峰商业有限公司	首饰、工艺品及收藏品批发	上海市浦东新区
上海神州数码有限公司	计算机、软件及辅助设备批发	上海市长宁区
衣念(上海)时装贸易有限公司	服装批发	上海市闵行区
约克(中国)商贸有限公司	其他机械设备及电子产品批发	上海市普陀区
滔搏投资(上海)有限公司	鞋帽批发	上海市徐汇区
斯凯孚(中国)销售有限公司	其他机械设备及电子产品批发	上海市黄浦区
ABB(中国)有限公司上海分公司	其他机械设备及电子产品批发	上海市黄浦区
阿特拉斯·科普柯(上海)贸易有限公司	其他机械设备及电子产品批发	上海市浦东新区
上海韩泰轮胎销售有限公司	汽车零配件批发	上海市徐汇区
迪脉(上海)企业管理有限公司	体育用品及器材批发	上海市浦东新区
科勒(中国)投资有限公司	厨房、卫生间用具及日用杂货批发	上海市闸北区

4-1 续表 11

企业名称	所属行业	企业所在地
美敦力(上海)管理有限公司	医疗用品及器材批发	上海市浦东新区
新百伦贸易(中国)有限公司	其他未列明批发业	上海市静安区
上海电力燃料有限公司	煤炭及制品批发	上海市黄浦区
雅诗兰黛(上海)商贸有限公司	化妆品及卫生用品批发	上海市闵行区
大昌洋行(上海)有限公司	西药批发	上海市浦东新区
汉高(中国)投资有限公司	其他化工产品批发	上海市浦东新区
富士胶片(中国)投资有限公司	医疗用品及器材批发	上海市浦东新区
科世达(上海)管理有限公司	汽车零配件批发	上海市嘉定区
宜家分拨(上海)有限公司	其他未列明批发业	上海市奉贤区
上海申达进出口有限公司	服装批发	上海市普陀区
三菱电机自动化(中国)有限公司	其他机械设备及电子产品批发	上海市长宁区
欧普照明股份有限公司	灯具、装饰物品批发	上海市浦东新区
明尼苏达矿业制造(上海)国际贸易有限公司	其他化工产品批发	上海市长宁区
上海福然德部件加工有限公司	金属及金属矿批发	上海市宝山区
赛默飞世尔科技(中国)有限公司	其他机械设备及电子产品批发	上海市浦东新区
爱莱莉太平洋贸易有限公司	化妆品及卫生用品批发	上海市嘉定区
通用磨坊贸易(上海)有限公司	其他食品批发	上海市长宁区
上海汽车工业销售有限公司	汽车批发	上海市徐汇区
东丽国际贸易(中国)有限公司	其他化工产品批发	上海市静安区
尼康映像仪器销售(中国)有限公司	其他未列明批发业	上海市黄浦区
富士施乐实业发展(中国)有限公司	其他机械设备及电子产品批发	上海市浦东新区
上海新联纺进出口有限公司	服装批发	上海市长宁区
中海油销售上海公司	石油及制品批发	上海市宝山区
资生堂(中国)投资有限公司	化妆品及卫生用品批发	上海市浦东新区
路威酩轩香水化妆品(上海)有限公司	化妆品及卫生用品批发	上海市浦东新区
上海住友商事有限公司	金属及金属矿批发	上海市浦东新区
菲仕兰食品贸易(上海)有限公司	肉、禽、蛋、奶及水产品批发	上海市黄浦区
上海家化销售有限公司	化妆品及卫生用品批发	上海市虹口区
希森美康医用电子(上海)有限公司	医疗用品及器材批发	上海市浦东新区
古驰(中国)贸易有限公司	服装批发	上海市静安区
衣恋时装(上海)有限公司	服装批发	上海市闵行区
费列罗贸易(上海)有限公司	糕点、糖果及糖批发	上海市徐汇区
麦克维尔中央空调有限公司	其他机械设备及电子产品批发	上海市闸北区
小松(中国)投资有限公司	其他机械设备及电子产品批发	上海市浦东新区
碧迪医疗器械(上海)有限公司	医疗用品及器材批发	上海市浦东新区
上海烟草集团浦东烟草糖酒有限公司	烟草制品批发	上海市浦东新区
上海新宇钟表集团有限公司	其他家庭用品批发	上海市黄浦区
卡博特(中国)投资有限公司	其他化工产品批发	上海市闵行区
博柏利(上海)贸易有限公司	服装批发	上海市静安区
上海浦星贸易有限公司	其他食品批发	上海市松江区
上海老庙黄金有限公司	首饰、工艺品及收藏品批发	上海市浦东新区
贝克曼库尔特商贸(中国)有限公司	医疗用品及器材批发	上海市浦东新区
香奈儿(中国)贸易有限公司	化妆品及卫生用品批发	上海市浦东新区
雅马哈发动机(中国)有限公司	电气设备批发	上海市闵行区
上海太阳能科技有限公司	电气设备批发	上海市闵行区
博世贸易(上海)有限公司	汽车零配件批发	上海市长宁区
上海飞科电器股份有限公司	家用电器批发	上海市松江区
西门子医学诊断产品(上海)有限公司	医疗用品及器材批发	上海市浦东新区
锐珂亚太投资管理(上海)有限公司	医疗用品及器材批发	上海市浦东新区
丹佛斯自动控制管理(上海)有限公司	其他机械设备及电子产品批发	上海市徐汇区

4-1 续表 12

企业名称	所属行业	企业所在地
开利空调销售服务(上海)有限公司	其他机械设备及电子产品批发	上海市黄浦区
上海百雀羚日用化学有限公司	化妆品及卫生用品批发	上海市普陀区
上海博世力士乐液压及自动化有限公司	其他未列明批发业	上海市浦东新区
蔻驰贸易(上海)有限公司	其他家庭用品批发	上海市静安区
上海胜华电缆(集团)有限公司	电气设备批发	上海市浦东新区
锦湖(中国)轮胎销售有限公司	汽车零配件批发	上海市嘉定区
百特医疗用品贸易(上海)有限公司	医疗用品及器材批发	上海市徐汇区
上海丝绸集团股份有限公司	服装批发	上海市徐汇区
花王(上海)产品服务有限公司	化妆品及卫生用品批发	上海市长宁区
欧姆龙自动化(中国)有限公司	其他机械设备及电子产品批发	上海市浦东新区
丸红(上海)有限公司	其他化工产品批发	上海市浦东新区
日立建机(上海)有限公司	其他机械设备及电子产品批发	上海市浦东新区
派克汉尼汾流体传动产品(上海)有限公司	电气设备批发	上海市浦东新区
酩悦轩尼诗帝亚吉欧洋酒(上海)有限公司	酒、饮料及茶叶批发	上海市静安区
上海江森自控国际蓄电池有限公司	其他机械设备及电子产品批发	上海市长宁区
卡西欧(中国)贸易有限公司	其他文化用品批发	上海市普陀区
米思米(中国)精密机械贸易有限公司	五金产品批发	上海市奉贤区
上海巴克斯酒业营销有限公司	酒、饮料及茶叶批发	上海市浦东新区
劲霸男装(上海)有限公司	服装批发	上海市普陀区
罗克韦尔自动化(中国)有限公司	电气设备批发	上海市浦东新区
百家好(上海)时装有限公司	服装批发	上海市闵行区
上海宝尊电子商务有限公司	其他未列明批发业	上海市闸北区
上海来伊份股份有限公司	其他食品批发	上海市松江区
雅马哈乐器音响(中国)投资有限公司	其他文化用品批发	上海市静安区
礼来国际贸易(上海)有限公司	贸易代理	上海市黄浦区
华润医药(上海)有限公司	西药批发	上海市长宁区
柯惠医疗器材国际贸易(上海)有限公司	医疗用品及器材批发	上海市徐汇区
基恩士(中国)有限公司	其他机械设备及电子产品批发	上海市浦东新区
上海市江桥批发市场经营管理有限公司	果品、蔬菜批发	上海市嘉定区
费森尤斯医药用品(上海)有限公司	医疗用品及器材批发	上海市浦东新区
伊藤忠纤维贸易(中国)有限公司	纺织品、针织品及原料批发	上海市长宁区
卡尔蔡司(上海)管理有限公司	医疗用品及器材批发	上海市浦东新区
格兰富水泵(上海)有限公司	其他机械设备及电子产品批发	上海市浦东新区
上海三凯进出口有限公司	其他未列明批发业	上海市浦东新区
上海九州通医药有限公司	中药批发	上海市普陀区
日立高新技术(上海)国际贸易有限公司	其他机械设备及电子产品批发	上海市浦东新区
宝钢金属有限公司	金属及金属矿批发	上海市宝山区
杰尼亚贸易(上海)有限公司	服装批发	上海市浦东新区
上海雅马哈建设摩托车销售有限公司	摩托车及零配件批发	上海市徐汇区
大昌华嘉商业(中国)有限公司	西药批发	上海市浦东新区
上海烟草集团黄浦烟草糖酒有限公司	烟草制品批发	上海市黄浦区
地素时尚股份有限公司	服装批发	上海市普陀区
默克化工技术(上海)有限公司	其他化工产品批发	上海市浦东新区
艾睿(中国)电子贸易有限公司	其他机械设备及电子产品批发	上海市闸北区
上海南浦食品公司浦东分公司	其他食品批发	上海市松江区
匡威体育用品(中国)有限公司	服装批发	上海市杨浦区
上海森马服饰有限公司	服装批发	上海市闵行区
富士电机(中国)有限公司	其他机械设备及电子产品批发	上海市普陀区
辉门(中国)有限公司	汽车零配件批发	上海市浦东新区
波科国际医疗贸易(上海)有限公司	医疗用品及器材批发	上海市浦东新区

4-1 续表 13

企业名称	所属行业	企业所在地
广派商业(上海)有限公司	服装批发	上海市浦东新区
上海曼伦商贸有限公司	医疗用品及器材批发	上海市徐汇区
德莎胶带(上海)有限公司	其他化工产品批发	上海市浦东新区
山特维克可乐满切削刀具(上海)有限公司	贸易代理	上海市闵行区
库卡机器人(上海)有限公司	其他机械设备及电子产品批发	上海市浦东新区
圣犹达医疗用品(上海)有限公司	医疗用品及器材批发	上海市静安区
理光(中国)投资有限公司	电气设备批发	上海市黄浦区
凯斯纽荷兰(中国)管理有限公司	农业机械批发	上海市浦东新区
施华洛世奇(上海)贸易有限公司	首饰、工艺品及收藏品批发	上海市黄浦区
上海万虎光大通信设备有限公司	通讯及广播电视设备批发	上海市普陀区
岛津企业管理(中国)有限公司	医疗用品及器材批发	上海市长宁区
柯尼卡美能达办公系统(中国)有限公司	电气设备批发	上海市黄浦区
施乐辉医用产品国际贸易(上海)有限公司	贸易代理	上海市浦东新区
东方国际创业股份有限公司	服装批发	上海市长宁区
科莱恩化工(中国)有限公司	其他化工产品批发	上海市长宁区
东芝开利空调销售(上海)有限公司	家用电器批发	上海市黄浦区
罗姆半导体(上海)有限公司	其他机械设备及电子产品批发	上海市浦东新区
雅培医疗器械贸易(上海)有限公司	医疗用品及器材批发	上海市浦东新区
上海百红商业贸易有限公司	化妆品及卫生用品批发	上海市闸北区
国药控股国大药房有限公司	西药批发	上海市黄浦区
巴德医疗科技(上海)有限公司	医疗用品及器材批发	上海市长宁区
上海烟草集团虹口烟草糖酒有限公司	烟草制品批发	上海市虹口区
上海烟草集团嘉定烟草糖酒有限公司	烟草制品批发	上海市嘉定区
上海佰草集化妆品有限公司	化妆品及卫生用品批发	上海市虹口区
宇旭时装(上海)有限公司	服装批发	上海市闵行区
英潍捷基(上海)贸易有限公司	医疗用品及器材批发	上海市浦东新区
贝朗医疗(上海)国际贸易有限公司	医疗用品及器材批发	上海市长宁区
上海烟草集团闵行烟草糖酒有限公司	烟草制品批发	上海市闵行区
鹏卫齐商业(上海)有限公司	服装批发	上海市静安区
上海都市生活企业发展有限公司	肉、禽、蛋、奶及水产品批发	上海市长宁区
施耐德电气信息技术(中国)有限公司	其他机械设备及电子产品批发	上海市普陀区
上海苏食肉品销售有限公司	肉、禽、蛋、奶及水产品批发	上海市宝山区
兄弟(中国)商业有限公司	其他机械设备及电子产品批发	上海市长宁区
上海东纺日化销售有限公司	化妆品及卫生用品批发	上海市普陀区
阿法拉伐(上海)技术有限公司	电气设备批发	上海市黄浦区
上海第一食品连锁发展有限公司	其他食品批发	上海市黄浦区
上海迪赛诺药业有限公司	其他化工产品批发	上海市浦东新区
国药集团化学试剂有限公司	其他化工产品批发	上海市黄浦区
彪马(上海)商贸有限公司	服装批发	上海市黄浦区
先进装配系统有限公司	其他机械设备及电子产品批发	上海市浦东新区
上海润达医疗科技股份有限公司	医疗用品及器材批发	上海市浦东新区
梅特勒－托利多国际贸易(上海)有限公司	其他未列明批发业	上海市徐汇区
威士达医疗设备(上海)有限公司	医疗用品及器材批发	上海市浦东新区
尤益嘉(上海)食品商贸有限公司	糕点、糖果及糖批发	上海市浦东新区
上海恩德斯豪斯自动化设备有限公司	其他机械设备及电子产品批发	上海市闵行区
利乐贸易(上海)有限公司	贸易代理	上海市浦东新区
西诺迪斯食品(上海)有限公司	米、面制品及食用油批发	上海市闸北区
上海六和勤强食品有限公司	肉、禽、蛋、奶及水产品批发	上海市普陀区
摩恩(上海)厨卫有限公司	厨房、卫生间用具及日用杂货批发	上海市浦东新区
亚什兰(中国)投资有限公司	其他化工产品批发	上海市徐汇区

4—1 续表 14

企业名称	所属行业	企业所在地
倍乐生商贸(中国)有限公司	报刊批发	上海市徐汇区
利惠商业(上海)有限公司	服装批发	上海市静安区
上海三枪(集团)有限公司	纺织品、针织品及原料批发	上海市黄浦区
魏德米勒电联接(上海)有限公司	其他机械设备及电子产品批发	上海市浦东新区
通用电气企业发展(上海)有限公司	其他机械设备及电子产品批发	上海市浦东新区
珀金埃尔默仪器(上海)有限公司	其他机械设备及电子产品批发	上海市浦东新区
庞贝捷漆油贸易(上海)有限公司	其他化工产品批发	上海市浦东新区
上海烟草集团松江烟草糖酒有限公司	烟草制品批发	上海市松江区
海格曼商贸有限公司	通讯及广播电视设备批发	上海市浦东新区
上海汇购商贸有限公司	其他家庭用品批发	上海市浦东新区
上海复星药业有限公司	中药批发	上海市普陀区
上海中燃船舶燃料有限公司	石油及制品批发	上海市虹口区
乐金华奥斯贸易(上海)有限公司	其他化工产品批发	上海市徐汇区
乔治阿玛尼(上海)商贸有限公司	服装批发	上海市静安区
乐金生活健康贸易(上海)有限公司	化妆品及卫生用品批发	上海市徐汇区
上海烟草集团奉贤烟草糖酒有限公司	烟草制品批发	上海市奉贤区
德尔格医疗设备(上海)有限公司	医疗用品及器材批发	上海市浦东新区
肯纳飞硕金属(上海)有限公司	五金产品批发	上海市浦东新区
上海烟草集团宝山烟草糖酒有限公司	烟草制品批发	上海市宝山区
上海烟草集团青浦烟草糖酒有限公司	烟草制品批发	上海市青浦区
上海烟草集团杨浦烟草糖酒有限公司	烟草制品批发	上海市杨浦区
博士视听系统(上海)有限公司	其他机械设备及电子产品批发	上海市长宁区
上海东冠华洁纸业有限公司	化妆品及卫生用品批发	上海市金山区
安富利电子(上海)有限公司	其他机械设备及电子产品批发	上海市浦东新区
迪思科科技(中国)有限公司	其他机械设备及电子产品批发	上海市浦东新区
国药控股国大药房上海连锁有限公司	西药批发	上海市黄浦区
上海克瑞特服饰有限公司	服装批发	上海市浦东新区
上海信谊医药有限公司	中药批发	上海市闸北区
捷迈(上海)医疗国际贸易有限公司	医疗用品及器材批发	上海市长宁区
上海金枫酒业股份有限公司	酒、饮料及茶叶批发	上海市普陀区
琳玛(上海)贸易有限公司	服装批发	上海市徐汇区
日铁住金物产(上海)有限公司	金属及金属矿批发	上海市长宁区
上海烟草集团金山烟草糖酒有限公司	烟草制品批发	上海市金山区
哈希水质分析仪器(上海)有限公司	其他机械设备及电子产品批发	上海市浦东新区
好时食品国际贸易(上海)有限公司	糕点、糖果及糖批发	上海市浦东新区
上海烟草集团普陀烟草糖酒有限公司	烟草制品批发	上海市普陀区
陆逊梯卡(上海)商贸有限公司	其他家庭用品批发	上海市徐汇区
赛莱默(中国)有限公司	其他机械设备及电子产品批发	上海市长宁区
雨果博斯(上海)商贸有限公司	服装批发	上海市黄浦区
美标(中国)有限公司	厨房、卫生间用具及日用杂货批发	上海市徐汇区
圣皮尔精品酒业(上海)有限公司	酒、饮料及茶叶批发	上海市闸北区
菲拉格慕时装贸易(上海)有限公司	鞋帽批发	上海市静安区
马克华菲(上海)商业有限公司	服装批发	上海市徐汇区
上海烟草集团崇明烟草糖酒有限公司	烟草制品批发	上海市崇明县
上海魁春实业有限公司	其他食品批发	上海市普陀区
丰田纺织(中国)有限公司	汽车零配件批发	上海市浦东新区
上海维格娜丝时装有限公司	纺织品、针织品及原料批发	上海市闵行区
美太芭比(上海)贸易有限公司	其他文化用品批发	上海市徐汇区
富昌电子(上海)有限公司	其他机械设备及电子产品批发	上海市浦东新区
福禄克测试仪器(上海)有限公司	其他机械设备及电子产品批发	上海市长宁区

4-1 续表 15

企业名称	所属行业	企业所在地
上海伟康卫生后勤服务有限公司	医疗用品及器材批发	上海市浦东新区
上海三问投资控股集团有限公司	纺织品、针织品及原料批发	上海市浦东新区
恒天然商贸(上海)有限公司	其他食品批发	上海市黄浦区
世达工具(上海)有限公司	五金产品批发	上海市浦东新区
上海龙净环保科技工程有限公司	其他未列明批发业	上海市普陀区
上海健久生物科技有限公司	营养和保健品批发	上海市松江区
亚瑟士(中国)商贸有限公司	鞋帽批发	上海市长宁区
上海美的制冷产品销售有限公司	家用电器批发	上海市长宁区
山特维克矿山工程机械贸易(上海)有限公司	其他机械设备及电子产品批发	上海市闸北区
上海欧珀实业有限公司	通讯及广播电视设备批发	上海市静安区
德利多富信息系统(上海)有限公司	计算机、软件及辅助设备批发	上海市浦东新区
通用电气实业(上海)有限公司	其他未列明批发业	上海市浦东新区
三菱重工空调系统(上海)有限公司	其他机械设备及电子产品批发	上海市长宁区
重机(中国)投资有限公司	其他机械设备及电子产品批发	上海市嘉定区
菱重家用空调系统(上海)有限公司	家用电器批发	上海市长宁区
横河电机(中国)有限公司	其他机械设备及电子产品批发	上海市长宁区
上海丝绸集团品牌发展有限公司	服装批发	上海市虹口区
上海信谊联合医药药材有限公司	中药批发	上海市闸北区
上海雷允上药业西区有限公司	西药批发	上海市静安区
上海蒙牛乳业有限公司	肉、禽、蛋、奶及水产品批发	上海市黄浦区
纪梵希(上海)商贸有限公司	其他家庭用品批发	上海市浦东新区
上海现代制药营销有限公司	西药批发	上海市嘉定区
上海益忠天惠实业有限公司	汽车零配件批发	上海市松江区
慧桥电气技术(上海)有限公司	其他机械设备及电子产品批发	上海市徐汇区
上海雷允上北区药业股份有限公司	中药批发	上海市虹口区
上海信谊天一药业有限公司	西药批发	上海市闸北区
穆勒电气(上海)有限公司	电气设备批发	上海市长宁区
上海保立佳化工有限公司	其他化工产品批发	上海市奉贤区
禧玛诺(上海)贸易有限公司	五金产品批发	上海市长宁区
德马吉森精机机床贸易有限公司	其他机械设备及电子产品批发	上海市闵行区
上海烟草集团卢湾烟草糖酒有限公司	烟草制品批发	上海市黄浦区
迈克尔高司商贸(上海)有限公司	服装批发	上海市静安区
上海玛帕贸易有限公司	五金产品批发	上海市闵行区
文晔领科商贸(上海)有限公司	其他机械设备及电子产品批发	上海市浦东新区
上海童涵春堂药业股份有限公司	中药批发	上海市黄浦区
中化农化有限公司	其他化工产品批发	上海市黄浦区
上海青岛啤酒销售有限公司	其他食品批发	上海市宝山区
朗盛化学(中国)有限公司	其他化工产品批发	上海市静安区
林肯电气管理(上海)有限公司	金属及金属矿批发	上海市宝山区
永恒力叉车(上海)有限公司	其他机械设备及电子产品批发	上海市普陀区
克履仕国际贸易(上海)有限公司	鞋帽批发	上海市徐汇区
上海乐扣乐扣贸易有限公司	厨房、卫生间用具及日用杂货批发	上海市闵行区
湖南旺旺食品有限公司上海分公司	酒、饮料及茶叶批发	上海市闵行区
优时比贸易(上海)有限公司	贸易代理	上海市黄浦区
易格斯拖链轴承仓储贸易(上海)有限公司	其他机械设备及电子产品批发	上海市浦东新区
盟可睐(上海)商贸有限公司	服装批发	上海市静安区
固铂轮胎(中国)投资有限公司	汽车零配件批发	上海市长宁区
上海睿盈贸易有限公司	鞋帽批发	上海市黄浦区
上海农夫山泉饮用水有限公司	酒、饮料及茶叶批发	上海市浦东新区
娇韵诗化妆品(上海)有限公司	化妆品及卫生用品批发	上海市静安区

4-1 续表 16

企业名称	所属行业	企业所在地
无添加贸易(上海)有限公司	化妆品及卫生用品批发	上海市静安区
上海宝钢实业有限公司	金属及金属矿批发	上海市宝山区
喜力亚太酿酒(上海)有限公司	服装批发	上海市黄浦区
硕腾(上海)动物保健品有限公司	西药批发	上海市浦东新区
上海联亚商业有限公司	服装批发	上海市浦东新区
日播时尚集团股份有限公司	服装批发	上海市松江区
上海医药集团药品销售有限公司	西药批发	上海市普陀区
帝亚吉欧洋酒贸易(上海)有限公司	酒、饮料及茶叶批发	上海市静安区
上海合力叉车有限公司	电气设备批发	上海市虹口区
博世(上海)安保系统有限公司	其他机械设备及电子产品批发	上海市长宁区
上海宝原体育用品商贸有限公司	体育用品及器材批发	上海市虹口区
伊斯卡刀具国际贸易(上海)有限公司	其他机械设备及电子产品批发	上海市浦东新区
好俪姿(上海)服饰商贸有限公司	服装批发	上海市静安区
东方表行(中国)贸易有限公司	其他家庭用品批发	上海市黄浦区
上海三星商业设备有限公司	其他机械设备及电子产品批发	上海市徐汇区
上海浦东新区医药药材有限公司	西药批发	上海市浦东新区
上海仁达药品经营有限公司	中药批发	上海市徐汇区
雷度米特医疗设备(上海)有限公司	医疗用品及器材批发	上海市长宁区
傲胜(中国)商业有限公司	家用电器批发	上海市浦东新区
伯乐生命医学产品(上海)有限公司	医疗用品及器材批发	上海市浦东新区
上海新华医疗开发公司	医疗用品及器材批发	上海市杨浦区
上海鑫福昌工贸有限公司	米、面制品及食用油批发	上海市浦东新区
上海张铁军翡翠股份有限公司	首饰、工艺品及收藏品批发	上海市黄浦区
麦西姆杜特商业(上海)有限公司	服装批发	上海市静安区
上海沙驰服饰有限公司	服装批发	上海市普陀区
上海凯淳实业有限公司	计算机、软件及辅助设备批发	上海市徐汇区
柯达乐芮管理(上海)有限公司	其他机械设备及电子产品批发	上海市浦东新区
马瑞利(中国)有限公司	汽车零配件批发	上海市浦东新区
高丝化妆品销售(中国)有限公司	化妆品及卫生用品批发	上海市虹口区
震坤行工业超市(上海)有限公司	其他化工产品批发	上海市浦东新区
上海杏花楼食品营销有限公司	其他食品批发	上海市闵行区
上海孩思乐商贸有限公司	其他文化用品批发	上海市长宁区
中国图书进出口上海公司	图书批发	上海市虹口区
希思黎(上海)化妆品商贸有限公司	化妆品及卫生用品批发	上海市静安区
上海余天成医药有限公司	西药批发	上海市松江区
水为裳(上海)商贸有限公司	服装批发	上海市闵行区
喜开理(上海)机器有限公司	其他机械设备及电子产品批发	上海市徐汇区
上海欧蓝国际贸易有限公司	服装批发	上海市静安区
亿才商业(上海)有限公司	鞋帽批发	上海市长宁区
江苏省		
苏宁云商集团股份有限公司苏宁采购中心	家用电器批发	江苏省南京市
江苏苏美达集团有限公司	金属及金属矿批发	江苏省南京市
江苏国泰国际集团有限公司	服装批发	江苏省苏州市
南京华能南方实业开发股份有限公司	金属及金属矿批发	江苏省南京市
博西家用电器(中国)有限公司	家用电器批发	江苏省南京市
耐克体育(中国)有限公司	鞋帽批发	江苏省苏州市
阿斯利康(无锡)贸易有限公司	西药批发	江苏省无锡市
苏酒集团贸易股份有限公司	酒、饮料及茶叶批发	江苏省宿迁市
扬子江药业集团江苏扬子江医药经营有限公司	中药批发	江苏省泰州市
阿迪达斯体育(中国)有限公司	服装批发	江苏省苏州市

4-1 续表 17

企业名称	所属行业	企业所在地
江苏大明金属制品有限公司	金属及金属矿批发	江苏省无锡市
江苏省烟草公司苏州市公司	烟草制品批发	江苏省苏州市
江苏省烟草公司南京市公司	烟草制品批发	江苏省南京市
江苏省海外企业集团有限公司	其他机械设备及电子产品批发	江苏省南京市
紫光数码(苏州)集团有限公司	家用电器批发	江苏省苏州市
江阴海澜之家供应链管理有限公司	纺织品、针织品及原料批发	江苏省无锡市
宏图三胞高科技术有限公司	计算机、软件及辅助设备批发	江苏省南京市
中国石油化工股份有限公司江苏石油分公司	石油及制品批发	江苏省南京市
江苏汇鸿股份有限公司	纺织品、针织品及原料批发	江苏省南京市
江苏省烟草公司无锡市公司	烟草制品批发	江苏省无锡市
江苏省烟草公司南通市公司	烟草制品批发	江苏省南通市
南京蓝燕石化储运实业有限公司	石油及制品批发	江苏省南京市
江苏高速公路石油发展有限公司	石油及制品批发	江苏省南京市
中石化销售有限公司江苏常州石油分公司	石油及制品批发	江苏省常州市
江苏省烟草公司徐州市公司	烟草制品批发	江苏省徐州市
江苏省烟草公司盐城分公司	烟草制品批发	江苏省盐城市
江苏省烟草公司常州市公司	烟草制品批发	江苏省常州市
中国石油天然气股份有限公司江苏苏州销售分公司	石油及制品批发	江苏省苏州市
江苏盛世欣兴格力贸易有限公司	家用电器批发	江苏省南京市
江苏省烟草公司泰州市公司	烟草制品批发	江苏省泰州市
江苏省烟草公司扬州市公司	烟草制品批发	江苏省扬州市
徐州淮海药业有限公司	西药批发	江苏省徐州市
江苏洋河酒类运营管理有限公司	酒、饮料及茶叶批发	江苏省宿迁市
江苏汇鸿国际集团中鼎控股股份有限公司	纺织品、针织品及原料批发	江苏省南京市
江苏苏美达轻纺国际贸易有限公司	服装批发	江苏省南京市
统一商贸(昆山)有限公司	酒、饮料及茶叶批发	江苏省苏州市
江苏凤凰出版传媒股份有限公司	图书批发	江苏省南京市
江苏省烟草公司镇江市公司	烟草制品批发	江苏省镇江市
常州康仁机电设备有限公司	通讯及广播电视设备批发	江苏省常州市
阿特斯(中国)投资有限公司	其他机械设备及电子产品批发	江苏省苏州市
徐州工程机械集团进出口有限公司	其他机械设备及电子产品批发	江苏省徐州市
江苏美钢管业有限公司	金属及金属矿批发	江苏省扬州市
江苏省烟草公司淮安市公司	烟草制品批发	江苏省淮安市
江苏汇鸿国际集团土产进出口股份有限公司	建材批发	江苏省南京市
中国石油天然气股份有限公司江苏销售分公司	石油及制品批发	江苏省南京市
江苏先声药业有限公司	西药批发	江苏省南京市
江苏舜天国际集团机械进出口股份有限公司	其他机械设备及电子产品批发	江苏省南京市
常熟市交电家电有限责任公司	家用电器批发	江苏省苏州市
威富服饰(中国)有限公司	服装批发	江苏省苏州市
好孩子(中国)商贸有限公司	其他家庭用品批发	江苏省苏州市
远东买卖宝网络科技有限公司	五金产品批发	江苏省无锡市
江苏苏农农资连锁集团股份有限公司	化肥批发	江苏省南京市
江苏省烟草公司连云港市公司	烟草制品批发	江苏省连云港市
江苏苏美达五金工具有限公司	其他机械设备及电子产品批发	江苏省南京市
江苏金一黄金珠宝有限公司	首饰、工艺品及收藏品批发	江苏省无锡市
涟水今世缘酒业销售有限公司	酒、饮料及茶叶批发	江苏省淮安市
江苏省烟草公司宿迁市公司	烟草制品批发	江苏省宿迁市
佳格投资(中国)有限公司	米、面制品及食用油批发	江苏省苏州市
江苏金坛众泰汽车销售有限公司	汽车批发	江苏省常州市
江苏省苏盐连锁有限公司	盐及调味品批发	江苏省南京市

4-1 续表 18

企业名称	所属行业	企业所在地
江阴市长江钢管有限公司	金属及金属矿批发	江苏省无锡市
江苏苏豪国际集团股份有限公司	纺织品、针织品及原料批发	江苏省南京市
周大福珠宝金行(苏州)有限公司	首饰、工艺品及收藏品批发	江苏省苏州市
江苏省苏食肉品有限公司	肉、禽、蛋、奶及水产品批发	江苏省南京市
中国石化销售有限公司江苏江阴石油分公司	石油及制品批发	江苏省无锡市
江阴利电煤炭运销有限公司	煤炭及制品批发	江苏省无锡市
江苏省农垦米业集团有限公司	谷物、豆及薯类批发	江苏省南京市
江苏万邦医药营销有限公司	中药批发	江苏省徐州市
江苏百胜电子有限公司	家用电器批发	江苏省南京市
利星行机械(昆山)有限公司	其他机械设备及电子产品批发	江苏省苏州市
南京华东医药有限责任公司	西药批发	江苏省南京市
海门叠石桥叠龙纺织品贸易有限公司	纺织品、针织品及原料批发	江苏省南通市
华润南通医药有限公司	西药批发	江苏省南通市
江苏华晓医药物流有限公司	西药批发	江苏省盐城市
东方电气集团(宜兴)迈吉太阳能科技有限公司	其他机械设备及电子产品批发	江苏省无锡市
国药控股徐州有限公司	中药批发	江苏省徐州市
南京中电熊猫家电有限公司	家用电器批发	江苏省南京市
昆山利通天然气有限公司	石油及制品批发	江苏省苏州市
无锡安井食品营销有限公司	米、面制品及食用油批发	江苏省无锡市
哈森商贸(中国)股份有限公司	鞋帽批发	江苏省苏州市
江苏新晨医药有限公司	西药批发	江苏省连云港市
江苏恩华和润医药有限公司	中药批发	江苏省徐州市
敏华家具总部(吴江)有限公司	其他家庭用品批发	江苏省苏州市
科沃斯电器有限公司	家用电器批发	江苏省苏州市
中国石油天然气股份有限公司江苏南通销售分公司	石油及制品批发	江苏省南通市
南京百胜欧珀通讯设备有限公司	家用电器批发	江苏省南京市
中天世贸有限公司	五金产品批发	江苏省南通市
通灵珠宝股份有限公司	首饰、工艺品及收藏品批发	江苏省南京市
江苏省大华种业集团有限公司	种子批发	江苏省南京市
江苏亚邦医药物流中心有限公司	西药批发	江苏省常州市
中国石油天然气股份有限公司江苏徐州销售分公司	石油及制品批发	江苏省徐州市
南京纺织品进出口股份有限公司	纺织品、针织品及原料批发	江苏省南京市
中国石油天然气股份有限公司江苏扬州分公司	石油及制品批发	江苏省扬州市
无锡市金茂对外贸易有限公司	服装批发	江苏省无锡市
常州常发农业机械营销有限公司	农业机械批发	江苏省常州市
深圳创维RGB电子有限公司江苏分公司	家用电器批发	江苏省南京市
常熟市波司登进出口有限公司	服装批发	江苏省苏州市
沛县长胜物资贸易有限公司	再生物资回收与批发	江苏省徐州市
江苏澳洋医药物流有限公司	中药批发	江苏省苏州市
梅特勒-托利多(常州)称重系统设备有限公司	其他机械设备及电子产品批发	江苏省常州市
江苏冲超电缆有限公司	五金产品批发	江苏省无锡市
江阴克瑞特服饰有限公司	服装批发	江苏省无锡市
江苏四季沐歌有限公司	电气设备批发	江苏省连云港市
江苏大众医药连锁有限公司	西药批发	江苏省无锡市
江苏济源医药有限公司	西药批发	江苏省泰州市
苏州航天信息有限公司	计算机、软件及辅助设备批发	江苏省苏州市
江苏金太阳纺织科技有限公司	纺织品、针织品及原料批发	江苏省南通市
江苏文峰电器有限公司	家用电器批发	江苏省南通市
南京江宁粮食投资发展集团有限公司	米、面制品及食用油批发	江苏省南京市
淮安九州通医药有限公司	西药批发	江苏省淮安市

4-1 续表 19

企业名称	所属行业	企业所在地
周大福珠宝金行张家港保税区有限公司	首饰、工艺品及收藏品批发	江苏省苏州市
宿迁温氏畜牧有限公司	牲畜批发	江苏省宿迁市
江苏银海农佳乐国际棉花仓储交易有限公司	纺织品、针织品及原料批发	江苏省盐城市
江苏增力商贸发展有限公司	酒、饮料及茶叶批发	江苏省淮安市
阿特拉斯科普柯(中国)矿山与建筑设备贸易有限公司	其他机械设备及电子产品批发	江苏省南京市
高邮市粮食购销总公司	谷物、豆及薯类批发	江苏省扬州市
苏州德高进出口有限公司	服装批发	江苏省苏州市
江苏明珠家用设备集成有限公司	家用电器批发	江苏省苏州市
张家港保税区德辉珠宝金行有限公司	首饰、工艺品及收藏品批发	江苏省苏州市
常州老三集团进出口有限公司	服装批发	江苏省常州市
江苏民星茧丝绸股份有限公司	其他农牧产品批发	江苏省盐城市
无锡汇全物流有限公司	厨房、卫生间用具及日用杂货批发	江苏省无锡市
苏州鲁特轻纺有限公司	服装批发	江苏省苏州市
江苏华东生猪交易市场有限公司	牲畜批发	江苏省泰州市
南京中富达电子通讯技术有限公司	其他机械设备及电子产品批发	江苏省南京市
江苏吴中医药销售有限公司	中药批发	江苏省苏州市
江苏金舜源商贸实业有限公司	其他机械设备及电子产品批发	江苏省南京市
苏州欧珀电子有限公司	其他文化用品批发	江苏省苏州市
南京扬子化工实业有限责任公司	其他化工产品批发	江苏省南京市
苏州新宇世家钟表有限公司	其他家庭用品批发	江苏省苏州市
南京红牛维他命饮料有限责任公司	其他食品批发	江苏省南京市
高淳县荆山苗木专业合作社	林业产品批发	江苏省南京市
江苏苏中药业集团医药有限公司	中药批发	江苏省泰州市
苏州嘉友贸易有限公司	米、面制品及食用油批发	江苏省苏州市
金红叶纸业集团有限公司南京分公司	文具用品批发	江苏省南京市
常州中大投资发展有限公司	建材批发	江苏省常州市
汇通达网络有限公司	家用电器批发	江苏省南京市
江苏亚邦药业集团股份有限公司	中药批发	江苏省常州市
镇江平昌农副产品直营市场有限责任公司	米、面制品及食用油批发	江苏省镇江市
青岛啤酒(徐州)淮海营销有限公司	酒、饮料及茶叶批发	江苏省徐州市
浙江省		
中国石化销售有限公司浙江石油分公司	石油及制品批发	浙江省杭州市
浙江物产金属集团有限公司	金属及金属矿批发	浙江省杭州市
浙江吉利控股集团汽车销售有限公司	汽车批发	浙江省杭州市
杭州热联集团股份有限公司	金属及金属矿批发	浙江省杭州市
浙江物产国际贸易有限公司	金属及金属矿批发	浙江省杭州市
浙江物产环保能源股份有限公司	煤炭及制品批发	浙江省杭州市
浙江省烟草公司杭州市公司	烟草制品批发	浙江省杭州市
华东医药股份有限公司	西药批发	浙江省杭州市
农夫山泉股份有限公司	酒、饮料及茶叶批发	浙江省杭州市
浙江英特药业有限责任公司	西药批发	浙江省杭州市
杭州娃哈哈宏盛食品饮料营销有限公司	酒、饮料及茶叶批发	浙江省杭州市
杭州娃哈哈启力食品集团有限公司	酒、饮料及茶叶批发	浙江省杭州市
杭州钢铁集团公司	金属及金属矿批发	浙江省杭州市
浙江福士达集团有限公司	服装批发	浙江省杭州市
浙江省医药保健品进出口有限责任公司	西药批发	浙江省杭州市
浙江高速石油发展有限公司	石油及制品批发	浙江省杭州市
浙江省医药工业有限公司	西药批发	浙江省杭州市
浙江省新华书店集团有限公司	图书批发	浙江省杭州市
浙江省纺织品进出口集团有限公司	纺织品、针织品及原料批发	浙江省杭州市

4-1 续表 20

企业名称	所属行业	企业所在地
浙江新大集团有限公司	服装批发	浙江省杭州市
浙江省土产畜产进出口集团有限公司	服装批发	浙江省杭州市
浙江广通石油发展有限公司	石油及制品批发	浙江省杭州市
杭州九阳生活电器有限公司	家用电器批发	浙江省杭州市
杭州巨星科技股份有限公司	五金产品批发	浙江省杭州市
农夫山泉(淳安坪山)有限公司	酒、饮料及茶叶批发	浙江省杭州市
浙江物美亿商超市有限公司	肉、禽、蛋、奶及水产品批发	浙江省杭州市
中粮包装投资有限公司	金属及金属矿批发	浙江省杭州市
浙江珍诚医药在线股份有限公司	西药批发	浙江省杭州市
浙江中通通信有限公司	通讯及广播电视设备批发	浙江省杭州市
浙江东方集团股份有限公司	服装批发	浙江省杭州市
杭州市轻工工艺纺织品进出口有限公司	服装批发	浙江省杭州市
浙江凯喜雅国际股份有限公司	纺织品、针织品及原料批发	浙江省杭州市
杭州杭丝时装进出口有限公司	服装批发	浙江省杭州市
九州通集团杭州医药有限公司	西药批发	浙江省杭州市
快鱼服饰有限公司	服装批发	浙江省杭州市
浙江农华优质农副产品配送中心有限公司	肉、禽、蛋、奶及水产品批发	浙江省杭州市
杭州珀莱雅贸易有限公司	化妆品及卫生用品批发	浙江省杭州市
杭州富阳海陆医药有限公司	中药批发	浙江省杭州市
杭州中艺实业有限公司	其他家庭用品批发	浙江省杭州市
浙江天虹物资贸易有限公司	金属及金属矿批发	浙江省杭州市
杭州钱江制冷集团有限公司	其他机械设备及电子产品批发	浙江省杭州市
浙江美的制冷产品销售有限公司	家用电器批发	浙江省杭州市
杭州五丰联合食品有限公司	米、面制品及食用油批发	浙江省杭州市
浙江盾安供应链管理有限公司	五金产品批发	浙江省杭州市
杭州红牛饮料有限公司	酒、饮料及茶叶批发	浙江省杭州市
浙江新安物流有限公司	煤炭及制品批发	浙江省杭州市
绿城电子商务有限公司	建材批发	浙江省杭州市
杭州萧山医药有限公司	中药批发	浙江省杭州市
曼卡龙珠宝股份有限公司	首饰、工艺品及收藏品批发	浙江省杭州市
富春金泰科技有限公司	其他化工产品批发	浙江省杭州市
杭州中油石油天然气销售有限公司	石油及制品批发	浙江省杭州市
浙江养生堂保健品销售有限公司	营养和保健品批发	浙江省杭州市
药药好(杭州)网络科技有限公司	中药批发	浙江省杭州市
浙江康恩贝医药销售有限公司	中药批发	浙江省杭州市
杭州大王椰控股集团有限公司	建材批发	浙江省杭州市
浙江华章自动化设备有限公司	电气设备批发	浙江省杭州市
浙江省建设机械集团有限公司	其他机械设备及电子产品批发	浙江省杭州市
杭州施强药业有限公司	中药批发	浙江省杭州市
杭州梯西爱尔(TCL)电器销售有限公司	家用电器批发	浙江省杭州市
浙江新大商贸有限公司	酒、饮料及茶叶批发	浙江省杭州市
杭州富港供应链有限公司	金属及金属矿批发	浙江省杭州市
浙江超威动力能源有限公司	电气设备批发	浙江省湖州市
湖州市织里国际童装城贸易有限公司	纺织品、针织品及原料批发	浙江省湖州市
湖州南浔市场服务有限公司	建材批发	浙江省湖州市
浙江省烟草公司湖州市公司	烟草制品批发	浙江省湖州市
湖州劳伦斯装饰材料有限公司	建材批发	浙江省湖州市
德清广恒建材贸易有限公司	建材批发	浙江省湖州市
德华兔宝宝销售有限公司	建材批发	浙江省湖州市
德清德欣时装贸易有限公司	服装批发	浙江省湖州市

4-1 续表 21

企业名称	所属行业	企业所在地
浙江欧诗漫美容科技有限公司	化妆品及卫生用品批发	浙江省湖州市
湖州浙北山货市场发展有限公司	建材批发	浙江省湖州市
中国石化销售有限公司浙江嘉兴石油分公司	石油及制品批发	浙江省嘉兴市
浙江省烟草公司嘉兴市公司	烟草制品批发	浙江省嘉兴市
特易购企业管理(上海)有限公司嘉善分公司	其他食品批发	浙江省嘉兴市
嘉兴良友进出口集团股份有限公司	服装批发	浙江省嘉兴市
中国石油天然气股份有限公司浙江嘉兴销售分公司	石油及制品批发	浙江省嘉兴市
汇信进出口集团股份有限公司	其他家庭用品批发	浙江省嘉兴市
嘉兴立华畜禽有限公司	牲畜批发	浙江省嘉兴市
中国石化销售有限公司浙江金华石油分公司	石油及制品批发	浙江省金华市
浙江省烟草公司金华市公司	烟草制品批发	浙江省金华市
浙江英诺珐医药有限公司	中药批发	浙江省金华市
浙江万达食品商贸有限公司	米、面制品及食用油批发	浙江省金华市
纳爱斯丽水销售有限公司	化妆品及卫生用品批发	浙江省丽水市
浙江娃哈哈食品饮料营销有限公司	酒、饮料及茶叶批发	浙江省丽水市
浙江省烟草公司丽水市公司	烟草制品批发	浙江省丽水市
浙江龙华农业开发有限公司	果品、蔬菜批发	浙江省丽水市
浙江艾莱依商贸有限公司	纺织品、针织品及原料批发	浙江省丽水市
中基宁波集团股份有限公司	金属及金属矿批发	浙江省宁波市
浙江吉利汽车销售有限公司	汽车批发	浙江省宁波市
浙江前程石化股份有限公司	其他化工产品批发	浙江省宁波市
远大石化有限公司	其他化工产品批发	浙江省宁波市
浙江省烟草公司宁波市公司	烟草制品批发	浙江省宁波市
中国石化销售有限公司浙江宁波石油分公司	石油及制品批发	浙江省宁波市
宁波方太营销有限公司	家用电器批发	浙江省宁波市
宁波中嘉科贸有限公司	其他机械设备及电子产品批发	浙江省宁波市
宁波供销集团公司	农药批发	浙江省宁波市
宁波狮丹努进出口有限公司	服装批发	浙江省宁波市
中宁化集团有限公司	其他化工产品批发	浙江省宁波市
宁波奥克斯家电销售有限公司	家用电器批发	浙江省宁波市
宁波凯越国际贸易有限公司	厨房、卫生间用具及日用杂货批发	浙江省宁波市
中新国贸集团有限责任公司	电气设备批发	浙江省宁波市
新秀丽国际贸易(宁波)有限公司	其他家庭用品批发	浙江省宁波市
亚德客(中国)有限公司	其他机械设备及电子产品批发	浙江省宁波市
华东医药宁波有限公司	中药批发	浙江省宁波市
宁波亚虎进出口有限公司	厨房、卫生间用具及日用杂货批发	浙江省宁波市
宁波萌恒工贸有限公司	纺织品、针织品及原料批发	浙江省宁波市
宁波华孚进出口有限公司	化妆品及卫生用品批发	浙江省宁波市
宁波萌恒进出口有限公司	化妆品及卫生用品批发	浙江省宁波市
宁波木宜芳草健康管理咨询有限公司	营养和保健品批发	浙江省宁波市
宁波市嘉源粮油有限公司	米、面制品及食用油批发	浙江省宁波市
宁波市宝敏瑞贸易有限公司	化妆品及卫生用品批发	浙江省宁波市
浙江帅康营销有限公司	家用电器批发	浙江省宁波市
宁波乐町时尚服饰有限公司	服装批发	浙江省宁波市
宁波美博进出口有限公司	文具用品批发	浙江省宁波市
宁波宝瑞达医药有限公司	西药批发	浙江省宁波市
宁波永博通信科技有限公司	通讯及广播电视设备批发	浙江省宁波市
宁波浪琴海服饰有限公司	服装批发	浙江省宁波市
浙江省烟草公司衢州市公司	烟草制品批发	浙江省衢州市
中国石油化工股份有限公司浙江衢州石油分公司	石油及制品批发	浙江省衢州市

4-1 续表 22

企业名称	所属行业	企业所在地
浙江不老神食品有限公司	肉、禽、蛋、奶及水产品批发	浙江省衢州市
浙江省烟草公司绍兴市公司	烟草制品批发	浙江省绍兴市
浙江海越股份有限公司	石油及制品批发	浙江省绍兴市
中国石化销售有限公司浙江绍兴石油分公司	石油及制品批发	浙江省绍兴市
浙江震元股份有限公司	中药批发	浙江省绍兴市
浙江宏磊控股集团有限公司	金属及金属矿批发	浙江省绍兴市
浙江华通医药股份有限公司	西药批发	浙江省绍兴市
绍兴县华联国际商贸城有限公司	石油及制品批发	浙江省绍兴市
浙江省烟草公司台州市公司	烟草制品批发	浙江省台州市
浙江台州元通汽车有限公司	汽车批发	浙江省台州市
台州上药医药有限公司	西药批发	浙江省台州市
浙江仙居制药销售有限公司	西药批发	浙江省台州市
浙江国商实业股份有限公司	家用电器批发	浙江省台州市
浙江省烟草公司温州市公司	烟草制品批发	浙江省温州市
国药控股温州有限公司	西药批发	浙江省温州市
温州木材集团有限公司	建材批发	浙江省温州市
人本集团有限公司	其他机械设备及电子产品批发	浙江省温州市
温州有色冶炼有限责任公司	金属及金属矿批发	浙江省温州市
平阳县江夏中药材批发有限公司	中药批发	浙江省温州市
温州九州通医药有限公司	西药批发	浙江省温州市
温州欣瑞电子有限公司	通讯及广播电视设备批发	浙江省温州市
中国石化销售有限公司浙江舟山石油分公司	石油及制品批发	浙江省舟山市
安徽省		
安徽华源医药股份有限公司	西药批发	安徽省阜阳市
中国石油天然气股份有限公司安徽销售分公司	石油及制品批发	安徽省合肥市
联合利华服务(合肥)有限公司	化妆品及卫生用品批发	安徽省合肥市
安徽省烟草公司合肥市公司	烟草制品批发	安徽省合肥市
中国石油化工股份有限公司安徽合肥石油分公司	石油及制品批发	安徽省合肥市
海尔电器销售(合肥)有限公司	家用电器批发	安徽省合肥市
安徽省技术进出口股份有限公司	其他文化用品批发	安徽省合肥市
亳州古井销售有限公司	酒、饮料及茶叶批发	安徽省亳州市
安徽省烟草公司阜阳市公司	烟草制品批发	安徽省阜阳市
安徽山鹰纸业销售有限公司	文具用品批发	安徽省马鞍山市
安徽省烟草公司安庆市公司	烟草制品批发	安徽省安庆市
安徽省烟草公司六安市公司	烟草制品批发	安徽省六安市
中国石化销售有限公司安徽蚌埠石油分公司	石油及制品批发	安徽省蚌埠市
安徽盛世欣兴格力贸易有限公司	家用电器批发	安徽省合肥市
安徽省烟草公司芜湖市公司	烟草制品批发	安徽省芜湖市
安徽省烟草公司滁州市公司	烟草制品批发	安徽省滁州市
中国石油天然气股份有限公司安徽滁州销售分公司	石油及制品批发	安徽省滁州市
安徽省烟草公司宿州分公司	烟草制品批发	安徽省宿州市
安徽省烟草公司亳州市公司	其他未列明批发业	安徽省亳州市
安徽省烟草公司宣城市公司	烟草制品批发	安徽省宣城市
中国石油天然气股份有限公司安徽合肥销售分公司	石油及制品批发	安徽省合肥市
安徽省烟草公司蚌埠市公司	烟草制品批发	安徽省蚌埠市
中国石化销售有限公司安徽滁州石油分公司	石油及制品批发	安徽省滁州市
安徽迎驾酒业销售有限公司	酒、饮料及茶叶批发	安徽省六安市
安徽徽商农家福有限公司	化肥批发	安徽省合肥市
安徽省烟草公司马鞍山市公司	烟草制品批发	安徽省马鞍山市
安徽省烟草公司淮南市公司	烟草制品批发	安徽省淮南市

4-1 续表 23

企业名称	所属行业	企业所在地
洽洽食品股份有限公司	其他食品批发	安徽省合肥市
安徽省徽商金属股份有限公司	金属及金属矿批发	安徽省合肥市
安徽轻工国际贸易股份有限公司	灯具、装饰物品批发	安徽省合肥市
雅士利乳业(马鞍山)销售有限公司	其他食品批发	安徽省马鞍山市
安徽辉隆集团农资连锁有限责任公司	化肥批发	安徽省合肥市
安徽省服装进出口股份有限公司	服装批发	安徽省合肥市
安徽省烟草公司池州市公司	烟草制品批发	安徽省池州市
安徽皖南烟叶有限责任公司	烟草制品批发	安徽省宣城市
国药控股安徽有限公司	西药批发	安徽省合肥市
合肥曼迪新药业有限责任公司	西药批发	安徽省合肥市
安徽省阜阳市康泰药业有限责任公司	西药批发	安徽省阜阳市
安徽省烟草公司黄山市公司	烟草制品批发	安徽省黄山市
中国石油化工股份有限公司安徽马鞍山石油分公司	石油及制品批发	安徽省马鞍山市
安徽省烟草公司淮北市公司	烟草制品批发	安徽省淮北市
集瑞联合卡车营销服务有限公司	汽车批发	安徽省芜湖市
六安市裕园义乌小商品市场服务有限公司	服装批发	安徽省六安市
合肥亿帆生物医药有限公司	西药批发	安徽省合肥市
中国石油天然气股份有限公司安徽蚌埠销售分公司	石油及制品批发	安徽省蚌埠市
安徽振兴物业服务有限公司	建材批发	安徽省六安市
合肥宏盛美的空调销售有限公司	家用电器批发	安徽省合肥市
阜阳金种子酒业销售有限公司	酒、饮料及茶叶批发	安徽省阜阳市
安徽九州通医药有限公司	西药批发	安徽省合肥市
安徽省宣城市医药有限公司	西药批发	安徽省宣城市
滁州市金达石油有限公司	石油及制品批发	安徽省滁州市
中铁四局集团物资工贸有限公司	建材批发	安徽省合肥市
安徽金晟泰酒业营销有限公司	酒、饮料及茶叶批发	安徽省合肥市
芜湖双鹤医药有限责任公司	西药批发	安徽省芜湖市
青岛海信电器股份有限公司合肥经营分公司	家用电器批发	安徽省合肥市
安徽宣酒销售有限公司	酒、饮料及茶叶批发	安徽省宣城市
马鞍山市蓝天废旧物资回收有限公司	再生物资回收与批发	安徽省马鞍山市
合肥湘元工程机械有限公司	其他机械设备及电子产品批发	安徽省合肥市
安徽阜阳医药集团有限公司	西药批发	安徽省阜阳市
黄山金鼎茶业有限公司	酒、饮料及茶叶批发	安徽省黄山市
东至县粮食购销有限责任公司	米、面制品及食用油批发	安徽省池州市
安徽省临泉县文王酒类有限公司	酒、饮料及茶叶批发	安徽省阜阳市
合肥合鑫商贸有限公司	化妆品及卫生用品批发	安徽省合肥市
蚌埠华翔酒类营销有限公司	酒、饮料及茶叶批发	安徽省蚌埠市
颍上县金大地粮食产业发展有限公司	谷物、豆及薯类批发	安徽省阜阳市
福建省		
厦门建发股份有限公司	金属及金属矿批发	福建省厦门市
中石化森美(福建)石油有限公司	石油及制品批发	福建省福州市
福建中烟工业有限责任公司	烟草制品批发	福建省厦门市
厦门国贸集团股份有限公司	金属及金属矿批发	福建省厦门市
厦门信达股份有限公司	其他未列明批发业	福建省厦门市
福建炼油化工有限公司	石油及制品批发	福建省泉州市
福建省烟草公司泉州市公司	烟草制品批发	福建省泉州市
中国石化销售有限公司福建石油分公司	石油及制品批发	福建省福州市
福建省烟草公司福州市公司	烟草制品批发	福建省福州市
福建省烟草公司厦门烟草分公司	烟草制品批发	福建省厦门市
福建省烟草公司三明市公司	烟草制品批发	福建省三明市

4-1 续表 24

企业名称	所属行业	企业所在地
福建省烟草公司南平市公司	烟草制品批发	福建省南平市
厦门特步投资有限公司	服装批发	福建省厦门市
厦门夏商农产品集团有限公司	果品、蔬菜批发	福建省厦门市
福建闽侯永辉商业有限公司	其他贸易经纪与代理	福建省福州市
福建省烟草公司莆田市公司	烟草制品批发	福建省莆田市
厦门安踏有限公司	服装批发	福建省厦门市
中国厦门国际经济技术合作公司	其他化工产品批发	福建省厦门市
福建盛世欣兴格力贸易有限公司	家用电器批发	福建省福州市
福建省烟草公司宁德市公司	烟草制品批发	福建省宁德市
中海石油福建新能源有限公司	石油及制品批发	福建省莆田市
厦门信和达电子有限公司	其他机械设备及电子产品批发	福建省厦门市
厦门青岛啤酒东南营销有限公司	酒、饮料及茶叶批发	福建省厦门市
龙工(中国)机械销售有限公司	其他机械设备及电子产品批发	福建省龙岩市
福州民天实业有限公司	果品、蔬菜批发	福建省福州市
厦门新五菱汽车销售有限公司	汽车批发	福建省厦门市
福建华闽进出口有限公司	贸易代理	福建省福州市
福建九州通医药有限公司	西药批发	福建省福州市
厦门合兴包装印刷股份有限公司	其他文化用品批发	福建省厦门市
国药控股福建有限公司	西药批发	福建省厦门市
福建七匹狼实业股份有限公司	服装批发	福建省泉州市
福建省莆田富力进出口有限公司	鞋帽批发	福建省莆田市
尧山国际控股股份有限公司	酒、饮料及茶叶批发	福建省福州市
厦门宏仁医药有限公司	西药批发	福建省厦门市
斐乐体育有限公司	服装批发	福建省厦门市
柒牌有限公司	服装批发	福建省厦门市
厦门七匹狼服装营销有限公司	服装批发	福建省厦门市
国药控股龙岩有限公司	西药批发	福建省龙岩市
鸿星尔克(厦门)实业有限公司	服装批发	福建省厦门市
福州兴海亭贸易有限公司	服装批发	福建省福州市
厦门市东万晟贸易有限公司	其他食品批发	福建省厦门市
厦门雅瑞光学有限公司	其他家庭用品批发	福建省厦门市
福建五丰大商场有限公司	其他家庭用品批发	福建省福州市
厦门天邻缘电子商务有限公司	鞋帽批发	福建省厦门市
厦门三峡国际贸易有限公司	家用电器批发	福建省厦门市
福建新微科技有限公司	其他机械设备及电子产品批发	福建省泉州市
福州名成水产品市场有限公司	肉、禽、蛋、奶及水产品批发	福建省福州市
九牧王股份有限公司厦门分公司	服装批发	福建省厦门市
福建吉马经贸有限公司	酒、饮料及茶叶批发	福建省漳州市
福建省建材进出口有限责任公司	鞋帽批发	福建省福州市
汇金石(厦门)有限公司	建材批发	福建省厦门市
福建意尔康体育用品有限公司	鞋帽批发	福建省泉州市
福建省中通通信物流有限公司	通讯及广播电视设备批发	福建省福州市
福建德艺集团股份有限公司	首饰、工艺品及收藏品批发	福建省福州市
深圳创维-RGB电子有限公司福建分公司	家用电器批发	福建省厦门市
江西省		
中国石油化工股份有限公司江西赣州石油分公司	石油及制品批发	江西省赣州市
江西省烟草公司赣州市公司	烟草制品批发	江西省赣州市
江西省烟草公司南昌市公司	烟草制品批发	江西省南昌市
江西省烟草公司上饶市公司	烟草制品批发	江西省上饶市
中国石油化工股份有限公司江西南昌石油分公司	石油及制品批发	江西省南昌市

4-1 续表 25

企业名称	所属行业	企业所在地
江西省烟草公司宜春市公司(江西省宜春市烟草专卖局)	烟草制品批发	江西省宜春市
江西省烟草公司九江市公司	烟草制品批发	江西省九江市
南昌陆风汽车营销有限公司	汽车批发	江西省南昌市
中国石化销售有限公司江西宜春石油分公司	石油及制品批发	江西省宜春市
江西省烟草公司吉安市公司	烟草制品批发	江西省吉安市
江西煤业集团有限责任公司	煤炭及制品批发	江西省南昌市
江西省烟草公司抚州市公司	烟草制品批发	江西省抚州市
中国石油化工股份有限公司江西吉安石油分公司	石油及制品批发	江西省吉安市
中国石化销售有限公司江西抚州石油分公司	石油及制品批发	江西省抚州市
江西江铃进出口有限责任公司	汽车批发	江西省南昌市
中国石油化工股份有限公司江西上饶石油分公司	石油及制品批发	江西省上饶市
江西盛世欣兴格力贸易有限公司	家用电器批发	江西省南昌市
江西四特酒营销有限责任公司	酒、饮料及茶叶批发	江西省宜春市
江西仁和药业有限公司	中药批发	江西省宜春市
江西省烟草公司萍乡市公司	烟草制品批发	江西省萍乡市
景德镇市烟草公司	烟草制品批发	江西省景德镇市
江西江中医药贸易有限责任公司	中药批发	江西省南昌市
中国石化销售有限公司江西景德镇石油分公司	石油及制品批发	江西省景德镇市
江西济民可信医药贸易有限公司	中药批发	江西省南昌市
中国石化销售有限公司江西新余石油分公司	石油及制品批发	江西省新余市
江西汇仁药品销售有限公司	中药批发	江西省南昌市
中国石化销售有限公司江西萍乡石油分公司	石油及制品批发	江西省萍乡市
江西省烟草公司新余市公司	烟草制品批发	江西省新余市
江西省粮油集团有限公司	其他食品批发	江西省南昌市
中石化江西鹰潭石油分公司	石油及制品批发	江西省鹰潭市
江西五洲医药营销有限公司	西药批发	江西省宜春市
江西省烟草公司鹰潭市公司	烟草制品批发	江西省鹰潭市
江西九州医药有限公司	西药批发	江西省宜春市
江西九州通药业有限公司	西药批发	江西省南昌市
江西仁翔药业有限公司	西药批发	江西省宜春市
南昌凯胜电子有限公司	其他机械设备及电子产品批发	江西省南昌市
江西信德医药有限公司	西药批发	江西省宜春市
深圳创维-RGB电子有限公司江西分公司	家用电器批发	江西省宜春市
江西上饶医药股份有限公司	西药批发	江西省上饶市
江西广力药业有限公司	西药批发	江西省宜春市
江西康力药品物流有限公司	西药批发	江西省宜春市
山东省		
中国石化销售有限公司山东石油分公司	石油及制品批发	山东省济南市
山东晨鸣纸业销售有限公司	文具用品批发	山东省潍坊市
山东科瑞石油装备有限公司	其他机械设备及电子产品批发	山东省东营市
青岛海信国际营销股份有限公司	家用电器批发	山东省青岛市
山东瑞康医药股份有限公司	西药批发	山东省烟台市
山东新华书店集团有限公司	图书批发	山东省济南市
道恩集团有限公司	其他化工产品批发	山东省烟台市
山东鲁花集团商贸有限公司	米、面制品及食用油批发	山东省烟台市
青岛烟草有限公司	烟草制品批发	山东省青岛市
山东潍坊烟草有限公司	烟草制品批发	山东省潍坊市
济南历下大润发商贸有限公司	米、面制品及食用油批发	山东省济南市
中国重汽集团进出口有限公司	汽车批发	山东省济南市
山东济南烟草有限公司	烟草制品批发	山东省济南市

4–1 续表 26

企业名称	所属行业	企业所在地
华润山东医药有限公司	西药批发	山东省济南市
史丹利化肥销售有限公司	化肥批发	山东省临沂市
山东烟台烟草有限公司	烟草制品批发	山东省烟台市
青岛海信空调营销股份有限公司	家用电器批发	山东省青岛市
山东济宁烟草有限公司	烟草制品批发	山东省济宁市
中国石油化工股份有限公司山东烟台石油分公司	石油及制品批发	山东省烟台市
中海油山东销售有限公司	石油及制品批发	山东省青岛市
山东聊城鲁西化工销售有限公司	化肥批发	山东省聊城市
中国石化销售有限公司山东济南石油分公司	石油及制品批发	山东省济南市
山东菏泽烟草有限公司	烟草制品批发	山东省菏泽市
临沂立晨经贸有限公司	建材批发	山东省临沂市
山东南菜园蔬菜食品有限公司	果品、蔬菜批发	山东省临沂市
济南铁路煤炭运贸集团有限公司	煤炭及制品批发	山东省济南市
济南中油华铁石油产品销售有限公司	石油及制品批发	山东省济南市
新汶矿业集团物资供销有限责任公司	其他机械设备及电子产品批发	山东省泰安市
烟台张裕葡萄酿酒销售有限公司	酒、饮料及茶叶批发	山东省烟台市
烟台市农业生产资料总公司	化肥批发	山东省烟台市
山东盛世欣兴格力贸易有限公司	家用电器批发	山东省济南市
中国石油化工股份有限公司山东济宁石油分公司	石油及制品批发	山东省济宁市
山东淄博烟草有限公司	烟草制品批发	山东省淄博市
中国石油化工股份有限公司山东淄博石油分公司	石油及制品批发	山东省淄博市
山东泰安烟草有限公司	烟草制品批发	山东省泰安市
山东聊城烟草有限公司	烟草制品批发	山东省聊城市
山东银宝食品有限公司	肉、禽、蛋、奶及水产品批发	山东省泰安市
山东德州烟草有限公司	烟草制品批发	山东省德州市
山东九州通医药有限公司	西药批发	山东省济南市
中国石油化工股份有限公司山东菏泽石油分公司	石油及制品批发	山东省菏泽市
诸城雷沃科技有限公司	汽车零配件批发	山东省潍坊市
青岛海尔国际贸易有限公司	电气设备批发	山东省青岛市
中国石化山东泰山石油股份有限公司	石油及制品批发	山东省泰安市
枣庄市烟草专卖局(公司)	烟草制品批发	山东省枣庄市
山东日照烟草有限公司	烟草制品批发	山东省日照市
山东上药医药有限公司	中药批发	山东省济南市
国井酒业有限公司	酒、饮料及茶叶批发	山东省淄博市
中国石油化工山东日照石油公司	石油及制品批发	山东省日照市
山东鲁花营销有限公司	米、面制品及食用油批发	山东省烟台市
山东银座配送有限公司	米、面制品及食用油批发	山东省济南市
山东滨州烟草有限公司	烟草制品批发	山东省滨州市
山东威海烟草有限公司	烟草制品批发	山东省威海市
中国石油天然气股份有限公司山东济南销售分公司	石油及制品批发	山东省济南市
山东东方誉源现代农业集团有限责任公司	化肥批发	山东省潍坊市
山东齐鲁万和医药营销有限公司	医疗用品及器材批发	山东省济南市
青岛百洋医药科技有限公司	医疗用品及器材批发	山东省青岛市
国药控股山东有限公司	中药批发	山东省济南市
山东昌华实业发展有限公司	米、面制品及食用油批发	山东省日照市
中国石化销售有限公司山东枣庄石油分公司	石油及制品批发	山东省枣庄市
中国石油化工股份有限公司山东聊城石油分公司	石油及制品批发	山东省聊城市
阜丰营销有限公司	盐及调味品批发	山东省临沂市
青岛福兴祥物流有限公司	米、面制品及食用油批发	山东省青岛市
招远皮革城有限公司	服装批发	山东省烟台市

4-1 续表 27

企业名称	所属行业	企业所在地
济南瑞康医药有限公司	中药批发	山东省济南市
中国石油天然气股份有限公司山东烟台销售分公司	石油及制品批发	山东省烟台市
山东荣庆物流有限公司	果品、蔬菜批发	山东省临沂市
山东东营烟草有限公司	烟草制品批发	山东省东营市
东营金田小商品市场发展有限公司	服装批发	山东省东营市
海尔海外电器产业有限公司	家用电器批发	山东省青岛市
日照市华大投资发展有限公司	建材批发	山东省日照市
威海联桥服饰有限公司	其他贸易经纪与代理	山东省威海市
中国石油天然气股份有限公司山东菏泽销售分公司	石油及制品批发	山东省菏泽市
中国石油天然气股份有限公司山东淄博销售分公司	石油及制品批发	山东省淄博市
山东省桓台县供销合作社联合社	化肥批发	山东省淄博市
山东福胶药业有限公司	贸易代理	山东省济南市
中国医疗器械山东有限公司	医疗用品及器材批发	山东省济南市
青岛日日顺乐家贸易有限公司	其他家庭用品批发	山东省青岛市
山东银座电器有限责任公司	家用电器批发	山东省济南市
威海家家悦生鲜加工配送有限公司	果品、蔬菜批发	山东省威海市
山东康诺盛世医药有限公司	西药批发	山东省烟台市
中国石油天然气股份有限公司山东济宁销售分公司	石油及制品批发	山东省济宁市
绮丽集团有限责任公司	服装批发	山东省青岛市
山东景芝酒厂销售总公司	酒、饮料及茶叶批发	山东省潍坊市
山东祥泰洁净煤有限公司	煤炭及制品批发	山东省泰安市
中国船舶燃料青岛有限公司	石油及制品批发	山东省青岛市
山东新华医药贸易有限公司	西药批发	山东省淄博市
威海纺织集团进出口有限责任公司	服装批发	山东省威海市
潍坊美的制冷产品销售有限公司	家用电器批发	山东省潍坊市
枣庄银海医药有限公司	西药批发	山东省枣庄市
山东杨春商贸集团有限公司	肉、禽、蛋、奶及水产品批发	山东省潍坊市
山东金田小商品市场发展有限公司	厨房、卫生间用具及日用杂货批发	山东省威海市
山东京博新能源控股发展有限公司	石油及制品批发	山东省滨州市
中国供销石油烟台有限公司	石油及制品批发	山东省烟台市
华润潍坊远东医药有限公司	西药批发	山东省潍坊市
山东八戒食品有限公司	肉、禽、蛋、奶及水产品批发	山东省泰安市
青岛福兴祥商品配送有限公司	米、面制品及食用油批发	山东省青岛市
青岛黄海制药经营有限公司	西药批发	山东省青岛市
山东莱芜烟草有限公司	烟草制品批发	山东省莱芜市
中国石油天然气股份有限公司山东德州销售分公司	石油及制品批发	山东省德州市
诸城金顺粮油购销有限公司	米、面制品及食用油批发	山东省潍坊市
德州和谐化工贸易有限公司	石油及制品批发	山东省德州市
青岛茂智机电有限公司	其他机械设备及电子产品批发	山东省青岛市
中国石油天然气山东日照销售分公司	石油及制品批发	山东省日照市
中国石油天然气股份有限公司山东聊城销售分公司	石油及制品批发	山东省聊城市
青岛天合医药集团股份有限公司	西药批发	山东省青岛市
青岛春煦商贸有限公司	金属及金属矿批发	山东省青岛市
山东钢铁集团国际贸易有限公司	金属及金属矿批发	山东省济南市
青岛南车四方车辆物流有限公司	其他未列明批发业	山东省青岛市
烟台连峰商贸有限公司	酒、饮料及茶叶批发	山东省烟台市
山东中农联合生物科技股份有限公司	农药批发	山东省济南市
巴龙国际集团有限公司	纺织品、针织品及原料批发	山东省青岛市
山东漱玉平民药业有限公司	中药批发	山东省济南市
山东科赛基农控股有限公司	农药批发	山东省济南市

4-1 续表 28

企业名称	所属行业	企业所在地
山东登海先锋种业有限公司	种子批发	山东省烟台市
山东龙大商贸有限公司	米、面制品及食用油批发	山东省烟台市
山东海盛水产品市场开发有限公司	肉、禽、蛋、奶及水产品批发	山东省淄博市
龙口市海源经贸有限公司	酒、饮料及茶叶批发	山东省烟台市
泰安盐业公司	盐及调味品批发	山东省泰安市
山东登海种业股份有限公司	种子批发	山东省烟台市
青岛海信电器股份有限公司临沂经营分公司	家用电器批发	山东省临沂市
新泰市德旺食品有限公司	肉、禽、蛋、奶及水产品批发	山东省泰安市
山东鲁滨首饰有限公司	首饰、工艺品及收藏品批发	山东省滨州市
济南TCL电器销售有限公司	家用电器批发	山东省济南市
山东福田雷沃重工国际贸易有限公司	农业机械批发	山东省潍坊市
无棣鑫合皮业有限公司	其他农牧产品批发	山东省滨州市
威海金蚂蚁集团有限公司	五金产品批发	山东省威海市
山东辰信矿业有限公司	煤炭及制品批发	山东省泰安市
青岛善达医学实业公司	医疗用品及器材批发	山东省青岛市
胶南市糖酒副食品总公司	糕点、糖果及糖批发	山东省青岛市
山东华潍医药有限公司	中药批发	山东省潍坊市
山东聊城利民药业集团有限公司	西药批发	山东省聊城市
山东白象食品销售有限公司	米、面制品及食用油批发	山东省济宁市
济南天业工程机械有限公司	其他机械设备及电子产品批发	山东省济南市
烟台绮丽集团有限公司	服装批发	山东省烟台市
泰安新业经贸有限公司	煤炭及制品批发	山东省泰安市
中化石油山东有限公司	石油及制品批发	山东省烟台市
德州富源新能源科技有限公司	其他化工产品批发	山东省德州市
肥城曹庄煤矿有限公司	煤炭及制品批发	山东省泰安市
山东威高医药有限公司	医疗用品及器材批发	山东省威海市
威海好龙食品有限公司	肉、禽、蛋、奶及水产品批发	山东省威海市
巨野县大谢集镇大蒜交易市场	果品、蔬菜批发	山东省菏泽市
山东省烟台药材采购供应站	中药批发	山东省烟台市
青岛汇丰源商贸有限公司	其他食品批发	山东省青岛市
河南省		
郑州亿人万邦农产品有限公司	果品、蔬菜批发	河南省郑州市
国药控股河南股份有限公司	中药批发	河南省郑州市
永城煤电集团聚龙物流贸易有限公司	煤炭及制品批发	河南省商丘市
河南省烟草公司郑州市公司	烟草制品批发	河南省郑州市
河南省烟草公司南阳市公司	烟草制品批发	河南省南阳市
中国石油化工股份有限公司河南郑州石油分公司	石油及制品批发	河南省郑州市
海马汽车销售有限公司	汽车批发	河南省郑州市
河南省烟草公司洛阳市公司	烟草制品批发	河南省洛阳市
郑州日产汽车销售有限公司	汽车批发	河南省郑州市
华润河南医药有限公司	医疗用品及器材批发	河南省郑州市
河南省烟草公司商丘市公司	烟草制品批发	河南省商丘市
河南省烟草公司周口市公司	烟草制品批发	河南省周口市
河南弘力环保科技有限公司	家用电器批发	河南省郑州市
河南省烟草公司驻马店市公司	烟草制品批发	河南省驻马店市
中国石油天然气股份有限公司河南销售分公司	石油及制品批发	河南省郑州市
河南九州通医药有限公司	西药批发	河南省郑州市
洛阳长兴农业机械有限公司	农业机械批发	河南省洛阳市
信阳裕农农产品销售有限公司	果品、蔬菜批发	河南省信阳市
河南省烟草公司平顶山分公司	烟草制品批发	河南省平顶山市

4-1 续表 29

企业名称	所属行业	企业所在地
河南省烟草公司信阳分公司	烟草制品批发	河南省信阳市
河南省烟草公司新乡市公司	烟草制品批发	河南省新乡市
河南省烟草公司安阳市公司	烟草制品批发	河南省安阳市
中国石油化工股份有限公司河南南阳石油分公司	石油及制品批发	河南省南阳市
中国石油天然气股份有限公司河南郑州销售分公司	石油及制品批发	河南省郑州市
河南省烟草公司开封市公司	烟草制品批发	河南省开封市
河南省烟草公司三门峡市公司	烟草制品批发	河南省三门峡市
河南省新华书店发行集团有限公司	图书批发	河南省郑州市
河南圣光医药物流有限公司	西药批发	河南省平顶山市
河南省烟草公司焦作市公司	烟草制品批发	河南省焦作市
河南省烟草公司濮阳市公司	烟草制品批发	河南省濮阳市
河南省医药有限公司	中药批发	河南省郑州市
中国石油化工股份有限公司驻马店分公司	石油及制品批发	河南省驻马店市
中国石化销售有限公司河南三门峡石油分公司	石油及制品批发	河南省三门峡市
安徽奇瑞汽车销售有限公司河南分公司	汽车批发	河南省开封市
河南康信医药有限公司	西药批发	河南省郑州市
河南省宋河酒实业有限公司	酒、饮料及茶叶批发	河南省周口市
中国石油化工股份有限公司河南中原分公司	石油及制品批发	河南省濮阳市
河南骏化化肥有限公司	化肥批发	河南省驻马店市
中国石油化工股份有限公司河南周口石油分公司	石油及制品批发	河南省周口市
河南中储粮商水直属库	谷物、豆及薯类批发	河南省周口市
河南新博源医药有限公司	西药批发	河南省新乡市
中国石油化工股份有限公司河南焦作石油分公司	石油及制品批发	河南省焦作市
中国石油化工股份有限公司河南安阳石油分公司	石油及制品批发	河南省安阳市
中国石油化工股份有限公司河南开封石油分公司	石油及制品批发	河南省开封市
河南东森医药有限公司	西药批发	河南省南阳市
哈药集团世一堂百川医药商贸有限公司	西药批发	河南省商丘市
河南永安医药有限公司	中药批发	河南省郑州市
中国石油天然气股份有限公司河南许昌销售分公司	石油及制品批发	河南省许昌市
河南省烟草公司鹤壁市公司	烟草制品批发	河南省鹤壁市
中国石油化工股份有限公司河南漯河石油分公司	石油及制品批发	河南省漯河市
商丘市松林食品有限公司	酒、饮料及茶叶批发	河南省商丘市
河南中鑫通信有限公司	通讯及广播电视设备批发	河南省郑州市
河南德尔康药业有限公司	西药批发	河南省洛阳市
河南省烟草公司邓州市分公司	烟草制品批发	河南省南阳市
中铁十五局集团物资有限公司	石油及制品批发	河南省洛阳市
尉氏县红兵禽业专业合作社	肉、禽、蛋、奶及水产品批发	河南省开封市
河南亿星实业集团有限公司	酒、饮料及茶叶批发	河南省周口市
驻马店市中亿商城商业管理有限公司	建材批发	河南省驻马店市
郑州邦正医药有限公司	中药批发	河南省郑州市
河南中油高速公路油品股份有限公司	石油及制品批发	河南省郑州市
漯河市烟草公司临颍县分公司	烟草制品批发	河南省漯河市
商丘市宇辉商贸有限公司	酒、饮料及茶叶批发	河南省商丘市
洛阳鼎信御安药业有限公司	西药批发	河南省洛阳市
河南省华方通医药有限公司	西药批发	河南省新乡市
中国石油天然气股份有限公司河南周口销售分公司	石油及制品批发	河南省周口市
商丘乾缘商贸有限公司	酒、饮料及茶叶批发	河南省商丘市
太康县龙兴废纸收购有限责任公司	再生物资回收与批发	河南省周口市
南阳市烟草公司社旗县分公司	烟草制品批发	河南省南阳市
南阳市烟草公司唐河县分公司	烟草制品批发	河南省南阳市

4-1 续表 30

企业名称	所属行业	企业所在地
南阳市烟草公司方城县分公司	烟草制品批发	河南省南阳市
河南白象食品销售有限公司	米、面制品及食用油批发	河南省郑州市
南阳市烟草公司内乡县分公司	烟草制品批发	河南省南阳市
商丘市兄弟糖酒有限公司	酒、饮料及茶叶批发	河南省商丘市
商丘市新先锋药业有限公司	西药批发	河南省商丘市
安阳县恒峰医药有限公司	西药批发	河南省安阳市
中国石油天然气股份有限公司河南南阳销售分公司	石油及制品批发	河南省南阳市
郑州煤电物资供销有限公司	建材批发	河南省郑州市
中国石油天然气股份有限公司河南开封销售分公司	石油及制品批发	河南省开封市
中国石油天然气股份有限公司河南平顶山销售分公司	石油及制品批发	河南省平顶山市
南阳市烟草公司镇平县分公司	烟草制品批发	河南省南阳市
河南省烟草公司济源市公司	烟草制品批发	河南省济源市
方城县鸿发商贸集团有限公司	煤炭及制品批发	河南省南阳市
中国石化销售有限公司河南济源石油分公司	石油及制品批发	河南省济源市
漯河市烟草公司舞阳县分公司	烟草制品批发	河南省漯河市
信阳市医药集团总公司	西药批发	河南省信阳市
南阳白云山和黄冠宝药业有限公司	中药批发	河南省南阳市
信阳常有建材有限公司	金属及金属矿批发	河南省信阳市
西平县棠溪服装城	服装批发	河南省驻马店市
河南信谊药业有限公司	西药批发	河南省周口市
河南省濮阳国家粮食储备库	谷物、豆及薯类批发	河南省濮阳市
驻马店市苏豫保温建材有限公司	建材批发	河南省驻马店市
武汉钢铁集团矿业有限责任公司焦作矿	煤炭及制品批发	河南省焦作市
湖北省		
中国石化销售有限公司华中分公司	石油及制品批发	湖北省武汉市
东风标致雪铁龙汽车销售有限责任公司	汽车批发	湖北省武汉市
九州通医药集团股份有限公司	西药批发	湖北省武汉市
中国石化销售有限公司湖北石油分公司	石油及制品批发	湖北省武汉市
大冶有色鑫诚铜业有限公司	金属及金属矿批发	湖北省黄石市
中国石油天然气股份有限公司湖北销售分公司	石油及制品批发	湖北省武汉市
百威英博(中国)销售有限公司	酒、饮料及茶叶批发	湖北省武汉市
中石化长江燃料有限公司	石油及制品批发	湖北省武汉市
湖北省烟草公司武汉市公司	烟草制品批发	湖北省武汉市
湖北银丰实业集团有限责任公司	棉、麻批发	湖北省武汉市
联想移动通信贸易(武汉)有限公司	计算机、软件及辅助设备批发	湖北省武汉市
武汉艾德蒙科技股份有限公司	计算机、软件及辅助设备批发	湖北省武汉市
湖北同济堂投资控股有限公司	西药批发	湖北省武汉市
东风英菲尼迪汽车有限公司	汽车批发	湖北省武汉市
唯品会(湖北)电子商务有限公司	服装批发	湖北省鄂州市
湖北盛世欣兴格力电器销售有限公司	家用电器批发	湖北省武汉市
湖北省农业生产资料集团有限公司	化肥批发	湖北省武汉市
中国石油化工有限公司湖北十堰石油分公司	石油及制品批发	湖北省十堰市
湖北省烟草公司荆州市公司	烟草制品批发	湖北省荆州市
湖北省烟草公司黄冈市公司	烟草制品批发	湖北省黄冈市
湖北省烟草公司恩施州公司	烟草制品批发	湖北省恩施土家族苗族自治州
湖北省烟草公司襄阳市公司	烟草制品批发	湖北省襄阳市
湖北劲牌保健酒业有限公司	酒、饮料及茶叶批发	湖北省黄石市
枝江吉星商贸有限公司	其他食品批发	湖北省宜昌市
湖北省新华书店(集团)有限公司	图书批发	湖北省武汉市
湖北省烟草公司宜昌市公司	烟草制品批发	湖北省宜昌市

4-1 续表 31

企业名称	所属行业	企业所在地
东风轻型商用车营销有限公司	汽车批发	湖北省武汉市
中石化销售有限公司湖北宜昌石油分公司	石油及制品批发	湖北省宜昌市
湖北三宁农资贸易有限公司	化肥批发	湖北省宜昌市
中国石油化工股份有限公司湖北襄樊石油分公司	石油及制品批发	湖北省襄阳市
湖北省烟草公司十堰市公司	烟草制品批发	湖北省十堰市
湖北白云边销售有限公司	酒、饮料及茶叶批发	湖北省荆州市
益海嘉里食品营销有限公司武汉分公司	米、面制品及食用油批发	湖北省武汉市
中国石油化工股份有限公司湖北荆州石油分公司	石油及制品批发	湖北省荆州市
中铁大桥局集团物资有限公司	金属及金属矿批发	湖北省武汉市
中国石化销售有限公司湖北黄冈石油分公司	石油及制品批发	湖北省黄冈市
周大福珠宝金行(武汉)有限公司	首饰、工艺品及收藏品批发	湖北省武汉市
华强化工集团(当阳)农资贸易有限公司	化肥批发	湖北省宜昌市
中国石油天然气股份有限公司湖北襄阳销售分公司	石油及制品批发	湖北省襄阳市
华润新龙医药有限公司	西药批发	湖北省武汉市
中国石化销售有限公司湖北荆门石油分公司	石油及制品批发	湖北省荆门市
黄石市烟草专卖局	烟草制品批发	湖北省黄石市
中国石油天然气股份有限公司湖北荆门销售分公司	石油及制品批发	湖北省荆门市
中国石油化工股份有限公司湖北恩施石油分公司	石油及制品批发	湖北省恩施土家族苗族自治州
中国石油天然气股份有限公司湖北十堰销售分公司	石油及制品批发	湖北省十堰市
湖北省烟草公司随州市公司	烟草制品批发	湖北省随州市
中国石化销售有限公司湖北咸宁石油分公司	石油及制品批发	湖北省咸宁市
中国石油天然气股份有限公司湖北黄冈销售分公司	石油及制品批发	湖北省黄冈市
武汉市南浦食品有限责任公司	其他食品批发	湖北省武汉市
中国石油化工股份有限公司湖北随州石油分公司	石油及制品批发	湖北省随州市
宜昌宏信商贸有限责任公司	酒、饮料及茶叶批发	湖北省宜昌市
湖北立旺食品有限公司武汉分公司	其他食品批发	湖北省武汉市
仙桃市仙湖水产养殖有限责任公司	肉、禽、蛋、奶及水产品批发	湖北省仙桃市
湖北盐业集团有限公司	盐及调味品批发	湖北省武汉市
枝江市华山渔业服务有限责任公司	肉、禽、蛋、奶及水产品批发	湖北省宜昌市
武汉光明乳业销售有限公司	肉、禽、蛋、奶及水产品批发	湖北省武汉市
中国石油天然气股份有限公司湖北恩施销售分公司	石油及制品批发	湖北省恩施土家族苗族自治州
湖北格林药业有限公司	西药批发	湖北省武汉市
中国石油天然气股份有限公司湖北咸宁销售分公司	石油及制品批发	湖北省咸宁市
柏斯琴行(中国)有限公司	其他文化用品批发	湖北省宜昌市
湖北人人大经贸有限公司	酒、饮料及茶叶批发	湖北省武汉市
武汉长江沙鸥植物油有限公司	米、面制品及食用油批发	湖北省武汉市
武汉远大制药集团销售有限公司	西药批发	湖北省武汉市
武汉TCL电器销售有限公司	家用电器批发	湖北省武汉市
鄂州市城西农产品批发市场经营有限公司	其他农牧产品批发	湖北省鄂州市
武汉塞力斯医疗科技股份有限公司	医疗用品及器材批发	湖北省武汉市
中绿(湖北)实业发展有限公司	肉、禽、蛋、奶及水产品批发	湖北省天门市
谷城县粮食收储总公司	米、面制品及食用油批发	湖北省襄阳市
宜昌九盛商贸有限公司	酒、饮料及茶叶批发	湖北省宜昌市
湖南省		
物产中拓股份有限公司	建材批发	湖南省长沙市
湖南省烟草公司长沙市公司	烟草制品批发	湖南省长沙市
湖南省烟草公司郴州市公司	烟草制品批发	湖南省郴州市
湖南省烟草公司衡阳市公司	烟草制品批发	湖南省衡阳市
湖南省烟草公司常德市公司	烟草制品批发	湖南省常德市
株洲北汽汽车销售有限公司	汽车批发	湖南省株洲市

4-1 续表 32

企业名称	所属行业	企业所在地
湖南省烟草公司永州市公司	烟草制品批发	湖南省永州市
湖南粮食集团有限责任公司	米、面制品及食用油批发	湖南省长沙市
湖南省烟草公司岳阳市公司	烟草制品批发	湖南省岳阳市
湖南省烟草公司株洲市公司	烟草制品批发	湖南省株洲市
湖南省茶业集团股份有限公司	酒、饮料及茶叶批发	湖南省长沙市
湖南省烟草公司益阳分公司	烟草制品批发	湖南省益阳市
湖南盛世欣兴格力贸易有限公司	家用电器批发	湖南省长沙市
湖南省新华书店有限责任公司	图书批发	湖南省长沙市
湖南省烟草公司怀化市公司	烟草制品批发	湖南省怀化市
湖南省烟草公司娄底市公司	烟草制品批发	湖南省娄底市
湖南省烟草公司湘西自治州公司	烟草制品批发	湖南省湘西土家族苗族自治州
湖南省烟草公司湘潭市公司	烟草制品批发	湖南省湘潭市
湖南时代阳光医药健康产业有限公司	西药批发	湖南省长沙市
华润湖南瑞格医药有限公司	西药批发	湖南省长沙市
湖南大唐燃料开发有限责任公司	煤炭及制品批发	湖南省长沙市
华润湖南医药有限公司	中药批发	湖南省长沙市
湖南省烟草公司张家界市公司	烟草制品批发	湖南省张家界市
华润湖南双舟医药有限公司	西药批发	湖南省长沙市
长沙加加食品销售有限公司	盐及调味品批发	湖南省长沙市
丰沃达医药物流(湖南)有限公司	西药批发	湖南省长沙市
常德美的制冷产品销售有限公司	家用电器批发	湖南省常德市
湖南和顺石油化工有限公司	石油及制品批发	湖南省长沙市
湖南星浩医药有限公司	西药批发	湖南省长沙市
湖南康尔佳医药有限公司	西药批发	湖南省长沙市
湖南金健米业营销有限公司	米、面制品及食用油批发	湖南省常德市
湖南商康医药电子商务有限公司	西药批发	湖南省长沙市
湖南同安医药有限公司	西药批发	湖南省长沙市
湖南科瑞鸿泰医药有限公司	西药批发	湖南省长沙市
湖南上药九旺医药有限公司	西药批发	湖南省长沙市
湖南酒鬼酒销售有限公司	酒、饮料及茶叶批发	湖南省湘西土家族苗族自治州
邵阳市江北农产品批发有限责任公司	果品、蔬菜批发	湖南省邵阳市
长沙TCL电器销售有限公司	家用电器批发	湖南省长沙市
迅达集团湖南销售有限公司	厨房、卫生间用具及日用杂货批发	湖南省湘潭市
广东省		
中国石化销售有限公司华南分公司	石油及制品批发	广东省广州市
东风日产汽车销售有限公司	汽车批发	广东省广州市
松日数码发展(深圳)有限公司	其他未列明批发业	广东省深圳市
沃尔玛(中国)投资有限公司	其他食品批发	广东省深圳市
深圳市爱施德股份有限公司	通讯及广播电视设备批发	广东省深圳市
中国石化化工销售有限公司华南分公司	其他化工产品批发	广东省广州市
中国石油天然气股份有限公司广东销售分公司	石油及制品批发	广东省广州市
深圳市飞马国际供应链股份有限公司	贸易代理	广东省深圳市
天音通信有限公司	通讯及广播电视设备批发	广东省深圳市
中经汇通有限责任公司	石油及制品批发	广东省广州市
深圳市信利康供应链管理有限公司	贸易代理	广东省深圳市
比亚迪汽车销售有限公司	汽车批发	广东省深圳市
唯品会(中国)有限公司	体育用品及器材批发	广东省广州市
深圳中电投资股份有限公司	其他机械设备及电子产品批发	广东省深圳市
广州医药有限公司	西药批发	广东省广州市
中海油广东销售有限公司	石油及制品批发	广东省广州市

4-1 续表 33

企业名称	所属行业	企业所在地
广州金博物流贸易集团有限公司	贸易代理	广东省广州市
中油碧辟石油有限公司	石油及制品批发	广东省广州市
深圳市朗华供应链服务有限公司	贸易代理	广东省深圳市
华南蓝天油料有限公司	石油及制品批发	广东省广州市
华润广东医药有限公司	西药批发	广东省广州市
广州万力轮胎商贸有限公司	汽车零配件批发	广东省广州市
中国石油天然气股份有限公司华南化工销售分公司	其他化工产品批发	广东省广州市
深圳市富森供应链管理有限公司	其他机械设备及电子产品批发	广东省深圳市
中国石油化工股份有限公司广东石油分公司	石油及制品批发	广东省广州市
国药控股广州有限公司	西药批发	广东省广州市
中国烟草总公司深圳市公司	烟草制品批发	广东省深圳市
广州立白企业集团有限公司	厨房、卫生间用具及日用杂货批发	广东省广州市
深圳市怡亚通供应链股份有限公司	贸易代理	广东省深圳市
中国石化销售有限公司广东深圳石油分公司	石油及制品批发	广东省深圳市
广汽传祺汽车销售有限公司	汽车批发	广东省广州市
深圳市中农网股份有限公司	其他食品批发	广东省深圳市
广东烟草广州市有限公司	烟草制品批发	广东省广州市
昆山润华商业有限公司广州黄埔分公司	服装批发	广东省广州市
深圳市华富洋供应链有限公司	其他机械设备及电子产品批发	广东省深圳市
中国石化销售有限公司广东佛山石油分公司	石油及制品批发	广东省佛山市
广东华农温氏畜牧股份有限公司	肉、禽、蛋、奶及水产品批发	广东省云浮市
中化石油广东有限公司	石油及制品批发	广东省广州市
广东省纺织品进出口股份有限公司	纺织品、针织品及原料批发	广东省广州市
中石化中海船舶燃料供应有限公司	石油及制品批发	广东省广州市
华润水泥投资有限公司	建材批发	广东省深圳市
广东烟草东莞市有限公司	烟草制品批发	广东省东莞市
广东烟草佛山市有限责任公司	烟草制品批发	广东省佛山市
联想(深圳)电子有限公司	计算机、软件及辅助设备批发	广东省深圳市
深圳市金立通信设备有限公司	通讯及广播电视设备批发	广东省深圳市
东莞市宏川化工供应链有限公司	其他化工产品批发	广东省东莞市
广州神州数码信息科技有限公司	计算机、软件及辅助设备批发	广东省广州市
广东烟草揭阳市有限公司	烟草制品批发	广东省揭阳市
周生生中国商业有限公司	首饰、工艺品及收藏品批发	广东省广州市
深圳华润三九医药贸易有限公司	中药批发	广东省深圳市
唯品会(肇庆)电子商务有限公司	服装批发	广东省肇庆市
广州市虎头电池集团有限公司	其他家庭用品批发	广东省广州市
广州恒大材料设备有限公司	建材批发	广东省广州市
众业达电气股份有限公司	其他机械设备及电子产品批发	广东省汕头市
广州中山医医药有限公司	西药批发	广东省广州市
珠海红牛饮料销售有限公司	酒、饮料及茶叶批发	广东省珠海市
广东烟草江门市有限公司	烟草制品批发	广东省江门市
广州市六福市场经营管理有限公司	服装批发	广东省广州市
广东九州通医药有限公司	西药批发	广东省中山市
汕头市创美药业有限公司	中药批发	广东省汕头市
广州国盈医药有限公司	西药批发	广东省广州市
广州纺织品进出口集团有限公司	服装批发	广东省广州市
广东烟草梅州市有限公司	烟草制品批发	广东省梅州市
广东烟草汕头市有限责任公司	烟草制品批发	广东省汕头市
广东烟草惠州市有限责任公司	烟草制品批发	广东省惠州市
广东烟草湛江市有限公司	烟草制品批发	广东省湛江市

4-1 续表 34

企业名称	所属行业	企业所在地
深圳市燃气集团股份有限公司	石油及制品批发	广东省深圳市
广东烟草韶关市有限公司	烟草制品批发	广东省韶关市
广东天禾农资股份有限公司	化肥批发	广东省广州市
蓝月亮(中国)有限公司	厨房、卫生间用具及日用杂货批发	广东省广州市
珠海小米通讯技术有限公司	通讯及广播电视设备批发	广东省珠海市
百威英博(中国)销售有限公司广州分公司	酒、饮料及茶叶批发	广东省广州市
中国石油化工股份有限公司广东清远石油分公司	石油及制品批发	广东省清远市
广东美康大光万特医药有限公司	中药批发	广东省广州市
深圳市粮食集团有限公司	米、面制品及食用油批发	广东省深圳市
广东新华发行集团股份有限公司	图书批发	广东省广州市
广东汇富控股集团有限公司	鞋帽批发	广东省东莞市
中国石化销售有限公司广东韶关石油分公司	石油及制品批发	广东省韶关市
深圳承远航空油料有限公司	石油及制品批发	广东省深圳市
深圳伟仕宏业电子有限公司	其他机械设备及电子产品批发	广东省深圳市
深圳市中金岭南有色金属股份有限公司	金属及金属矿批发	广东省深圳市
福达(中国)投资有限公司	盐及调味品批发	广东省广州市
东莞市糖酒集团美宜佳便利店有限公司	糕点、糖果及糖批发	广东省东莞市
中捷通信有限公司	通讯及广播电视设备批发	广东省广州市
联洲技术有限公司	计算机、软件及辅助设备批发	广东省深圳市
深圳市普路通供应链管理股份有限公司	贸易代理	广东省深圳市
李锦记中国销售有限公司	盐及调味品批发	广东省广州市
中国航空技术广州有限公司	其他机械设备及电子产品批发	广东省广州市
深圳怡化电脑股份有限公司	计算机、软件及辅助设备批发	广东省深圳市
广东烟草清远市有限公司	烟草制品批发	广东省清远市
广东烟草肇庆市有限责任公司	烟草制品批发	广东省肇庆市
深圳市华孚进出口有限公司	纺织品、针织品及原料批发	广东省深圳市
深圳市鑫荣懋农产品股份有限公司	果品、蔬菜批发	广东省深圳市
深圳市康哲药业有限公司	西药批发	广东省深圳市
广东烟草中山市有限责任公司	烟草制品批发	广东省中山市
和记黄埔(中国)商贸有限公司	化妆品及卫生用品批发	广东省广州市
广东周大福珠宝金行有限公司	首饰、工艺品及收藏品批发	广东省广州市
广东烟草茂名市有限责任公司	烟草制品批发	广东省茂名市
广州采芝林药业有限公司	中药批发	广东省广州市
维达商贸有限公司	化妆品及卫生用品批发	广东省江门市
广东烟草河源市有限责任公司	烟草制品批发	广东省河源市
惠东县商周实业有限公司	鞋帽批发	广东省惠州市
广东省轻工进出口股份有限公司	其他未列明批发业	广东省广州市
广州耿鑫贸易有限公司	果品、蔬菜批发	广东省广州市
广东烟草汕尾市有限公司	烟草制品批发	广东省汕尾市
国药集团一致药业股份有限公司	西药批发	广东省深圳市
广东省中山食品水产进出口集团有限公司	肉、禽、蛋、奶及水产品批发	广东省中山市
广州盛世欣兴格力贸易有限公司	家用电器批发	广东省广州市
中山市物资集团有限公司	金属及金属矿批发	广东省中山市
深圳市青岛啤酒华南营销有限公司	酒、饮料及茶叶批发	广东省深圳市
广州中邮普泰移动通信设备有限责任公司	通讯及广播电视设备批发	广东省广州市
广东烟草潮州市有限责任公司	烟草制品批发	广东省潮州市
广东庆丰汽车集团有限公司	汽车批发	广东省广州市
佛山市南海福田汽车销售有限公司	汽车批发	广东省佛山市
广东粤宏石油化工有限公司	石油及制品批发	广东省中山市
卡西欧电子(深圳)有限公司	其他家庭用品批发	广东省深圳市

4-1 续表 35

企业名称	所属行业	企业所在地
珠海盛世欣兴格力贸易有限公司	家用电器批发	广东省珠海市
广东烟草珠海市有限公司	烟草制品批发	广东省珠海市
TCL家用电器(惠州)有限公司	家用电器批发	广东省惠州市
广州虎辉照明科技公司	灯具、装饰物品批发	广东省广州市
广州市粮食集团有限责任公司	米、面制品及食用油批发	广东省广州市
东莞市天宸通信科技有限公司	通讯及广播电视设备批发	广东省东莞市
施耐德电气(中国)投资有限公司广州分公司	电气设备批发	广东省广州市
深圳市翠绿首饰股份有限公司	首饰、工艺品及收藏品批发	广东省深圳市
深圳玛丝菲尔时装有限公司	服装批发	广东省深圳市
中山格兰仕家用电器销售有限公司	家用电器批发	广东省中山市
广州日产通商贸易有限公司	汽车零配件批发	广东省广州市
大联大商贸(深圳)有限公司	其他机械设备及电子产品批发	广东省深圳市
广东烟草汕头市有限责任公司潮阳分公司	烟草制品批发	广东省汕头市
广东省东莞国药集团有限公司	西药批发	广东省东莞市
广州尚岑服饰有限公司	服装批发	广东省广州市
广东烟草云浮市有限责任公司	烟草制品批发	广东省云浮市
广东烟草阳江市有限责任公司	烟草制品批发	广东省阳江市
无限极(中国)有限公司广州分公司	化妆品及卫生用品批发	广东省广州市
佛山创美药业有限公司	中药批发	广东省佛山市
广州珠江啤酒股份有限公司	酒、饮料及茶叶批发	广东省广州市
深圳市空港油料有限公司	石油及制品批发	广东省深圳市
汤臣倍健药业有限公司	营养和保健品批发	广东省珠海市
中海油能源发展珠海石化销售有限公司	其他化工产品批发	广东省珠海市
广东大地通讯连锁服务有限公司	通讯及广播电视设备批发	广东省东莞市
珠海赫基服饰有限公司	服装批发	广东省珠海市
广东雄峰特殊钢有限公司	金属及金属矿批发	广东省佛山市
深圳市启悦光电有限公司	家用电器批发	广东省深圳市
真维斯服饰(中国)有限公司	服装批发	广东省惠州市
东莞市晟世欣兴格力贸易有限公司	家用电器批发	广东省东莞市
珠海方正印刷电路板发展有限公司	电气设备批发	广东省珠海市
三星中国投资有限公司广州分公司	家用电器批发	广东省广州市
深圳市齐普生信息科技有限公司	计算机、软件及辅助设备批发	广东省深圳市
广州汽车集团商贸有限公司	汽车零配件批发	广东省广州市
深圳市东鹏饮料实业有限公司	酒、饮料及茶叶批发	广东省深圳市
广州华新商贸有限公司	酒、饮料及茶叶批发	广东省广州市
广州市喜燃能源有限公司	石油及制品批发	广东省广州市
深圳市恒大饮品有限公司	酒、饮料及茶叶批发	广东省深圳市
广州红牛维他命饮料有限公司	酒、饮料及茶叶批发	广东省广州市
佛山市日丰企业有限公司	其他化工产品批发	广东省佛山市
肇庆市盛林再生资源有限公司	再生物资回收与批发	广东省肇庆市
达能益力贸易(深圳)有限公司	酒、饮料及茶叶批发	广东省深圳市
深圳市卓宝科技股份有限公司	其他化工产品批发	广东省深圳市
哎呀呀饰品连锁股份有限公司	首饰、工艺品及收藏品批发	广东省广州市
大自然家居(中国)有限公司	建材批发	广东省佛山市
中国电子器材深圳有限公司	其他机械设备及电子产品批发	广东省深圳市
奇酷互联网络科技(深圳)有限公司	通讯及广播电视设备批发	广东省深圳市
中国石油天然气股份有限公司广东湛江销售分公司	石油及制品批发	广东省湛江市
广东省外贸开发公司	金属及金属矿批发	广东省广州市
广州尚品宅配家居用品有限公司	其他家庭用品批发	广东省广州市
新兴县稔村温氏家禽有限公司	肉、禽、蛋、奶及水产品批发	广东省云浮市

4-1　续表 36

企业名称	所属行业	企业所在地
深圳市朵唯志远科技有限公司	通讯及广播电视设备批发	广东省深圳市
广州美的制冷产品销售有限公司	家用电器批发	广东省广州市
广州市新力实业有限公司	其他机械设备及电子产品批发	广东省广州市
广东新明珠陶瓷集团有限公司	建材批发	广东省佛山市
中山市中顺商贸有限公司	化妆品及卫生用品批发	广东省中山市
广州大旺食品有限公司广州分公司	糕点、糖果及糖批发	广东省广州市
中山榄菊销售有限公司	其他家庭用品批发	广东省中山市
惠东县大时兴鞋业有限公司	鞋帽批发	广东省惠州市
中国石油天然气股份有限公司广东韶关销售分公司	石油及制品批发	广东省韶关市
东莞市东糖集团有限公司	糕点、糖果及糖批发	广东省东莞市
深圳市黄金资讯集团有限公司	首饰、工艺品及收藏品批发	广东省深圳市
深圳市诺普信农资销售有限公司	农药批发	广东省深圳市
广东温氏食品集团股份有限公司勒竹分公司	肉、禽、蛋、奶及水产品批发	广东省云浮市
广东大翔药业有限公司	西药批发	广东省广州市
高州市食品企业集团公司	肉、禽、蛋、奶及水产品批发	广东省茂名市
中国石化销售有限公司广东汕头石油分公司	石油及制品批发	广东省汕头市
广州市森大贸易有限公司	其他未列明批发业	广东省广州市
汕头市润泽实业有限公司	其他食品批发	广东省汕头市
深圳市休明盛世商贸有限责任公司	其他农牧产品批发	广东省深圳市
深圳齐心集团股份有限公司	文具用品批发	广东省深圳市
飞亚达销售有限公司	其他家庭用品批发	广东省深圳市
深圳市恒大粮油销售有限公司	米、面制品及食用油批发	广东省深圳市
信宜市粤信肉类食品有限公司	肉、禽、蛋、奶及水产品批发	广东省茂名市
广州市盛世长运商贸连锁有限公司	服装批发	广东省广州市
优购科技有限公司	鞋帽批发	广东省深圳市
深圳市红牛实业有限公司	酒、饮料及茶叶批发	广东省深圳市
广州市万荣商贸有限公司	其他家庭用品批发	广东省广州市
佛山市三水燃气有限公司	石油及制品批发	广东省佛山市
东莞华港国际贸易有限公司	其他未列明批发业	广东省东莞市
广东一力医药有限公司	中药批发	广东省肇庆市
深圳市爱迪尔珠宝股份有限公司	首饰、工艺品及收藏品批发	广东省深圳市
佛山石湾鹰牌陶瓷有限公司	建材批发	广东省佛山市
雷州市食品总公司	肉、禽、蛋、奶及水产品批发	广东省湛江市
深圳市珂莱蒂尔服饰有限公司	服装批发	广东省深圳市
嘉顿食品贸易(中国)有限公司	糕点、糖果及糖批发	广东省东莞市
金利来(中国)有限公司广州分公司	服装批发	广东省广州市
广州酒家集团利口福营销有限公司	米、面制品及食用油批发	广东省广州市
阳春市温氏畜牧有限公司	牲畜批发	广东省阳江市
广州九州通医药有限公司	中药批发	广东省广州市
比音勒芬服饰股份有限公司	纺织品、针织品及原料批发	广东省广州市
广州群禾化妆品有限公司	化妆品及卫生用品批发	广东省广州市
广州十长生化妆品有限公司	化妆品及卫生用品批发	广东省广州市
中山市万荣营销有限公司	化妆品及卫生用品批发	广东省中山市
新兴县车岗温氏家禽有限公司	肉、禽、蛋、奶及水产品批发	广东省云浮市
中国石化销售有限公司广东潮州石油分公司	石油及制品批发	广东省潮州市
深圳市华商龙商务互联科技有限公司	其他机械设备及电子产品批发	广东省深圳市
深圳市磊科实业有限公司	贸易代理	广东省深圳市
深圳市世强先进科技有限公司	其他机械设备及电子产品批发	广东省深圳市
深圳市香雅食品有限公司	其他食品批发	广东省深圳市
深圳市江波龙电子有限公司	计算机、软件及辅助设备批发	广东省深圳市

4-1 续表 37

企业名称	所属行业	企业所在地
深圳市源兴果品有限公司	果品、蔬菜批发	广东省深圳市
广东省广弘食品集团有限公司	肉、禽、蛋、奶及水产品批发	广东省广州市
广东海华投资集团有限公司	鞋帽批发	广东省广州市
广东泰恩康医药股份有限公司	西药批发	广东省汕头市
深圳市宇阳科技发展有限公司	其他机械设备及电子产品批发	广东省深圳市
深圳市中意集团有限公司	家用电器批发	广东省深圳市
深圳品网科技有限公司	其他机械设备及电子产品批发	广东省深圳市
安富利物流(深圳)有限公司	其他机械设备及电子产品批发	广东省深圳市
深圳市华成峰实业有限公司	电气设备批发	广东省深圳市
深圳市硕捷实业有限公司	计算机、软件及辅助设备批发	广东省深圳市
新兴县荣安温氏家禽有限公司	肉、禽、蛋、奶及水产品批发	广东省云浮市
亨氏(中国)投资有限公司	其他食品批发	广东省广州市
广州市胜美皮具服装有限公司	服装批发	广东省广州市
广州市番禺粮食储备有限公司	谷物、豆及薯类批发	广东省广州市
广东天地壹号饮料销售有限公司	酒、饮料及茶叶批发	广东省江门市
阳西温氏禽畜有限公司	肉、禽、蛋、奶及水产品批发	广东省阳江市
蓝带啤酒销售有限公司	其他食品批发	广东省肇庆市
艾睿电子(深圳)有限公司	电气设备批发	广东省深圳市
广州兆科联发医药有限公司	西药批发	广东省广州市
深圳市卓优数据科技有限公司	其他机械设备及电子产品批发	广东省深圳市
广东佳禾声学科技有限公司	家用电器批发	广东省东莞市
惠州东进农牧股份有限公司	牲畜批发	广东省惠州市
广东东鹏控股股份有限公司	建材批发	广东省清远市
深圳市金活医药有限公司	中药批发	广东省深圳市
英氏婴童用品有限公司	服装批发	广东省广州市
广州爱帛服饰有限公司	服装批发	广东省广州市
深圳市燕加隆实业发展有限公司	建材批发	广东省深圳市
广东望家欢农产品集团有限公司	肉、禽、蛋、奶及水产品批发	广东省深圳市
新兴县温氏食品联营有限公司	肉、禽、蛋、奶及水产品批发	广东省云浮市
深圳市星银医药有限公司	西药批发	广东省深圳市
深圳万维医药贸易有限公司	西药批发	广东省深圳市
广东一品红药业有限公司	中药批发	广东省广州市
东莞市荣兴纸业有限公司	其他未列明批发业	广东省东莞市
广东省南方传媒发行物流有限公司	报刊批发	广东省广州市
广东华南三一工程机械有限公司	其他机械设备及电子产品批发	广东省广州市
广东联塑五金电气建材商城有限公司	其他未列明批发业	广东省佛山市
东莞市东孚商贸有限公司	化妆品及卫生用品批发	广东省东莞市
广东钻石世家国际珠宝有限公司	首饰、工艺品及收藏品批发	广东省东莞市
广州市巨和工程机械有限公司	其他机械设备及电子产品批发	广东省广州市
深圳四环医药有限公司	中药批发	广东省深圳市
中国船舶燃料广州有限公司	石油及制品批发	广东省广州市
广东合力叉车有限公司	其他机械设备及电子产品批发	广东省深圳市
茂名市实业发展集团公司	其他化工产品批发	广东省茂名市
东芝视频产品(中国)有限公司	家用电器批发	广东省惠州市
广东马可波罗陶瓷有限公司	建材批发	广东省东莞市
欧珀(深圳)贸易有限公司	其他机械设备及电子产品批发	广东省深圳市
五华县食品公司	肉、禽、蛋、奶及水产品批发	广东省梅州市
日立医疗(广州)有限公司	医疗用品及器材批发	广东省广州市
广州市浩云安防科技股份有限公司	其他机械设备及电子产品批发	广东省广州市
广州市百库电子科技有限公司	化妆品及卫生用品批发	广东省广州市

4-1 续表 38

企业名称	所属行业	企业所在地
舒达家居用品(深圳)有限公司	其他家庭用品批发	广东省深圳市
深圳市海川实业股份有限公司	其他化工产品批发	广东省深圳市
广州薇美姿个人护理用品有限公司	化妆品及卫生用品批发	广东省广州市
佛山市南海大沣实业有限公司	鞋帽批发	广东省佛山市
深圳创维-RGB电子有限公司广州分公司	家用电器批发	广东省广州市
广东龙湖科技股份有限公司	其他化工产品批发	广东省汕头市
深圳市瑞霖医药有限公司	西药批发	广东省深圳市
运通四方汽配供应链股份有限公司	汽车零配件批发	广东省广州市
广州三全食品有限公司	其他食品批发	广东省广州市
广东糊涂酒业有限公司	酒、饮料及茶叶批发	广东省佛山市
珠海市民彤医药有限公司	西药批发	广东省珠海市
深圳雅兰家居用品有限公司	其他家庭用品批发	广东省深圳市
广东省东莞国药集团仁济堂药业有限公司	中药批发	广东省东莞市
深圳市仁仁医疗发展有限公司	医疗用品及器材批发	广东省深圳市
佛山盈天医药销售有限公司	中药批发	广东省佛山市
德律实业发展(深圳)有限公司	其他家庭用品批发	广东省深圳市
广东博斯服饰实业有限公司	服装批发	广东省广州市
广东省罗定市食品企业集团公司	肉、禽、蛋、奶及水产品批发	广东省云浮市
广州环亚化妆品有限公司	化妆品及卫生用品批发	广东省广州市
佛山市东鹏陶瓷有限公司	建材批发	广东省佛山市
珠海市凯丽有限公司	服装批发	广东省珠海市
深圳市万生堂实业有限公司	其他家庭用品批发	广东省深圳市
广州TCL电器销售有限公司	家用电器批发	广东省广州市
广西壮族自治区		
中国石化销售有限公司广西南宁石油分公司	石油及制品批发	广西壮族自治区南宁市
广西壮族自治区烟草公司南宁市公司	烟草制品批发	广西壮族自治区南宁市
广西壮族自治区烟草公司桂林市公司	烟草制品批发	广西壮族自治区桂林市
中国石化销售有限公司广西柳州石油分公司	石油及制品批发	广西壮族自治区柳州市
中国石化销售有限公司广西桂林石油分公司	石油及制品批发	广西壮族自治区桂林市
广西壮族自治区烟草公司柳州市公司	烟草制品批发	广西壮族自治区柳州市
中国石化销售有限公司广西百色石油分公司	石油及制品批发	广西壮族自治区百色市
中国石油天然气股份有限公司广西南宁销售分公司	石油及制品批发	广西壮族自治区南宁市
广西壮族自治区烟草公司百色市公司	烟草制品批发	广西壮族自治区百色市
广西晟世欣兴格力贸易有限公司	家用电器批发	广西壮族自治区南宁市
广西高速石化有限公司	石油及制品批发	广西壮族自治区南宁市
广西壮族自治区烟草公司玉林市公司	烟草制品批发	广西壮族自治区玉林市
中国石化销售有限公司广西玉林石油分公司	石油及制品批发	广西壮族自治区玉林市
广西壮族自治区烟草公司河池市公司	烟草制品批发	广西壮族自治区河池市
中国石化销售有限公司广西钦州石油分公司	石油及制品批发	广西壮族自治区钦州市
中国石化销售有限公司广西贺州石油分公司	石油及制品批发	广西壮族自治区贺州市
中国石化销售有限公司广西贵港石油分公司	石油及制品批发	广西壮族自治区贵港市
中国石化销售有限公司广西河池石油分公司	石油及制品批发	广西壮族自治区河池市
广西壮族自治区烟草公司贵港市公司	烟草制品批发	广西壮族自治区贵港市
广西辉煌交通石化有限公司	石油及制品批发	广西壮族自治区南宁市
中国石油天然气股份有限公司广西玉林销售分公司	石油及制品批发	广西壮族自治区玉林市
中国石化销售有限公司广西来宾石油分公司	石油及制品批发	广西壮族自治区来宾市
广西壮族自治区烟草公司梧州市公司	烟草制品批发	广西壮族自治区梧州市
中国石油天然气股份有限公司广西桂林销售分公司	石油及制品批发	广西壮族自治区桂林市
广西壮族自治区烟草公司钦州市公司	烟草制品批发	广西壮族自治区钦州市
中国石化销售有限公司广西北海石油分公司	石油及制品批发	广西壮族自治区北海市

4-1　续表 39

企业名称	所属行业	企业所在地
中国石油天然气股份有限公司广西钦州销售分公司	石油及制品批发	广西壮族自治区钦州市
广西壮族自治区烟草公司北海市公司	烟草制品批发	广西壮族自治区北海市
广西壮族自治区烟草公司贺州市公司	烟草制品批发	广西壮族自治区贺州市
中国石化销售有限公司广西崇左石油分公司	石油及制品批发	广西壮族自治区崇左市
广西壮族自治区烟草公司崇左市公司	烟草制品批发	广西壮族自治区崇左市
广西壮族自治区烟草公司来宾市公司	烟草制品批发	广西壮族自治区来宾市
中国石油天然气股份有限公司广西柳州销售分公司	石油及制品批发	广西壮族自治区柳州市
广西平安堂药业有限责任公司	西药批发	广西壮族自治区玉林市
广西太华医药有限公司	西药批发	广西壮族自治区南宁市
中国石油天然气股份有限公司广西百色销售分公司	石油及制品批发	广西壮族自治区百色市
中国石油天然气股份有限公司广西河池销售分公司	石油及制品批发	广西壮族自治区河池市
广西壮族自治区烟草公司防城港市公司	烟草制品批发	广西壮族自治区防城港市
广西九州通医药有限公司	中药批发	广西壮族自治区南宁市
中国石油天然气股份有限公司广西梧州销售分公司	石油及制品批发	广西壮族自治区梧州市
广西壮族自治区盐业公司	盐及调味品批发	广西壮族自治区南宁市
北流市食品公司	肉、禽、蛋、奶及水产品批发	广西壮族自治区玉林市
广西德洲医药有限公司	中药批发	广西壮族自治区南宁市
广西田园农资销售有限公司	农药批发	广西壮族自治区南宁市
博白县食品总公司	牲畜批发	广西壮族自治区玉林市
广西顶佳计算机信息有限公司	计算机、软件及辅助设备批发	广西壮族自治区南宁市
南宁华御堂医药有限责任公司	西药批发	广西壮族自治区南宁市
桂林优利特医疗电子销售有限公司	医疗用品及器材批发	广西壮族自治区桂林市
海南省		
海南省烟草公司海口公司	烟草制品批发	海南省海口市
海南一汽海马汽车销售有限公司	汽车批发	海南省海口市
海南省烟草公司三亚公司	烟草制品批发	海南省三亚市
海南省烟草公司琼海公司	烟草制品批发	海南省琼海市
海南天祥药业有限公司	中药批发	海南省儋州市
海南康宁药业有限公司	中药批发	海南省儋州市
海南盛世欣兴格力贸易有限公司	家用电器批发	海南省海口市
海南华海石油化工有限公司	石油及制品批发	海南省儋州市
海南德义堂药业有限公司	中药批发	海南省儋州市
海南快克药业有限公司	西药批发	海南省海口市
重庆市		
中国烟草总公司重庆市公司	烟草制品批发	重庆市江北区
重庆北汽幻速汽车销售有限公司	汽车批发	重庆市合川区
重庆双福津福农产品销售有限公司	果品、蔬菜批发	重庆市江津区
中国石油天然气股份有限公司重庆永川销售分公司	石油及制品批发	重庆市永川区
重庆力帆喜生活摩托车销售有限公司	摩托车及零配件批发	重庆市北碚区
凯欣粮油有限公司	米、面制品及食用油批发	重庆市渝北区
重庆东风渝安汽车销售有限公司	汽车零配件批发	重庆市沙坪坝区
重庆盛世新兴格力电器销售有限公司	家用电器批发	重庆市江北区
重庆首汇汽摩配件销售有限公司	摩托车及零配件批发	重庆市江津区
中国航空油料有限责任公司重庆分公司	石油及制品批发	重庆市渝北区
重庆华轻商业有限公司	家用电器批发	重庆市渝中区
周大福珠宝金行(重庆)有限公司	首饰、工艺品及收藏品批发	重庆市涪陵区
重庆金材物流有限公司	金属及金属矿批发	重庆市沙坪坝区
重庆力帆汽车销售有限公司	汽车批发	重庆市渝北区
重庆市盐业(集团)有限公司	盐及调味品批发	重庆市渝北区
中国石油化工股份有限公司重庆石油分公司	石油及制品批发	重庆市渝中区

4-1 续表 40

企业名称	所属行业	企业所在地
重庆力帆实业(集团)进出口有限公司	摩托车及零配件批发	重庆市北碚区
重庆九州通医药有限公司	西药批发	重庆市南岸区
重庆市长安跨越车辆营销有限公司	汽车批发	重庆市江北区
中国石油天然气股份有限公司重庆销售分公司	石油及制品批发	重庆市渝中区
中国石化销售有限公司重庆三峡石油分公司	石油及制品批发	重庆市万州区
重庆长圣医药有限公司	西药批发	重庆市南岸区
重庆市南部洽洽食品销售有限公司	其他食品批发	重庆市荣昌区
重庆市吉和药品有限公司	西药批发	重庆市南岸区
重庆美的家用空调产品销售有限公司	家用电器批发	重庆市渝中区
重庆医药和平医药批发有限公司	西药批发	重庆市南岸区
中国烟草总公司重庆市公司武隆分公司	烟草制品批发	重庆市武隆县
中国石油天然气股份有限公司重庆销售分公司渝北经营部	石油及制品批发	重庆市渝北区
中国烟草总公司重庆市公司万州分公司	烟草制品批发	重庆市万州区
重庆华岩幸松陶瓷市场有限公司	其他未列明批发业	重庆市九龙坡区
重庆粮食集团铜梁区粮食有限责任公司	谷物、豆及薯类批发	重庆市铜梁区
国药控股重庆有限公司	西药批发	重庆市南岸区
重庆龙禹石油有限公司	石油及制品批发	重庆市渝北区
重庆东银壳牌石化有限公司	石油及制品批发	重庆市南岸区
重庆博多物流有限公司	化妆品及卫生用品批发	重庆市江北区
中国烟草总公司重庆市公司彭水分公司	烟草制品批发	重庆市彭水苗族土家族自治县
重庆医药集团科渝药品有限公司	西药批发	重庆市南岸区
中国烟草总公司重庆市公司巫山分公司	烟草制品批发	重庆市巫山县
重庆市五桥物资有限公司	金属及金属矿批发	重庆市万州区
中国航油集团重庆石油有限公司	石油及制品批发	重庆市渝北区
重庆市泰康灯具销售有限公司	灯具、装饰物品批发	重庆市潼南区
中国烟草总公司重庆市公司酉阳分公司	烟草制品批发	重庆市酉阳土家族苗族自治县
中国烟草总公司重庆市公司涪陵分公司	烟草制品批发	重庆市涪陵区
中国烟草总公司重庆市公司黔江分公司	烟草制品批发	重庆市黔江区
重庆市烟草公司奉节分公司	烟草制品批发	重庆市奉节县
重庆人和粮食产业集团有限责任公司	米、面制品及食用油批发	重庆市九龙坡区
重庆广东温氏家禽有限公司	肉、禽、蛋、奶及水产品批发	重庆市璧山区
重庆海斯曼药业有限责任公司	西药批发	重庆市渝北区
重庆吉之汇农产品有限公司	其他农牧产品批发	重庆市永川区
重庆惠友久隆工程机械有限公司	其他机械设备及电子产品批发	重庆市九龙坡区
重庆市德溢民农特产品贸易有限公司	果品、蔬菜批发	重庆市云阳县
重庆有友食品销售有限公司	其他食品批发	重庆市渝北区
重庆市江津利华贸易有限公司	化肥批发	重庆市江津区
重庆富明高钟表有限公司	其他家庭用品批发	重庆市涪陵区
重庆海斛医药有限公司	西药批发	重庆市南岸区
中国烟草总公司重庆市公司石柱分公司	烟草制品批发	重庆市石柱土家族自治县
中国石油天然气股份有限公司重庆万州销售分公司	石油及制品批发	重庆市万州区
中国烟草总公司重庆市公司丰都分公司	烟草制品批发	重庆市丰都县
六福珠宝首饰(重庆)有限公司	首饰、工艺品及收藏品批发	重庆市涪陵区
重庆长安汽车国际销售服务有限公司	汽车批发	重庆市江北区
中国烟草总公司重庆市公司巫溪分公司	烟草制品批发	重庆市巫溪县
重庆万吨冷储物流有限公司	肉、禽、蛋、奶及水产品批发	重庆市大渡口区
重庆智飞生物制品股份有限公司	医疗用品及器材批发	重庆市江北区
重庆铃宇百货有限公司	化妆品及卫生用品批发	重庆市渝中区
重庆渝扬实业有限公司	煤炭及制品批发	重庆市渝北区

4-1 续表 41

企业名称	所属行业	企业所在地
四川省		
四川省烟草公司成都市公司	烟草制品批发	四川省成都市
中石化四川销售有限公司	石油及制品批发	四川省成都市
四川长虹佳华信息产品有限责任公司	计算机、软件及辅助设备批发	四川省绵阳市
中国石油天然气股份有限公司西南化工销售分公司	其他化工产品批发	四川省成都市
攀钢集团国际经济贸易有限公司	金属及金属矿批发	四川省成都市
四川省烟草公司凉山州公司	烟草制品批发	四川省凉山彝族自治州
成都联想信息技术有限公司	计算机、软件及辅助设备批发	四川省成都市
中国铁路物资成都有限公司	金属及金属矿批发	四川省成都市
成都市天鑫洋金业有限责任公司	首饰、工艺品及收藏品批发	四川省成都市
国药控股四川医药股份有限公司	西药批发	四川省成都市
四川长虹佳华数字技术有限公司	汽车零配件批发	四川省绵阳市
四川科伦医药贸易有限公司	西药批发	四川省成都市
四川省烟草公司泸州市公司	烟草制品批发	四川省泸州市
吉峰农机连锁股份有限公司	农业机械批发	四川省成都市
四川省烟草公司宜宾市公司	烟草制品批发	四川省宜宾市
西昌市宏达再生资源回收市场有限公司	再生物资回收与批发	四川省凉山彝族自治州
四川省烟草公司绵阳市公司	烟草制品批发	四川省绵阳市
四川省古蔺县仙潭销售有限公司	酒、饮料及茶叶批发	四川省泸州市
四川省烟草公司南充市公司	烟草制品批发	四川省南充市
四川长江水运有限责任公司	石油及制品批发	四川省泸州市
四川省烟草公司德阳市公司	烟草制品批发	四川省德阳市
四川省烟草公司达州市公司	烟草制品批发	四川省达州市
四川立白日化有限公司	厨房、卫生间用具及日用杂货批发	四川省眉山市
四川省烟草公司乐山分公司	烟草制品批发	四川省乐山市
中国石油天然气股份有限公司四川广元销售分公司	石油及制品批发	四川省广元市
四川省烟草公司眉山市公司	烟草制品批发	四川省眉山市
成都红旗连锁批发有限公司	其他食品批发	四川省成都市
中国石油天然气股份有限公司四川雅安销售分公司	石油及制品批发	四川省雅安市
中国石油天然气股份有限公司四川德阳销售分公司	石油及制品批发	四川省德阳市
四川省烟草公司内江市公司	烟草制品批发	四川省内江市
中国石油天然气股份有限公司四川宜宾销售分公司	石油及制品批发	四川省宜宾市
四川省烟草公司资阳市公司	烟草制品批发	四川省资阳市
成都神钢工程机械(集团)有限公司	其他机械设备及电子产品批发	四川省成都市
四川省烟草公司广元市公司	烟草制品批发	四川省广元市
四川省烟草公司自贡市公司	烟草制品批发	四川省自贡市
四川省烟草公司攀枝花市公司	烟草制品批发	四川省攀枝花市
四川省烟草公司广安市公司	烟草制品批发	四川省广安市
四川省烟草公司巴中市公司	烟草制品批发	四川省巴中市
中铁二局集团物资有限公司	建材批发	四川省成都市
中国航油集团四川石油有限公司	石油及制品批发	四川省德阳市
四川沱牌舍得供销有限公司	酒、饮料及茶叶批发	四川省遂宁市
四川九州通科创医药有限公司	医疗用品及器材批发	四川省成都市
成都龙翔通讯有限责任公司	通讯及广播电视设备批发	四川省成都市
中国石油天然气股份有限公司四川甘孜销售分公司	石油及制品批发	四川省甘孜藏族自治州
四川西南水泥有限公司	建材批发	四川省成都市
泸州市龙马潭区兴林酒类销售有限公司	酒、饮料及茶叶批发	四川省泸州市
泸州博盛恒祥商贸有限公司	酒、饮料及茶叶批发	四川省泸州市
成都市医药工业有限公司	西药批发	四川省成都市
中国石油天然气股份有限公司四川阿坝销售分公司	石油及制品批发	四川省阿坝藏族羌族自治州
成都英普瑞生通讯设备有限公司	通讯及广播电视设备批发	四川省成都市

4-1 续表 42

企业名称	所属行业	企业所在地
成都新亚通讯技术有限公司	计算机、软件及辅助设备批发	四川省成都市
渠县龙溪综合批发市场	果品、蔬菜批发	四川省达州市
中国石化销售有限公司四川攀枝花石油分公司	石油及制品批发	四川省攀枝花市
四川省烟草公司甘孜分公司	烟草制品批发	四川省甘孜藏族自治州
四川省烟草公司阿坝州公司	烟草制品批发	四川省阿坝藏族羌族自治州
四川宏华国际科贸有限公司	其他机械设备及电子产品批发	四川省成都市
四川金仁医药有限公司	西药批发	四川省成都市
成都红牛维他命饮料销售有限公司	酒、饮料及茶叶批发	四川省成都市
渠县人民市场开发服务有限公司	肉、禽、蛋、奶及水产品批发	四川省达州市
绵阳市酒鑫鑫商贸有限公司	酒、饮料及茶叶批发	四川省绵阳市
四川德惠商业股份有限公司	米、面制品及食用油批发	四川省成都市
四川省迈克实业有限公司	医疗用品及器材批发	四川省成都市
成都德仁堂药业有限公司	中药批发	四川省成都市
成都市荣贸食品有限公司	其他食品批发	四川省成都市
成都创维电器有限公司	家用电器批发	四川省成都市
四川国光农资有限公司	化肥批发	四川省资阳市
四川省盐业总公司成都分公司	盐及调味品批发	四川省成都市
西昌川渝石化销售有限责任公司	石油及制品批发	四川省凉山彝族自治州
成都金松营销有限公司	家用电器批发	四川省成都市
康佳集团股份有限公司内江分公司	家用电器批发	四川省内江市
中国石油化工股份有限公司四川德阳石油分公司	石油及制品批发	四川省德阳市
四川安大体育用品有限公司	服装批发	四川省成都市
成都方鼎乳品销售有限公司	肉、禽、蛋、奶及水产品批发	四川省成都市
成都TCL电器销售有限公司	家用电器批发	四川省成都市
四川豫园黄金珠宝有限公司	首饰、工艺品及收藏品批发	四川省成都市
贵州省		
贵州茅台酒销售有限公司	酒、饮料及茶叶批发	贵州省遵义市
贵州省烟草公司遵义市公司	烟草制品批发	贵州省遵义市
贵州开磷化肥有限责任公司	化肥批发	贵州省贵阳市
贵州省烟草公司毕节市公司	烟草制品批发	贵州省毕节市
贵州省烟草公司贵阳市公司	烟草制品批发	贵州省贵阳市
贵州省黔西南州烟草公司	烟草制品批发	贵州省黔西南布依族苗族自治州
贵州省烟草公司铜仁市公司	烟草制品批发	贵州省铜仁市
中国石化销售有限公司贵州贵阳石油分公司	石油及制品批发	贵州省贵阳市
贵州省烟草公司黔南州公司	烟草制品批发	贵州省黔南布依族苗族自治州
贵州省烟草公司黔东南州公司	烟草制品批发	贵州省黔东南苗族侗族自治州
贵州省烟草公司六盘水市公司	烟草制品批发	贵州省六盘水市
贵州省烟草公司安顺分公司	烟草制品批发	贵州省安顺市
中国石化销售有限公司贵州黔南石油分公司	石油及制品批发	贵州省黔南布依族苗族自治州
贵州省习水县习酒销售公司	酒、饮料及茶叶批发	贵州省遵义市
中国石油化工股份有限公司贵州黔东南石油分公司	石油及制品批发	贵州省黔东南苗族侗族自治州
中铁五局集团物资实业有限责任公司	石油及制品批发	贵州省贵阳市
贵州康心药业有限公司	西药批发	贵州省贵阳市
贵州盘县盘兴能源开发投资有限公司	煤炭及制品批发	贵州省六盘水市
贵州航天实业有限公司	金属及金属矿批发	贵州省遵义市
贵州省新华书店有限公司	图书批发	贵州省贵阳市
贵州美的制冷产品销售有限公司	家用电器批发	贵州省贵阳市
贵州省仁怀市粮油收储有限总公司	米、面制品及食用油批发	贵州省遵义市
贵州茅台醇营销公司	酒、饮料及茶叶批发	贵州省遵义市

4-1 续表 43

企业名称	所属行业	企业所在地
云南省		
云南能投物流有限责任公司	金属及金属矿批发	云南省昆明市
云南省烟草公司曲靖市公司	烟草制品批发	云南省曲靖市
云南省烟草公司昆明市公司	烟草制品批发	云南省昆明市
云南省医药有限公司	西药批发	云南省昆明市
云南省烟草公司红河州公司	烟草制品批发	云南省红河哈尼族彝族自治州
云南省烟草公司楚雄州公司	烟草制品批发	云南省楚雄彝族自治州
云南云投版纳石化有限责任公司	石油及制品批发	云南省西双版纳傣族自治州
云南省烟草公司大理州公司	烟草制品批发	云南省大理白族自治州
云南省烟草公司保山市公司	烟草制品批发	云南省保山市
云南省烟草公司玉溪市公司	烟草制品批发	云南省玉溪市
云南省烟草公司昭通市公司	烟草制品批发	云南省昭通市
天盟农资连锁有限责任公司	化肥批发	云南省昆明市
云南省烟草公司普洱市公司	烟草制品批发	云南省普洱市
云南省烟草公司临沧市公司	烟草制品批发	云南省临沧市
云天化集团有限责任公司	化肥批发	云南省昆明市
中国石化销售有限公司云南曲靖石油分公司	石油及制品批发	云南省曲靖市
云南省烟草公司丽江市公司	烟草制品批发	云南省丽江市
中国石化销售有限公司云南大理石油分公司	石油及制品批发	云南省大理白族自治州
云南白药集团医药电子商务有限公司	化妆品及卫生用品批发	云南省昆明市
中国石油化工股份有限公司云南玉溪石油分公司	石油及制品批发	云南省玉溪市
德宏后谷咖啡有限公司	酒、饮料及茶叶批发	云南省德宏傣族景颇族自治州
中国石油天然气股份有限公司云南曲靖销售分公司	石油及制品批发	云南省曲靖市
中国石油化工股份有限公司云南楚雄石油分公司	石油及制品批发	云南省楚雄彝族自治州
中国石化股份有限公司云南普洱石油分公司	石油及制品批发	云南省普洱市
西双版纳景阳橡胶有限责任公司	其他化工产品批发	云南省西双版纳傣族自治州
中国石油天然气股份有限公司云南大理销售分公司	石油及制品批发	云南省大理白族自治州
云南同丰医药有限公司	西药批发	云南省昆明市
云南东骏药业有限公司	西药批发	云南省昆明市
云南医药工业股份有限公司	西药批发	云南省昆明市
云南公投物资(集团)有限公司	金属及金属矿批发	云南省昆明市
云南通海宋威农产品进出口有限公司	果品、蔬菜批发	云南省玉溪市
云南健之佳健康连锁店股份有限公司	西药批发	云南省昆明市
中国石油天然气股份有限公司云南楚雄销售分公司	石油及制品批发	云南省楚雄彝族自治州
云南东昌医药股份有限公司	西药批发	云南省昆明市
云南广垦橡胶有限公司	其他化工产品批发	云南省西双版纳傣族自治州
中国石油化工股份有限公司云南丽江石油分公司	石油及制品批发	云南省丽江市
中国石油化工股份有限公司云南德宏石油分公司	石油及制品批发	云南省德宏傣族景颇族自治州
云南佳能达医药有限公司	西药批发	云南省昆明市
中国石油天然气股份有限公司云南普洱销售分公司	石油及制品批发	云南省普洱市
西双版纳中化橡胶有限公司	其他化工产品批发	云南省西双版纳傣族自治州
富源县供销合作社联合社	化肥批发	云南省曲靖市
德宏州宏天实业(集团)有限公司	酒、饮料及茶叶批发	云南省德宏傣族景颇族自治州
云南金六福贸易有限公司	其他未列明批发业	云南省迪庆藏族自治州
中国石油天然气股份有限公司云南德宏销售分公司	石油及制品批发	云南省德宏傣族景颇族自治州
中国石油天然气股份有限公司云南临沧销售分公司	石油及制品批发	云南省临沧市
云南力帆骏马进出口有限公司	汽车批发	云南省大理白族自治州
云南昊邦医药销售有限公司	西药批发	云南省昆明市
西藏自治区		
西藏神威药业有限公司	中药批发	西藏自治区拉萨市
西藏泰达厚生医药有限公司	西药批发	西藏自治区拉萨市

4-1 续表 44

企业名称	所属行业	企业所在地
陕西省		
陕西省煤炭运销(集团)有限责任公司	煤炭及制品批发	陕西省西安市
陕西东岭物资有限责任公司	金属及金属矿批发	陕西省宝鸡市
中国石油化工股份有限公司陕西石油分公司	石油及制品批发	陕西省西安市
陕西省烟草公司西安市公司	烟草制品批发	陕西省西安市
中国石油天然气股份有限公司渭南销售分公司	石油及制品批发	陕西省渭南市
陕西丹尼尔市场股份有限公司	服装批发	陕西省西安市
中国石油天然气股份有限公司陕西西安销售分公司	石油及制品批发	陕西省西安市
陕西丹尼尔康复路大卖场有限公司	服装批发	陕西省西安市
陕西延长中立新能源股份有限公司	石油及制品批发	陕西省西安市
陕西广药康健医药有限公司	西药批发	陕西省西安市
陕西省石油化工工业贸易公司	石油及制品批发	陕西省西安市
中国铁路物资西安公司	金属及金属矿批发	陕西省西安市
陕西省汽车工业贸易总公司	汽车批发	陕西省西安市
陕西省烟草公司咸阳市公司	烟草制品批发	陕西省咸阳市
中国石化销售有限公司陕西宝鸡石油分公司	石油及制品批发	陕西省宝鸡市
陕西省烟草公司榆林市公司	烟草制品批发	陕西省榆林市
陕西省烟草公司渭南市公司	烟草制品批发	陕西省渭南市
陕西医药控股集团派昂医药有限责任公司	西药批发	陕西省西安市
陕西省烟草公司汉中市公司	烟草制品批发	陕西省汉中市
陕西盛世恒兴格力电器销售有限公司	家用电器批发	陕西省西安市
国药控股陕西有限公司	西药批发	陕西省西安市
陕西省烟草公司宝鸡市公司	烟草制品批发	陕西省宝鸡市
中集陕汽重卡(西安)专用车有限公司	汽车批发	陕西省西安市
中国石油天然气股份有限公司陕西榆林销售分公司	石油及制品批发	陕西省榆林市
陕西省烟草公司安康市公司	烟草制品批发	陕西省安康市
中国石油化工股份有限公司陕西西安石油分公司	石油及制品批发	陕西省西安市
陕西省烟草公司延安市公司	烟草制品批发	陕西省延安市
中油股份陕西咸阳销售分公司	石油及制品批发	陕西省咸阳市
中国石油天然气股份有限公司陕西宝鸡销售分公司	石油及制品批发	陕西省宝鸡市
陕西西凤酒营销有限公司	酒、饮料及茶叶批发	陕西省宝鸡市
中国石油天然气股份有限公司陕西汉中销售分公司	石油及制品批发	陕西省汉中市
中国石油天然气股份有限公司陕西铜川销售分公司	石油及制品批发	陕西省铜川市
中国石油天然气股份有限公司陕西延安销售分公司	石油及制品批发	陕西省延安市
陕西省烟草公司商洛市公司	烟草制品批发	陕西省商洛市
中国石油化工股份有限公司陕西渭南石油公司	石油及制品批发	陕西省渭南市
陕西重型汽车进出口有限公司	汽车批发	陕西省西安市
中国石油化工股份有限公司陕西汉中石油分公司	石油及制品批发	陕西省汉中市
陕西榆林煤炭出口(集团)有限责任公司	煤炭及制品批发	陕西省榆林市
中国石油天然气股份有限公司陕西高速公路销售分公司	石油及制品批发	陕西省西安市
中国石油天然气股份有限公司陕西安康销售分公司	石油及制品批发	陕西省安康市
西安西电国际工程有限责任公司	电气设备批发	陕西省西安市
中国石油化工股份有限公司陕西咸阳石油分公司	石油及制品批发	陕西省咸阳市
西安双鹤医药股份有限公司	西药批发	陕西省西安市
陕西百丽鞋业有限公司	鞋帽批发	陕西省西安市
陕西欣绿实业股份有限公司	果品、蔬菜批发	陕西省西安市
陕西省地方电力物资有限公司	电气设备批发	陕西省西安市
陕西新华发行集团有限责任公司	图书批发	陕西省西安市
中国石油天然气股份有限公司陕西商洛销售分公司	石油及制品批发	陕西省商洛市
陕西省烟草公司铜川市公司	烟草制品批发	陕西省铜川市

4-1 续表 45

企业名称	所属行业	企业所在地
西安大正医药有限责任公司	西药批发	陕西省西安市
华润西安医药有限公司	中药批发	陕西省西安市
陕西百嘉贸易服务有限公司	化妆品及卫生用品批发	陕西省西安市
西安连奇物流配送有限公司	酒、饮料及茶叶批发	陕西省西安市
甘肃省		
中国石油天然气股份有限公司西北销售兰州分公司	石油及制品批发	甘肃省兰州市
甘肃省烟草公司兰州市公司	烟草制品批发	甘肃省兰州市
甘肃仕通汽车销售有限公司	汽车批发	甘肃省兰州市
中国石油天然气股份有限公司甘肃张掖销售分公司	石油及制品批发	甘肃省张掖市
甘肃省烟草公司天水分公司	烟草制品批发	甘肃省天水市
中国石油天然气股份有限公司甘肃庆阳销售分公司	石油及制品批发	甘肃省庆阳市
甘肃省烟草公司定西市公司	烟草制品批发	甘肃省定西市
甘肃省烟草公司庆阳市公司	烟草制品批发	甘肃省庆阳市
甘肃省烟草公司陇南市公司	烟草制品批发	甘肃省陇南市
中国石油天然气股份有限公司甘肃武威销售分公司	石油及制品批发	甘肃省武威市
中国石油天然气股份有限公司甘肃临夏销售分公司	石油及制品批发	甘肃省临夏回族自治州
中国石油天然气股份有限公司甘肃平凉销售分公司	石油及制品批发	甘肃省平凉市
金昌市金川天然农产品发展有限责任公司	果品、蔬菜批发	甘肃省金昌市
兰州强生医药有限责任公司	西药批发	甘肃省兰州市
兰州西城药业有限责任公司	西药批发	甘肃省兰州市
甘肃新华书店飞天传媒股份有限公司	图书批发	甘肃省兰州市
甘肃省烟草公司武威市公司	烟草制品批发	甘肃省武威市
金徽酒陇南销售公司	酒、饮料及茶叶批发	甘肃省陇南市
甘肃天元药业有限公司	西药批发	甘肃省兰州市
甘肃省烟草公司临夏回族自治州公司	烟草制品批发	甘肃省临夏回族自治州
甘肃省烟草公司张掖分公司	烟草制品批发	甘肃省张掖市
兰州富春江商贸有限公司	首饰、工艺品及收藏品批发	甘肃省兰州市
甘肃前进牧业科技有限责任公司	肉、禽、蛋、奶及水产品批发	甘肃省张掖市
甘肃省盐业集团股份有限公司	盐及调味品批发	甘肃省兰州市
兰州金徽酒业销售有限公司	酒、饮料及茶叶批发	甘肃省兰州市
青海省		
中国石油天然气股份有限公司青海销售分公司	石油及制品批发	青海省西宁市
中国石油天然气股份有限公司青海格尔木销售分公司	石油及制品批发	青海省海西蒙古族藏族自治州
青海省烟草公司西宁市公司	烟草制品批发	青海省西宁市
西宁中油燃气有限责任公司	石油及制品批发	青海省西宁市
青海互助青稞酒销售有限公司	酒、饮料及茶叶批发	青海省西宁市
中国石油化工股份有限公司青海石油分公司	石油及制品批发	青海省西宁市
中国石化销售有限公司青海格尔木石油分公司	石油及制品批发	青海省海西蒙古族藏族自治州
中国石油天然气股份有限公司青海海西销售分公司	石油及制品批发	青海省海西蒙古族藏族自治州
青海省烟草公司海东地区公司	烟草制品批发	青海省海东市
宁夏回族自治区		
中国石油化工股份有限公司宁夏石油分公司	石油及制品批发	宁夏回族自治区银川市
宁夏回族自治区烟草公司银川市公司	烟草制品批发	宁夏回族自治区银川市
中国石油天然气股份有限公司宁夏银川销售公司	石油及制品批发	宁夏回族自治区银川市
中国石油天然气股份有限公司宁夏高速公路销售分公司	石油及制品批发	宁夏回族自治区银川市
中国石油天然气股份有限公司宁夏吴忠销售分公司	石油及制品批发	宁夏回族自治区吴忠市
中国石油天然气股份有限公司宁夏中卫销售分公司	石油及制品批发	宁夏回族自治区中卫市
中国石油天然气股份有限公司固原销售分公司	石油及制品批发	宁夏回族自治区固原市
国药控股宁夏有限公司	西药批发	宁夏回族自治区银川市
中国石油天然气股份有限公司宁夏石嘴山销售分公司	石油及制品批发	宁夏回族自治区石嘴山市
宁夏回族自治区烟草公司吴忠市公司	烟草制品批发	宁夏回族自治区吴忠市
宁夏回族自治区烟草公司固原市公司	烟草制品批发	宁夏回族自治区固原市

4-1　续表 46

企业名称	所属行业	企业所在地
新疆维吾尔自治区		
新疆生产建设兵团棉麻公司	棉、麻批发	新疆维吾尔自治区乌鲁木齐市
新疆中泰化学股份有限公司	其他化工产品批发	新疆维吾尔自治区乌鲁木齐市
新疆农资(集团)有限责任公司	化肥批发	新疆维吾尔自治区乌鲁木齐市
新疆生产建设兵团第一师棉麻有限责任公司	棉、麻批发	新疆维吾尔自治区阿克苏地区
新疆维吾尔自治区烟草公司乌鲁木齐市公司	烟草制品批发	新疆维吾尔自治区乌鲁木齐市
新疆兵团第七师供销合作总公司	棉、麻批发	新疆维吾尔自治区伊犁哈萨克自治州
中国石油天然气股份有限公司新疆阿克苏销售分公司	石油及制品批发	新疆维吾尔自治区阿克苏地区
中石油新疆销售有限公司哈密分公司	石油及制品批发	新疆维吾尔自治区哈密地区
中国石油天然气股份有限公司新疆喀什销售分公司	石油及制品批发	新疆维吾尔自治区喀什地区
中国石油天然气股份有限公司新疆昌吉销售分公司	石油及制品批发	新疆维吾尔自治区昌吉回族自治州
中石油新疆销售有限公司巴州分公司	石油及制品批发	新疆维吾尔自治区巴音郭楞蒙古自治州
新疆九州通医药有限公司	西药批发	新疆维吾尔自治区乌鲁木齐市
中国石油天然气股份有限公司新疆克拉玛依销售分公司	石油及制品批发	新疆维吾尔自治区克拉玛依市
中国石油化工股份有限公司新疆石油分公司	石油及制品批发	新疆维吾尔自治区乌鲁木齐市
中石油新疆销售有限公司伊犁分公司	石油及制品批发	新疆维吾尔自治区伊犁哈萨克自治州
中国石油天然气股份有限公司新疆吐鲁番销售分公司	石油及制品批发	新疆维吾尔自治区吐鲁番市
中国石化销售有限公司新疆阿克苏石油分公司	石油及制品批发	新疆维吾尔自治区阿克苏地区
新疆生产建设兵团第四师供销合作社联合社	棉、麻批发	新疆维吾尔自治区伊犁哈萨克自治州
新疆维吾尔自治区昌吉回族自治州烟草公司	烟草制品批发	新疆维吾尔自治区昌吉回族自治州
中石油新疆销售有限公司阿勒泰分公司	石油及制品批发	新疆维吾尔自治区阿勒泰地区
新疆同益投资有限公司	石油及制品批发	新疆维吾尔自治区克拉玛依市
新疆维吾尔自治区喀什地区烟草公司	烟草制品批发	新疆维吾尔自治区喀什地区
新疆维吾尔自治区新华书店	图书批发	新疆维吾尔自治区乌鲁木齐市
新疆维吾尔自治区阿克苏地区烟草公司	烟草制品批发	新疆维吾尔自治区阿克苏地区
新疆维吾尔自治区巴音郭楞蒙古自治州烟草公司	烟草制品批发	新疆维吾尔自治区巴音郭楞蒙古自治州
新疆维吾尔自治区伊犁哈萨克自治州烟草公司	烟草制品批发	新疆维吾尔自治区伊犁哈萨克自治州
新疆九鼎恒兴蔬菜经营管理有限公司	果品、蔬菜批发	新疆维吾尔自治区乌鲁木齐市
中国石油化工股份有限公司新疆喀什石油分公司	石油及制品批发	新疆维吾尔自治区喀什地区
新疆兵团农三师农业生产资料公司	化肥批发	新疆维吾尔自治区喀什地区
中石油新疆销售有限公司和田分公司	石油及制品批发	新疆维吾尔自治区和田地区
中国石油天然气股份有限公司新疆石河子销售分公司	石油及制品批发	新疆维吾尔自治区石河子市
新疆维吾尔自治区塔城地区烟草公司	烟草制品批发	新疆维吾尔自治区塔城地区
中国石油化工股份有限公司新疆巴州石油分公司	石油及制品批发	新疆维吾尔自治区巴音郭楞蒙古自治州
中国石化销售有限公司新疆哈密石油分公司	石油及制品批发	新疆维吾尔自治区哈密地区
昌吉回族自治州粮油购销(集团)有限责任公司	谷物、豆及薯类批发	新疆维吾尔自治区昌吉回族自治州
新疆生产建设兵团第十三师天元供销(集团)有限公司	棉、麻批发	新疆维吾尔自治区哈密地区
中石油新疆销售有限公司塔城分公司	石油及制品批发	新疆维吾尔自治区塔城地区
新疆中石化基钰化工销售有限公司	石油及制品批发	新疆维吾尔自治区乌鲁木齐市
中国石油天然气股份有限公司新疆博州销售分公司	石油及制品批发	新疆维吾尔自治区博尔塔拉蒙古自治州
中国石化销售有限公司新疆吐鲁番石油分公司	石油及制品批发	新疆维吾尔自治区吐鲁番市
国药控股新疆新特喀什药业有限公司	西药批发	新疆维吾尔自治区喀什地区
库车县棉麻公司	棉、麻批发	新疆维吾尔自治区阿克苏地区
中国石油化工股份有限公司新疆伊犁石油分公司	石油及制品批发	新疆维吾尔自治区伊犁哈萨克自治州
尉犁县棉麻公司	棉、麻批发	新疆维吾尔自治区巴音郭楞蒙古自治州
新疆棉花产业(集团)莎车棉业有限责任公司	棉、麻批发	新疆维吾尔自治区喀什地区
新疆利生医药药材公司	西药批发	新疆维吾尔自治区伊犁哈萨克自治州

4-2 各地区大型零售业企业名单

企业名称	所属行业	企业所在地
北京市		
小米科技有限责任公司	通信设备零售	北京市海淀区
北京京东世纪信息技术有限公司	计算机、软件及辅助设备零售	北京市经济技术开发区
中国石化销售有限公司北京石油分公司	机动车燃料零售	北京市朝阳区
苹果电子产品商贸(北京)有限公司	计算机、软件及辅助设备零售	北京市东城区
华润医药商业集团有限公司	药品零售	北京市东城区
北京苏宁云商销售有限公司	日用家电设备零售	北京市通州区
北京华联综合超市股份有限公司	超级市场零售	北京市西城区
北京菜市口百货股份有限公司	百货零售	北京市西城区
北京物美商业集团股份有限公司	超级市场零售	北京市石景山区
北京市大中家用电器连锁销售有限公司	日用家电设备零售	北京市石景山区
华联新光百货(北京)有限公司	百货零售	北京市朝阳区
北京燕莎友谊商城有限公司	百货零售	北京市朝阳区
北京京客隆商业集团股份有限公司	超级市场零售	北京市朝阳区
北京永辉超市有限公司	超级市场零售	北京市石景山区
北京当当网信息技术有限公司	图书、报刊零售	北京市东城区
北京家乐福商业有限公司	超级市场零售	北京市丰台区
北京物美综合超市有限公司	超级市场零售	北京市大兴区
日上免税行(中国)有限公司	百货零售	北京市顺义区
国美电器有限公司	日用家电设备零售	北京市朝阳区
北京国美在线电子商务有限公司	互联网零售	北京市海淀区
北京翠微大厦股份有限公司	百货零售	北京市海淀区
北京世纪卓越信息技术有限公司	互联网零售	北京市朝阳区
北京沃尔玛百货有限公司	超级市场零售	北京市石景山区
北京超市发连锁股份有限公司	超级市场零售	北京市海淀区
中商惠民(北京)电子商务有限公司	互联网零售	北京市朝阳区
百盛商业发展有限公司	百货零售	北京市西城区
曙光信息产业(北京)有限公司	计算机、软件及辅助设备零售	北京市海淀区
北京稻香村食品有限责任公司	糕点、面包零售	北京市东城区
北京美廉美连锁商业有限公司	超级市场零售	北京市海淀区
中化道达尔燃油有限公司	机动车燃料零售	北京市海淀区
ＢＨＧ(北京)百货有限公司	其他日用品零售	北京市西城区
北京易喜新世界百货有限公司	百货零售	北京市东城区
北京物美大卖场商业管理有限公司	超级市场零售	北京市大兴区
北京汉光百货有限责任公司	百货零售	北京市西城区
飒拉商业(北京)有限公司	服装零售	北京市朝阳区
中国图书进出口(集团)总公司	图书、报刊零售	北京市朝阳区
乐天超市有限公司	超级市场零售	北京市朝阳区
嘉康利(中国)日用品有限公司	营养和保健品零售	北京市大兴区
北京永辉商业有限公司	超级市场零售	北京市石景山区
北京迪信通电子通信技术有限公司	通信设备零售	北京市海淀区
北京王府井百货集团双安商场有限责任公司	百货零售	北京市海淀区
北京国泰平安百货有限公司	百货零售	北京市顺义区
北京英龙华辰科技有限公司	计算机、软件及辅助设备零售	北京市昌平区
国兴汽车服务中心	汽车零售	北京市西城区
宝盛道吉(北京)贸易有限公司	服装零售	北京市东城区
北京易初莲花连锁超市有限公司	超级市场零售	北京市朝阳区
北京宝泽行汽车销售服务有限公司	汽车零售	北京市丰台区
北京鑫海韵通商业大楼	百货零售	北京市顺义区
北京王府井百货(集团)股份有限公司	百货零售	北京市东城区

4-2　续表 1

企业名称	所属行业	企业所在地
北京庆长风商贸有限公司	汽车零售	北京市朝阳区
北京欧尚超市有限公司	超级市场零售	北京市海淀区
北京华冠商业经营股份有限公司	超级市场零售	北京市房山区
酒仙网电子商务股份有限公司	酒、饮料及茶叶零售	北京市大兴区
北京宜家家居有限公司	家具零售	北京市朝阳区
北京屈臣氏个人用品连锁商店有限公司	超级市场零售	北京市朝阳区
北京市华德宝汽车销售服务有限公司	汽车零售	北京市朝阳区
北京君太太平洋百货有限公司	百货零售	北京市西城区
北京京宝行汽车销售服务有限公司	汽车零售	北京市海淀区
北京城乡贸易中心股份有限公司	百货零售	北京市海淀区
北京首商集团股份有限公司	百货零售	北京市西城区
北京市上品商业发展有限责任公司	服装零售	北京市东城区
北京崇德商贸有限公司	鞋帽零售	北京市西城区
北京环球国广商贸有限公司	互联网零售	北京市石景山区
北京博瑞祥云汽车销售服务有限公司	汽车零售	北京市朝阳区
华糖洋华堂商业有限公司	百货零售	北京市朝阳区
北京盈之宝汽车销售服务有限公司	汽车零售	北京市朝阳区
中粮我买网有限公司	互联网零售	北京市朝阳区
迪卡侬(北京)体育用品有限公司	体育用品及器材零售	北京市朝阳区
丝芙兰(北京)化妆品销售有限公司	化妆品及卫生用品零售	北京市朝阳区
北京当代商城有限责任公司	百货零售	北京市海淀区
北京三元石油有限公司	机动车燃料零售	北京市大兴区
中视购物有限公司	互联网零售	北京市海淀区
沃尔玛(北京)商业零售有限公司	超级市场零售	北京市朝阳区
柒一拾壹(北京)有限公司	其他综合零售	北京市东城区
北京惠通陆华汽车服务有限公司	汽车零售	北京市朝阳区
北京中复电讯设备有限责任公司	通信设备零售	北京市朝阳区
安利(中国)日用品有限公司北京分公司	其他综合零售	北京市东城区
北京首都机场商贸有限公司	超级市场零售	北京市顺义区
北京中润发汽车销售有限公司	汽车零售	北京市丰台区
永旺商业有限公司	百货零售	北京市昌平区
北京味多美食品有限责任公司	糕点、面包零售	北京市西城区
北京首航国力商贸有限公司	超级市场零售	北京市丰台区
北京同仁堂连锁药店有限责任公司	药品零售	北京市西城区
北京物美京北大世界商贸有限公司	百货零售	北京市怀柔区
每克拉美(北京)钻石商场有限公司	工艺美术品及收藏品零售	北京市朝阳区
北京人天书店有限公司	图书、报刊零售	北京市丰台区
北京赛特百货有限公司	百货零售	北京市朝阳区
北京星球通科技发展有限公司	通信设备零售	北京市海淀区
北京寺库商贸有限公司	互联网零售	北京市西城区
北京丽家丽婴婴童用品有限公司	超级市场零售	北京市大兴区
华润超级市场有限公司	超级市场零售	北京市朝阳区
北京西红门宜家家居有限公司	家具零售	北京市大兴区
北京尚岑服饰有限公司	服装零售	北京市东城区
北京玉蜓桥物美商贸有限公司	超级市场零售	北京市丰台区
北京天超仓储超市有限责任公司	超级市场零售	北京市东城区
北京顺天府商贸有限公司	超级市场零售	北京市丰台区
北京市顺义国泰商业大厦	百货零售	北京市顺义区
北京庄胜崇光百货商场	百货零售	北京市西城区
北京蓝岛大厦有限责任公司	百货零售	北京市朝阳区
北京贵友大厦有限公司	百货零售	北京市朝阳区

4-2 续表 2

企业名称	所属行业	企业所在地
北京五棵松卓展时代百货有限公司	百货零售	北京市海淀区
北京甘家口大厦有限责任公司	百货零售	北京市海淀区
北京卜蜂莲花连锁超市有限公司	超级市场零售	北京市朝阳区
北京华信通电讯有限公司	通信设备零售	北京市东城区
欧迪办公网络技术有限公司	互联网零售	北京市海淀区
拉法耶特百货(北京)有限公司	百货零售	北京市西城区
范思哲(中国)商业有限公司	服装零售	北京市朝阳区
北京创锐文化传媒有限公司	互联网零售	北京市东城区
北京华联精品超市有限公司	超级市场零售	北京市西城区
北京市昌平新世纪商城	百货零售	北京市昌平区
北京旺市百利商业有限公司	超级市场零售	北京市朝阳区
北京王府井百货集团长安商场有限责任公司	百货零售	北京市西城区
北京乐友达康商贸有限公司	其他日用品零售	北京市通州区
北京港佳好邻居连锁便利店有限责任公司	其他综合零售	北京市西城区
北京物美生活超市有限公司	超级市场零售	北京市朝阳区
北京金象大药房医药连锁有限责任公司	药品零售	北京市西城区
北京亿潼隆连锁超市有限公司	超级市场零售	北京市丰台区
达柯思(北京)贸易有限公司	鞋帽零售	北京市朝阳区
北京京北美廉美超市有限公司	超级市场零售	北京市昌平区
北京孩思乐商业有限公司	其他文化用品零售	北京市朝阳区
北京吴裕泰茶业股份有限公司	酒、饮料及茶叶零售	北京市东城区
乐购特易购商业(北京)有限公司	百货零售	北京市顺义区
北京华普联合商业投资有限公司	超级市场零售	北京市朝阳区
北京京客隆首超商业有限公司	超级市场零售	北京市石景山区
北京京烟卷烟零售连锁有限公司	烟草制品零售	北京市朝阳区
北京心物不二电子商务有限公司	互联网零售	北京市通州区
北京门城物美商城有限公司	超级市场零售	北京市门头沟区
北京市亨得利瑞士钟表有限责任公司	钟表、眼镜零售	北京市东城区
普安倍尔商业(北京)有限公司	服装零售	北京市朝阳区
北京崇文门菜市场物美综合超市有限公司	其他综合零售	北京市东城区
北京翠微家园超市连锁经营有限责任公司	超级市场零售	北京市海淀区
北京好药师大药房连锁有限公司	药品零售	北京市大兴区
波丝可商业(北京)有限公司	服装零售	北京市朝阳区
北京图书大厦有限责任公司	图书、报刊零售	北京市西城区
北京京卫元华医药科技有限公司	药品零售	北京市丰台区
北京高氏橱柜有限公司	家具零售	北京市丰台区
北京全时叁陆伍连锁便利店有限公司	其他综合零售	北京市朝阳区
荣宝斋	工艺美术品及收藏品零售	北京市西城区
彩盈储贤商贸(北京)有限公司	服装零售	北京市东城区
北京奥士凯物美商业有限公司	其他食品零售	北京市东城区
北京京房美廉美超市有限公司	超级市场零售	北京市房山区
北京金美仕贸易有限公司	服装零售	北京市朝阳区
北京市好利来食品有限公司	糕点、面包零售	北京市朝阳区
北京创益佳家乐福商业有限公司	超级市场零售	北京市朝阳区
北京美特斯邦威服饰有限公司	服装零售	北京市西城区
北京通糖物美便利超市有限公司	其他综合零售	北京市通州区
北京物美鼓楼商贸有限责任公司	超级市场零售	北京市密云区
北京金凤成祥食品有限责任公司	糕点、面包零售	北京市海淀区
北京家有德顺文化发展有限公司	厨房用具及日用杂品零售	北京市朝阳区
北京李宁体育用品销售有限公司	服装零售	北京市东城区
北京物美便利超市有限公司	超级市场零售	北京市东城区

4-2 续表 3

企业名称	所属行业	企业所在地
北京晒客天地科技有限公司	服装零售	北京市海淀区
北京旗利云商贸有限公司	珠宝首饰零售	北京市大兴区
北京尚品宅配家居用品有限公司	家具零售	北京市朝阳区
创和捷商贸(北京)有限公司	服装零售	北京市朝阳区
北京同仁堂京北企业管理有限公司	药品零售	北京市海淀区
北京市新华书店连锁有限责任公司	图书、报刊零售	北京市西城区
北京明弘科贸有限责任公司	化妆品及卫生用品零售	北京市西城区
天津市		
中国石油化工股份有限公司天津石油分公司	机动车燃料零售	天津市南开区
乐视致新电子科技(天津)有限公司	其他电子产品零售	天津市滨海新区
中国石油天然气股份有限公司天津销售分公司	机动车燃料零售	天津市河东区
唯品会(天津)电子商务有限公司	互联网零售	天津市武清区
壳牌华北石油集团有限公司	机动车燃料零售	天津市河西区
天津华润万家生活超市有限公司	超级市场零售	天津市东丽区
华润天津医药有限公司	药品零售	天津市河北区
当当网信息技术(天津)有限公司	互联网零售	天津市武清区
天津一商友谊股份有限公司	百货零售	天津市河西区
天津苏宁云商有限公司	家用视听设备零售	天津市和平区
天津聚美优品科技有限公司	化妆品及卫生用品零售	天津市武清区
天津国美电器有限公司	日用家电设备零售	天津市南开区
天津金元宝商厦集团有限公司	百货零售	天津市滨海新区
天津海信广场有限公司	其他文化用品零售	天津市和平区
天津物美未来商贸发展有限公司	超级市场零售	天津市南开区
天津市人人乐商业有限公司	超级市场零售	天津市南开区
天津劝宝超市有限责任公司	超级市场零售	天津市宝坻区
天津浩众汽车贸易服务有限公司	汽车零售	天津市东丽区
天津华润超级市场有限公司	超级市场零售	天津市和平区
天津伊势丹有限公司	其他文化用品零售	天津市和平区
天津市紫江路市场	其他综合零售	天津市津南区
天津桂发祥十八街麻花食品股份有限公司	其他食品零售	天津市河西区
天津劝业家乐福超市有限公司	超级市场零售	天津市南开区
天津劝业场(集团)股份有限公司	其他文化用品零售	天津市和平区
天津市津工超市有限责任公司	超级市场零售	天津市东丽区
天津迎宾超市商贸有限公司	超级市场零售	天津市滨海新区
中原百货集团股份有限公司	其他文化用品零售	天津市和平区
天津市大港滨城商贸有限责任公司	超级市场零售	天津市滨海新区
沃尔玛深国投百货有限公司天津和平路分店	其他文化用品零售	天津市和平区
天津家福商业有限公司	超级市场零售	天津市南开区
老百姓大药房连锁(天津)有限公司	药品零售	天津市河东区
天津市海达家乐超市有限公司	超级市场零售	天津市武清区
天津市长湖大润发商业有限公司	超级市场零售	天津市河西区
天津滨江购物中心	其他文化用品零售	天津市和平区
百丽鞋业(天津)有限公司	鞋帽零售	天津市和平区
天津滨江商厦有限公司	百货零售	天津市和平区
天津市好利来食品有限公司	糕点、面包零售	天津市和平区
天津十力崇德运动服饰有限公司	鞋帽零售	天津市和平区
天津市大桥道糕点食品有限公司	糕点、面包零售	天津市河东区
天津恒隆地产有限公司	百货零售	天津市和平区
天津大富班尼路服饰有限公司	服装零售	天津市和平区
河北省		
国药乐仁堂医药有限公司	药品零售	河北省石家庄市

4-2 续表 4

企业名称	所属行业	企业所在地
北国商城股份有限公司	百货零售	河北省石家庄市
中国石化销售有限公司河北石家庄石油分公司	机动车燃料零售	河北省石家庄市
唐山百货大楼集团有限责任公司	百货零售	河北省唐山市
河北保百集团有限公司	百货零售	河北省保定市
中国石化销售有限公司河北沧州石油分公司	机动车燃料零售	河北省沧州市
中国石油化工股份有限公司河北保定石油分公司	机动车燃料零售	河北省保定市
中国石油天然气股份有限公司河北保定销售分公司	机动车燃料零售	河北省保定市
中国石油天然气股份有限公司河北石家庄销售分公司	机动车燃料零售	河北省石家庄市
河北永辉超市有限公司	超级市场零售	河北省石家庄市
沧州市华北商厦有限公司	百货零售	河北省沧州市
秦皇岛茂业控股有限公司	百货零售	河北省秦皇岛市
石家庄人民商场股份有限公司	百货零售	河北省石家庄市
中国石油天然气股份有限公司河北邢台销售分公司	机动车燃料零售	河北省邢台市
廊坊市明珠商业企业集团有限公司	百货零售	河北省廊坊市
承德宽广超市集团有限公司	超级市场零售	河北省承德市
河北美食林商贸集团有限公司	超级市场零售	河北省邯郸市
中国石油天然气股份有限公司河北沧州销售分公司	机动车燃料零售	河北省沧州市
中国石油天然气股份有限公司河北秦皇岛销售分公司	机动车燃料零售	河北省秦皇岛市
秦皇岛兴龙广缘商业连锁有限公司	超级市场零售	河北省秦皇岛市
唐山市金客隆超市有限公司	超级市场零售	河北省唐山市
邢台家乐园天一商贸有限公司	超级市场零售	河北省邢台市
河北惠友商业连锁发展有限公司	超级市场零售	河北省保定市
邯郸阳光新世纪股份有限公司	服装零售	河北省邯郸市
邯郸武安新世纪商业广场有限公司	百货零售	河北省邯郸市
河北华北石油商业有限公司	百货零售	河北省沧州市
河北保定时代商厦有限公司	百货零售	河北省保定市
石家庄苏宁云商商贸有限公司	家用视听设备零售	河北省石家庄市
河北冀中合力汽车销售维修有限公司	汽车零售	河北省石家庄市
河北保龙仓家乐福商业有限公司	超级市场零售	河北省石家庄市
信誉楼百货集团有限公司黄骅信誉楼商厦	超级市场零售	河北省沧州市
唐山华盛超市有限公司	超级市场零售	河北省唐山市
河北国美电器有限公司	家用视听设备零售	河北省石家庄市
保定市惠友万家福超级市场有限公司	超级市场零售	河北省保定市
邯郸市新华书店有限责任公司	图书、报刊零售	河北省邯郸市
信誉楼百货集团有限公司青县信誉楼商厦	百货零售	河北省沧州市
信誉楼百货集团有限公司泊头信誉楼商厦	百货零售	河北省沧州市
石家庄市新华书店有限责任公司	图书、报刊零售	河北省石家庄市
邯郸市阳光三联电器有限公司	日用家电设备零售	河北省邯郸市
邢台北国商城有限责任公司	百货零售	河北省邢台市
武安市新之都商贸有限公司	百货零售	河北省邯郸市
张家口市帝达购物广场有限公司	百货零售	河北省张家口市
衡水吉美超市有限责任公司	超级市场零售	河北省衡水市
秦皇岛家惠商贸集团有限公司	超级市场零售	河北省秦皇岛市
保定市亚太通讯器材有限公司	通信设备零售	河北省保定市
磁县中盛商贸有限公司	百货零售	河北省邯郸市
唐山家万佳超市有限公司	超级市场零售	河北省唐山市
邯郸市阳光超市有限公司	超级市场零售	河北省邯郸市
石家庄信誉楼百货有限公司	百货零售	河北省石家庄市
沃尔玛(河北)商业零售有限公司	超级市场零售	河北省石家庄市
石家庄新兴药房连锁有限公司	药品零售	河北省石家庄市
沧州市新华书店有限责任公司	图书、报刊零售	河北省沧州市

4-2 续表 5

企业名称	所属行业	企业所在地
唐山市新华书店有限责任公司	图书、报刊零售	河北省唐山市
定州市时代广场商贸有限责任公司	百货零售	河北省定州市
河北家兴商贸集团有限公司	百货零售	河北省保定市
石家庄东方城市广场有限公司	百货零售	河北省石家庄市
定州市大世界购物中心	百货零售	河北省定州市
沧州市同天购物中心有限公司	百货零售	河北省沧州市
河北衡水爱特购物中心有限责任公司	百货零售	河北省衡水市
衡水百货大楼(集团)股份有限公司	百货零售	河北省衡水市
正定县城关供销合作社	百货零售	河北省石家庄市
沧州信誉楼百货有限公司	百货零售	河北省沧州市
邢台市新华书店有限责任公司	图书、报刊零售	河北省邢台市
唐山润良商贸有限公司	超级市场零售	河北省唐山市
河间信誉楼百货有限公司	百货零售	河北省沧州市
河北神威大药房连锁有限公司	药品零售	河北省石家庄市
张家口市新华书店有限责任公司	图书、报刊零售	河北省张家口市
保定商场股份有限公司	百货零售	河北省保定市
三河物美商业有限公司	百货零售	河北省廊坊市
赵县信誉楼百货有限公司	百货零售	河北省石家庄市
唐山市唐人医药商场有限公司	药品零售	河北省唐山市
晋州信誉楼百货有限公司	百货零售	河北省石家庄市
衡水市新华书店有限责任公司	图书、报刊零售	河北省衡水市
邢台市天天便利商贸有限公司	百货零售	河北省邢台市
石家庄新奥车用燃气有限公司	机动车燃料零售	河北省石家庄市
衡水怡水园商城有限公司	百货零售	河北省衡水市
河间市信发商厦有限责任公司	百货零售	河北省沧州市
衡水信誉楼百货有限公司	百货零售	河北省衡水市
张家口中美电器有限公司	家用视听设备零售	河北省张家口市
廊坊市一笑堂医药零售连锁有限公司	药品零售	河北省廊坊市
河北家乐园购物广场有限责任公司	百货零售	河北省邢台市
唐山华润万家生活超市有限公司	超级市场零售	河北省唐山市
黄骅市耀华商厦有限公司	百货零售	河北省沧州市
正定北国商城有限责任公司	百货零售	河北省石家庄市
河北德仁堂大药房连锁有限公司	药品零售	河北省张家口市
邯郸市千鑫商贸有限公司	文具用品零售	河北省邯郸市
秦皇岛唐人医药连锁有限责任公司	药品零售	河北省秦皇岛市
辛集信誉楼百货有限公司	百货零售	河北省辛集市
河北三佳润尚商贸有限责任公司	百货零售	河北省石家庄市
河北华佗药房医药连锁有限公司	药品零售	河北省张家口市
石家庄玉华信誉楼百货有限公司	百货零售	河北省石家庄市
滦南县银泰商厦有限责任公司	百货零售	河北省唐山市
清河县信誉楼百货有限公司	超级市场零售	河北省邢台市
山西省		
山西美特好连锁超市股份有限公司	超级市场零售	山西省太原市
国药集团山西有限公司	药品零售	山西省太原市
山西大昌汽车集团有限公司	汽车零售	山西省太原市
中国石油化工股份有限公司山西太原石油分公司	机动车燃料零售	山西省太原市
中国石化销售有限公司山西晋中石油分公司	机动车燃料零售	山西省晋中市
中国石化销售有限公司山西吕梁石油分公司	机动车燃料零售	山西省吕梁市
中国石油化工股份有限公司山西临汾石油分公司	机动车燃料零售	山西省临汾市
中国石油化工股份有限公司山西运城石油分公司	机动车燃料零售	山西省运城市
中国石油化工股份有限公司山西朔州石油分公司	机动车燃料零售	山西省朔州市

4-2 续表 6

企业名称	所属行业	企业所在地
中国石油化工股份有限公司忻州石油分公司	机动车燃料零售	山西省忻州市
山西诺维兰集团有限公司	汽车零售	山西省运城市
中国石油化工股份有限公司山西晋城石油分公司	机动车燃料零售	山西省晋城市
中国石化销售有限公司山西大同石油分公司	机动车燃料零售	山西省大同市
中国石化销售有限公司山西长治石油分公司	机动车燃料零售	山西省长治市
中国石油天然气股份有限公司山西太原销售分公司	机动车燃料零售	山西省太原市
山西省太原唐久超市有限公司	其他综合零售	山西省太原市
中国石油天然气股份有限公司山西晋中销售分公司	机动车燃料零售	山西省晋中市
山西海宁皮革城发展有限公司	服装零售	山西省朔州市
太原王府井百货有限责任公司	百货零售	山西省太原市
中国石化销售有限公司山西阳泉石油分公司	机动车燃料零售	山西省阳泉市
中国石油天然气股份有限公司山西销售大同分公司	机动车燃料零售	山西省大同市
山西苏宁云商销售有限公司	日用家电设备零售	山西省太原市
山西天美新天地购物中心有限公司	服装零售	山西省太原市
山西铜锣湾国际购物中心有限公司	百货零售	山西省太原市
中国石油天然气股份有限公司山西销售侯马分公司	机动车燃料零售	山西省临汾市
中国石油天然气股份有限公司山西运城销售分公司	机动车燃料零售	山西省运城市
山西华宇商业发展股份有限公司	百货零售	山西省太原市
大同市华林有限责任公司	百货零售	山西省大同市
中国石油天然气股份有限公司山西忻州销售分公司	机动车燃料零售	山西省忻州市
大同市热力有限责任公司	生活用燃料零售	山西省大同市
山西省芮城县供销合作社联合社	其他综合零售	山西省运城市
延长壳牌山西石油有限公司	机动车燃料零售	山西省太原市
山西吉隆斯商贸股份有限公司	超级市场零售	山西省晋中市
大同华润燃气有限公司	生活用燃料零售	山西省大同市
中国石油天然气股份有限公司山西长治销售分公司	机动车燃料零售	山西省长治市
山西宏艺首饰股份有限公司	珠宝首饰零售	山西省太原市
山西百盛商业发展有限公司	服装零售	山西省太原市
浑源县金都商贸有限责任公司	百货零售	山西省大同市
山西山姆士超市有限公司	超级市场零售	山西省太原市
国药控股国大药房山西益源连锁有限公司	药品零售	山西省太原市
山西田森超市集团有限公司	超级市场零售	山西省晋中市
大同银星金店有限公司	珠宝首饰零售	山西省大同市
太原轻型汽车总厂	汽车零售	山西省太原市
阳泉华联商厦有限公司	百货零售	山西省阳泉市
山西临猗百大购物广场有限公司	超级市场零售	山西省运城市
晋中市瑞阳热电联产供热有限责任公司	其他未列明零售业	山西省晋中市
晋城市凤展购物广场有限公司	超级市场零售	山西省晋城市
大同世纪北方电器有限责任公司	家用视听设备零售	山西省大同市
临汾万佳福仓储超市有限公司	超级市场零售	山西省临汾市
长治市飞路汽车贸易有限公司	汽车零售	山西省长治市
山西荣华大药房连锁有限公司	药品零售	山西省太原市
长治市金威超市有限公司	超级市场零售	山西省长治市
晋城市长江实业有限公司	汽车零售	山西省晋城市
山西博源超市有限公司	超级市场零售	山西省长治市
山西国大万民药房连锁有限公司	药品零售	山西省太原市
怀仁县供销合作联合社	百货零售	山西省朔州市
山西长城药品零售连锁有限公司	药品零售	山西省太原市
太原六味斋食品有限公司	肉、禽、蛋、奶及水产品零售	山西省太原市
北京同仁堂山西连锁药店有限责任公司	药品零售	山西省太原市
晋城古书院工贸有限公司	其他未列明零售业	山西省晋城市
高平市红旗商场有限责任公司	百货零售	山西省晋城市

4-2 续表 7

企业名称	所属行业	企业所在地
内蒙古自治区		
中国石油天然气股份有限公司内蒙古鄂尔多斯销售分公司	机动车燃料零售	内蒙古自治区鄂尔多斯市
中国石油化工股份有限公司内蒙古鄂尔多斯石油分公司	机动车燃料零售	内蒙古自治区鄂尔多斯市
中国石油天然气股份有限公司内蒙古乌海销售分公司	机动车燃料零售	内蒙古自治区乌海市
中国石油天然气股份有限公司内蒙古呼伦贝尔销售分公司	机动车燃料零售	内蒙古自治区呼伦贝尔市
内蒙古民族商场有限责任公司	百货零售	内蒙古自治区呼和浩特市
中国石油天然气股份有限公司内蒙古通辽销售分公司	机动车燃料零售	内蒙古自治区通辽市
中国石油天然气股份有限公司内蒙古锡林郭勒销售分公司	机动车燃料零售	内蒙古自治区锡林郭勒盟
中国石油天燃气股份有限公司内蒙兴安石油销售分公司	机动车燃料零售	内蒙古自治区兴安盟
中国石化销售有限公司内蒙古包头石油分公司	机动车燃料零售	内蒙古自治区包头市
包头宁鹿石油有限公司	机动车燃料零售	内蒙古自治区包头市
内蒙古包头百货大楼集团股份有限公司	百货零售	内蒙古自治区包头市
中国石油天然气股份有限公司内蒙古包头销售分公司	机动车燃料零售	内蒙古自治区包头市
中国石油天然气股份有限公司内蒙古阿拉善销售分公司	机动车燃料零售	内蒙古自治区阿拉善盟
中国石油天然气股份有限公司内蒙古乌兰察布销售分公司	机动车燃料零售	内蒙古自治区乌兰察布市
赤峰海达电器有限责任公司	日用家电设备零售	内蒙古自治区赤峰市
包头王府井百货有限责任公司	百货零售	内蒙古自治区包头市
内蒙古维多利商业(集团)有限公司	百货零售	内蒙古自治区呼和浩特市
内蒙古金汇金旺角服装批发有限公司	服装零售	内蒙古自治区呼和浩特市
内蒙古维多利超市连锁有限公司	超级市场零售	内蒙古自治区呼和浩特市
内蒙古维多利商业管理有限公司	百货零售	内蒙古自治区呼和浩特市
包头市金荣装饰建材城有限责任公司	其他室内装饰材料零售	内蒙古自治区包头市
赤峰利丰汽车行有限公司	汽车零售	内蒙古自治区赤峰市
内蒙古呼伦贝尔市友谊有限责任公司	百货零售	内蒙古自治区呼伦贝尔市
内蒙古高速石油销售有限责任公司	机动车燃料零售	内蒙古自治区呼和浩特市
巴彦淖尔市腾洁燃气有限责任公司	生活用燃料零售	内蒙古自治区巴彦淖尔市
内蒙古赤峰奔腾实业(集团)股份有限公司	日用家电设备零售	内蒙古自治区赤峰市
内蒙古亿丰旧机动车交易市场有限公司	汽车零售	内蒙古自治区呼和浩特市
通辽润泰商贸有限公司	超级市场零售	内蒙古自治区通辽市
乌兰察布市集宁国际皮革城有限公司	服装零售	内蒙古自治区乌兰察布市
鄂尔多斯市蒙凯汽车销售集团有限公司	汽车零售	内蒙古自治区鄂尔多斯市
内蒙古盈瑞商贸有限责任公司	服装零售	内蒙古自治区呼和浩特市
巴彦淖尔宇通商贸有限责任公司	百货零售	内蒙古自治区巴彦淖尔市
国药控股国大药房内蒙古有限公司	药品零售	内蒙古自治区呼和浩特市
宁城中京百货有限责任公司	百货零售	内蒙古自治区赤峰市
内蒙古海亮商贸有限公司	服装零售	内蒙古自治区呼和浩特市
辽宁省		
中国石油天然气股份有限公司辽宁沈阳销售分公司	机动车燃料零售	辽宁省沈阳市
中国石油天然气股份有限公司大连销售分公司	机动车燃料零售	辽宁省大连市
中国石化销售有限公司辽宁石油分公司(本部)	机动车燃料零售	辽宁省沈阳市
沈阳京东世纪贸易有限公司	互联网零售	辽宁省沈阳市
大商股份有限公司	百货零售	辽宁省大连市
沈阳国美电器有限公司	日用家电设备零售	辽宁省沈阳市
大商集团沈阳新玛特购物休闲广场有限公司	百货零售	辽宁省沈阳市
大连国际商贸大厦有限公司	百货零售	辽宁省大连市
中国石油天然气股份有限公司辽宁锦州销售分公司	机动车燃料零售	辽宁省锦州市
中兴-沈阳商业大厦(集团)股份有限公司	百货零售	辽宁省沈阳市
辽宁卓展时代广场百货有限公司	百货零售	辽宁省沈阳市
沈阳家乐福商业有限公司	超级市场零售	辽宁省沈阳市
中国石油天然气股份有限公司辽宁丹东销售分公司	机动车燃料零售	辽宁省丹东市

4–2　续表 8

企业名称	所属行业	企业所在地
沈阳兴隆大家庭购物中心有限公司	百货零售	辽宁省沈阳市
沈阳兴隆大天地购物中心有限公司	百货零售	辽宁省沈阳市
辽宁成大方圆医药连锁有限公司	药品零售	辽宁省沈阳市
葫芦岛市百货大楼	百货零售	辽宁省葫芦岛市
辽宁兴隆百货集团有限公司	百货零售	辽宁省盘锦市
大连国美电器有限公司	日用家电设备零售	辽宁省大连市
辽宁华润万家生活超市有限公司	超级市场零售	辽宁省沈阳市
大连苏宁云商销售有限公司	日用家电设备零售	辽宁省大连市
辽宁宜佳电视购物有限公司	百货零售	辽宁省沈阳市
大商集团本溪商业大厦有限公司	百货零售	辽宁省本溪市
大商集团有限公司	百货零售	辽宁省大连市
沈阳苏宁云商销售有限公司	日用家电设备零售	辽宁省沈阳市
大连友谊(集团)股份有限公司	百货零售	辽宁省大连市
特易购商业(辽宁)有限公司	超级市场零售	辽宁省沈阳市
大商集团抚顺百货大楼有限公司	百货零售	辽宁省抚顺市
大连沃尔玛百货有限公司	超级市场零售	辽宁省大连市
沈阳商业城股份有限公司	百货零售	辽宁省沈阳市
铁岭兴隆百货有限公司	百货零售	辽宁省铁岭市
国药控股国大天益堂药房连锁(沈阳)有限公司	药品零售	辽宁省沈阳市
沈阳铁西百货大楼有限公司	百货零售	辽宁省沈阳市
大商投资管理有限公司	百货零售	辽宁省大连市
大商集团沈阳铁西新玛特购物休闲广场有限公司	百货零售	辽宁省沈阳市
大连家乐福商业有限公司	超级市场零售	辽宁省大连市
大商集团锦州百货大楼有限公司	百货零售	辽宁省锦州市
大商集团鞍山商业投资有限公司	百货零售	辽宁省鞍山市
朝阳兴隆大家庭购物中心有限公司	百货零售	辽宁省朝阳市
本溪华联商厦有限公司	百货零售	辽宁省本溪市
大连锦辉购物广场有限责任公司	服装零售	辽宁省大连市
辽宁和兴大众汽车销售服务有限公司	汽车零售	辽宁省沈阳市
沈阳荟华楼黄金珠宝首饰有限公司	珠宝首饰零售	辽宁省沈阳市
大商集团锦州千盛购物广场有限公司	百货零售	辽宁省锦州市
辽宁国大一致药店连锁有限公司	药品零售	辽宁省沈阳市
大商集团沈阳新玛特购物休闲广场有限公司千盛百货购物中心	百货零售	辽宁省沈阳市
大商集团阜新新玛特购物广场有限公司	百货零售	辽宁省阜新市
大连海王星辰医药有限公司	药品零售	辽宁省大连市
辽宁亿家商业集团有限公司	超级市场零售	辽宁省鞍山市
沈阳乐购超市有限公司	超级市场零售	辽宁省沈阳市
辽宁永辉超市有限公司	超级市场零售	辽宁省沈阳市
大连好又多百货商业广场有限公司	超级市场零售	辽宁省大连市
沈阳大东兴隆百货有限公司	百货零售	辽宁省沈阳市
阜新兴隆大家庭购物中心有限公司	百货零售	辽宁省阜新市
兴城兴隆大家庭购物中心有限公司	百货零售	辽宁省葫芦岛市
锦州兴隆大家庭购物中心有限公司	百货零售	辽宁省锦州市
沈阳市苏家屯大润发商业有限公司	超级市场零售	辽宁省沈阳市
沈阳兴隆一百商业有限公司	百货零售	辽宁省沈阳市
营口万隆广场商业管理有限公司	百货零售	辽宁省营口市
欧亚集团沈阳联营有限公司	百货零售	辽宁省沈阳市
盘锦兴隆大厦三百有限公司	百货零售	辽宁省盘锦市
大石桥市兴隆百货有限公司	百货零售	辽宁省营口市
盘锦兴隆大厦二百有限公司	百货零售	辽宁省盘锦市
营口经济技术开发区商业大厦有限公司	百货零售	辽宁省营口市

4-2 续表 9

企业名称	所属行业	企业所在地
大连莱卡门服装有限公司	服装零售	辽宁省大连市
营口兴隆百货有限公司	超级市场零售	辽宁省营口市
大商集团铁岭新玛特有限公司	百货零售	辽宁省铁岭市
辽宁天士力大药房连锁有限公司	药品零售	辽宁省沈阳市
沈阳积家百货有限公司	百货零售	辽宁省沈阳市
营口经济技术开发区红旺广场购物中心有限公司	百货零售	辽宁省营口市
鞍山大润发商业有限公司	百货零售	辽宁省鞍山市
抚顺今日装饰城有限公司	其他室内装饰材料零售	辽宁省抚顺市
大连宜家家居有限公司	其他室内装饰材料零售	辽宁省大连市
朝阳商业城有限公司	百货零售	辽宁省朝阳市
沈阳大润发商业有限公司	超级市场零售	辽宁省沈阳市
沈阳于洪乐购生活购物有限公司	超级市场零售	辽宁省沈阳市
沃尔玛(辽宁)百货有限公司	超级市场零售	辽宁省沈阳市
大连联华快客中山便利商业有限公司	其他综合零售	辽宁省大连市
抚顺解放路地下商场有限公司	百货零售	辽宁省抚顺市
乐天百货(沈阳)有限公司	百货零售	辽宁省沈阳市
大石桥市真实惠百货有限公司	超级市场零售	辽宁省营口市
沈阳沃尔玛百货有限公司	超级市场零售	辽宁省沈阳市
锦州大润发商业有限公司	超级市场零售	辽宁省锦州市
大商集团锦州市新玛特购物有限公司	百货零售	辽宁省锦州市
沃尔玛(大连)商业零售有限公司	超级市场零售	辽宁省大连市
盖州兴隆大家庭购物中心有限公司	超级市场零售	辽宁省营口市
辽宁乐天超市有限公司	超级市场零售	辽宁省沈阳市
沈阳中兴新一城商场经营管理有限公司	百货零售	辽宁省沈阳市
盘锦金社裕农乡村百货超市连锁有限公司	百货零售	辽宁省盘锦市
大连天河百盛购物中心有限公司	百货零售	辽宁省大连市
阜新大润发商业有限公司	百货零售	辽宁省阜新市
沈阳润泰商业有限公司	超级市场零售	辽宁省沈阳市
凌海电力商城有限责任公司	百货零售	辽宁省锦州市
大连旅顺供销大厦有限公司	百货零售	辽宁省大连市
葫芦岛大润发商业有限公司	超级市场零售	辽宁省葫芦岛市
朝阳商业城超市连锁有限公司	超级市场零售	辽宁省朝阳市
辽宁乐语宏田科技有限公司	通信设备零售	辽宁省沈阳市
辽宁百草益寿中药房连锁有限责任公司	药品零售	辽宁省沈阳市
沈阳东北大药房连锁店	药品零售	辽宁省沈阳市
大商集团沈阳于洪新玛特购物休闲广场有限公司	百货零售	辽宁省沈阳市
辽阳友谊商城有限公司	百货零售	辽宁省辽阳市
沈阳美特斯邦威服饰有限公司	服装零售	辽宁省沈阳市
凌海市商贸城	百货零售	辽宁省锦州市
成大方圆(辽宁)新药特药连锁有限公司	药品零售	辽宁省沈阳市
吉林省		
长春欧亚集团股份有限公司	百货零售	吉林省长春市
中国石油天然气股份有限公司吉林白城销售分公司	机动车燃料零售	吉林省白城市
长春伊通河石油经销有限公司	机动车燃料零售	吉林省长春市
长春卓展时代广场百货有限公司	百货零售	吉林省长春市
中国石油天然气股份有限公司吉林四平销售分公司	机动车燃料零售	吉林省四平市
中国石油天然气股份有限公司吉林延边销售分公司	机动车燃料零售	吉林省延边朝鲜族自治州
中国石油天然气股份有限公司吉林白山销售分公司	机动车燃料零售	吉林省白山市
延吉百货大楼股份有限公司	百货零售	吉林省延边朝鲜族自治州
长春市华阳汽车贸易有限责任公司	汽车零售	吉林省长春市
长春百货大楼集团股份有限公司	百货零售	吉林省长春市

4-2 续表 10

企业名称	所属行业	企业所在地
吉林省华生交电集团有限公司	家用视听设备零售	吉林省四平市
长春苏宁电器有限公司	日用家电设备零售	吉林省长春市
吉林省威宝恒客隆仓储百货有限公司	超级市场零售	吉林省长春市
吉林大药房药业股份有限公司	药品零售	吉林省长春市
中国石化销售有限公司吉林长春石油分公司	机动车燃料零售	吉林省长春市
吉林省东丰万隆商贸有限责任公司	超级市场零售	吉林省辽源市
中国石油化工股份有限公司吉林市石油分公司	机动车燃料零售	吉林省吉林市
吉林省华之诚汽车销售服务有限公司	汽车零售	吉林省长春市
吉林省吉刚汽车贸易有限公司	汽车零售	吉林省长春市
长春欧亚集团通化欧亚购物中心有限公司	超级市场零售	吉林省通化市
长春国商百货有限公司	百货零售	吉林省长春市
吉林省白山方大商贸有限公司	超级市场零售	吉林省白山市
吉林省中东新天地购物公园有限公司	服装零售	吉林省长春市
白山市合兴实业股份有限公司	百货零售	吉林省白山市
吉林省金叶烟草有限责任公司	烟草制品零售	吉林省长春市
德惠市商贸大厦	百货零售	吉林省长春市
吉林亚泰超市有限公司	超级市场零售	吉林省长春市
吉林市润泰商业有限公司	超级市场零售	吉林省吉林市
吉林市国美电器有限公司	日用家电设备零售	吉林省吉林市
松原大润发商业有限公司	超级市场零售	吉林省松原市
长春远方实业集团有限公司	超级市场零售	吉林省长春市
吉林市大润发超市有限公司	超级市场零售	吉林省吉林市
大商集团延吉千盛购物广场有限公司	百货零售	吉林省延边朝鲜族自治州
靖宇县昌盛市场开发有限公司	服装零售	吉林省白山市
吉林国美电器有限公司	日用家电设备零售	吉林省长春市
沃尔玛(吉林)百货有限公司	超级市场零售	吉林省长春市
四平辽河农垦管理区佳鑫商厦有限公司	百货零售	吉林省四平市
榆树市新新小镇现代生活馆有限公司	其他综合零售	吉林省长春市
黑龙江省		
哈药集团医药有限公司	药品零售	黑龙江省哈尔滨市
大商集团大庆新玛特购物休闲广场有限公司	百货零售	黑龙江省大庆市
黑龙江黑天鹅家电有限公司	日用家电设备零售	黑龙江省哈尔滨市
黑龙江远大购物中心有限公司	百货零售	黑龙江省哈尔滨市
哈尔滨中央红集团股份有限公司	百货零售	黑龙江省哈尔滨市
绥化市华辰商都	百货零售	黑龙江省绥化市
大商集团大庆百货大楼有限公司	百货零售	黑龙江省大庆市
大庆市庆客隆连锁商贸有限公司	超级市场零售	黑龙江省大庆市
中国石油天然气股份有限公司黑龙江实华销售公司	机动车燃料零售	黑龙江省哈尔滨市
哈尔滨家乐福超市有限公司	超级市场零售	黑龙江省哈尔滨市
哈尔滨申格体育连锁有限公司	体育用品及器材零售	黑龙江省哈尔滨市
哈尔滨卓展时代广场百货有限公司	百货零售	黑龙江省哈尔滨市
大商哈尔滨新一百购物广场有限公司	百货零售	黑龙江省哈尔滨市
哈尔滨市联强商业发展有限公司	超级市场零售	黑龙江省哈尔滨市
绥化市正大现代经营管理服务有限公司	百货零售	黑龙江省绥化市
哈尔滨苏宁云商销售有限公司	日用家电设备零售	黑龙江省哈尔滨市
黑龙江省东方新天地商厦有限责任公司	服装零售	黑龙江省佳木斯市
齐齐哈尔百货大楼股份有限公司	服装零售	黑龙江省齐齐哈尔市
大连国际商贸大厦有限公司哈尔滨麦凯乐百货总店	百货零售	黑龙江省哈尔滨市
黑龙江比优特商贸有限责任公司	超级市场零售	黑龙江省鹤岗市
哈尔滨松雷股份有限公司	百货零售	黑龙江省哈尔滨市
佳木斯新玛特购物广场	百货零售	黑龙江省佳木斯市

4-2 续表 11

企业名称	所属行业	企业所在地
大商集团牡丹江新玛特购物广场有限公司	百货零售	黑龙江省牡丹江市
黑龙江泰华医药集团有限公司	药品零售	黑龙江省绥化市
黑龙江远大群力购物中心有限公司	百货零售	黑龙江省哈尔滨市
肇源县金域阳光购物中心有限公司	百货零售	黑龙江省大庆市
大庆福瑞邦药房连锁有限公司	药品零售	黑龙江省大庆市
肇源豪森华府购物中心有限公司	服装零售	黑龙江省大庆市
沃尔玛深国投百货有限公司哈尔滨中山路分店	超级市场零售	黑龙江省哈尔滨市
大商集团大庆新东风购物广场有限公司	百货零售	黑龙江省大庆市
大商集团佳木斯百货大楼	百货零售	黑龙江省佳木斯市
大商股份鸡西新玛特广益街购物广场有限公司	百货零售	黑龙江省鸡西市
大商集团大庆让胡路商场	百货零售	黑龙江省大庆市
昆山润华商业有限公司牡丹江分公司	超级市场零售	黑龙江省牡丹江市
青岛润泰佳木斯大润发超市	超级市场零售	黑龙江省佳木斯市
大商股份鸡西新玛特中心街购物广场有限公司	百货零售	黑龙江省鸡西市
五大连池市东谕百货大楼有限责任公司	百货零售	黑龙江省黑河市
绥化市华晨商贸有限公司	超级市场零售	黑龙江省绥化市
上海市		
上海圆迈贸易有限公司	互联网零售	上海市嘉定区
锦江麦德龙现购自运有限公司	超级市场零售	上海市普陀区
迅销(中国)商贸有限公司	服装零售	上海市徐汇区
纽海信息技术(上海)有限公司	互联网零售	上海市浦东新区
国药控股股份有限公司	药品零售	上海市黄浦区
上海苏宁电器有限公司	日用家电设备零售	上海市闵行区
农工商超市(集团)有限公司	超级市场零售	上海市普陀区
海恩斯莫里斯(上海)商业有限公司	服装零售	上海市黄浦区
路易威登(中国)商业销售有限公司	箱、包零售	上海市静安区
苹果贸易(上海)有限公司	通信设备零售	上海市浦东新区
上海联家超市有限公司	超级市场零售	上海市普陀区
联华超市股份有限公司	超级市场零售	上海市普陀区
上海世纪联华超市发展有限公司	百货零售	上海市普陀区
日上免税行(上海)有限公司	百货零售	上海市浦东新区
上海易初莲花连锁超市有限公司	超级市场零售	上海市浦东新区
上海国美电器有限公司	日用家电设备零售	上海市普陀区
永乐(中国)电器销售有限公司	家用视听设备零售	上海市普陀区
飒拉商业(上海)有限公司	服装零售	上海市长宁区
上海福满家便利有限公司	其他综合零售	上海市普陀区
中化道达尔油品有限公司	机动车燃料零售	上海市浦东新区
上海拉夏贝尔服饰股份有限公司	服装零售	上海市徐汇区
上海第一八佰伴有限公司	百货零售	上海市浦东新区
丝芙兰(上海)化妆品销售有限公司	化妆品及卫生用品零售	上海市黄浦区
爱马仕(上海)商贸有限公司	箱、包零售	上海市黄浦区
普拉达时装商业(上海)有限公司	服装零售	上海市静安区
盖璞(上海)商业有限公司	服装零售	上海市静安区
沃尔玛华东百货有限公司	超级市场零售	上海市浦东新区
上海利星汽车维修有限公司	汽车零售	上海市闵行区
上海久光百货有限公司	百货零售	上海市静安区
上海联华快客便利有限公司	其他综合零售	上海市虹口区
上海百联百货经营有限公司	其他综合零售	上海市黄浦区
上海新世界股份有限公司	百货零售	上海市黄浦区
迪卡侬(上海)体育用品有限公司	体育用品及器材零售	上海市浦东新区
上海宝诚汽车销售服务有限公司	汽车零售	上海市浦东新区

4–2 续表 12

企业名称	所属行业	企业所在地
上海好德便利有限公司	其他综合零售	上海市普陀区
上海新欧尚超市有限公司	超级市场零售	上海市杨浦区
克丽丝汀迪奥商业(上海)有限公司	服装零售	上海市静安区
上海来伊份食品连锁经营有限公司	其他食品零售	上海市松江区
上海宜家家居有限公司	家具零售	上海市徐汇区
无印良品(上海)商业有限公司	服装零售	上海市静安区
华联集团吉买盛购物中心有限公司	超级市场零售	上海市闸北区
上海可的便利店有限公司	其他综合零售	上海市普陀区
博马努瓦服饰商贸(上海)有限公司	服装零售	上海市长宁区
鞋柜商贸有限公司	鞋帽零售	上海市青浦区
上海欧尚超市有限公司	超级市场零售	上海市杨浦区
上海迪亚零售有限公司	其他综合零售	上海市浦东新区
上海屈臣氏日用品有限公司	超级市场零售	上海市徐汇区
蒂芙尼(上海)商业有限公司	珠宝首饰零售	上海市静安区
安莉芳(上海)有限公司	服装零售	上海市杨浦区
上海凡德汽车销售服务有限公司	汽车零售	上海市浦东新区
西雅衣家(中国)商业有限公司	服装零售	上海市长宁区
上海新华传媒连锁有限公司	图书、报刊零售	上海市徐汇区
上海伍缘现代杂货有限公司	其他综合零售	上海市普陀区
上海家得利超市有限公司	超级市场零售	上海市徐汇区
玩具反斗城(中国)商贸有限公司	其他日用品零售	上海市闵行区
上海良友金伴便利连锁有限公司	其他综合零售	上海市徐汇区
上海大润发有限公司	粮油零售	上海市闸北区
上海丽人丽妆化妆品有限公司	化妆品及卫生用品零售	上海市松江区
上海宝信汽车销售服务有限公司	汽车零售	上海市闵行区
上海金数码电器有限公司	通信设备零售	上海市黄浦区
上海微乐服饰有限公司	服装零售	上海市徐汇区
上海太平洋百货有限公司	百货零售	上海市徐汇区
上海永乐通讯设备有限公司	其他电子产品零售	上海市普陀区
史泰博(上海)有限公司	文具用品零售	上海市长宁区
上海爱莲超市有限公司	超级市场零售	上海市闸北区
上海松江燃气有限公司	生活用燃料零售	上海市松江区
东方商厦有限公司	百货零售	上海市徐汇区
上海五菱汽车销售有限公司	汽车零售	上海市浦东新区
上海华润万家超市有限公司	百货零售	上海市徐汇区
上海汇金百货有限公司	百货零售	上海市徐汇区
上海丽婴房婴童用品有限公司	服装零售	上海市闵行区
上海拉谷谷时装有限公司	服装零售	上海市嘉定区
多喜佳伴纳服饰商业(上海)有限公司	百货零售	上海市黄浦区
上海易买得超市有限公司	超级市场零售	上海市宝山区
上海三联(集团)有限公司	钟表、眼镜零售	上海市黄浦区
上海捷强烟草糖酒(集团)连锁有限公司	烟草制品零售	上海市徐汇区
柏蒂温妮达(中国)贸易有限公司	其他日用品零售	上海市静安区
上海力涌商贸有限公司	其他日用品零售	上海市浦东新区
上海铂利德钻石有限公司	珠宝首饰零售	上海市闸北区
三星法绅贸易(上海)有限公司	服装零售	上海市长宁区
华美敦贸易(上海)有限公司	服装零售	上海市黄浦区
上海古今内衣有限公司	服装零售	上海市黄浦区
普罗旺斯欧舒丹贸易(上海)有限公司	化妆品及卫生用品零售	上海市静安区
上海旗计智能科技有限公司	其他未列明零售业	上海市浦东新区
宝格丽商业(上海)有限公司	珠宝首饰零售	上海市静安区

4-2 续表 13

企业名称	所属行业	企业所在地
桦洁商贸(上海)有限公司	鞋帽零售	上海市黄浦区
上海易果电子商务有限公司	果品、蔬菜零售	上海市长宁区
上海华联罗森有限公司	其他综合零售	上海市闵行区
上海牛奶棚食品有限公司	糕点、面包零售	上海市虹口区
上海飞牛集达电子商务有限公司	互联网零售	上海市闸北区
上海瑞表钟表贸易有限公司	钟表、眼镜零售	上海市徐汇区
托德斯(上海)商贸有限公司	鞋帽零售	上海市静安区
上海天天鲜果电子商务有限公司	互联网零售	上海市浦东新区
昆山润华商业有限公司上海闵行分公司	超级市场零售	上海市闵行区
利邦(上海)服装贸易有限公司	服装零售	上海市闵行区
上海震旦办公自动化销售有限公司	其他电子产品零售	上海市浦东新区
梦田服装(上海)有限公司	服装零售	上海市黄浦区
俊思(上海)商业有限公司	服装零售	上海市徐汇区
上海热风时尚企业发展有限公司	鞋帽零售	上海市松江区
上海宝山宜家家居有限公司	家具零售	上海市宝山区
永安百货有限公司	百货零售	上海市黄浦区
上海七宝乐购购物中心有限公司	超级市场零售	上海市闵行区
昆山润华商业有限公司上海松江分公司	超级市场零售	上海市松江区
上海华氏大药房有限公司	药品零售	上海市闸北区
上海夏微服饰有限公司	服装零售	上海市徐汇区
上海康仁乐购超市贸易有限公司	超级市场零售	上海市普陀区
上海璞康实业有限公司	互联网零售	上海市宝山区
上海长发购物中心有限公司	超级市场零售	上海市闵行区
上海喜士多便利连锁有限公司	其他综合零售	上海市静安区
上海赫基服饰贸易有限公司	服装零售	上海市徐汇区
上海柯罗芭服饰有限公司	服装零售	上海市闸北区
昆山润华商业有限公司上海南汇分公司	百货零售	上海市浦东新区
巴丽(上海)商业有限公司	服装零售	上海市静安区
上海米源饮料有限公司	酒、饮料及茶叶零售	上海市浦东新区
上海奉贤燃气有限公司	生活用燃料零售	上海市奉贤区
上海九百购物中心有限公司	百货零售	上海市宝山区
上海复美益星大药房连锁有限公司	药品零售	上海市普陀区
上海环盛商业有限公司	超级市场零售	上海市长宁区
上海奉贤大润发商贸有限公司	超级市场零售	上海市奉贤区
上海梅林正广和便利连锁有限公司	其他综合零售	上海市杨浦区
上海益丰大药房连锁有限公司	药品零售	上海市黄浦区
彩盈商贸(上海)有限公司	服装零售	上海市浦东新区
上海闵行华漕大润发商贸有限公司	超级市场零售	上海市闵行区
上海博道电子商务有限公司	互联网零售	上海市闸北区
光橙(上海)信息科技有限公司	互联网零售	上海市浦东新区
菲仕乐贸易(上海)有限公司	厨房用具及日用杂品零售	上海市徐汇区
上海健一网大药房连锁经营有限公司	药品零售	上海市徐汇区
上海高岛屋百货有限公司	其他综合零售	上海市长宁区
上海浦东好又多超市有限公司	超级市场零售	上海市浦东新区
上海恭汇贸易有限公司	其他综合零售	上海市闵行区
上海乐欧服饰有限公司	服装零售	上海市徐汇区
马莎商业(上海)有限公司	百货零售	上海市静安区
永远二十一商业(上海)有限公司	服装零售	上海市黄浦区
上海三林大润发商贸有限公司	超级市场零售	上海市浦东新区
上海泗泾大润发商贸有限公司	百货零售	上海市松江区
好美家装潢建材有限公司	其他室内装饰材料零售	上海市黄浦区

4-2 续表 14

企业名称	所属行业	企业所在地
上海美特斯邦威服饰销售有限公司	服装零售	上海市黄浦区
斯特拉迪瓦里斯商业(上海)有限公司	服装零售	上海市长宁区
上海上蔬永辉生鲜食品有限公司	超级市场零售	上海市浦东新区
上海保德威服饰有限公司	服装零售	上海市普陀区
上海嘉定大润发商贸有限公司	超级市场零售	上海市嘉定区
上海剪刀石头布家居实业有限公司	家具零售	上海市闵行区
上海闸北南区大润发商贸有限公司	超级市场零售	上海市闸北区
汤美费格(上海)服饰有限公司	服装零售	上海市长宁区
特力屋(上海)商贸有限公司	厨房用具及日用杂品零售	上海市徐汇区
朗浩控股有限公司	服装零售	上海市长宁区
统一超商(上海)便利有限公司	其他综合零售	上海市长宁区
歌帝梵(上海)食品商贸有限公司	其他食品零售	上海市黄浦区
上海养和堂药业连锁经营有限公司	药品零售	上海市浦东新区
迅销(上海)商业有限公司	服装零售	上海市黄浦区
莎莎化妆品(中国)有限公司	化妆品及卫生用品零售	上海市黄浦区
奥依修商贸(上海)有限公司	服装零售	上海市长宁区
上海悦目化妆品有限公司	化妆品及卫生用品零售	上海市浦东新区
国誉商业(上海)有限公司	文具用品零售	上海市普陀区
上海新语餐饮管理有限公司	糕点、面包零售	上海市徐汇区
上海尚东家居用品有限公司	家具零售	上海市徐汇区
上海美味七七网络科技有限公司	果品、蔬菜零售	上海市浦东新区
上海汇丰大药房有限公司	药品零售	上海市徐汇区
德秀(上海)服装贸易有限公司	服装零售	上海市徐汇区
上海朗赫服饰有限公司	服装零售	上海市徐汇区
上海亚创服饰有限公司	服装零售	上海市宝山区
江苏省		
昆山润华商业有限公司	超级市场零售	江苏省苏州市
苏果超市有限公司	超级市场零售	江苏省南京市
江苏乐天玛特商业有限公司	超级市场零售	江苏省南通市
中石化壳牌(江苏)石油销售有限公司	机动车燃料零售	江苏省苏州市
中国石油化工股份有限公司江苏南京石油分公司	机动车燃料零售	江苏省南京市
江苏无锡商业大厦集团有限公司	百货零售	江苏省无锡市
江苏明都汽车集团有限公司	汽车零售	江苏省常州市
江苏五星电器有限公司	日用家电设备零售	江苏省南京市
唯品会(昆山)电子商务有限公司	互联网零售	江苏省苏州市
南京医药药事服务有限公司	药品零售	江苏省南京市
德基广场有限公司	服装零售	江苏省南京市
华润苏州礼安医药有限公司	药品零售	江苏省苏州市
江苏苏宁易购电子商务有限公司	互联网零售	江苏省南京市
江苏省医药公司	药品零售	江苏省南京市
上药集团常州药业股份有限公司	药品零售	江苏省常州市
连云港中油石油销售有限公司	机动车燃料零售	江苏省连云港市
国药控股扬州有限公司	药品零售	江苏省扬州市
中国石油化工股份有限公司江苏镇江石油分公司	机动车燃料零售	江苏省镇江市
苏州欧尚超市有限公司	超级市场零售	江苏省苏州市
金鹰国际商贸集团(中国)有限公司	百货零售	江苏省南京市
南京中央商场(集团)股份有限公司	百货零售	江苏省南京市
孩子王儿童用品(中国)有限公司	百货零售	江苏省南京市
中国石油天然气股份有限公司江苏南京销售分公司	机动车燃料零售	江苏省南京市
苏宁云商集团股份有限公司	日用家电设备零售	江苏省南京市
月星集团有限公司	家具零售	江苏省常州市

4-2 续表 15

企业名称	所属行业	企业所在地
江苏华润万家超市有限公司	超级市场零售	江苏省苏州市
江苏宏图三胞高科技术投资有限公司	计算机、软件及辅助设备零售	江苏省南京市
好享购物股份有限公司	邮购及电视、电话零售	江苏省南京市
苏州人民商场股份有限公司	百货零售	江苏省苏州市
南京朗驰集团有限公司	汽车零售	江苏省南京市
江苏圆周电子商务有限公司	图书、报刊零售	江苏省宿迁市
连云港康缘医药商业有限公司	药品零售	江苏省连云港市
南京药业股份有限公司	药品零售	江苏省南京市
中国石油天然气股份有限公司江苏无锡销售分公司	机动车燃料零售	江苏省无锡市
江苏永辉超市有限公司	超级市场零售	江苏省南京市
南京新街口百货商店股份有限公司	百货零售	江苏省南京市
江阴市全顺汽车有限公司	汽车零售	江苏省无锡市
文峰大世界连锁发展股份有限公司南通文峰大世界	百货零售	江苏省南通市
江苏新合作常客隆连锁超市有限公司	超级市场零售	江苏省苏州市
扬州金鹰国际实业有限公司	百货零售	江苏省扬州市
沃尔玛(江苏)商业零售有限公司	超级市场零售	江苏省南京市
美丽华企业(南京)有限公司	鞋帽零售	江苏省南京市
苏州函数集团有限责任公司	百货零售	江苏省苏州市
江阴华地百货有限公司	百货零售	江苏省无锡市
南京白下苏宁电器有限公司	日用家电设备零售	江苏省南京市
江苏苏盛商贸有限公司	烟草制品零售	江苏省南京市
徐州医药股份有限公司	药品零售	江苏省徐州市
镇江市八佰伴商贸有限公司	百货零售	江苏省镇江市
苏州苏宁云商销售有限公司	日用家电设备零售	江苏省苏州市
江苏博特新材料有限公司	涂料零售	江苏省南京市
江苏欢乐买商贸股份有限公司	超级市场零售	江苏省徐州市
中国石油天然气股份有限公司江苏常州销售分公司	机动车燃料零售	江苏省常州市
江苏鹏润国美电器有限公司	日用家电设备零售	江苏省南京市
无锡八佰伴商贸中心有限公司	百货零售	江苏省无锡市
常州百货大楼股份有限公司	百货零售	江苏省常州市
中国石油天然气股份有限公司江苏泰州销售分公司	机动车燃料零售	江苏省泰州市
福中集团有限公司	计算机、软件及辅助设备零售	江苏省南京市
中国石油天然气股份有限公司江苏宿迁销售分公司	机动车燃料零售	江苏省宿迁市
中国石油天然气股份有限公司江苏盐城销售分公司	机动车燃料零售	江苏省盐城市
无锡悦家商业有限公司	超级市场零售	江苏省无锡市
常熟市新合作常客隆购物广场有限公司	超级市场零售	江苏省苏州市
昆山商厦股份有限公司	百货零售	江苏省苏州市
江苏中央新亚百货股份有限公司	百货零售	江苏省淮安市
中国石油天然气股份有限公司江苏淮安销售分公司	机动车燃料零售	江苏省淮安市
南京宁宝汽车服务有限公司	汽车零售	江苏省南京市
江苏宏信商贸股份有限公司	百货零售	江苏省扬州市
中国石油天然气股份有限公司江苏镇江销售分公司	机动车燃料零售	江苏省镇江市
南京屈臣氏个人用品商店有限公司	化妆品及卫生用品零售	江苏省南京市
无锡市苏宁云商销售有限公司	家用视听设备零售	江苏省无锡市
常州桥河文化用品有限公司	工艺美术品及收藏品零售	江苏省常州市
江苏雅家乐集团有限公司	超级市场零售	江苏省盐城市
特易购商业(江苏)有限公司	百货零售	江苏省南京市
镇江九泰投资咨询有限责任公司	医疗用品及器材零售	江苏省镇江市
苏果超市(句容)有限公司	超级市场零售	江苏省镇江市
常州苏宁云商商贸有限公司	家用视听设备零售	江苏省常州市
徐州苏宁云商销售有限公司	家用视听设备零售	江苏省徐州市

4-2 续表 16

企业名称	所属行业	企业所在地
徐州悦家商业有限公司	超级市场零售	江苏省徐州市
南京宝庆尚品珠宝连锁有限公司	珠宝首饰零售	江苏省南京市
无锡华润万家生活超市有限公司	超级市场零售	江苏省无锡市
南京商厦股份有限公司	百货零售	江苏省南京市
苏州市石路国际商城有限责任公司	百货零售	江苏省苏州市
利福广场(苏州)有限公司	百货零售	江苏省苏州市
南通苏宁云商销售有限公司	日用家电设备零售	江苏省南通市
江苏步步高电子有限公司	通信设备零售	江苏省苏州市
南通文峰电器销售有限公司	日用家电设备零售	江苏省南通市
连云港家得福商贸有限公司	超级市场零售	江苏省连云港市
苏州鹏润国美电器有限公司	家用视听设备零售	江苏省苏州市
盐城商业大厦有限公司	百货零售	江苏省盐城市
镇江扬中商城	百货零售	江苏省镇江市
宜兴华地百货有限公司	百货零售	江苏省无锡市
淮安苏宁云商销售有限公司	日用家电设备零售	江苏省淮安市
南京欧尚超市有限公司	超级市场零售	江苏省南京市
南京云田数码科技股份有限公司	照相器材零售	江苏省南京市
苏州天虹商场有限公司	百货零售	江苏省苏州市
徐州中央百货大楼股份有限公司	百货零售	江苏省徐州市
无锡欧尚超市有限公司	超级市场零售	江苏省无锡市
张家港市新百信超市连锁经营有限公司	超级市场零售	江苏省苏州市
有货(江苏)商贸服务有限公司	互联网零售	江苏省南京市
常州市五星电器有限公司	家用视听设备零售	江苏省常州市
苏州润瑞商业有限公司	超级市场零售	江苏省苏州市
江苏省盐城药业有限公司	药品零售	江苏省盐城市
南京宜家家居有限公司	家具零售	江苏省南京市
无锡天惠超市股份有限公司	超级市场零售	江苏省无锡市
常熟大润发超市有限公司	超级市场零售	江苏省苏州市
先声再康江苏药业有限公司	药品零售	江苏省南京市
南通八佰伴商贸股份有限公司	百货零售	江苏省南通市
徐州绿健乳业有限责任公司	肉、禽、蛋、奶及水产品零售	江苏省徐州市
常州关河大润发商业有限公司	超级市场零售	江苏省常州市
盐城苏宁云商销售有限公司	家用视听设备零售	江苏省盐城市
扬州润良商业有限公司	超级市场零售	江苏省扬州市
南通欧尚超市有限公司	超级市场零售	江苏省南通市
扬州苏宁云商销售有限公司	日用家电设备零售	江苏省扬州市
苏州润德商业有限公司	超级市场零售	江苏省苏州市
扬中市通达商业总公司	百货零售	江苏省镇江市
江苏隆力奇生物科技股份有限公司常熟经销部	化妆品及卫生用品零售	江苏省苏州市
无锡买卖宝信息技术有限公司	通信设备零售	江苏省无锡市
常州泰富百货集团有限责任公司	百货零售	江苏省常州市
常州金太阳至尊家电有限公司	家用视听设备零售	江苏省常州市
江苏盐阜人民商场有限公司	百货零售	江苏省盐城市
南京顺序钟表有限公司	钟表、眼镜零售	江苏省南京市
苏果超市(淮安)有限公司	超级市场零售	江苏省淮安市
宜兴大润发商业有限公司	超级市场零售	江苏省无锡市
无锡大统华购物有限公司	超级市场零售	江苏省无锡市
宜兴新苏南商厦有限责任公司	百货零售	江苏省无锡市
江苏百润商品配送中心有限公司	超级市场零售	江苏省苏州市
南京悦家超市有限公司	超级市场零售	江苏省南京市
江苏中大汽保设备销售有限公司	汽车零配件零售	江苏省盐城市

4-2 续表 17

企业名称	所属行业	企业所在地
南通通润发超市有限公司	超级市场零售	江苏省南通市
江苏益丰大药房连锁有限公司	药品零售	江苏省南京市
南京边城体育用品销售有限公司	服装零售	江苏省南京市
南通通州润泰商业有限公司	超级市场零售	江苏省南通市
南京新华书店有限责任公司	图书、报刊零售	江苏省南京市
江苏大统华购物中心有限公司	超级市场零售	江苏省无锡市
无锡天润发超市有限公司	超级市场零售	江苏省无锡市
镇江大润发商业有限公司	超级市场零售	江苏省镇江市
江苏宜客隆商业管理有限公司	超级市场零售	江苏省无锡市
苏州婴知岛孕婴用品有限公司	其他日用品零售	江苏省苏州市
江苏汇银电器连锁有限公司	日用家电设备零售	江苏省扬州市
苏果超市(连云港)有限公司	超级市场零售	江苏省连云港市
昆山千灯润平商业有限公司	百货零售	江苏省苏州市
无锡宜家家居零售有限公司	家具零售	江苏省无锡市
苏州浒关润华商业有限公司	超级市场零售	江苏省苏州市
吴江市润泰商业有限公司	超级市场零售	江苏省苏州市
镇江家世界万方连锁超市有限责任公司	超级市场零售	江苏省镇江市
苏州美罗百货高新区购物中心有限公司	百货零售	江苏省苏州市
苏州海歌电器科技有限公司	互联网零售	江苏省苏州市
南京行狐电子商务有限公司	服装零售	江苏省南京市
江苏盱眙县万润发商贸有限公司	超级市场零售	江苏省淮安市
如皋大润发商业有限公司	超级市场零售	江苏省南通市
南京中商金润发龙江超市有限公司	超级市场零售	江苏省南京市
宿迁润良商业有限公司	超级市场零售	江苏省宿迁市
徐州市国美家用电器有限公司	日用家电设备零售	江苏省徐州市
江苏海王星辰健康药房连锁有限公司	药品零售	江苏省苏州市
苏果超市(宿迁)有限公司	超级市场零售	江苏省宿迁市
溧阳大润发商业有限公司	超级市场零售	江苏省常州市
苏州礼安医药连锁总店有限公司	药品零售	江苏省苏州市
江苏来伊份食品有限公司	其他食品零售	江苏省南京市
南京中央金城仓储超市有限责任公司	超级市场零售	江苏省南京市
泰兴润泰商业有限公司	超级市场零售	江苏省泰州市
沭阳县润泰商业有限公司	超级市场零售	江苏省宿迁市
江苏享佳健康科技股份有限公司	营养和保健品零售	江苏省南京市
徐州润平商业有限公司	超级市场零售	江苏省徐州市
恒泰人民(江苏)大药房连锁有限公司	药品零售	江苏省常州市
苏州宝带润泰商业有限公司	超级市场零售	江苏省苏州市
无锡爱莲连锁超市有限公司	家用视听设备零售	江苏省无锡市
镇江欧尚超市有限公司	超级市场零售	江苏省镇江市
苏果超市泰州姜堰有限公司	超级市场零售	江苏省泰州市
东台新合作商贸连锁有限公司	超级市场零售	江苏省盐城市
淮安广济医药连锁有限公司	药品零售	江苏省淮安市
中国石化销售有限公司江苏盐城石油分公司	机动车燃料零售	江苏省盐城市
江苏明都超市有限公司	超级市场零售	江苏省常州市
溧阳大统华购物中心有限公司	超级市场零售	江苏省常州市
苏果超市(仪征)有限公司	超级市场零售	江苏省扬州市
常州长虹大润发商业有限公司	超级市场零售	江苏省常州市
南京中商金润发鼓楼购物中心有限公司	超级市场零售	江苏省南京市
江苏阿仕顿服饰有限公司	服装零售	江苏省苏州市
涟水润华商业有限公司	超级市场零售	江苏省淮安市
苏州泉屋百货有限公司	百货零售	江苏省苏州市

4–2 续表 18

企业名称	所属行业	企业所在地
张家港曼巴特购物广场有限公司	百货零售	江苏省苏州市
宜兴新东方百货有限公司	百货零售	江苏省无锡市
苏果超市(高邮)有限公司	超级市场零售	江苏省扬州市
江苏商联超市有限公司	超级市场零售	江苏省淮安市
好孩子好妈咪零售有限公司	服装零售	江苏省苏州市
大丰市明星国际家居城有限公司	家具零售	江苏省盐城市
苏州来伊份食品有限公司	其他食品零售	江苏省苏州市
常州瑞和泰食品有限公司	超级市场零售	江苏省常州市
东台大润发商业有限公司	超级市场零售	江苏省盐城市
常州欧尚超市有限公司五星店	超级市场零售	江苏省常州市
江苏贝贝熊母婴用品有限公司	其他综合零售	江苏省无锡市
苏果超市(溧水)有限公司	超级市场零售	江苏省南京市
徐州国美电器有限公司	家用视听设备零售	江苏省徐州市
无锡汇华强盛医药连锁有限公司	药品零售	江苏省无锡市
苏州润平商业有限公司	超级市场零售	江苏省苏州市
常州市信特超市有限公司	超级市场零售	江苏省常州市
南京驰信通信设备有限公司	通信设备零售	江苏省南京市
泰兴市鼓楼购物中心有限公司	百货零售	江苏省泰州市
无锡天鹏菜篮子工程有限公司	肉、禽、蛋、奶及水产品零售	江苏省无锡市
苏果超市(兴化)有限公司	超级市场零售	江苏省泰州市
永旺华东(苏州)商业有限公司	超级市场零售	江苏省苏州市
句容大润发商业有限公司	超级市场零售	江苏省镇江市
泰兴市大统华购物中心有限公司	超级市场零售	江苏省泰州市
邳州市盛达商业有限公司	百货零售	江苏省徐州市
苏果超市高淳有限公司	超级市场零售	江苏省南京市
苏果超市(海安)有限公司	超级市场零售	江苏省南通市
南通国美电器有限公司	日用家电设备零售	江苏省南通市
江苏沃尔玛百货有限公司	超级市场零售	江苏省南京市
扬州欧尚超市有限公司	超级市场零售	江苏省扬州市
苏果超市沛县有限公司	超级市场零售	江苏省徐州市
南通润华商业有限公司	超级市场零售	江苏省南通市
苏果超市(扬州)有限公司	超级市场零售	江苏省扬州市
苏果超市(南通)有限公司	超级市场零售	江苏省南通市
苏果超市(宝应)有限公司	超级市场零售	江苏省扬州市
国药控股国大药房扬州大德生连锁有限公司	药品零售	江苏省扬州市
徐州爱客来超级市场连锁有限公司	超级市场零售	江苏省徐州市
镇江市恺源商贸有限责任公司	超级市场零售	江苏省镇江市
徐州市广济连锁药店有限公司	药品零售	江苏省徐州市
宜兴市天健医药连锁有限公司	药品零售	江苏省无锡市
浙江省		
杭州联华华商集团有限公司	超级市场零售	浙江省杭州市
中国石化销售有限公司浙江温州石油分公司	机动车燃料零售	浙江省温州市
中国石化销售有限公司浙江台州石油分公司	机动车燃料零售	浙江省台州市
中国石化销售有限公司浙江湖州石油分公司	机动车燃料零售	浙江省湖州市
三江购物俱乐部股份有限公司	超级市场零售	浙江省宁波市
华润万家生活超市(浙江)有限公司	超级市场零售	浙江省杭州市
好易购家庭购物有限公司	邮购及电视、电话零售	浙江省杭州市
话机世界通信集团股份有限公司	通信设备零售	浙江省杭州市
杭州京东惠景贸易有限公司	互联网零售	浙江省杭州市
杭州大厦有限公司	百货零售	浙江省杭州市
雄风集团有限公司	百货零售	浙江省绍兴市

4-2 续表 19

企业名称	所属行业	企业所在地
中石化碧辟(浙江)石油有限公司绍兴分公司	机动车燃料零售	浙江省绍兴市
浙江银泰百货有限公司	百货零售	浙江省杭州市
浙江康达汽车工贸有限公司	汽车零售	浙江省杭州市
中国石化销售有限公司浙江丽水石油分公司	机动车燃料零售	浙江省丽水市
湖州天天向上信息技术有限公司	互联网零售	浙江省湖州市
浙江世纪联华超市有限公司	超级市场零售	浙江省杭州市
浙江华润慈客隆超市有限公司	超级市场零售	浙江省宁波市
宁波太平鸟时尚服饰股份有限公司	服装零售	浙江省宁波市
浙江金湖机电有限公司	汽车零售	浙江省杭州市
中国石油天然气股份有限公司浙江杭州销售	机动车燃料零售	浙江省杭州市
浙江苏宁云商商贸有限公司	日用家电设备零售	浙江省杭州市
宁波太平鸟风尚男装有限公司	服装零售	浙江省宁波市
浙江国美电器有限公司	日用家电设备零售	浙江省杭州市
沃尔玛(浙江)百货有限公司	超级市场零售	浙江省杭州市
中石化碧辟(浙江)石油有限公司杭州分公司	机动车燃料零售	浙江省杭州市
宁波博洋服饰有限公司	服装零售	浙江省宁波市
浙江诸暨第一百货有限公司	百货零售	浙江省绍兴市
江南布衣服饰有限公司	服装零售	浙江省杭州市
宁波欧尚超市有限公司	超级市场零售	浙江省宁波市
中国石油天然气股份有限公司浙江绍兴销售分公司	机动车燃料零售	浙江省绍兴市
杭州郝姆斯食品有限公司	互联网零售	浙江省杭州市
宁波新江厦连锁超市有限公司	超级市场零售	浙江省宁波市
华润衢州医药有限公司	药品零售	浙江省衢州市
浙江十足商贸有限公司	其他综合零售	浙江省温州市
浙江森马电子商务有限公司	服装零售	浙江省杭州市
浙江人本超市有限公司	超级市场零售	浙江省温州市
杭州解百集团股份有限公司	百货零售	浙江省杭州市
浙江上百贸易有限公司	超级市场零售	浙江省绍兴市
绍兴大通商城股份有限公司	百货零售	浙江省绍兴市
宁波市北仑加贝购物俱乐部(普通合伙)	超级市场零售	浙江省宁波市
宁波甬宁苏宁云商商贸有限公司	家用视听设备零售	浙江省宁波市
浙江凯虹集团有限公司	百货零售	浙江省舟山市
浙江汇德隆实业集团有限公司	超级市场零售	浙江省杭州市
百大集团股份有限公司	百货零售	浙江省杭州市
海宁市华联大厦有限公司	百货零售	浙江省嘉兴市
湖州市浙北大厦有限责任公司	百货零售	浙江省湖州市
杭州联华华商集团拱墅世纪联华超市有限公司	超级市场零售	浙江省杭州市
十足集团股份有限公司	其他综合零售	浙江省杭州市
浙江东兴商厦股份有限公司	超级市场零售	浙江省嘉兴市
宁波浙国美电器有限公司	家用视听设备零售	浙江省宁波市
杭州外海家友超市有限公司	超级市场零售	浙江省杭州市
杭州屈臣氏个人用品商店有限公司	超级市场零售	浙江省杭州市
浙江奥通汽车有限公司	汽车零售	浙江省杭州市
浙江越王珠宝有限公司	珠宝首饰零售	浙江省绍兴市
衢州东方商厦有限公司	百货零售	浙江省衢州市
浙江永辉超市有限公司	超级市场零售	浙江省杭州市
浙江华联医药连锁有限公司	药品零售	浙江省绍兴市
浙江三江购物有限公司	超级市场零售	浙江省杭州市
浙江易川体育用品连锁有限公司	服装零售	浙江省金华市
宁波城市广场开发经营有限公司	百货零售	浙江省宁波市
绍兴英特大通医药有限公司	药品零售	浙江省绍兴市

4-2 续表 20

企业名称	所属行业	企业所在地
博库网络有限公司	互联网零售	浙江省杭州市
浙江大唐电子通信有限公司	通信设备零售	浙江省台州市
浙江供销超市有限公司	超级市场零售	浙江省绍兴市
浙江印象实业股份有限公司	服装零售	浙江省杭州市
杭州悠可化妆品有限公司	互联网零售	浙江省杭州市
嘉兴市戴梦得购物中心有限公司	百货零售	浙江省嘉兴市
浙江江南大厦股份有限公司	百货零售	浙江省嘉兴市
宁波市家家乐食品有限责任公司	超级市场零售	浙江省宁波市
台州市三和连锁超市有限公司	超级市场零售	浙江省台州市
温州苏宁云商销售有限公司	日用家电设备零售	浙江省温州市
绍兴市国商大厦有限责任公司	百货零售	浙江省绍兴市
浙江福泰隆连锁超市有限公司	粮油零售	浙江省金华市
温州崇高百货有限公司	服装零售	浙江省温州市
华润万家生活超市(宁波)有限公司	超级市场零售	浙江省宁波市
杭州桐君堂医药药材有限公司	药品零售	浙江省杭州市
湖州浙北大厦超市有限公司	超级市场零售	浙江省湖州市
宁波中哲慕尚电子商务有限公司	纺织品及针织品零售	浙江省宁波市
浙江星普五星电器有限公司	日用家电设备零售	浙江省杭州市
温州百一超市有限公司	超级市场零售	浙江省温州市
杭州物美大卖场商业有限公司	超级市场零售	浙江省杭州市
嵊州市国商大厦有限公司	百货零售	浙江省绍兴市
浙江雅莹时装销售有限公司	服装零售	浙江省嘉兴市
杭州九洲大药房连锁有限公司	药品零售	浙江省杭州市
台州华联超市有限公司	超级市场零售	浙江省台州市
慈溪大润发商贸有限公司	超级市场零售	浙江省宁波市
德清中盈和祺农产品贸易有限公司	超级市场零售	浙江省湖州市
绍兴市千客隆超市有限公司	超级市场零售	浙江省绍兴市
嘉兴市秀洲新区商业有限责任公司	超级市场零售	浙江省嘉兴市
平湖大润发商业有限公司	超级市场零售	浙江省嘉兴市
杭州萧山润华大润发超市有限公司	超级市场零售	浙江省杭州市
台州人本十足便利店有限公司	其他综合零售	浙江省台州市
平阳县众泰市场管理有限公司	纺织品及针织品零售	浙江省温州市
杭州欧尚超市有限公司	超级市场零售	浙江省杭州市
舟山市民生商厦有限责任公司	超级市场零售	浙江省舟山市
特维轮网络科技(杭州)有限公司	互联网零售	浙江省杭州市
德清正翔商业广场管理有限公司	百货零售	浙江省湖州市
耀达集团有限公司	百货零售	浙江省台州市
浙江震元医药连锁有限公司	药品零售	浙江省绍兴市
浙江滔搏体育用品有限公司	服装零售	浙江省杭州市
宁波太平洋百货集团有限公司	百货零售	浙江省宁波市
宁波家乐福商业有限公司	超级市场零售	浙江省宁波市
宁波乐购生活购物有限公司	超级市场零售	浙江省宁波市
杭州维卓电子商务有限公司	互联网零售	浙江省杭州市
永康润泰商业有限公司	超级市场零售	浙江省金华市
宁波四明大药房有限责任公司	药品零售	浙江省宁波市
杭州宜家家居有限公司	家具零售	浙江省杭州市
浙江杭州市新华书店有限公司	图书、报刊零售	浙江省杭州市
杭州瑞祥珠宝有限公司	珠宝首饰零售	浙江省杭州市
舟山市世纪新茂商贸有限公司	超级市场零售	浙江省舟山市
浙江瑞人堂医药连锁有限公司	药品零售	浙江省台州市
杭州联华华商集团桐庐世纪联华超市有限公司	超级市场零售	浙江省杭州市

4-2 续表 21

企业名称	所属行业	企业所在地
嘉兴市永乐家电有限公司	日用家电设备零售	浙江省嘉兴市
杭州物美乐沙超市有限公司	超级市场零售	浙江省杭州市
诸暨大润发商业有限公司	超级市场零售	浙江省绍兴市
浙江万客隆商贸有限公司	其他综合零售	浙江省丽水市
海盐大润发商业有限公司	超级市场零售	浙江省嘉兴市
杭州雅戈尔服饰有限公司	服装零售	浙江省杭州市
宁波中哲文墨品牌管理有限公司	服装零售	浙江省宁波市
台州市中盛百货有限公司	百货零售	浙江省台州市
浙江天天好大药房连锁有限公司	药品零售	浙江省杭州市
浙江玉长城商业管理有限公司	百货零售	浙江省杭州市
浙江海港超市连锁有限公司	超级市场零售	浙江省嘉兴市
杭州海王星辰健康药房有限公司	药品零售	浙江省杭州市
浙江贝爱服装有限公司	服装零售	浙江省嘉兴市
杭州网阔电子商务有限公司	互联网零售	浙江省杭州市
杭州宇振体育用品有限公司	体育用品及器材零售	浙江省杭州市
浙江元祖食品有限公司	糕点、面包零售	浙江省杭州市
温州一正药房连锁有限公司	药品零售	浙江省温州市
浙江有加利连锁超市有限公司	超级市场零售	浙江省金华市
华鼎菲妮迪国际时装零售有限公司	服装零售	浙江省杭州市
安徽省		
南京医药合肥天星有限公司	药品零售	安徽省合肥市
合肥百货大楼集团股份有限公司	百货零售	安徽省合肥市
芜湖亚夏汽车股份有限公司	汽车零售	安徽省芜湖市
中国石化销售有限公司安徽六安石油分公司	机动车燃料零售	安徽省六安市
中国石化销售有限公司安徽芜湖石油分公司	机动车燃料零售	安徽省芜湖市
安徽亚夏实业股份有限公司	汽车零售	安徽省宣城市
安徽省高速石化有限公司	机动车燃料零售	安徽省合肥市
中国石化销售有限公司安徽安庆石油分公司	机动车燃料零售	安徽省安庆市
安徽永辉超市有限公司	超级市场零售	安徽省合肥市
芜湖中油石油有限公司	机动车燃料零售	安徽省芜湖市
安徽商之都股份有限公司	百货零售	安徽省合肥市
安徽省医药(集团)股份有限公司	药品零售	安徽省合肥市
中国石油化工股份有限公司安徽阜阳石油分公司	机动车燃料零售	安徽省阜阳市
安徽三只松鼠电子商务有限公司	互联网零售	安徽省芜湖市
安徽百大合家福连锁超市股份有限公司	超级市场零售	安徽省合肥市
中国石化销售有限公司安徽淮南石油分公司	机动车燃料零售	安徽省淮南市
中国石油天然气股份有限公司安徽阜阳销售分公司	机动车燃料零售	安徽省阜阳市
宣城亚通汽车销售服务有限公司	汽车零售	安徽省宣城市
安徽快乐真棒商贸集团有限公司	超级市场零售	安徽省淮北市
中国石化销售有限公司安徽亳州石油分公司	机动车燃料零售	安徽省亳州市
安徽卓泓健康产业有限责任公司	药品零售	安徽省合肥市
芜湖华亿国际购物中心有限责任公司	百货零售	安徽省芜湖市
中国石油化工股份公司安徽黄山石油分公司	机动车燃料零售	安徽省黄山市
合肥悦家商业有限公司	超级市场零售	安徽省合肥市
安徽苏宁云商销售有限公司	家用视听设备零售	安徽省合肥市
华联集团股份有限公司	超级市场零售	安徽省阜阳市
安徽百大电器连锁有限公司	家用视听设备零售	安徽省合肥市
芜湖南京新百大厦有限公司	百货零售	安徽省芜湖市
中国石油天然气股份有限公司安徽六安销售分公司	机动车燃料零售	安徽省六安市
安徽家家购物股份有限公司	邮购及电视、电话零售	安徽省合肥市
安徽欧尚超市有限公司	超级市场零售	安徽省芜湖市

4-2 续表 22

企业名称	所属行业	企业所在地
安徽省台客隆连锁超市有限责任公司	超级市场零售	安徽省宣城市
蚌埠市华运超市有限责任公司	超级市场零售	安徽省蚌埠市
安徽五星电器有限公司	家用视听设备零售	安徽省合肥市
六安市家园大市场服务有限公司	其他室内装饰材料零售	安徽省六安市
安徽金华联投资股份有限公司	百货零售	安徽省安庆市
合肥新华书店有限公司	图书、报刊零售	安徽省合肥市
中国石油天然气股份有限公司安徽宿州销售分公司	机动车燃料零售	安徽省宿州市
安徽华联商厦有限责任公司	百货零售	安徽省淮南市
苏果超市(合肥)有限公司	超级市场零售	安徽省合肥市
安徽宏图三胞科技发展有限公司	计算机、软件及辅助设备零售	安徽省合肥市
安徽省徽商红府连锁超市有限责任公司	超级市场零售	安徽省合肥市
安徽省阜阳商厦股份有限公司	百货零售	安徽省阜阳市
巢湖安德利购物中心有限公司	百货零售	安徽省合肥市
中国石油天然气股份有限公司安徽宣城销售分公司	机动车燃料零售	安徽省宣城市
合肥宝勋体育用品商贸有限公司	服装零售	安徽省合肥市
芜湖苏宁云商商贸有限公司	家用视听设备零售	安徽省芜湖市
安徽复兴汽车有限责任公司	汽车零售	安徽省合肥市
安徽天正商务有限公司	超级市场零售	安徽省滁州市
苏果超市(淮南)有限公司	超级市场零售	安徽省淮南市
安徽中新高科产业有限公司	超级市场零售	安徽省阜阳市
萧县新联华商贸有限责任公司	百货零售	安徽省宿州市
安徽国美电器有限公司	家用视听设备零售	安徽省合肥市
安徽省蚌埠市绿十字医药连锁有限公司	药品零售	安徽省蚌埠市
安徽安德利百货股份有限公司	百货零售	安徽省合肥市
芜湖大润发商贸有限公司	超级市场零售	安徽省芜湖市
合肥百大集团蚌埠合家福百大超市有限责任公司	超级市场零售	安徽省蚌埠市
黄山工商城有限责任公司	其他综合零售	安徽省黄山市
安徽白云(集团)商贸有限公司	百货零售	安徽省滁州市
安徽新百华誉商业集团有限公司	超级市场零售	安徽省阜阳市
淮北大润发商贸有限公司	超级市场零售	安徽省淮北市
沃尔玛(安徽)商业零售有限公司	超级市场零售	安徽省合肥市
六安市满天星贸易有限责任公司	超级市场零售	安徽省六安市
安徽三酉电子商务有限公司	互联网零售	安徽省合肥市
苏果超市(马鞍山)有限公司	超级市场零售	安徽省马鞍山市
安徽滔搏体育用品有限公司	服装零售	安徽省合肥市
阜阳市国贸商城投资股份有限公司	百货零售	安徽省阜阳市
青岛润泰事业有限公司马鞍山分公司	超级市场零售	安徽省马鞍山市
淮南新欣医药有限公司	药品零售	安徽省淮南市
安徽丰原大药房连锁有限公司	药品零售	安徽省蚌埠市
亳州市盖盛祥超市有限公司	百货零售	安徽省亳州市
安徽省利辛县粮油食品商厦	超级市场零售	安徽省亳州市
涡阳县新华电商贸有限公司	百货零售	安徽省亳州市
合肥百货大楼集团铜陵合百商厦有限责任公司	百货零售	安徽省铜陵市
合肥翡翠大润发商业有限公司	百货零售	安徽省合肥市
苏果超市(滁州)有限公司	超级市场零售	安徽省滁州市
特易购商业(安徽)有限公司	超级市场零售	安徽省合肥市
合肥屈臣氏个人用品商店有限公司	超级市场零售	安徽省合肥市
阜阳大润发商业有限公司	超级市场零售	安徽省阜阳市
滁州市百姓缘药品零售连锁有限公司	药品零售	安徽省滁州市
安徽省东港工贸有限公司	其他未列明零售业	安徽省亳州市
六安市远盛贸易有限责任公司	百货零售	安徽省六安市

4-2 续表 23

企业名称	所属行业	企业所在地
安徽百姓缘大药房连锁有限公司	药品零售	安徽省合肥市
安徽省青园工贸有限公司	超级市场零售	安徽省安庆市
安徽五星果品有限公司	果品、蔬菜零售	安徽省合肥市
安徽省金润商贸有限公司	超级市场零售	安徽省合肥市
安徽童联孩子王儿童用品有限公司	百货零售	安徽省合肥市
淮南市大润发商业有限公司	超级市场零售	安徽省淮南市
桐城市金申实业有限责任公司	百货零售	安徽省安庆市
合肥太平鸟服饰营销有限公司	服装零售	安徽省合肥市
合肥庐阳大润发商业有限公司	超级市场零售	安徽省合肥市
芜湖市福海商业投资有限公司	家具零售	安徽省芜湖市
宣城新百百货有限公司	百货零售	安徽省宣城市
合肥清溪大润发商业有限公司	超级市场零售	安徽省合肥市
黄山大润发商业有限公司	超级市场零售	安徽省黄山市
无为安德利购物中心有限公司	百货零售	安徽省芜湖市
定远县万汇龙装饰城有限公司	木质装饰材料零售	安徽省滁州市
安徽省无为县食品公司	肉、禽、蛋、奶及水产品零售	安徽省芜湖市
南京医药合肥大药房连锁有限公司	药品零售	安徽省合肥市
太和县尚城商贸有限公司	其他综合零售	安徽省阜阳市
苏果超市(天长)有限公司	超级市场零售	安徽省滁州市
苏果超市(太和)有限公司	超级市场零售	安徽省阜阳市
安徽满天星连锁超市有限公司	超级市场零售	安徽省合肥市
安徽乐城投资股份有限公司	超级市场零售	安徽省合肥市
亳州金色华联超市有限责任公司	百货零售	安徽省亳州市
淮南市恒康医药有限公司	药品零售	安徽省淮南市
怀宁县永丰超市有限公司	百货零售	安徽省安庆市
安徽省亳州市医药供销有限公司	药品零售	安徽省亳州市
安徽新模范商业有限公司	超级市场零售	安徽省合肥市
和县安德利购物中心有限公司	超级市场零售	安徽省马鞍山市
福建省		
永辉超市股份有限公司	超级市场零售	福建省福州市
福建新华发行(集团)有限责任公司	图书、报刊零售	福建省福州市
福建苏宁云商商贸有限公司	日用家电设备零售	福建省福州市
中国石油天然气股份有限公司泉州销售分公司	机动车燃料零售	福建省泉州市
福州麦多万嘉超市有限公司	粮油零售	福建省福州市
中国石油天然气股份有限公司福建福州销售分公司	机动车燃料零售	福建省福州市
泉州新华都购物广场有限公司	百货零售	福建省泉州市
沃尔玛深国投百货有限公司福州山姆会员商店	超级市场零售	福建省福州市
中国石油天然气股份有限公司福建厦门销售分公司	机动车燃料零售	福建省厦门市
福建新华都综合百货有限公司	百货零售	福建省福州市
福州国美电器有限公司	日用家电设备零售	福建省福州市
宁德万达广场商业物业管理有限公司	服装零售	福建省宁德市
厦门市天虹商场有限公司	百货零售	福建省厦门市
斐乐服饰有限公司	纺织品及针织品零售	福建省厦门市
中国石油天然气股份有限公司福建漳州销售分公司	机动车燃料零售	福建省漳州市
厦门新华都购物广场有限公司	超级市场零售	福建省厦门市
泉州鹏润国美电器有限公司	日用家电设备零售	福建省泉州市
厦门苏宁云商销售有限公司	日用家电设备零售	福建省厦门市
中化(泉州)石油销售有限公司	机动车燃料零售	福建省泉州市
沃尔玛(福建)商业零售有限公司	超级市场零售	福建省福州市
福建东百集团股份有限公司	百货零售	福建省福州市
中闽百汇(泉州)商贸管理有限公司	百货零售	福建省泉州市

4-2 续表 24

企业名称	所属行业	企业所在地
福建回头客电子商务有限公司	糕点、面包零售	福建省泉州市
莆田永辉超市有限公司	超级市场零售	福建省莆田市
福州市天虹百货有限公司	百货零售	福建省福州市
沃尔玛深国投百货有限公司厦门世贸分店	百货零售	福建省厦门市
泉州市理想茶叶有限公司	酒、饮料及茶叶零售	福建省泉州市
中化(福建)石油销售有限公司	机动车燃料零售	福建省厦门市
厦门银祥食品有限公司	肉、禽、蛋、奶及水产品零售	福建省厦门市
福建省麦都食品发展有限公司	糕点、面包零售	福建省泉州市
厦门国美电器有限公司	日用家电设备零售	福建省厦门市
厦门永辉民生超市有限公司	超级市场零售	福建省厦门市
福建惠好四海医药连锁有限责任公司	药品零售	福建省福州市
厦门市中闽百汇商业有限公司	百货零售	福建省厦门市
图途(厦门)户外用品有限公司	体育用品及器材零售	福建省厦门市
厦门富山诚达百货商业广场有限公司	超级市场零售	福建省厦门市
漳州新华都百货有限责任公司	超级市场零售	福建省漳州市
厦门夏商民兴超市	超级市场零售	福建省厦门市
三明新华都购物广场有限公司	超级市场零售	福建省三明市
沃尔玛(厦门)商业零售有限公司	超级市场零售	福建省厦门市
厦门市中博贸易有限公司	通信设备零售	福建省厦门市
龙岩新华都辉业购物广场有限公司	超级市场零售	福建省龙岩市
厦门润瑞商业有限公司	超级市场零售	福建省厦门市
晋江润德商业有限公司	超级市场零售	福建省泉州市
日春股份公司	酒、饮料及茶叶零售	福建省泉州市
厦门夏商百货集团南平有限公司	超级市场零售	福建省南平市
艾美百货(漳州)有限公司	百货零售	福建省漳州市
泉州市东南医药连锁有限公司	药品零售	福建省泉州市
福州家乐福商业有限公司	超级市场零售	福建省福州市
福州好又多百货有限公司	超级市场零售	福建省福州市
莆田市凤凰百货有限公司	超级市场零售	福建省莆田市
永安市佳洁贸易有限公司	超级市场零售	福建省三明市
沃尔玛深国投百货有限公司泉州江滨北路分店	百货零售	福建省泉州市
漳州鹏润国美电器有限公司	日用家电设备零售	福建省漳州市
漳州大润发商业有限公司	超级市场零售	福建省漳州市
福州心艺企业管理有限公司	其他日用品零售	福建省福州市
福建省米兰春天量贩有限公司	超级市场零售	福建省龙岩市
龙岩大润发商业有限公司	超级市场零售	福建省龙岩市
福州金榕大润发商业有限公司	百货零售	福建省福州市
漳州锦恒通工贸有限公司	纺织品及针织品零售	福建省漳州市
福州明视眼镜有限公司	钟表、眼镜零售	福建省福州市
福建省平和大世界商贸有限公司	超级市场零售	福建省漳州市
福建省大家乐商贸有限公司	百货零售	福建省莆田市
厦门市同安中桥电子通讯有限公司	通信设备零售	福建省厦门市
泉州市中闽百汇购物有限公司	超级市场零售	福建省泉州市
厦门永辉商业有限公司	超级市场零售	福建省厦门市
福清好又多百货商业广场有限公司	超级市场零售	福建省福州市
八十五度(福州)餐饮管理有限公司	糕点、面包零售	福建省福州市
福建天天菜篮子生鲜食品配送有限公司	果品、蔬菜零售	福建省福州市
莆田市新华都万家惠购物广场有限公司	超级市场零售	福建省莆田市
福州诚达黎明百货有限公司	百货零售	福建省福州市
福建省龙岩仰财通讯有限公司	通信设备零售	福建省龙岩市
上海红星美凯龙品牌管理有限公司泉州洛江分公司	家具零售	福建省泉州市

4–2 续表 25

企业名称	所属行业	企业所在地
江西省		
江西新华发行集团有限公司	图书、报刊零售	江西省南昌市
江西南华医药有限公司	药品零售	江西省南昌市
江西汇仁集团医药科研营销有限公司	药品零售	江西省南昌市
江西洪客隆百货投资有限公司	百货零售	江西省南昌市
中国石化销售有限公司江西九江石油分公司	机动车燃料零售	江西省九江市
江西风尚电视购物股份有限公司	邮购及电视、电话零售	江西省南昌市
联盛商业连锁股份有限公司	百货零售	江西省九江市
南昌百货大楼股份有限公司	百货零售	江西省南昌市
江西鹏润国美电器有限公司	家用视听设备零售	江西省南昌市
重庆新日日顺家电销售有限公司南昌分公司	日用家电设备零售	江西省南昌市
景德镇陶邑文化发展有限公司	工艺美术品及收藏品零售	江西省景德镇市
南昌市天虹商场有限公司	百货零售	江西省南昌市
江西苏宁云商销售有限公司	日用家电设备零售	江西省南昌市
赣州国光实业有限公司	超级市场零售	江西省赣州市
思创数码科技股份有限公司	计算机、软件及辅助设备零售	江西省南昌市
洪城大厦(集团)股份有限公司	百货零售	江西省南昌市
江西青龙集团商厦有限公司	超级市场零售	江西省宜春市
江西煌上煌集团食品股份有限公司	肉、禽、蛋、奶及水产品零售	江西省南昌市
江西省绿滋肴贸易有限公司	其他食品零售	江西省南昌市
江西黄庆仁栈华氏大药房有限公司	药品零售	江西省南昌市
南昌欧珀电子有限公司	其他电子产品零售	江西省南昌市
沃尔玛(江西)商业零售有限公司	百货零售	江西省南昌市
江西步步高商业连锁有限责任公司新余地王购物广场	超级市场零售	江西省新余市
江西省万宜经贸有限公司	百货零售	江西省九江市
江西宝元商贸有限公司	服装零售	江西省南昌市
吉安市国光实业有限公司	超级市场零售	江西省吉安市
江西黄金客商贸有限公司	百货零售	江西省吉安市
沃尔玛(江西)百货有限公司	超级市场零售	江西省南昌市
德兴市东东商贸有限公司	百货零售	江西省上饶市
江西益丰大药房连锁有限公司	药品零售	江西省南昌市
南昌百货大楼萍乡有限责任公司	超级市场零售	江西省萍乡市
九江市派拉蒙百货有限公司	超级市场零售	江西省九江市
江西新洪客隆莲塘实业有限公司	超级市场零售	江西省南昌市
江西瓷肌电子商务有限公司	化妆品及卫生用品零售	江西省南昌市
江西五一超市股份有限公司	超级市场零售	江西省上饶市
赣州新南慷商贸有限公司	超级市场零售	江西省赣州市
洪客隆投资发展(抚州)有限公司	超级市场零售	江西省抚州市
吉安市甘雨亭商贸有限责任公司	超级市场零售	江西省吉安市
山东省		
淄博商厦股份有限公司	百货零售	山东省淄博市
山东远通汽车贸易集团有限公司	汽车零售	山东省临沂市
山东潍坊百货集团股份有限公司	百货零售	山东省潍坊市
山东银座商城股份有限公司	百货零售	山东省济南市
润华集团股份有限公司	汽车零售	山东省济南市
家家悦集团股份有限公司	超级市场零售	山东省威海市
山东海王银河医药有限公司	药品零售	山东省潍坊市
济南华联商厦集团股份有限公司	百货零售	山东省济南市
中国石化销售有限公司山东青岛石油分公司	机动车燃料零售	山东省青岛市
山东新星集团有限公司	百货零售	山东省淄博市
山东德州百货大楼(集团)有限责任公司	百货零售	山东省德州市

4-2 续表 26

企业名称	所属行业	企业所在地
青岛利客来集团股份有限公司	百货零售	山东省青岛市
罗欣医药集团有限公司	药品零售	山东省临沂市
中国石油天然气股份有限公司山东青岛销售分公司	机动车燃料零售	山东省青岛市
山东九州商业集团有限公司	百货零售	山东省临沂市
山东贵诚集团购物中心有限公司	百货零售	山东省枣庄市
青岛传承国际商贸有限公司	服装零售	山东省青岛市
青岛维客集团股份有限公司	百货零售	山东省青岛市
临沂医药集团有限公司	药品零售	山东省临沂市
烟台市家家悦超市有限公司	超级市场零售	山东省烟台市
山东龙口市博商购物广场	百货零售	山东省烟台市
山东银座汽车有限公司	汽车零售	山东省济南市
中国石化销售有限公司山东滨州石油分公司	机动车燃料零售	山东省滨州市
烟台市振华百货集团股份有限公司振华商厦	百货零售	山东省烟台市
山东路油油气管理有限公司	机动车燃料零售	山东省济南市
中国石油化工股份有限公司山东威海石油分公司	机动车燃料零售	山东省威海市
中国石油化工股份有限公司山东德州石油分公司	机动车燃料零售	山东省德州市
青岛永旺东泰商业有限公司	百货零售	山东省青岛市
新泰银座商城有限公司	百货零售	山东省泰安市
山东金宇商贸有限公司	家具零售	山东省济宁市
山东全福元商业集团有限责任公司	百货零售	山东省潍坊市
龙口市第一百货商店有限责任公司	百货零售	山东省烟台市
青州市新创宜佳商贸城经营管理有限公司	五金零售	山东省潍坊市
青岛苏宁云商商贸有限公司	家用视听设备零售	山东省青岛市
烟台振华量贩超市有限公司	百货零售	山东省烟台市
山东鲁百百货大楼集团有限公司	其他文化用品零售	山东省东营市
淄博银座商城有限责任公司	百货零售	山东省淄博市
山东三际电子商务有限公司	通信设备零售	山东省济南市
中国石油天然气股份有限公司山东潍坊销售分公司	机动车燃料零售	山东省潍坊市
龙口市城关供销合作社	百货零售	山东省烟台市
山东省聊城市百货大楼有限责任公司	百货零售	山东省聊城市
济南国美电器有限公司	家用视听设备零售	山东省济南市
利群集团青岛利群商厦有限公司	百货零售	山东省青岛市
青岛海信东海商贸有限公司	百货零售	山东省青岛市
新泰青云购物中心有限公司	百货零售	山东省泰安市
中国石油天然气股份有限公司山东临沂销售分公司	机动车燃料零售	山东省临沂市
青岛国美电器有限公司	日用家电设备零售	山东省青岛市
山东苏宁云商商贸有限公司	日用家电设备零售	山东省济南市
东营银座商城有限公司	百货零售	山东省东营市
国药控股鲁南有限公司	药品零售	山东省临沂市
山东韩都衣舍电商集团有限公司	互联网零售	山东省济南市
麦凯乐(青岛)百货总店有限公司	百货零售	山东省青岛市
莱芜凤城农产品市场开发有限公司	果品、蔬菜零售	山东省莱芜市
山东莱州市百货大楼有限公司	超级市场零售	山东省烟台市
临沂佳轮汽车销售服务有限公司	汽车零售	山东省临沂市
济宁九龙贵和商贸集团有限公司	家用视听设备零售	山东省济宁市
章丘市供销集团总公司	百货零售	山东省济南市
中国石油天然气股份有限公司山东泰安销售分公司	机动车燃料零售	山东省泰安市
滨州银座商城有限公司	百货零售	山东省滨州市
山东奥德燃气有限公司	生活用燃料零售	山东省临沂市
青岛屈臣氏个人用品商店有限公司	超级市场零售	山东省青岛市
青岛润华汽车销售服务有限公司	汽车零售	山东省青岛市

4-2 续表 27

企业名称	所属行业	企业所在地
济南漱玉平民大药房有限公司	药品零售	山东省济南市
烟台振华购物中心有限公司	百货零售	山东省烟台市
青岛能源华润燃气有限公司	生活用燃料零售	山东省青岛市
胜利油田胜大超市	超级市场零售	山东省东营市
山东统一银座商业有限公司	超级市场零售	山东省济南市
百丽国际鞋业(青岛)有限公司	鞋帽零售	山东省青岛市
临沂银座商城有限公司	百货零售	山东省临沂市
济南人民大润发商业有限公司	超级市场零售	山东省济南市
宁津盐百购物中心有限公司	超级市场零售	山东省德州市
淄博富尔玛家具广场有限公司	家具零售	山东省淄博市
淄博特信百货商城有限公司	百货零售	山东省淄博市
陵县粮食购销中心	粮油零售	山东省德州市
诸城市仁和五交化有限责任公司	日用家电设备零售	山东省潍坊市
兖州新合作百意商贸有限公司	百货零售	山东省济宁市
中国石油化工股份有限公司山东莱芜石油分公司	机动车燃料零售	山东省莱芜市
日照凌云工贸有限公司	家用视听设备零售	山东省日照市
日照市新世纪商厦有限公司	服装零售	山东省日照市
泰安银座商城有限公司	百货零售	山东省泰安市
淄博茂业商厦有限公司	百货零售	山东省淄博市
邹城九龙贵和购物广场有限公司	百货零售	山东省济宁市
山东省东营市日用工业品公司	百货零售	山东省东营市
日照日百商业有限公司	百货零售	山东省日照市
山东招金银楼有限公司	珠宝首饰零售	山东省烟台市
日照市腾达汽车销售服务有限公司	汽车零售	山东省日照市
聊城北斗汽车投资管理有限公司	汽车零售	山东省聊城市
青岛宝瑞纳体育用品有限公司	服装零售	山东省青岛市
菏泽牡丹医药有限责任公司	药品零售	山东省菏泽市
利群集团即墨商厦有限公司	百货零售	山东省青岛市
东营市商业大厦有限责任公司	百货零售	山东省东营市
山东宏图三胞科技发展有限公司	计算机、软件及辅助设备零售	山东省济南市
威海润华商业有限公司	超级市场零售	山东省威海市
济宁银座商城有限公司	百货零售	山东省济宁市
山东乐拍商业有限公司	邮购及电视、电话零售	山东省济南市
银座集团股份有限公司菏泽银座商城	百货零售	山东省菏泽市
山东燕喜堂医药连锁有限公司	药品零售	山东省威海市
山东儒原实业有限公司	百货零售	山东省泰安市
青岛新华书店有限责任公司	图书、报刊零售	山东省青岛市
山东泰山新合作商贸连锁有限公司	百货零售	山东省泰安市
日照银座商城有限公司	百货零售	山东省日照市
潍坊广潍汽车销售服务有限公司	汽车零售	山东省潍坊市
山东力威经贸有限公司	服装零售	山东省潍坊市
山东圣豪商业有限公司	其他未列明零售业	山东省滨州市
新泰齐云商场有限公司	百货零售	山东省泰安市
山东金孚隆股份有限公司	超级市场零售	山东省潍坊市
邹城市百货大楼有限责任公司	百货零售	山东省济宁市
山东振华济南人民百货有限公司	百货零售	山东省济南市
山东金都百货股份有限公司	百货零售	山东省烟台市
山东省德州泰康药业有限公司	药品零售	山东省德州市
山东高速石化有限公司	机动车燃料零售	山东省济南市
诸城百盛商场有限责任公司	百货零售	山东省潍坊市

4-2 续表 28

企业名称	所属行业	企业所在地
青岛春阳大润发商业有限公司	百货零售	山东省青岛市
淄博信誉楼百货有限公司	百货零售	山东省淄博市
山东爱客多商贸有限公司	超级市场零售	山东省济宁市
青岛华润万家生活超市有限公司	超级市场零售	山东省青岛市
青岛家乐福商业有限公司	超级市场零售	山东省青岛市
山东十八乐超市有限公司莱芜店	超级市场零售	山东省莱芜市
山东奥德隆集团有限公司	百货零售	山东省淄博市
东营信誉楼百货有限公司	百货零售	山东省东营市
山东天成恒信科技大厦	计算机、软件及辅助设备零售	山东省东营市
银座集团德州商城有限公司	百货零售	山东省德州市
山东梁山水泊商场	百货零售	山东省济宁市
莱芜信誉楼百货有限公司	超级市场零售	山东省莱芜市
青岛润泰事业有限公司	超级市场零售	山东省青岛市
利群集团莱州购物广场有限公司	超级市场零售	山东省烟台市
淄博圣隆润发商业有限公司	超级市场零售	山东省淄博市
国药控股国大药房山东有限公司	药品零售	山东省临沂市
庆云县供销商厦	百货零售	山东省德州市
青岛海信营销有限公司临沂分公司	日用家电设备零售	山东省临沂市
山东三信商贸股份有限公司	其他综合零售	山东省菏泽市
泰安凌云经贸有限公司	百货零售	山东省泰安市
济宁九龙贵和购物广场有限公司	日用家电设备零售	山东省济宁市
山东省桓台县联华超市有限公司	超级市场零售	山东省淄博市
兖州九龙贵和购物广场有限公司	百货零售	山东省济宁市
山东尚悦百货有限公司	百货零售	山东省威海市
利群集团青岛瑞泰购物广场有限公司	百货零售	山东省青岛市
潍坊世纪泰华福乐多超市有限公司	百货零售	山东省潍坊市
山东振华五星百货有限公司	百货零售	山东省聊城市
济南天桥大润发商业有限公司	超级市场零售	山东省济南市
山东聊城振华量贩超市有限公司	超级市场零售	山东省聊城市
郓城县郓州百货大楼有限公司	超级市场零售	山东省菏泽市
山东省莱芜市医药公司	药品零售	山东省莱芜市
利群集团淄博购物广场有限公司	百货零售	山东省淄博市
济南市中大润发商业有限公司	超级市场零售	山东省济南市
博兴县顾家老粗布市场有限责任公司	纺织品及针织品零售	山东省滨州市
莒县五金交电化工有限公司	家用视听设备零售	山东省日照市
潍坊金通医药有限公司	药品零售	山东省潍坊市
济南十八家家悦超市有限公司	超级市场零售	山东省济南市
山东长江汇泉集团超市有限公司	百货零售	山东省威海市
文登家家悦超市有限公司	超级市场零售	山东省威海市
淄博盈华置业有限公司惠仟佳购物广场	百货零售	山东省淄博市
山东德州扒鸡集团有限公司	肉、禽、蛋、奶及水产品零售	山东省德州市
山东德州澳德乐购物中心有限公司	百货零售	山东省德州市
山东世纪泰华集团有限公司	百货零售	山东省潍坊市
济南婴贝儿健康管理顾问有限公司	其他综合零售	山东省济南市
青岛十八家家悦超市有限公司	超级市场零售	山东省青岛市
临邑信业商厦有限公司	家用视听设备零售	山东省德州市
滕州银座商城有限公司	百货零售	山东省枣庄市
山东华润万家生活超市有限公司	超级市场零售	山东省济南市
泰安深国投商用置业有限公司	百货零售	山东省泰安市
青岛润泰事业有限公司临沂分公司	超级市场零售	山东省临沂市

4-2 续表 29

企业名称	所属行业	企业所在地
济宁市中央百货有限责任公司	百货零售	山东省济宁市
临沂市沂蒙路百货大楼	百货零售	山东省临沂市
威海宏图贸易有限公司	超级市场零售	山东省威海市
济宁瑞尔福商贸有限公司	超级市场零售	山东省济宁市
青岛紫光药业有限公司	药品零售	山东省青岛市
银座集团临朐华兴商场有限公司	百货零售	山东省潍坊市
济宁大润发商业有限公司	百货零售	山东省济宁市
枣庄市森博家具有限公司	家具零售	山东省枣庄市
临沂大新华印刷物资有限公司	其他文化用品零售	山东省临沂市
日照大润发商业有限公司	百货零售	山东省日照市
章丘东方冷库商贸有限公司	百货零售	山东省济南市
青岛胶州大润发商业有限公司	百货零售	山东省青岛市
诸城市蓝博湾商业有限公司	百货零售	山东省潍坊市
青岛新快进出口有限公司	肉、禽、蛋、奶及水产品零售	山东省青岛市
青岛医保药品城有限公司	药品零售	山东省青岛市
青岛即墨振华大润发商业有限公司	超级市场零售	山东省青岛市
济南居然之家家居建材市场有限公司泰安分公司	家具零售	山东省泰安市
邹平供销大厦集团有限公司	百货零售	山东省滨州市
临朐县东郡市场服务有限公司	工艺美术品及收藏品零售	山东省潍坊市
济宁市广联医药连锁有限公司	药品零售	山东省济宁市
潍坊百货大楼股份有限公司	百货零售	山东省潍坊市
山东省淄博茂业百货股份有限公司	百货零售	山东省淄博市
莒南县开元百货有限公司	百货零售	山东省临沂市
莱芜大润发商业有限公司	超级市场零售	山东省莱芜市
山东聊城亿沣连锁超市有限公司	超级市场零售	山东省聊城市
河南省		
郑州丹尼斯百货有限公司	百货零售	河南省郑州市
河南大张实业有限公司	超级市场零售	河南省洛阳市
中国石化销售有限公司河南洛阳石油分公司	机动车燃料零售	河南省洛阳市
中国石化销售有限公司河南信阳石油分公司	机动车燃料零售	河南省信阳市
中国石油化工股份有限公司河南商丘分公司	机动车燃料零售	河南省商丘市
西亚和美商业股份有限公司	超级市场零售	河南省信阳市
许昌市胖东来商贸集团有限公司	百货零售	河南省许昌市
中国石油天然气股份有限公司河南洛阳销售分公司	机动车燃料零售	河南省洛阳市
中国石油化工股份有限公司河南濮阳石油分公司	机动车燃料零售	河南省濮阳市
郸城县城关供销社	其他综合零售	河南省周口市
商水县城关镇供销社	百货零售	河南省周口市
永辉超市河南有限公司	超级市场零售	河南省郑州市
河南永乐生活电器有限公司	日用家电设备零售	河南省郑州市
河南省国美电器有限公司	日用家电设备零售	河南省郑州市
南阳市万德隆商贸有限责任公司	百货零售	河南省南阳市
河南苏宁云商销售有限公司	日用家电设备零售	河南省郑州市
中国石油天然气股份有限公司河南商丘销售分公司	机动车燃料零售	河南省商丘市
河南张仲景大药房股份有限公司	药品零售	河南省郑州市
大商集团许昌新玛特购物广场有限公司	百货零售	河南省许昌市
商丘恒昌汽车销售服务有限公司	汽车零售	河南省商丘市
洛阳凯之旋市场管理有限公司	百货零售	河南省洛阳市
洛阳丹尼斯量贩有限公司	超级市场零售	河南省洛阳市
中国石油天然气股份有限公司河南信阳销售分公司	机动车燃料零售	河南省信阳市
中国石油天然气股份有限公司河南新乡销售分公司	机动车燃料零售	河南省新乡市

4-2 续表 30

企业名称	所属行业	企业所在地
光山县宏远羽绒销售有限公司	服装零售	河南省信阳市
新乡市胖东来百货有限公司	百货零售	河南省新乡市
洛阳龙羽新都汇商业经营管理有限公司	百货零售	河南省洛阳市
河南威佳汽车贸易集团有限公司	汽车零售	河南省郑州市
大商集团(郑州)商贸有限公司	百货零售	河南省郑州市
漯河双汇商业连锁有限公司	肉、禽、蛋、奶及水产品零售	河南省漯河市
洛阳王府井百货有限责任公司	百货零售	河南省洛阳市
永城煤电控股集团先帅百货有限责任公司	百货零售	河南省商丘市
光山县上官岗聚龙实业有限公司	家具零售	河南省信阳市
河南华润万家生活超市有限公司	超级市场零售	河南省郑州市
河南德信泉商贸有限公司	超级市场零售	河南省平顶山市
焦作新亚商厦有限责任公司	百货零售	河南省焦作市
大商集团河南超市连锁发展有限公司	百货零售	河南省郑州市
大商集团郑州新玛特购物广场有限公司	百货零售	河南省郑州市
驻马店市爱家量贩有限公司	超级市场零售	河南省驻马店市
许昌市胖东来(集团)华豫电器有限公司	日用家电设备零售	河南省许昌市
河南世纪联华超市有限公司	超级市场零售	河南省郑州市
沈丘县北郊供销社	百货零售	河南省周口市
郸城县安奇乐易商贸有限公司	超级市场零售	河南省周口市
南阳大统集团金玛特商贸有限公司	超级市场零售	河南省南阳市
濮阳市百姓量贩有限公司	超级市场零售	河南省濮阳市
大商集团(驻马店)新玛特购物广场有限公司	百货零售	河南省驻马店市
郑州市易初莲花连锁超市有限公司	超级市场零售	河南省郑州市
漯河国美电器有限公司	家用视听设备零售	河南省漯河市
河南万果园实业集团有限公司	超级市场零售	河南省周口市
濮阳亿州商贸有限公司	家具零售	河南省濮阳市
栾川县长春商贸有限公司	超级市场零售	河南省洛阳市
河南万宝股份有限公司	家用视听设备零售	河南省开封市
焦作市百货大楼有限责任公司	百货零售	河南省焦作市
河南正道思达连锁商业有限公司	超级市场零售	河南省郑州市
沃尔玛(河南)百货有限公司	百货零售	河南省郑州市
光山县东圆聚神电子商务有限公司	互联网零售	河南省信阳市
驻马店市乐山商场实业有限公司	百货零售	河南省驻马店市
罗山县华联超市有限责任公司	超级市场零售	河南省信阳市
大商集团(新乡)新玛特购物广场有限公司	百货零售	河南省新乡市
新乡市胖东来生活广场有限公司	超级市场零售	河南省新乡市
河南中太石化有限责任公司	机动车燃料零售	河南省新乡市
河南省裕隆时代百货有限公司	超级市场零售	河南省鹤壁市
河南九头崖集团平顶山商业连锁有限公司	超级市场零售	河南省平顶山市
郑州悦家商业有限公司	超级市场零售	河南省郑州市
信阳市百家商业有限责任公司	百货零售	河南省信阳市
濮阳市华中汽车交易市场有限公司	汽车零售	河南省濮阳市
新郑市万佳商业连锁有限公司	百货零售	河南省郑州市
新乡市平原商场有限公司	百货零售	河南省新乡市
河南省郑州市新华书店有限公司	图书、报刊零售	河南省郑州市
信阳新玛特购物休闲广场有限公司	超级市场零售	河南省信阳市
河南东之杰运动产业发展有限公司	体育用品及器材零售	河南省郑州市
河南百家好一生医药连锁有限公司	药品零售	河南省洛阳市
西平县柏城商贸有限责任公司	百货零售	河南省驻马店市
杞县红豆豆家世界超市	文具用品零售	河南省开封市

4–2 续表 31

企业名称	所属行业	企业所在地
新乡市百货大楼有限责任公司	百货零售	河南省新乡市
河南富豪表行有限公司	钟表、眼镜零售	河南省郑州市
河南航天家电股份有限公司	家用视听设备零售	河南省开封市
洛阳钱江家具有限公司	家具零售	河南省洛阳市
河南乐语通讯器材有限公司	通信设备零售	河南省郑州市
鄢陵县家家量贩有限公司	超级市场零售	河南省许昌市
郸城县食品公司	肉、禽、蛋、奶及水产品零售	河南省周口市
固始西亚购物广场有限公司	超级市场零售	河南省信阳市
焦作市交运东风汽车销售服务有限公司	汽车零售	河南省焦作市
郑州润瑞商业有限公司	百货零售	河南省郑州市
商丘乐易商贸有限公司	超级市场零售	河南省商丘市
信阳市文新茶叶有限责任公司	酒、饮料及茶叶零售	河南省信阳市
郑州丹尼斯生活广场有限公司济源分公司	百货零售	河南省济源市
镇平县医药公司	药品零售	河南省南阳市
湖北省		
武汉武商集团股份有限公司	百货零售	湖北省武汉市
三环集团公司	汽车零售	湖北省武汉市
中百控股集团股份有限公司	超级市场零售	湖北省武汉市
武汉京东世纪贸易有限公司	互联网零售	湖北省武汉市
武汉屈臣氏个人用品商店有限公司	百货零售	湖北省武汉市
中国石油化工股份有限公司湖北武汉石油分公司	机动车燃料零售	湖北省武汉市
中国石油天然气股份有限公司湖北武汉销售分公司	机动车燃料零售	湖北省武汉市
国药控股湖北有限公司	药品零售	湖北省武汉市
武汉工贸有限公司	日用家电设备零售	湖北省武汉市
武汉中商集团股份有限公司	百货零售	湖北省武汉市
湖北高路油站经营有限责任公司	机动车燃料零售	湖北省武汉市
湖北寿康永乐商贸集团有限公司	超级市场零售	湖北省十堰市
湖北富迪实业有限公司	超级市场零售	湖北省仙桃市
武汉苏宁云商销售有限公司	日用家电设备零售	湖北省武汉市
武汉国美电器有限公司	日用家电设备零售	湖北省武汉市
黄冈市黄商贸易股份有限公司	百货零售	湖北省黄冈市
中国石油化工股份有限公司湖北黄石石油分公司	机动车燃料零售	湖北省黄石市
沃尔玛(湖北)商业零售有限公司	超级市场零售	湖北省武汉市
湖北博通电器有限公司	家用视听设备零售	湖北省潜江市
中国石油化工股份有限公司湖北高速公路油站管理分公司	机动车燃料零售	湖北省武汉市
中国石油天然气股份有限公司湖北宜昌销售分公司	机动车燃料零售	湖北省宜昌市
十堰市新合作超市有限公司	超级市场零售	湖北省十堰市
群光实业(武汉)有限公司	百货零售	湖北省武汉市
荆门市东方百货大厦	超级市场零售	湖北省荆门市
房县供销社资产经营管理有限公司	其他食品零售	湖北省十堰市
湖北金城大厦(集团)实业公司	百货零售	湖北省荆门市
武汉武商集团十堰市人民商场有限公司	超级市场零售	湖北省十堰市
湖北国贸大厦集团有限公司	珠宝首饰零售	湖北省宜昌市
湖北世纪愿景商贸有限公司	其他食品零售	湖北省武汉市
武汉汉福超市有限公司	超级市场零售	湖北省武汉市
潜江市惠美家商贸有限公司	超级市场零售	湖北省潜江市
中国石油天然气股份有限公司湖北孝感销售分公司	机动车燃料零售	湖北省孝感市
湖北鑫园商贸有限公司	百货零售	湖北省潜江市
蕲春县食品公司	肉、禽、蛋、奶及水产品零售	湖北省黄冈市
湖北孝武电器集团有限公司	日用家电设备零售	湖北省孝感市

4-2 续表 32

企业名称	所属行业	企业所在地
湖北良品铺子食品有限公司	其他食品零售	湖北省武汉市
中百仓储孝感购物广场有限公司	百货零售	湖北省孝感市
中国石油天然气股份有限公司湖北销售分公司仙桃沔阳大道加油站	机动车燃料零售	湖北省仙桃市
武汉市汉商集团股份有限公司	百货零售	湖北省武汉市
湖北良品铺子电子商务有限公司	其他食品零售	湖北省武汉市
百丽鞋业(武汉)有限公司	鞋帽零售	湖北省武汉市
襄阳市好邻居连锁超市有限公司	超级市场零售	湖北省襄阳市
湖北银泰仙桃商城大厦有限公司	百货零售	湖北省仙桃市
湖北奥莱商贸有限公司	家具零售	湖北省咸宁市
湖北竞速商贸有限公司	鞋帽零售	湖北省武汉市
湖北骏马贸易有限公司	汽车零售	湖北省武汉市
湖北银泰新世纪购物中心有限公司	百货零售	湖北省随州市
湖北杰之行体育产业发展股份有限公司	服装零售	湖北省武汉市
浠水县鄂东农产品贸易有限责任公司	超级市场零售	湖北省黄冈市
宜昌北山商业连锁有限责任公司	超级市场零售	湖北省宜昌市
武汉鲁巷广场购物中心	百货零售	湖北省武汉市
武汉宜家家居有限公司	家具零售	湖北省武汉市
湖北三环盛通汽车有限公司	汽车零售	湖北省武汉市
枝江市鸭子口安全蔬菜专业合作社	果品、蔬菜零售	湖北省宜昌市
宜昌大洋百货有限公司	珠宝首饰零售	湖北省宜昌市
武汉医药(集团)股份有限公司	药品零售	湖北省武汉市
沃尔玛深国投百货有限公司武汉中山大道分店	超级市场零售	湖北省武汉市
湖北航天信息技术有限公司	计算机、软件及辅助设备零售	湖北省武汉市
宜昌万富工贸有限责任公司	超级市场零售	湖北省宜昌市
湖北孝商股份有限公司	百货零售	湖北省孝感市
襄阳天济大药房连锁有限责任公司	药品零售	湖北省襄阳市
武汉三新书业有限公司	图书、报刊零售	湖北省武汉市
湖北雅斯连锁商业有限公司	超级市场零售	湖北省宜昌市
襄阳鼓楼商场股份有限公司	其他综合零售	湖北省襄阳市
武商黄石购物中心管理有限公司	百货零售	湖北省黄石市
湖北顺泰商贸有限公司	超级市场零售	湖北省随州市
十堰亨运集团汽车销售服务有限公司	汽车零售	湖北省十堰市
中百仓储恩施购物广场有限公司	百货零售	湖北省恩施土家族苗族自治州
武商仙桃购物中心管理有限公司	百货零售	湖北省仙桃市
武汉大润发江汉超市发展有限公司	超级市场零售	湖北省武汉市
武汉市仟吉食品销售有限公司	糕点、面包零售	湖北省武汉市
襄樊佳邻超市有限公司	超级市场零售	湖北省襄阳市
荆州大润发商业有限公司	超级市场零售	湖北省荆州市
宜城市千禧烟花爆竹有限责任公司	其他未列明零售业	湖北省襄阳市
襄樊中百仓储购物广场有限公司	其他综合零售	湖北省襄阳市
武汉市富盟商贸有限公司	超级市场零售	湖北省武汉市
中百仓储随州购物广场有限公司	百货零售	湖北省随州市
黄商麻城购物中心	超级市场零售	湖北省黄冈市
恩施自治州好又多商贸股份有限公司	超级市场零售	湖北省恩施土家族苗族自治州
中百仓储黄石购物广场有限公司	超级市场零售	湖北省黄石市
湖北贝贝熊母婴用品有限公司	服装零售	湖北省武汉市
湖北美尔雅销售有限公司	服装零售	湖北省黄石市
武汉天利阁服饰有限责任公司	服装零售	湖北省武汉市
武汉新华书店股份有限公司	图书、报刊零售	湖北省武汉市
老百姓大药房连锁(湖北)有限公司	药品零售	湖北省武汉市

4–2 续表 33

企业名称	所属行业	企业所在地
武汉华罗利物业管理有限公司	其他日用品零售	湖北省武汉市
武汉中商团结销品茂管理有限公司	百货零售	湖北省武汉市
湖北金药堂大药房连锁有限公司	药品零售	湖北省武汉市
湖北黄商超市有限公司	超级市场零售	湖北省黄冈市
湖北孩子王儿童用品有限公司	其他综合零售	湖北省武汉市
武汉新金珠宝首饰有限公司	珠宝首饰零售	湖北省武汉市
罗田县今天商贸有限责任公司	其他综合零售	湖北省黄冈市
襄阳市天天福超市有限公司	百货零售	湖北省襄阳市
湖南省		
步步高商业连锁股份有限公司	超级市场零售	湖南省湘潭市
中国石化销售有限公司湖南长沙石油分公司	机动车燃料零售	湖南省长沙市
湖南友谊阿波罗商业股份有限公司	百货零售	湖南省长沙市
国药控股湖南有限公司	药品零售	湖南省长沙市
湖南省兴盛营销有限公司	超级市场零售	湖南省益阳市
长沙通程实业(集团)有限公司	百货零售	湖南省长沙市
中国石化湖南衡阳分公司	机动车燃料零售	湖南省衡阳市
中国石化销售有限公司湖南石油高速分公司	机动车燃料零售	湖南省长沙市
中海油湖南销售有限公司	机动车燃料零售	湖南省长沙市
中国石油化工股份有限公司湖南株洲石油分公司	机动车燃料零售	湖南省株洲市
中国石油天然气股份有限公司湖南长沙销售分公司	机动车燃料零售	湖南省长沙市
中国石油化工股份有限公司湖南怀化石油分公司	机动车燃料零售	湖南省怀化市
中国石油化工股份有限公司湖南郴州石油分公司	机动车燃料零售	湖南省郴州市
中国石油化工股份有限公司湖南岳阳石油分公司	机动车燃料零售	湖南省岳阳市
湖南博瑞新特药有限公司	药品零售	湖南省长沙市
中国石油化工股份有限公司湖南常德石油分公司	机动车燃料零售	湖南省常德市
中国石油化工股份有限公司湖南邵阳石油分公司	机动车燃料零售	湖南省邵阳市
快乐购物股份有限公司	其他文化用品零售	湖南省长沙市
湖南家润多超市有限公司	超级市场零售	湖南省长沙市
中国石油化工股份有限公司湖南永州石油分公司	机动车燃料零售	湖南省永州市
平和堂(中国)有限公司	百货零售	湖南省长沙市
中国石油化工股份有限公司湖南娄底石油分公司	机动车燃料零售	湖南省娄底市
中国石油化工股份有限公司湖南湘潭石油分公司	机动车燃料零售	湖南省湘潭市
中国石油化工股份有限公司湖南湘西分公司	机动车燃料零售	湖南省湘西土家族苗族自治州
株洲百货股份有限公司	百货零售	湖南省株洲市
湖南佳惠百货有限责任公司	超级市场零售	湖南省怀化市
中石化湖南益阳石油分公司	机动车燃料零售	湖南省益阳市
长沙步步高商业连锁有限责任公司	超级市场零售	湖南省长沙市
湖南国中医药有限公司	药品零售	湖南省长沙市
益丰大药房连锁股份有限公司	药品零售	湖南省常德市
株洲东都步步高商业连锁有限责任公司	百货零售	湖南省株洲市
心连心集团有限公司	超级市场零售	湖南省湘潭市
湖南苏宁云商有限公司	家用视听设备零售	湖南省长沙市
长沙王府井百货有限责任公司	百货零售	湖南省长沙市
老百姓大药房连锁股份有限公司	药品零售	湖南省长沙市
湖南国美电器有限公司	日用家电设备零售	湖南省长沙市
中国石油化工股份有限公司湖南张家界石油分公司	机动车燃料零售	湖南省张家界市
湖南省新一佳商业投资有限公司	超级市场零售	湖南省长沙市
衡阳步步高商业连锁有限责任公司	超级市场零售	湖南省衡阳市
王一实业集团衡阳香江百货有限公司	百货零售	湖南省衡阳市
中国石油天然气股份有限公司湖南怀化销售分公司	机动车燃料零售	湖南省怀化市

4-2 续表 34

企业名称	所属行业	企业所在地
长沙天潮贸易有限公司	汽车零售	湖南省长沙市
湖南华润万家生活超市有限公司	粮油零售	湖南省长沙市
株洲万博珑家居建材购物广场有限公司	卫生洁具零售	湖南省株洲市
永州步步高商业连锁有限责任公司	超级市场零售	湖南省永州市
湖南丰彩实业发展有限公司	超级市场零售	湖南省常德市
湖南梅尼超市股份有限公司	百货零售	湖南省张家界市
湖南比一比贸易有限责任公司	超级市场零售	湖南省长沙市
怀化步步高商业连锁有限责任公司	超级市场零售	湖南省怀化市
常德步步高商业连锁有限责任公司	百货零售	湖南省常德市
长沙屈臣氏个人用品商店有限公司	化妆品及卫生用品零售	湖南省长沙市
湖南千金大药房连锁有限公司	药品零售	湖南省长沙市
汉寿县金湾购物广场有限公司	超级市场零售	湖南省常德市
湖南六三六连锁管理有限公司	烟草制品零售	湖南省长沙市
长沙市人人乐商业有限公司	百货零售	湖南省长沙市
湖南贝贝熊母婴用品有限公司	其他综合零售	湖南省长沙市
湖南郴州步步高连锁超市有限责任公司	超级市场零售	湖南省郴州市
醴陵市家佳旺超市有限公司	超级市场零售	湖南省株洲市
百丽鞋业(长沙)有限公司	鞋帽零售	湖南省长沙市
长沙家乐福超市有限责任公司	超级市场零售	湖南省长沙市
湖南乐语通讯设备有限公司	通信设备零售	湖南省长沙市
绝味食品股份有限公司	肉、禽、蛋、奶及水产品零售	湖南省长沙市
长沙市天虹百货有限公司	百货零售	湖南省长沙市
湖南步步高连锁超市益阳有限公司	超级市场零售	湖南省益阳市
常德市华星电器有限公司	日用家电设备零售	湖南省常德市
嘉丽购物有限责任公司	其他文化用品零售	湖南省长沙市
长沙咿呀实业有限公司	其他食品零售	湖南省长沙市
湖南鹏龙瑞丰汽车销售服务有限公司	汽车零售	湖南省长沙市
娄底市天客超市有限责任公司	超级市场零售	湖南省娄底市
沃尔玛(湖南)商业零售有限公司	超级市场零售	湖南省长沙市
郴州拓普电器有限公司	日用家电设备零售	湖南省郴州市
长沙路口物资供销有限公司	百货零售	湖南省长沙市
常德大润发商业有限公司	超级市场零售	湖南省常德市
长沙润良商业有限公司	超级市场零售	湖南省长沙市
湖南中南富森工贸有限公司	百货零售	湖南省衡阳市
怀化怀仁大药房连锁有限公司	药品零售	湖南省怀化市
邵阳县伍凌贸易有限责任公司	百货零售	湖南省邵阳市
张家界绿航果业有限公司	果品、蔬菜零售	湖南省张家界市
大通湖天泓渔业股份有限公司	肉、禽、蛋、奶及水产品零售	湖南省益阳市
邵东县仟家连锁有限公司	超级市场零售	湖南省邵阳市
沃尔玛深国投百货有限公司娄底春园分店	百货零售	湖南省娄底市
湖南良品铺子食品有限公司	其他食品零售	湖南省长沙市
岳阳大润发商业有限公司	超级市场零售	湖南省岳阳市
广东省		
广州晶东贸易有限公司	互联网零售	广东省广州市
广物汽贸股份有限公司	汽车零售	广东省广州市
华润万家有限公司	超级市场零售	广东省深圳市
中国石化销售有限公司广东广州石油分公司	机动车燃料零售	广东省广州市
佛山市顺德区乐从供销集团有限公司	超级市场零售	广东省佛山市
沃尔玛深国投百货有限公司	百货零售	广东省深圳市
天虹商场股份有限公司	百货零售	广东省深圳市

4-2　续表 35

企业名称	所属行业	企业所在地
中国石化销售有限公司广东东莞石油分公司	机动车燃料零售	广东省东莞市
广东鸿粤汽车销售集团有限公司	汽车零售	广东省广州市
恒大商业有限公司	百货零售	广东省广州市
广东骏和通信设备连锁销售有限公司	通信设备零售	广东省广州市
广州市国美电器有限公司	日用家电设备零售	广东省广州市
广州易初莲花连锁超市有限公司	超级市场零售	广东省广州市
广东合诚集团有限公司	汽车零售	广东省佛山市
广东新协力集团有限公司	汽车零售	广东省佛山市
华润万家生活超市(广州)有限公司	超级市场零售	广东省广州市
中国石油化工股份有限公司广东惠州石油分公司	机动车燃料零售	广东省惠州市
中油碧辟石油有限公司广州分公司	机动车燃料零售	广东省广州市
广东苏宁云商销售有限公司	家用视听设备零售	广东省广州市
中国石化销售有限公司广东茂名石油分公司	机动车燃料零售	广东省茂名市
中海油销售深圳有限公司	机动车燃料零售	广东省深圳市
广州市广百股份有限公司	百货零售	广东省广州市
惠州酷友网络科技有限公司	互联网零售	广东省惠州市
中国石化销售有限公司广东湛江石油分公司	机动车燃料零售	广东省湛江市
中国石油化工股份有限公司广东江门石油分公司	机动车燃料零售	广东省江门市
广州屈臣氏个人用品商店有限公司	超级市场零售	广东省广州市
深圳茂业商厦有限公司	百货零售	广东省深圳市
广东永旺天河城商业有限公司	百货零售	广东省广州市
中域电讯连锁集团股份有限公司	通信设备零售	广东省东莞市
中国石化销售有限公司广东中山石油分公司	机动车燃料零售	广东省中山市
深圳市恒波商业连锁股份有限公司	通信设备零售	广东省深圳市
深圳市苏宁云商销售有限公司	日用家电设备零售	广东省深圳市
广州百佳超级市场有限公司	超级市场零售	广东省广州市
中石化工股份有限公司广东肇庆石油分公司	机动车燃料零售	广东省肇庆市
大参林医药集团股份有限公司	药品零售	广东省广州市
中国石化销售有限公司广东河源石油分公司	机动车燃料零售	广东省河源市
中国石油天然气股份有限公司广东广州销售分公司	机动车燃料零售	广东省广州市
深圳市国美电器有限公司	日用家电设备零售	广东省深圳市
广州友谊集团股份有限公司	百货零售	广东省广州市
深圳市人人乐商业有限公司	超级市场零售	广东省深圳市
广州壳牌石油化工有限公司	机动车燃料零售	广东省广州市
深圳市顺电连锁股份有限公司	日用家电设备零售	广东省深圳市
中国石油化工股份有限公司广东阳江石油分公司	机动车燃料零售	广东省阳江市
中国石化销售有限公司广东珠海石油分公司	机动车燃料零售	广东省珠海市
中国石油化工股份有限公司广东梅州石油分公司	机动车燃料零售	广东省梅州市
深圳百丽商贸有限公司	鞋帽零售	广东省深圳市
广东壹加壹商业连锁有限公司	百货零售	广东省中山市
中油碧辟石油有限公司东莞分公司	机动车燃料零售	广东省东莞市
东莞东风南方汽车销售服务有限公司	汽车零售	广东省东莞市
永旺华南商业有限公司	百货零售	广东省深圳市
广东省邮政公司深圳市分公司	图书、报刊零售	广东省深圳市
东莞市嘉荣超市有限公司	超级市场零售	广东省东莞市
广东赛壹便利店有限公司	超级市场零售	广东省广州市
百朗商贸(深圳)有限公司	鞋帽零售	广东省深圳市
中海油销售惠州有限责任公司	机动车燃料零售	广东省惠州市
深圳汇洁集团股份有限公司	服装零售	广东省深圳市
深圳市国有免税商品(集团)有限公司	烟草制品零售	广东省深圳市

4-2 续表 36

企业名称	所属行业	企业所在地
深圳市亨吉利世界名表中心有限公司	钟表、眼镜零售	广东省深圳市
广东粤宝汽车销售服务有限公司	汽车零售	广东省广州市
沃尔玛(深圳)百货有限公司	其他综合零售	广东省深圳市
中国石化销售有限公司广东云浮石油分公司	机动车燃料零售	广东省云浮市
华润万家生活超市(珠海)有限公司	百货零售	广东省珠海市
深圳岁宝百货有限公司	百货零售	广东省深圳市
中国石化销售有限公司广东揭阳石油分公司	机动车燃料零售	广东省揭阳市
广州友谊班尼路服饰有限公司	服装零售	广东省广州市
广州市金佳信通信产品发展有限公司	通信设备零售	广东省广州市
珠海市免税企业集团有限公司	百货零售	广东省珠海市
深圳市宝骏汽车销售服务有限公司	汽车零售	广东省深圳市
佛山市苏宁云商销售有限公司	日用家电设备零售	广东省佛山市
深圳东风南方汽车销售服务有限公司	汽车零售	广东省深圳市
广东龙粤通信设备集团有限公司	通信设备零售	广东省广州市
中国石油天然气股份有限公司广东江门销售分公司	机动车燃料零售	广东省江门市
深圳市百佳华百货有限公司	百货零售	广东省深圳市
沃尔玛(广东)商业零售有限公司	超级市场零售	广东省广州市
广东万宁连锁商业有限公司	其他综合零售	广东省广州市
广州家广超市有限公司	超级市场零售	广东省广州市
广州市好又多百货商业广场有限公司	百货零售	广东省广州市
广州市国美电器有限公司佛山分公司	日用家电设备零售	广东省佛山市
深圳家乐福商业有限公司	超级市场零售	广东省深圳市
中国石油天然气股份有限公司广东肇庆分公司	机动车燃料零售	广东省肇庆市
东莞市时尚电器有限公司	日用家电设备零售	广东省东莞市
广东仁孚怡邦汽车销售服务有限公司	汽车零售	广东省广州市
中油碧辟石油有限公司江门分公司	机动车燃料零售	广东省江门市
深圳宝源行汽车销售服务有限公司	汽车零售	广东省深圳市
广州沃尔玛百货有限公司	超级市场零售	广东省广州市
深圳岁宝连锁商业发展有限公司	百货零售	广东省深圳市
中国石油天然气股份有限公司广东惠州销售分公司	机动车燃料零售	广东省惠州市
深圳走秀网络科技有限公司	互联网零售	广东省深圳市
中油碧辟石油有限公司惠州分公司	机动车燃料零售	广东省惠州市
广东壹号食品股份有限公司	肉、禽、蛋、奶及水产品零售	广东省湛江市
深圳市海王星辰健康药房连锁有限公司	药品零售	广东省深圳市
江门华润万家生活超市有限公司	百货零售	广东省江门市
深圳宜家家居有限公司	家具零售	广东省深圳市
深圳出版发行集团公司	图书、报刊零售	广东省深圳市
深圳市仁孚特力汽车服务有限公司	汽车零售	广东省深圳市
深圳臻乔时装有限公司	服装零售	广东省深圳市
佛山市顺客隆商业有限公司	超级市场零售	广东省佛山市
广州市凯捷商业有限公司	鞋帽零售	广东省广州市
北京世纪卓越信息技术有限公司广州市分公司	图书、报刊零售	广东省广州市
广州市锦龙汽车发展有限公司	汽车零售	广东省广州市
深圳市影儿服饰有限公司	服装零售	广东省深圳市
茂名大参林连锁药店有限公司	药品零售	广东省茂名市
沃尔玛(东莞)商业零售有限公司	超级市场零售	广东省东莞市
深圳市安奈儿股份有限公司	服装零售	广东省深圳市
佛山市骏丰频谱科技有限公司	医疗用品及器材零售	广东省佛山市
茂名市明湖百货有限公司	超级市场零售	广东省茂名市
深圳市中恒国信通信科技有限公司	通信设备零售	广东省深圳市

4-2 续表 37

企业名称	所属行业	企业所在地
绰琪服装(深圳)有限公司	服装零售	广东省深圳市
广州摩登百货股份有限公司	百货零售	广东省广州市
遂溪县供销合作联社	其他综合零售	广东省湛江市
佛山市顺德区港华燃气有限公司	生活用燃料零售	广东省佛山市
深圳市奥德汽车贸易有限公司	汽车零售	广东省深圳市
广东康爱多连锁药店有限公司	药品零售	广东省广州市
广州宜家家居有限公司	家具零售	广东省广州市
广州市汇美服装有限公司	服装零售	广东省广州市
深圳市锦龙汽车贸易有限公司	汽车零售	广东省深圳市
广州市百丽鞋业有限公司	鞋帽零售	广东省广州市
深圳百安居装饰建材有限公司	其他室内装饰材料零售	广东省深圳市
中山市华润万家便利超市有限公司	超级市场零售	广东省中山市
广州七乐康药业连锁有限公司	药品零售	广东省广州市
东莞市苏宁云商销售有限公司	日用家电设备零售	广东省东莞市
东莞市天和商贸有限公司	百货零售	广东省东莞市
广东康泽药业连锁有限公司	药品零售	广东省汕头市
深圳市国美电器有限公司东莞市分公司	日用家电设备零售	广东省东莞市
珠海市泰锋电业有限公司	家用视听设备零售	广东省珠海市
惠州市天虹商场有限公司	百货零售	广东省惠州市
深圳全棉时代科技有限公司	纺织品及针织品零售	广东省深圳市
东莞市天虹商场有限公司	百货零售	广东省东莞市
海球(广州)商业有限公司	服装零售	广东省广州市
广州市宏丽有限公司	超级市场零售	广东省广州市
美心食品(广州)有限公司	糕点、面包零售	广东省广州市
东莞沃尔玛百货有限公司	超级市场零售	广东省东莞市
广州市田美润福商业有限公司	百货零售	广东省广州市
广东益华百货有限公司	百货零售	广东省中山市
国药控股国大药房(深圳)连锁有限公司	药品零售	广东省深圳市
中山市中山国美电器有限公司	家用视听设备零售	广东省中山市
特易购商业(广东)有限公司	百货零售	广东省广州市
广州市福满家连锁便利店有限公司	其他综合零售	广东省广州市
佛山市顺德区大润发商业有限公司	超级市场零售	广东省佛山市
深圳市深燃石油气有限公司	其他未列明零售业	广东省深圳市
深圳市海王健康科技发展有限公司	营养和保健品零售	广东省深圳市
珠海市蓝海之略医疗股份有限公司	医疗用品及器材零售	广东省珠海市
广东胜佳超市有限公司	百货零售	广东省广州市
广东广安冠德石化有限公司	机动车燃料零售	广东省广州市
佛山市南海区华南通商贸发展有限公司	百货零售	广东省佛山市
广州初语服装设计有限公司	服装零售	广东省广州市
红珏高级时装有限公司	服装零售	广东省深圳市
东莞家乐福商业有限公司	超级市场零售	广东省东莞市
广东海航乐万家连锁超市本部	超级市场零售	广东省梅州市
卡尔丹顿服饰股份有限公司	服装零售	广东省深圳市
深圳市大润发商业有限公司	百货零售	广东省深圳市
龙浩天地股份有限公司	鞋帽零售	广东省深圳市
深圳市昊天林实业有限公司	汽车零售	广东省深圳市
中山市信和商业连锁有限公司	超级市场零售	广东省中山市
深圳市鹏峰汽车有限公司	汽车零售	广东省深圳市
汕头苏宁云商销售有限公司	日用家电设备零售	广东省汕头市
佛山市西伍服饰有限公司	互联网零售	广东省佛山市

4-2 续表 38

企业名称	所属行业	企业所在地
佛山市顺德区大参林药业有限公司	药品零售	广东省佛山市
中山市创世纪汽车有限公司	汽车零售	广东省中山市
中山市歌慕服装有限公司	服装零售	广东省中山市
江门市蓬江区大昌超市有限公司	超级市场零售	广东省江门市
东莞市顺利汽车贸易有限公司	汽车零售	广东省东莞市
深圳宜和股份有限公司	邮购及电视、电话零售	广东省深圳市
惠州市丽日购物广场有限公司	百货零售	广东省惠州市
深圳乐荣超市有限公司	超级市场零售	广东省深圳市
中山市中智大药房连锁有限公司	药品零售	广东省中山市
青岛润泰事业有限公司东莞大朗分公司	超级市场零售	广东省东莞市
惠州市万佳百货有限公司	百货零售	广东省惠州市
广州健民医药连锁有限公司	药品零售	广东省广州市
利信达商业(中国)有限公司	服装零售	广东省广州市
广州市新大新有限公司	百货零售	广东省广州市
广州市新华书店集团有限公司	图书、报刊零售	广东省广州市
广州赫斯汀服饰有限公司	服装零售	广东省广州市
韶关市大润发商业有限公司	超级市场零售	广东省韶关市
永旺中国商业有限公司顺德分公司	超级市场零售	广东省佛山市
广州市好又多新港百货商业有限公司	超级市场零售	广东省广州市
深圳市八马茶业连锁有限公司	酒、饮料及茶叶零售	广东省深圳市
深圳市方太厨具有限公司	日用家电设备零售	广东省深圳市
深圳市好又多量贩百货有限公司	超级市场零售	广东省深圳市
广州康诚商业有限公司	超级市场零售	广东省广州市
广州市润平商业有限公司	百货零售	广东省广州市
深圳市国惠康实业发展有限公司	超级市场零售	广东省深圳市
肇庆市大润发商业发展有限公司	超级市场零售	广东省肇庆市
迅销(中国)商贸有限公司广州东方宝泰店	服装零售	广东省广州市
阳江大润发商业有限公司	百货零售	广东省阳江市
东莞市国贸超级市场有限公司	超级市场零售	广东省东莞市
广东赛壹便利店有限公司深圳分公司	其他综合零售	广东省深圳市
广州市西亚兴安商业有限公司	超级市场零售	广东省广州市
昆山润华商业有限公司潮州分公司	百货零售	广东省潮州市
昆山润华商业有限公司中山分公司	超级市场零售	广东省中山市
广州喜市多便利连锁有限公司	其他综合零售	广东省广州市
广州购书中心有限公司	图书、报刊零售	广东省广州市
郁南广东温氏家禽有限公司饲料厂	肉、禽、蛋、奶及水产品零售	广东省云浮市
深圳康润华商贸有限公司	百货零售	广东省深圳市
华润万家生活超市(中山)有限公司	超级市场零售	广东省中山市
昆山润华商业有限公司中山小榄分公司	百货零售	广东省中山市
深圳华盛商业发展有限公司	服装零售	广东省深圳市
佛山市润国商业有限公司	超级市场零售	广东省佛山市
佛山大参林连锁药店有限公司	药品零售	广东省佛山市
东莞喜威液化石油气有限公司	生活用燃料零售	广东省东莞市
广东香恋鞋业股份有限公司	鞋帽零售	广东省惠州市
博士眼镜连锁股份有限公司	钟表、眼镜零售	广东省深圳市
永旺华南商业有限公司永旺惠州东平店	百货零售	广东省惠州市
广州娇兰佳人化妆品连锁有限公司	化妆品及卫生用品零售	广东省广州市
湛江大参林连锁药店有限公司	药品零售	广东省湛江市
如新中国日用品保健品有限公司广州分公司	其他日用品零售	广东省广州市
江门大参林药店有限公司	药品零售	广东省江门市

4-2 续表 39

企业名称	所属行业	企业所在地
广州市好又多(天利)百货商业有限公司	超级市场零售	广东省广州市
广州新居网家居科技有限公司	计算机、软件及辅助设备零售	广东省广州市
沃尔玛(珠海)商业零售有限公司	百货零售	广东省珠海市
广东吉之岛天贸百货有限公司珠海扬名广场分公司	百货零售	广东省珠海市
沃尔玛(深圳)商业零售有限公司	超级市场零售	广东省深圳市
阳江市江城商业集团公司	百货零售	广东省阳江市
广州市海王星辰医药连锁有限公司	药品零售	广东省广州市
东莞虎门大润发商贸有限公司	超级市场零售	广东省东莞市
湛江市霞山昌大昌超级购物广场有限公司	超级市场零售	广东省湛江市
广东聚盛药业集团凯德药品连锁有限公司	药品零售	广东省汕头市
佛山市南海润良商业有限公司	超级市场零售	广东省佛山市
珠海市嘉宝华健康药房连锁股份有限公司	药品零售	广东省珠海市
深圳市易天移动数码连锁有限公司	通信设备零售	广东省深圳市
清远市大润发商业有限公司	百货零售	广东省清远市
广州润增商贸有限公司	超级市场零售	广东省广州市
东莞润德商业有限公司	超级市场零售	广东省东莞市
深圳市中联大药房有限公司	药品零售	广东省深圳市
喜威(佛山)液化石油气有限公司	生活用燃料零售	广东省佛山市
广东小冰火人网络科技股份有限公司	日用家电设备零售	广东省佛山市
佛山市南海润瑞商业有限公司	超级市场零售	广东省佛山市
广东天天商场有限公司	超级市场零售	广东省佛山市
东莞樟木头大润发商业有限公司	超级市场零售	广东省东莞市
普宁市美佳乐购物广场有限公司	百货零售	广东省揭阳市
广东东明股份有限公司	超级市场零售	广东省韶关市
深圳市沃尔弗斯实业有限公司	珠宝首饰零售	广东省深圳市
真维斯服饰(广东)有限公司	服装零售	广东省惠州市
佛山市顺德区金百惠贸易有限公司	超级市场零售	广东省佛山市
广州市8字连锁店有限公司	粮油零售	广东省广州市
惠州市菲安妮皮具有限公司	箱、包零售	广东省惠州市
梅州市喜多多超市连锁有限公司	超级市场零售	广东省梅州市
东莞市大参林连锁药店有限公司	药品零售	广东省东莞市
湛江市隆腾贸易有限公司	纺织品及针织品零售	广东省湛江市
广西壮族自治区		
广西柳州医药股份有限公司	药品零售	广西壮族自治区柳州市
南宁百货大楼股份有限公司	百货零售	广西壮族自治区南宁市
广西南宁梦之岛百货有限公司	百货零售	广西壮族自治区南宁市
广西玉柴机器专卖发展有限公司	其他未列明零售业	广西壮族自治区玉林市
南宁柏联百盛商业有限公司	百货零售	广西壮族自治区南宁市
广西苏宁云商销售有限公司	日用家电设备零售	广西壮族自治区南宁市
桂林微笑堂实业发展有限公司	百货零售	广西壮族自治区桂林市
玉林金城商厦有限责任公司	百货零售	广西壮族自治区玉林市
南宁国美电器有限公司	日用家电设备零售	广西壮族自治区南宁市
南宁市人人乐商业有限公司	超级市场零售	广西壮族自治区南宁市
广西钜荣汽车销售服务有限公司	汽车零售	广西壮族自治区南宁市
广西联华超市股份有限公司	超级市场零售	广西壮族自治区柳州市
广西南城百货股份有限公司	超级市场零售	广西壮族自治区南宁市
广西华润万家生活超市有限公司	百货零售	广西壮族自治区南宁市
柳州五星百货股份有限公司	百货零售	广西壮族自治区柳州市
柳州工贸大厦股份有限公司	百货零售	广西壮族自治区柳州市
桂林市南城百货有限公司	超级市场零售	广西壮族自治区桂林市

4-2 续表 40

企业名称	所属行业	企业所在地
沃尔玛(广西)商业零售有限公司	百货零售	广西壮族自治区南宁市
柳州桂中大药房连锁有限责任公司	药品零售	广西壮族自治区柳州市
北海大润发商业有限公司	超级市场零售	广西壮族自治区北海市
柳州五菱新事业发展有限责任公司	汽车零售	广西壮族自治区柳州市
北海和安贸易有限责任公司	百货零售	广西壮族自治区北海市
老百姓大药房连锁(广西)有限公司	药品零售	广西壮族自治区南宁市
桂林百货大楼股份有限公司	百货零售	广西壮族自治区桂林市
广西通用商贸有限公司	超级市场零售	广西壮族自治区玉林市
桂林市华荣自选商店有限责任公司	超级市场零售	广西壮族自治区桂林市
广西利客隆超市有限公司	超级市场零售	广西壮族自治区南宁市
广西鸿翔一心堂药业有限责任公司	药品零售	广西壮族自治区南宁市
柳州润平商业有限公司	超级市场零售	广西壮族自治区柳州市
广西百朗体育用品有限公司	体育用品及器材零售	广西壮族自治区南宁市
广西贵港市华隆超市有限公司	超级市场零售	广西壮族自治区贵港市
广西南百超市有限公司	超级市场零售	广西壮族自治区南宁市
南宁屈臣氏个人用品商店有限公司	化妆品及卫生用品零售	广西壮族自治区南宁市
广西航天信息技术有限公司	其他未列明零售业	广西壮族自治区南宁市
南宁三燃燃气有限责任公司	生活用燃料零售	广西壮族自治区南宁市
广西贺州市泰兴连锁超市有限责任公司	超级市场零售	广西壮族自治区贺州市
海南省		
中国石化销售有限公司海南石油分公司	机动车燃料零售	海南省海口市
中免集团三亚市内免税店有限公司	化妆品及卫生用品零售	海南省三亚市
中国石油天然气股份有限公司海南销售分公司	机动车燃料零售	海南省海口市
海免海口美兰机场免税店有限公司	百货零售	海南省海口市
海南望海国际商业广场有限公司	百货零售	海南省海口市
海口家乐福商业有限公司	超级市场零售	海南省海口市
海南大润发商业有限公司	超级市场零售	海南省海口市
海口国兴大润发商业有限公司	超级市场零售	海南省海口市
广州市国美电器有限公司海南分公司	日用家电设备零售	海南省海口市
海南苏宁云商商贸有限公司	家用视听设备零售	海南省海口市
海南美都贸易有限公司	日用家电设备零售	海南省海口市
海南龙昆大润发商业有限公司	超级市场零售	海南省海口市
海南联合广安堂药品超市连锁经营有限公司	药品零售	海南省海口市
重庆市		
重庆百货大楼股份有限公司	百货零售	重庆市渝中区
重庆铠恩国际家居名都经营有限公司	家具零售	重庆市巴南区
重庆永辉超市有限公司	超级市场零售	重庆市江北区
重庆医药(集团)股份有限公司	药品零售	重庆市渝中区
重庆苏宁云商销售有限公司	家用视听设备零售	重庆市渝中区
重庆新华书店集团公司	图书、报刊零售	重庆市渝中区
重庆万友经济发展有限责任公司	汽车零售	重庆市渝中区
中国石油重庆销售涪陵分公司	机动车燃料零售	重庆市涪陵区
中国石化销售有限公司重庆涪陵石油分公司	机动车燃料零售	重庆市涪陵区
中国石油天然气股份有限公司重庆渝中销售分公司	机动车燃料零售	重庆市九龙坡区
重庆市国美电器有限公司	日用家电设备零售	重庆市沙坪坝区
重庆京东创盟信息技术有限公司	百货零售	重庆市巴南区
重庆星顺汽车有限公司	汽车零售	重庆市渝北区
中国石油天然气股份有限公司重庆江南销售分公司	机动车燃料零售	重庆市南岸区
重庆市宝驯汽车销售服务有限公司	汽车零售	重庆市九龙坡区
重庆桐君阁股份有限公司	药品零售	重庆市渝中区

4-2 续表 41

企业名称	所属行业	企业所在地
重庆和平药房连锁有限责任公司	药品零售	重庆市渝中区
重庆安福汽车营销有限公司	汽车零售	重庆市渝北区
重庆市新大兴实业(集团)有限公司	超级市场零售	重庆市涪陵区
重庆市万州百货采购供应站	计算机、软件及辅助设备零售	重庆市万州区
重庆重客隆超市连锁有限责任公司	超级市场零售	重庆市渝中区
重庆西部奥特莱斯品牌折扣商业股份有限公司	服装零售	重庆市渝北区
永川区奥韵家博城	其他室内装饰材料零售	重庆市永川区
中国石油天然气股份有限公司重庆江北销售分公司	机动车燃料零售	重庆市江北区
重庆家乐福商业有限公司	百货零售	重庆市渝中区
重庆商社汽车贸易有限公司	汽车零售	重庆市渝北区
重庆中石化惠通油料有限公司	机动车燃料零售	重庆市渝北区
重庆雄风百货广场有限公司	百货零售	重庆市北碚区
重庆华润万家生活超市有限公司	超级市场零售	重庆市沙坪坝区
重庆中百仓储超市有限公司	超级市场零售	重庆市渝北区
重庆市綦江区万家福超市有限责任公司	超级市场零售	重庆市綦江区
重庆凤梧商贸有限公司	百货零售	重庆市巴南区
重庆名豪实业集团百货有限公司	百货零售	重庆市永川区
重庆鑫斛药房连锁有限公司	药品零售	重庆市涪陵区
重庆市黔江区依蝶商贸有限公司	百货零售	重庆市黔江区
南川区风之彩商贸有限公司	超级市场零售	重庆市南川区
重庆市万和药房连锁有限公司	药品零售	重庆市南岸区
重庆屈臣氏个人用品商店有限公司	百货零售	重庆市渝中区
重庆合州实业集团兆庆商贸有限公司	汽车零售	重庆市合川区
重庆宜家家居有限公司	家具零售	重庆市渝北区
重庆市渝教科贸有限公司	超级市场零售	重庆市涪陵区
迈盛悦合重庆体育用品有限公司	服装零售	重庆市渝中区
重庆梦工场乳制品连锁有限公司	肉、禽、蛋、奶及水产品零售	重庆市江北区
重庆嘉茂沙坪坝商业咨询管理有限公司	百货零售	重庆市沙坪坝区
重庆海辉商贸有限公司	服装零售	重庆市合川区
重庆印龙服饰有限公司	服装零售	重庆市北碚区
重庆满怀商贸有限公司	陶瓷、石材装饰材料零售	重庆市江津区
重庆毅诚弘通科技有限责任公司	通信设备零售	重庆市渝中区
重庆武陵山佳惠百货有限责任公司	百货零售	重庆市黔江区
重庆沁园餐饮管理有限公司	糕点、面包零售	重庆市九龙坡区
重庆桐君阁大药房连锁有限责任公司	药品零售	重庆市渝中区
瑞皇(重庆)钟表有限公司	钟表、眼镜零售	重庆市渝中区
云阳县腾龙商贸有限公司	超级市场零售	重庆市云阳县
重庆市征程贸易有限公司	鞋帽零售	重庆市黔江区
重庆诚泰通信连锁有限公司	通信设备零售	重庆市渝中区
重庆爱莲百货超市有限公司	超级市场零售	重庆市渝北区
重庆好又多百货商业有限公司	超级市场零售	重庆市南岸区
重庆童联孩子王儿童用品有限公司	百货零售	重庆市南岸区
重庆市人人乐商业有限公司	超级市场零售	重庆市沙坪坝区
重庆市滔搏商贸有限公司	服装零售	重庆市南岸区
沃尔玛(重庆)百货有限公司	百货零售	重庆市渝北区
重庆美特斯邦威服饰有限责任公司	服装零售	重庆市渝中区
重庆千叶眼镜连锁有限公司	钟表、眼镜零售	重庆市渝中区
砂之船(重庆)商业有限公司	服装零售	重庆市璧山区
四川省		
中国石化销售有限公司四川石油分公司	机动车燃料零售	四川省成都市

4-2 续表 42

企业名称	所属行业	企业所在地
成都京东世纪贸易有限公司	互联网零售	四川省成都市
唯品会(简阳)电子商务有限公司	互联网零售	四川省资阳市
中国石油天然气股份有限公司四川成都销售分公司	机动车燃料零售	四川省成都市
成都红旗连锁股份有限公司	超级市场零售	四川省成都市
新华文轩出版传媒股份有限公司	图书、报刊零售	四川省成都市
延长壳牌(四川)石油有限公司	机动车燃料零售	四川省成都市
成都国美电器有限公司	日用家电设备零售	四川省成都市
四川苏宁云商销售有限公司	日用家电设备零售	四川省成都市
中国石油天然气股份有限公司四川销售成品油分公司	机动车燃料零售	四川省成都市
成都伊藤洋华堂有限公司	百货零售	四川省成都市
中国石油天然气股份有限公司四川达州销售分公司	机动车燃料零售	四川省达州市
中国石油四川乐山销售分公司	机动车燃料零售	四川省乐山市
四川交投中油能源有限公司	机动车燃料零售	四川省成都市
中国石油天然气股份有限公司四川广安销售分公司	机动车燃料零售	四川省广安市
成都建国汽车贸易有限公司	汽车零售	四川省成都市
四川省汇星实业(集团)有限公司	百货零售	四川省绵阳市
成都万友经济开发总公司	汽车零售	四川省成都市
中国石油天然气股份有限公司四川自贡销售分公司	机动车燃料零售	四川省自贡市
四川新双立汽车销售服务有限责任公司	汽车零售	四川省成都市
中国石油天然气股份有限公司四川南充销售分公司	机动车燃料零售	四川省南充市
成都家乐福超市有限公司	超级市场零售	四川省成都市
泸州汇通百货股份有限公司	百货零售	四川省泸州市
中国石油天然气公司泸州销售分公司	机动车燃料零售	四川省泸州市
中国石油天然气股份有限公司四川眉山销售分公司	机动车燃料零售	四川省眉山市
中国石油天然气股份有限公司四川攀枝花销售分公司	机动车燃料零售	四川省攀枝花市
四川永辉超市有限公司	百货零售	四川省成都市
成都王府井百货有限公司	百货零售	四川省成都市
中国石油天然汽股份有限公司四川绵阳销售分公司	机动车燃料零售	四川省绵阳市
中国石油天然气股份有限公司四川凉山销售分公司	机动车燃料零售	四川省凉山彝族自治州
中国石油天然气股份有限公司四川资阳销售分公司	机动车燃料零售	四川省资阳市
中国石油天然气股份有限公司四川巴中销售分公司	机动车燃料零售	四川省巴中市
成商集团股份有限公司	百货零售	四川省成都市
沃尔玛(四川)百货有限公司	超级市场零售	四川省成都市
四川华星锦业汽车销售服务有限公司	汽车零售	四川省成都市
成都宝悦汽车有限公司	汽车零售	四川省成都市
成都锦泰宝驹汽车销售服务有限公司	汽车零售	四川省成都市
成都舞东风超市连锁有限责任公司	超级市场零售	四川省成都市
成都欧尚超市有限公司	超级市场零售	四川省成都市
中国石油天然气股份有限公司四川内江销售分公司	机动车燃料零售	四川省内江市
成都王府井购物中心有限公司	百货零售	四川省成都市
中国石油天然气股份有限公司四川遂宁销售分公司	机动车燃料零售	四川省遂宁市
成都屈臣氏个人用品商店有限公司	化妆品及卫生用品零售	四川省成都市
百丽鞋业成都有限公司	鞋帽零售	四川省成都市
成都新元素兴业汽车服务有限公司	汽车零售	四川省成都市
四川领跑体育用品有限公司	服装零售	四川省成都市
成都市人人乐商业有限公司	百货零售	四川省成都市
犍为县黄家超市	超级市场零售	四川省乐山市
四川汇金商贸有限公司	酒、饮料及茶叶零售	四川省德阳市
四川华星名仕汽车销售服务有限公司	汽车零售	四川省成都市
蓬溪县南门口综合农贸市场有限公司	其他综合零售	四川省遂宁市

4-2 续表 43

企业名称	所属行业	企业所在地
中国石油化工股份有限公司四川绵阳石油分公司	机动车燃料零售	四川省绵阳市
四川亿佳隆通讯连锁有限公司	计算机、软件及辅助设备零售	四川省成都市
四川家福来实业集团有限公司	家用视听设备零售	四川省绵阳市
大竹县金利多农产品综合市场有限公司	木质装饰材料零售	四川省达州市
四川壹玖壹玖酒类供应链管理股份有限公司	酒、饮料及茶叶零售	四川省成都市
成都宜家家居有限公司	家具零售	四川省成都市
群光大陆实业(成都)有限公司	百货零售	四川省成都市
达县美好农贸有限责任公司	肉、禽、蛋、奶及水产品零售	四川省达州市
成都大商投资有限公司	百货零售	四川省成都市
成都市金牛区红旗连锁有限公司	超级市场零售	四川省成都市
四川省达州商业集团有限公司	百货零售	四川省达州市
荣县金桥供销有限公司	其他综合零售	四川省自贡市
成都市武侯区红旗连锁有限公司	其他综合零售	四川省成都市
四川东升大药房连锁有限责任公司	药品零售	四川省达州市
四川哦哦超市连锁管理有限公司	超级市场零售	四川省成都市
四川梅西商业股份有限公司	百货零售	四川省成都市
达州中青市场管理有限公司	家具零售	四川省达州市
四川省眉山宏远商贸有限公司	百货零售	四川省眉山市
乐天百货(成都)有限公司	百货零售	四川省成都市
渠县凯歌超市有限公司	超级市场零售	四川省达州市
四川雅安博娟超市连锁有限公司	百货零售	四川省雅安市
四川省绵阳药业集团公司	药品零售	四川省绵阳市
成都市青羊区红旗连锁有限公司	百货零售	四川省成都市
西昌市恒汇商贸有限责任公司	超级市场零售	四川省凉山彝族自治州
成都市滔搏商贸有限公司	鞋帽零售	四川省成都市
成都美美力诚百货有限公司	服装零售	四川省成都市
四川卓尔百货有限公司	超级市场零售	四川省内江市
四川阳光盛源商业有限公司	超级市场零售	四川省德阳市
成都市锦江区红旗连锁有限公司	超级市场零售	四川省成都市
四川华润万家好来超市有限公司	超级市场零售	四川省成都市
成都市成华区红旗连锁有限公司	超级市场零售	四川省成都市
成都欧尚超市有限公司高新店	超级市场零售	四川省成都市
四川家乐福商业有限公司	超级市场零售	四川省成都市
成都市好来屋量贩家居百货有限公司	百货零售	四川省成都市
自贡市家和超市有限责任公司	超级市场零售	四川省自贡市
成都伊斯丹百货有限公司	百货零售	四川省成都市
达州市超辉百货有限公司	百货零售	四川省达州市
四川华润万家生活超市有限公司	百货零售	四川省成都市
泸州时代龙腾商贸有限公司	百货零售	四川省泸州市
四川省宜宾市燕君贸易连锁有限责任公司	通信设备零售	四川省宜宾市
成都好家乡超市有限公司	超级市场零售	四川省成都市
成都香江全球家居城有限公司	家具零售	四川省成都市
都江堰百伦商贸有限公司	百货零售	四川省成都市
宣汉县金向食品有限公司	肉、禽、蛋、奶及水产品零售	四川省达州市
宜宾绿源食品有限公司	超级市场零售	四川省宜宾市
四川宜宾叙府旅游开发有限公司	百货零售	四川省宜宾市
四川省老邻居商贸连锁有限责任公司	百货零售	四川省成都市
绵阳兴达好又多商贸有限公司	超级市场零售	四川省绵阳市
成都美景舒适家居有限公司	日用家电设备零售	四川省成都市
成都好又多百货商业广场有限公司	超级市场零售	四川省成都市

4-2 续表 44

企业名称	所属行业	企业所在地
成都通能压缩天然气有限公司	生活用燃料零售	四川省成都市
成都利民药业连锁有限公司	药品零售	四川省成都市
成都爱林至善贸易股份有限公司	服装零售	四川省成都市
汶川县鑫兴连锁超市有限责任公司	超级市场零售	四川省阿坝藏族羌族自治州
沃尔玛(四川)商业零售有限公司	超级市场零售	四川省成都市
四川德仁堂连锁有限公司	药品零售	四川省成都市
柒一拾壹(成都)有限公司	其他综合零售	四川省成都市
七色纺商业连锁有限公司	纺织品及针织品零售	四川省成都市
贵州省		
中国石油化工股份有限公司贵州黔西南州石油分公司	机动车燃料零售	贵州省黔西南布依族苗族自治州
中国石油天然气股份有限公司贵州贵阳销售分公司	机动车燃料零售	贵州省贵阳市
中国石油化工股份有限公司贵州遵义石油分公司	机动车燃料零售	贵州省遵义市
中国石油化工股份有限公司六盘水石油分公司	机动车燃料零售	贵州省六盘水市
中国石油化工股份有限公司贵州安顺石油分公司	机动车燃料零售	贵州省安顺市
中国石油化工股份有限公司贵州毕节石油分公司	机动车燃料零售	贵州省毕节市
中国石油化工股份有限公司贵州铜仁分公司	机动车燃料零售	贵州省铜仁市
贵州省医药(集团)有限责任公司	药品零售	贵州省贵阳市
中国石油股份有限公司遵义销售分公司	机动车燃料零售	贵州省遵义市
中国石油天然气股份有限公司贵州毕节销售分公司	机动车燃料零售	贵州省毕节市
贵州合力购物有限责任公司	超级市场零售	贵州省贵阳市
贵阳苏宁云商销售有限公司	日用家电设备零售	贵州省贵阳市
贵州永辉超市有限公司	超级市场零售	贵州省贵阳市
贵阳星力百货集团有限公司	百货零售	贵州省贵阳市
沃尔玛(贵州)商业零售有限公司	超级市场零售	贵州省贵阳市
贵州一树连锁药业有限公司	药品零售	贵州省贵阳市
贵州国美电器有限公司	日用家电设备零售	贵州省贵阳市
贵州东风南方汽车销售服务有限公司	汽车零售	贵州省贵阳市
遵义华联综合超市管理有限公司	超级市场零售	贵州省遵义市
百江西南燃气有限公司	生活用燃料零售	贵州省贵阳市
贵州省铜仁上海华联超市有限公司	超级市场零售	贵州省铜仁市
贵州滔搏体育用品有限公司	服装零售	贵州省贵阳市
贵州芝林大药房零售连锁有限公司	药品零售	贵州省贵阳市
遵义市榕树岛内价购物广场有限公司	超级市场零售	贵州省遵义市
安顺大润发商业有限公司	超级市场零售	贵州省安顺市
贵州省百汇超市有限责任公司	超级市场零售	贵州省毕节市
云南省		
中国石油化工股份有限公司云南昆明石油分公司	机动车燃料零售	云南省昆明市
中国石油天然气股份有限公司云南昆明销售分公司	机动车燃料零售	云南省昆明市
云南鸿翔一心堂药业(集团)股份有限公司	药品零售	云南省昆明市
中国石化销售有限公司云南红河石油分公司	机动车燃料零售	云南省红河哈尼族彝族自治州
昆明诺仕达企业(集团)有限公司	珠宝首饰零售	云南省昆明市
中国石油天然气股份有限公司云南红河销售分公司	机动车燃料零售	云南省红河哈尼族彝族自治州
中国石油化工股份有限公司云南文山石油分公司	机动车燃料零售	云南省文山壮族苗族自治州
中国石油化工股份有限公司云南昭通石油分公司	机动车燃料零售	云南省昭通市
宣威市新世纪商贸有限责任公司	其他室内装饰材料零售	云南省曲靖市
云南沃尔玛百货有限公司	超级市场零售	云南省昆明市
云南万友汽车销售服务有限公司	汽车零配件零售	云南省昆明市
昆明家乐福超市有限公司	超级市场零售	云南省昆明市
云南奥兴达商贸有限公司	百货零售	云南省昆明市
云南强林石化有限公司	机动车燃料零售	云南省昆明市

4-2 续表 45

企业名称	所属行业	企业所在地
昆明云顺和商业发展有限公司	百货零售	云南省昆明市
中国石油天然气股份有限公司云南文山销售分公司	机动车燃料零售	云南省文山壮族苗族自治州
沃尔玛(云南)商业零售有限公司	超级市场零售	云南省昆明市
云南苏宁云商销售有限公司	家用视听设备零售	云南省昆明市
中国石油天然气股份有限公司云南玉溪销售分公司	机动车燃料零售	云南省玉溪市
中国石油天然气股份有限公司云南昭通销售分公司	机动车燃料零售	云南省昭通市
云南健之佳连锁健康药房有限公司	药品零售	云南省昆明市
会泽县土产公司综合市场	其他综合零售	云南省曲靖市
云南万福汽车销售服务有限公司	汽车零售	云南省昆明市
云南玉溪百信商贸集团有限公司	超级市场零售	云南省玉溪市
中国石油化工股份有限公司云南西双版纳石油分公司	机动车燃料零售	云南省西双版纳傣族自治州
昆明欣民商贸有限公司	珠宝首饰零售	云南省昆明市
昆明顺城若普商贸有限公司	服装零售	云南省昆明市
昆明雄达商贸有限责任公司	酒、饮料及茶叶零售	云南省昆明市
云南立锐体育用品有限公司	服装零售	云南省昆明市
云南白药大药房有限公司	药品零售	云南省昆明市
云南省曲靖市吉玛特百货有限公司	超级市场零售	云南省曲靖市
昆明新华书店连锁有限公司	图书、报刊零售	云南省昆明市
云南百丽鞋业有限公司	鞋帽零售	云南省昆明市
昆明屈臣氏个人用品商店有限公司	超级市场零售	云南省昆明市
普洱市天生祥超市	超级市场零售	云南省普洱市
云南楚雄鹿城大厦实业有限责任公司	百货零售	云南省楚雄彝族自治州
云南之佳便利店有限公司	百货零售	云南省昆明市
景洪大润发商业有限公司	超级市场零售	云南省西双版纳傣族自治州
安宁市金方商业集团有限责任公司	超级市场零售	云南省昆明市
宣威市双井商贸有限责任公司	百货零售	云南省曲靖市
云南龙润茶科技有限公司	酒、饮料及茶叶零售	云南省临沧市
大理月辉旅游投资开发有限责任公司	珠宝首饰零售	云南省大理白族自治州
云南四方街商贸有限公司	超级市场零售	云南省大理白族自治州
丽江市古城区丽客隆超市	超级市场零售	云南省丽江市
西藏自治区		
中国石油天然气股份有限公司西藏销售分公司拉萨公司	机动车燃料零售	西藏自治区拉萨市
拉萨星宇通讯器材有限公司	通信设备零售	西藏自治区拉萨市
西藏百益商贸有限公司	百货零售	西藏自治区拉萨市
陕西省		
陕西延长壳牌石油有限公司	机动车燃料零售	陕西省西安市
陕西西北轻工批发市场经营管理有限公司	家用视听设备零售	陕西省西安市
西安华讯得贸易有限公司	互联网零售	陕西省西安市
西安大明宫雁塔购物广场有限责任公司	家具零售	陕西省西安市
陕西华润万家生活超市有限公司	超级市场零售	陕西省西安市
西安市人人乐超市有限公司	超级市场零售	陕西省西安市
西安市国美电器有限公司	日用家电设备零售	陕西省西安市
陕西苏宁云商销售有限公司	日用家电设备零售	陕西省西安市
西安爱家超市有限公司	超级市场零售	陕西省西安市
开元商业有限公司	百货零售	陕西省西安市
陕西省军区军人服务社	百货零售	陕西省西安市
西安民生集团股份有限公司	百货零售	陕西省西安市
中国石油化工股份有限公司陕西榆林石油分公司	机动车燃料零售	陕西省榆林市
西安利之星汽车有限公司	汽车零售	陕西省西安市
陕西乐家电视购物有限责任公司	邮购及电视、电话零售	陕西省西安市

4-2 续表 46

企业名称	所属行业	企业所在地
宝鸡商场有限公司	超级市场零售	陕西省宝鸡市
西安荣宝汽车销售服务有限公司	汽车零售	陕西省西安市
西安光彩商贸有限责任公司	灯具零售	陕西省西安市
西安赛格商业运营管理有限公司	百货零售	陕西省西安市
宝鸡人民商场股份有限公司	百货零售	陕西省宝鸡市
陕西滔搏体育商贸有限公司	鞋帽零售	陕西省西安市
咸阳世纪金花商贸有限公司	超级市场零售	陕西省咸阳市
陕西乐友商贸有限公司	其他日用品零售	陕西省西安市
西安兴正元购物中心有限公司	百货零售	陕西省西安市
宝鸡天健医药有限公司	药品零售	陕西省宝鸡市
陕西民生家乐商业连锁有限责任公司	超级市场零售	陕西省西安市
陕西渭南燕兴实业有限公司	汽车零售	陕西省渭南市
陕西明珠家居产业有限公司	家具零售	陕西省咸阳市
陕西福迪汽车贸易有限公司	汽车零售	陕西省西安市
西安宝秦贸易有限公司	体育用品及器材零售	陕西省西安市
陕西创维电子有限公司	家用视听设备零售	陕西省西安市
开元商城宝鸡有限公司	百货零售	陕西省宝鸡市
陕西永辉超市有限公司	超级市场零售	陕西省西安市
陕西蜂星电讯零售连锁有限责任公司	通信设备零售	陕西省西安市
延安百货大楼(集团)有限公司	百货零售	陕西省延安市
城固县经贸市场建设服务有限公司	纺织品及针织品零售	陕西省汉中市
西安开元商业地产发展有限公司	百货零售	陕西省西安市
西安市新华书店	图书、报刊零售	陕西省西安市
陕西华润万家生活超市有限公司渭南东风路分公司	超级市场零售	陕西省渭南市
宝鸡市冠森大世界现代家居建材(城)有限公司	其他室内装饰材料零售	陕西省宝鸡市
陕西延元商业运营管理有限公司	百货零售	陕西省延安市
西安易初莲花连锁超市有限公司	超级市场零售	陕西省西安市
西安世纪金花珠江时代广场购物有限公司	百货零售	陕西省西安市
西安屈臣氏个人用品商店有限公司	化妆品及卫生用品零售	陕西省西安市
汉中世纪阳光商厦有限公司	日用家电设备零售	陕西省汉中市
咸阳家友购物广场有限公司	百货零售	陕西省咸阳市
陕西老百姓大药房连锁有限公司	药品零售	陕西省西安市
宝鸡华通商厦有限责任公司	百货零售	陕西省宝鸡市
西安怡康医药连锁有限责任公司	药品零售	陕西省西安市
咸阳人人乐商业有限公司	超级市场零售	陕西省咸阳市
陕西民生家乐投资管理有限公司	超级市场零售	陕西省西安市
西安宜家家居有限公司	百货零售	陕西省西安市
咸阳华润万家生活超市有限公司	超级市场零售	陕西省咸阳市
西安秋林商贸有限责任公司	百货零售	陕西省西安市
陕西正大食品有限公司	肉、禽、蛋、奶及水产品零售	陕西省西安市
榆林市广济堂医药科技有限责任公司	药品零售	陕西省榆林市
沃尔玛陕西百货有限公司	超级市场零售	陕西省西安市
渭南市佳盛商贸有限责任公司	百货零售	陕西省渭南市
西安大润发超市有限公司	百货零售	陕西省西安市
甘肃省		
中国石油天然气股份有限公司甘肃兰州销售分公司	机动车燃料零售	甘肃省兰州市
中国石油甘肃白银销售分公司	机动车燃料零售	甘肃省白银市
中国石油化工股份有限公司甘肃石油分公司	机动车燃料零售	甘肃省兰州市
甘肃中油交通油品有限公司	机动车燃料零售	甘肃省兰州市
中国石油天然气股份有限公司甘肃天水销售分公司	机动车燃料零售	甘肃省天水市

4-2 续表 47

企业名称	所属行业	企业所在地
中国石油天然气股份有限公司甘肃定西销售分公司	机动车燃料零售	甘肃省定西市
中国石油天然气股份有限公司甘肃陇南销售分公司	机动车燃料零售	甘肃省陇南市
天水桥南家居建材城有限公司	家具零售	甘肃省天水市
兰州民百(集团)股份有限公司	百货零售	甘肃省兰州市
甘肃华润万家生活超市有限公司	百货零售	甘肃省兰州市
兰州西太华工贸集团股份有限公司	百货零售	甘肃省兰州市
甘肃苏宁云商销售有限公司	日用家电设备零售	甘肃省兰州市
兰州惠仁堂药业有限公司	药品零售	甘肃省兰州市
兰州良志实业集团有限责任公司	汽车零售	甘肃省兰州市
甘肃东方百佳商贸有限公司	超级市场零售	甘肃省庆阳市
甘肃新乐连锁超市有限责任公司	超级市场零售	甘肃省张掖市
甘肃众友健康医药连锁有限公司	药品零售	甘肃省兰州市
甘肃国芳综合超市有限公司	百货零售	甘肃省兰州市
兰州大润发商业有限公司	百货零售	甘肃省兰州市
兰州虹盛百货购物广场有限公司	百货零售	甘肃省兰州市
景泰县三益筑绿有限公司	其他食品零售	甘肃省白银市
敦煌市展望文化旅游产业发展有限责任公司	工艺美术品及收藏品零售`	甘肃省酒泉市
青海省		
西宁王府井百货有限责任公司	百货零售	青海省西宁市
西宁大十字百货商店有限公司	百货零售	青海省西宁市
北京华联综合超市股份有限公司青海第一分公司	超级市场零售	青海省西宁市
西宁市西大街百货大楼有限公司	百货零售	青海省西宁市
青海宁食(集团)有限公司	其他综合零售	青海省西宁市
青海夏都百货股份有限公司	纺织品及针织品零售	青海省西宁市
青海惠客家超市有限公司	超级市场零售	青海省西宁市
宁夏回族自治区		
银川市新华百货连锁超市有限公司	超级市场零售	宁夏回族自治区银川市
银川新华百货商店股份有限公司	百货零售	宁夏回族自治区银川市
银川新华百货东桥电器有限公司	日用家电设备零售	宁夏回族自治区银川市
宁夏华润万家生活超市有限公司	百货零售	宁夏回族自治区银川市
银川市双宝副食品有限公司	超级市场零售	宁夏回族自治区银川市
新疆维吾尔自治区		
国药集团新疆新特药业有限公司	药品零售	新疆维吾尔自治区乌鲁木齐市
新疆友好集团股份有限公司	百货零售	新疆维吾尔自治区乌鲁木齐市
中国石油天然气股份有限公司新疆乌鲁木齐销售公司	机动车燃料零售	新疆维吾尔自治区乌鲁木齐市
新疆国美电器有限公司	家用视听设备零售	新疆维吾尔自治区乌鲁木齐市
新疆汇嘉时代百货股份有限公司	百货零售	新疆维吾尔自治区乌鲁木齐市
新疆友好百盛商业发展有限公司	百货零售	新疆维吾尔自治区乌鲁木齐市
新疆好家乡超市有限公司	超级市场零售	新疆维吾尔自治区乌鲁木齐市
昌吉市汇嘉时代百货有限公司	服装零售	新疆维吾尔自治区昌吉回族自治州
新疆家乐福超市有限公司	超级市场零售	新疆维吾尔自治区乌鲁木齐市
阿克苏金桥超市有限责任公司	百货零售	新疆维吾尔自治区阿克苏地区
新疆百草堂医药连锁经销有限公司	药品零售	新疆维吾尔自治区乌鲁木齐市
哈密天马商贸有限责任公司	百货零售	新疆维吾尔自治区哈密地区
新疆宏景通讯有限公司	通信设备零售	新疆维吾尔自治区乌鲁木齐市
新疆济康医药连锁有限责任公司	药品零售	新疆维吾尔自治区乌鲁木齐市
新疆康宁医药连锁有限责任公司	药品零售	新疆维吾尔自治区巴音郭楞蒙古自治州
新疆华润万家生活超市有限公司	超级市场零售	新疆维吾尔自治区乌鲁木齐市
伊犁新捷天然气有限公司	生活用燃料零售	新疆维吾尔自治区伊犁哈萨克自治州

4-3 各地区大型住宿业企业名单

企业名称	所属行业	企业所在地
北京市		
中国国际贸易中心有限公司	旅游饭店	北京市朝阳区
北京燕莎中心有限公司	旅游饭店	北京市朝阳区
北京桔子水晶酒店管理咨询有限公司	一般旅馆	北京市东城区
北京富华金宝中心有限公司	其他住宿业	北京市东城区
北京香格里拉饭店有限公司	旅游饭店	北京市海淀区
北京嘉里大酒店有限公司	旅游饭店	北京市朝阳区
丽都饭店有限公司	旅游饭店	北京市朝阳区
北京友谊宾馆	旅游饭店	北京市海淀区
北京昆仑饭店有限公司	旅游饭店	北京市朝阳区
七天快捷酒店管理(北京)有限公司	一般旅馆	北京市东城区
北京九华山庄集团股份有限公司	旅游饭店	北京市昌平区
北京亮马河大厦有限公司	旅游饭店	北京市朝阳区
桔子酒店管理(中国)有限公司	旅游饭店	北京市海淀区
北京市北京饭店	旅游饭店	北京市东城区
北京世纪金源大饭店有限责任公司	旅游饭店	北京市海淀区
北京香江财富酒店有限公司	旅游饭店	北京市朝阳区
中国职工之家	旅游饭店	北京市西城区
北京国际俱乐部有限公司	旅游饭店	北京市朝阳区
北京国际饭店	旅游饭店	北京市东城区
北京温都水城旅游饭店管理有限公司	旅游饭店	北京市昌平区
王府饭店有限公司	旅游饭店	北京市东城区
北京新世纪饭店有限公司	旅游饭店	北京市海淀区
北京市西苑饭店	旅游饭店	北京市海淀区
北京首都旅游国际酒店集团有限公司	一般旅馆	北京市东城区
北京市长富宫中心有限责任公司	旅游饭店	北京市朝阳区
北京云南大厦酒店有限公司	旅游饭店	北京市朝阳区
盘古氏国际大酒店有限责任公司	旅游饭店	北京市朝阳区
东方艺术大厦有限公司	旅游饭店	北京市朝阳区
北京香港马会会所有限公司	旅游饭店	北京市东城区
北京市蟹岛绿色生态农庄有限公司	旅游饭店	北京市朝阳区
北京汉华国际饭店有限公司	旅游饭店	北京市东城区
北京京铁天佑酒店管理有限公司	旅游饭店	北京市丰台区
北京朗丽兹西山花园酒店管理有限公司	旅游饭店	北京市海淀区
赛特集团有限公司	旅游饭店	北京市朝阳区
北京天伦王朝饭店有限公司	旅游饭店	北京市东城区
北京燕京饭店有限责任公司	旅游饭店	北京市西城区
港澳中心有限公司	旅游饭店	北京市东城区
北京新疆大厦	旅游饭店	北京市海淀区
北京光明饭店有限公司	旅游饭店	北京市朝阳区
北京市长城饭店公司	旅游饭店	北京市朝阳区
如家和美酒店管理(北京)有限公司	一般旅馆	北京市西城区
中日青年交流中心	旅游饭店	北京市朝阳区
北京新侨饭店有限公司	旅游饭店	北京市东城区
北京春晖园文化娱乐有限责任公司	旅游饭店	北京市顺义区
北京裕龙国际酒店	旅游饭店	北京市海淀区
首都大酒店	旅游饭店	北京市东城区
北京稻香湖投资发展有限责任公司	一般旅馆	北京市海淀区

4-3 续表 1

企业名称	所属行业	企业所在地
北京银泉大厦	旅游饭店	北京市海淀区
北京欣燕都酒店连锁有限公司	旅游饭店	北京市西城区
中国妇女活动中心	旅游饭店	北京市东城区
北京华侨大厦有限公司	旅游饭店	北京市东城区
北京盛安酒店管理有限公司	一般旅馆	北京市海淀区
北京市京伦饭店有限责任公司	旅游饭店	北京市朝阳区
北京金隅凤山温泉度假村有限公司	旅游饭店	北京市昌平区
保利大厦有限公司	旅游饭店	北京市东城区
北京歌华开元大酒店有限公司	旅游饭店	北京市朝阳区
北京西郊宾馆有限责任公司	旅游饭店	北京市海淀区
文津国际酒店管理(北京)有限公司	旅游饭店	北京市海淀区
北京亚洲大酒店有限公司	旅游饭店	北京市东城区
北京和平宾馆有限公司	旅游饭店	北京市东城区
中粮酒店(北京)有限公司	旅游饭店	北京市朝阳区
北京国宾酒店有限责任公司	旅游饭店	北京市西城区
北京市建国饭店公司	旅游饭店	北京市朝阳区
北京凯迪克格兰云天大酒店有限公司	旅游饭店	北京市朝阳区
北京金雁饭店	旅游饭店	北京市怀柔区
王府井饭店管理有限公司	旅游饭店	北京市东城区
北京龙脉温泉疗养院	旅游饭店	北京市昌平区
北京伯豪瑞廷酒店有限责任公司	旅游饭店	北京市朝阳区
天津市		
天津嘉里房地产开发有限公司天津香格里拉大酒店	旅游饭店	天津市河东区
天津天宾酒店管理有限公司	旅游饭店	天津市河西区
天津国凤航空服务股份合作公司	其他住宿业	天津市红桥区
河北省		
河北宾馆有限公司	旅游饭店	河北省石家庄市
兴华财富集团武安财富国际酒店有限公司	一般旅馆	河北省邯郸市
新奥集团艾力枫社酒店有限公司	一般旅馆	河北省廊坊市
河北白鹿温泉旅游度假股份有限公司	旅游饭店	河北省石家庄市
山西省		
山西丽华大酒店	旅游饭店	山西省太原市
山西迎泽宾馆	旅游饭店	山西省太原市
内蒙古自治区		
香格里拉大酒店(呼和浩特)有限公司	旅游饭店	内蒙古自治区呼和浩特市
内蒙古饭店有限责任公司	旅游饭店	内蒙古自治区呼和浩特市
辽宁省		
辽宁瑞心酒店集团有限责任公司	旅游饭店	辽宁省沈阳市
营口红运酒店管理有限公司红运大饭店	旅游饭店	辽宁省营口市
大连香格里拉酒店有限公司	旅游饭店	辽宁省大连市
香格里拉大酒店(沈阳)有限公司	旅游饭店	辽宁省沈阳市
大连富丽华大酒店	旅游饭店	辽宁省大连市
辽宁大厦	旅游饭店	辽宁省沈阳市
沈阳市碧桂园玛丽蒂姆酒店有限公司	旅游饭店	辽宁省沈阳市
大连长江广场有限公司日航饭店	旅游饭店	辽宁省大连市
吉林省		
长春香格里拉大酒店有限公司	旅游饭店	吉林省长春市
长春金安大饭店有限公司	旅游饭店	吉林省长春市

4-3 续表 2

企业名称	所属行业	企业所在地
黑龙江省		
哈尔滨香格里拉大饭店有限公司	旅游饭店	黑龙江省哈尔滨市
哈尔滨友谊宫	旅游饭店	黑龙江省哈尔滨市
哈尔滨万达商业投资有限公司万达索菲特大酒店	旅游饭店	黑龙江省哈尔滨市
哈尔滨华旗饭店有限公司	旅游饭店	黑龙江省哈尔滨市
上海市		
中国金茂(集团)有限公司	旅游饭店	上海市浦东新区
上海商城	旅游饭店	上海市静安区
上海浦东新区香格里拉酒店有限公司	旅游饭店	上海市浦东新区
上海外滩半岛酒店有限公司	旅游饭店	上海市黄浦区
锦江之星旅馆有限公司	一般旅馆	上海市闵行区
上海王宝和大酒店有限公司	旅游饭店	上海市黄浦区
静安希尔顿饭店(上海)	旅游饭店	上海市静安区
上海元一酒店有限公司	一般旅馆	上海市闵行区
上海国际会议中心有限公司	旅游饭店	上海市浦东新区
上海明天广场有限公司金威万豪酒店	旅游饭店	上海市黄浦区
上海西郊宾馆	旅游饭店	上海市长宁区
格林豪泰酒店(中国)有限公司	一般旅馆	上海市普陀区
花园饭店(上海)	旅游饭店	上海市黄浦区
上海锦江饭店有限公司	旅游饭店	上海市黄浦区
上海新天舜华有限公司	旅游饭店	上海市浦东新区
上海扬子江大酒店有限公司	旅游饭店	上海市长宁区
上海秀仕酒店经营有限公司	一般旅馆	上海市浦东新区
上海和平饭店有限公司	旅游饭店	上海市黄浦区
上海斯格威大酒店有限公司	旅游饭店	上海市黄浦区
上海太平洋大饭店有限公司	旅游饭店	上海市长宁区
上海市衡山(集团)公司	旅游饭店	上海市徐汇区
上海新发展大酒店有限公司	旅游饭店	上海市普陀区
上海长峰酒店管理有限公司	旅游饭店	上海市长宁区
上海瑞金宾馆	旅游饭店	上海市黄浦区
上海锦江汤臣大酒店有限公司	旅游饭店	上海市浦东新区
上海光大会展中心有限公司	旅游饭店	上海市徐汇区
上海虹桥迎宾馆	旅游饭店	上海市长宁区
上海东郊宾馆有限公司	旅游饭店	上海市浦东新区
上海东锦江大酒店有限公司	旅游饭店	上海市浦东新区
上海新世界丽笙大酒店有限公司	旅游饭店	上海市黄浦区
上海二十一世纪酒店有限公司	旅游饭店	上海市浦东新区
上海上实南洋大酒店有限公司	旅游饭店	上海市静安区
上海紫泰酒店管理有限公司	旅游饭店	上海市长宁区
上海世茂庄园置业有限公司世茂佘山艾美酒店	旅游饭店	上海市松江区
上海圣诺亚酒店有限公司	旅游饭店	上海市普陀区
上海国际贵都大饭店有限公司	旅游饭店	上海市静安区
上海虹桥宾馆有限公司	旅游饭店	上海市长宁区
上海市上海宾馆有限公司	旅游饭店	上海市静安区
上海海仑宾馆有限公司	旅游饭店	上海市黄浦区
上海兴国宾馆	旅游饭店	上海市长宁区
上海华亭宾馆有限公司	旅游饭店	上海市徐汇区
银星宾馆	旅游饭店	上海市长宁区
上海建国宾馆有限公司	旅游饭店	上海市徐汇区
上海海鸥国际酒店投资管理有限公司	旅游饭店	上海市长宁区

4-3 续表 3

企业名称	所属行业	企业所在地
上海紫金山大酒店	旅游饭店	上海市浦东新区
上海松江开元名都大酒店有限公司	其他住宿业	上海市松江区
上海国际网球中心酒店管理有限公司	旅游饭店	上海市徐汇区
上海新发展圣淘沙大酒店有限公司	旅游饭店	上海市奉贤区
上海七天酒店管理股份有限公司	一般旅馆	上海市徐汇区
上海机场(集团)有限公司浦东机场华美达大酒店	旅游饭店	上海市浦东新区
江苏省		
金陵饭店股份有限公司	旅游饭店	江苏省南京市
苏州工业园区金鸡湖大酒店有限公司	旅游饭店	江苏省苏州市
苏州吴中白金汉爵大酒店有限公司	旅游饭店	江苏省苏州市
无锡湖滨饭店有限公司	旅游饭店	江苏省无锡市
溧阳亚东实业发展有限公司	旅游饭店	江苏省常州市
苏州中茵皇冠假日酒店有限公司	旅游饭店	江苏省苏州市
无锡汉爵投资有限公司	旅游饭店	江苏省无锡市
香格里拉大酒店(南京)有限公司	旅游饭店	江苏省南京市
江苏省会议中心有限公司(钟山宾馆)	旅游饭店	江苏省南京市
苏州新城花园酒店有限公司	旅游饭店	江苏省苏州市
南京维景国际大酒店有限公司	旅游饭店	江苏省南京市
南京中心大酒店有限公司	旅游饭店	江苏省南京市
南通大饭店有限公司	旅游饭店	江苏省南通市
南京玄武饭店有限责任公司	旅游饭店	江苏省南京市
徐州开元名都大酒店有限公司	旅游饭店	江苏省徐州市
苏州尼盛大酒店有限公司	旅游饭店	江苏省苏州市
江阴国际大酒店有限公司	旅游饭店	江苏省无锡市
黄嘉酒店有限公司	旅游饭店	江苏省无锡市
南京古南都饭店有限公司	旅游饭店	江苏省南京市
浙江省		
宁波雅戈尔达蓬山旅游投资开发有限公司	旅游饭店	浙江省宁波市
上虞国际大酒店有限公司	旅游饭店	浙江省绍兴市
杭州华溥实业有限公司	旅游饭店	浙江省杭州市
杭州黄龙饭店有限公司	旅游饭店	浙江省杭州市
杭州国际会议中心有限公司	旅游饭店	浙江省杭州市
香格里拉大酒店(温州)有限公司	旅游饭店	浙江省温州市
香格里拉大酒店(宁波)有限公司	旅游饭店	浙江省宁波市
宁波华侨饭店有限公司	旅游饭店	浙江省宁波市
浙江世贸君澜大饭店	旅游饭店	浙江省杭州市
温州王朝大酒店有限公司	旅游饭店	浙江省温州市
上虞雷迪森万锦大酒店有限公司	旅游饭店	浙江省绍兴市
瑞安市辰茂阳光酒店有限公司	旅游饭店	浙江省温州市
东阳市横店影都宾馆有限公司	旅游饭店	浙江省金华市
杭州之江饭店	旅游饭店	浙江省杭州市
温州万和豪生大酒店有限公司	旅游饭店	浙江省温州市
杭州香格里拉饭店有限公司	旅游饭店	浙江省杭州市
温州阿外楼度假酒店有限公司	一般旅馆	浙江省温州市
振石大酒店有限公司	旅游饭店	浙江省嘉兴市
湖州东吴开元名都酒店有限公司	旅游饭店	浙江省湖州市
宁波南苑集团股份有限公司	旅游饭店	浙江省宁波市
锦绣天地酒店管理有限公司	旅游饭店	浙江省杭州市
温州华侨饭店有限公司	旅游饭店	浙江省温州市

4-3 续表 4

企业名称	所属行业	企业所在地
宁波东港波特曼大酒店有限公司	旅游饭店	浙江省宁波市
温州锦绣酒店投资有限公司	旅游饭店	浙江省温州市
宁波太平洋大酒店有限公司	旅游饭店	浙江省宁波市
杭州望湖宾馆有限责任公司	一般旅馆	浙江省杭州市
舟山海中洲国际大酒店有限公司	旅游饭店	浙江省舟山市
德清县驿站生态旅游开发有限公司	旅游饭店	浙江省湖州市
嘉兴富悦大酒店管理有限公司	旅游饭店	浙江省嘉兴市
浙江金马饭店有限公司	旅游饭店	浙江省杭州市
杭州太虚湖假日酒店有限公司	旅游饭店	浙江省杭州市
平湖圣雷克大酒店有限责任公司	旅游饭店	浙江省嘉兴市
浙江西子宾馆	旅游饭店	浙江省杭州市
杭州第一世界大酒店有限公司	旅游饭店	浙江省杭州市
浙江天籁之梦旅游投资有限公司	旅游饭店	浙江省湖州市
冠鼎泽恒业千岛湖旅游有限公司	旅游饭店	浙江省杭州市
义乌市市场发展集团有限公司幸福湖国际会议中心分公司	旅游饭店	浙江省金华市
台州恩都酒店有限公司	旅游饭店	浙江省台州市
台州耀达国际酒店有限公司	旅游饭店	浙江省台州市
苍南国际大酒店有限公司	一般旅馆	浙江省温州市
安徽省		
安徽省世纪金源大饭店管理有限公司	旅游饭店	安徽省合肥市
福建省		
厦门磐基大酒店有限公司	旅游饭店	福建省厦门市
福州世纪金源大饭店有限公司	旅游饭店	福建省福州市
厦门和平里酒店有限公司	旅游饭店	福建省厦门市
厦门海悦山庄酒店有限公司	旅游饭店	福建省厦门市
福州香格里拉酒店有限公司	旅游饭店	福建省福州市
厦门国际大酒店有限公司	旅游饭店	福建省厦门市
福建国惠大酒店有限公司	旅游饭店	福建省福州市
晋江爱乐假日酒店	旅游饭店	福建省泉州市
厦门国际会议中心酒店有限公司	旅游饭店	福建省厦门市
厦门悦华酒店	旅游饭店	福建省厦门市
长乐国惠大酒店有限公司	旅游饭店	福建省福州市
杭钢(厦门)酒店有限公司	旅游饭店	福建省厦门市
创元(福建)大酒店有限公司	旅游饭店	福建省福州市
国谊(福建)大酒店有限责任公司	其他住宿业	福建省福州市
晋江市金玛国际酒店有限公司	旅游饭店	福建省泉州市
漳州宾馆	旅游饭店	福建省漳州市
厦门东方酒店有限公司	旅游饭店	福建省厦门市
厦门佰翔软件园酒店有限公司	旅游饭店	福建省厦门市
厦门福隆体育产业发展有限公司艾美酒店	旅游饭店	福建省厦门市
福州大饭店有限公司	旅游饭店	福建省福州市
厦门京闽中心酒店	旅游饭店	福建省厦门市
厦门厦宾酒店有限公司	一般旅馆	福建省厦门市
泉州悦华酒店有限公司	旅游饭店	福建省泉州市
泉州酒店	旅游饭店	福建省泉州市
江西省		
江西庐山天沐温泉渡假有限公司	旅游饭店	江西省九江市
江西庐山龙湾温泉开发有限公司	旅游饭店	江西省九江市

4–3 续表 5

企业名称	所属行业	企业所在地
山东省		
山东银座佳驿酒店有限公司	一般旅馆	山东省济南市
青岛香格里拉大酒店有限公司	旅游饭店	山东省青岛市
山东大厦	旅游饭店	山东省济南市
港中旅(青岛)海泉湾有限公司	旅游饭店	山东省青岛市
济南舜耕山庄	旅游饭店	山东省济南市
青岛奥海投资发展有限公司海尔洲际酒店	旅游饭店	山东省青岛市
青岛海景花园大酒店	旅游饭店	山东省青岛市
青岛海景(国际)大酒店发展有限公司	旅游饭店	山东省青岛市
济南海尔绿城置业有限公司喜来登酒店	旅游饭店	山东省济南市
荣成石岛宾馆有限公司	旅游饭店	山东省威海市
山东银座旅游集团有限公司	旅游饭店	山东省济南市
烟台财会培训中心	旅游饭店	山东省烟台市
临沂宾馆有限责任公司	旅游饭店	山东省临沂市
青岛颐中国际大酒店有限公司	旅游饭店	山东省青岛市
青岛汇泉王朝大饭店有限公司	旅游饭店	山东省青岛市
青岛黄岛蓝海大饭店有限公司	旅游饭店	山东省青岛市
河南省		
驻马店市天龙大酒店有限公司	旅游饭店	河南省驻马店市
河南省黄河迎宾馆	旅游饭店	河南省郑州市
河南省永和铂爵国际酒店有限公司	旅游饭店	河南省郑州市
郑州裕达国贸酒店有限公司	旅游饭店	河南省郑州市
开封中州国际饭店有限公司	旅游饭店	河南省开封市
湖北省		
长江轮船海外旅游总公司(武汉)	旅游饭店	湖北省武汉市
武汉扬子江游船有限公司	旅游饭店	湖北省武汉市
武汉武昌万达广场投资有限公司万达威斯汀酒店	旅游饭店	湖北省武汉市
湖北峡州酒店产业集团有限公司	旅游饭店	湖北省宜昌市
湖北尚一特酒店管理有限公司	一般旅馆	湖北省襄阳市
武汉香格里拉大饭店有限公司	旅游饭店	湖北省武汉市
湖北洪山宾馆有限公司	旅游饭店	湖北省武汉市
纽宾凯酒店集团(武汉)有限公司	一般旅馆	湖北省武汉市
湖南省		
衡阳四海神龙实业有限公司神龙大酒店	旅游饭店	湖南省衡阳市
湖南运达酒店管理有限公司	旅游饭店	湖南省长沙市
华天酒店集团股份有限公司	其他住宿业	湖南省长沙市
湖南富丽华大酒店	旅游饭店	湖南省长沙市
长沙世纪金源大饭店有限公司	旅游饭店	湖南省长沙市
湖南圣爵菲斯投资有限公司	旅游饭店	湖南省长沙市
韶山宾馆	旅游饭店	湖南省湘潭市
湖南华雅国际大酒店有限公司	旅游饭店	湖南省长沙市
湖南芙蓉国酒店管理有限公司	旅游饭店	湖南省长沙市
湖南国际金融大厦有限公司	旅游饭店	湖南省长沙市
广东省		
珠海长隆投资发展有限公司	旅游饭店	广东省珠海市
七天四季酒店(广州)有限公司	旅游饭店	广东省广州市
七天酒店(深圳)有限公司	一般旅馆	广东省广州市
广州花园酒店	旅游饭店	广东省广州市
香格里拉大酒店(广州琶洲)有限公司	旅游饭店	广东省广州市

4-3 续表 6

企业名称	所属行业	企业所在地
华润(深圳)有限公司君悦酒店	旅游饭店	广东省深圳市
香格里拉大酒店(深圳福田)有限公司	旅游饭店	广东省深圳市
深圳华侨城大酒店有限公司	旅游饭店	广东省深圳市
揭西县京明温泉度假村有限公司	旅游饭店	广东省揭阳市
中国大酒店	旅游饭店	广东省广州市
星河实业(深圳)有限公司星河丽思卡尔顿酒店	旅游饭店	广东省深圳市
广州富力恒盛置业发展有限公司富力丽思卡尔顿酒店分公司	旅游饭店	广东省广州市
佛山宾馆有限公司	旅游饭店	广东省佛山市
广州富力鼎盛置业发展有限公司富力君悦大酒店分公司	旅游饭店	广东省广州市
深圳市京基一百大厦酒店管理有限公司	旅游饭店	广东省深圳市
龙门县地派温泉度假村有限公司	旅游饭店	广东省惠州市
广州岭南集团控股股份有限公司	旅游饭店	广东省广州市
深圳圣廷苑酒店有限公司	旅游饭店	广东省深圳市
港中旅(珠海)海泉湾有限公司	旅游饭店	广东省珠海市
深圳大中华喜来登酒店有限公司	旅游饭店	广东省深圳市
广东新白云宾馆有限公司	旅游饭店	广东省广州市
深圳市益田假日广场有限公司威斯汀酒店	旅游饭店	广东省深圳市
深圳香格里拉大酒店有限公司	旅游饭店	广东省深圳市
广州首旅建国酒店有限公司	旅游饭店	广东省广州市
金茂深圳酒店投资有限公司金茂深圳万豪酒店	旅游饭店	广东省深圳市
东莞市松山湖酒店有限公司	旅游饭店	广东省东莞市
东莞市康帝国际酒店有限公司	旅游饭店	广东省东莞市
广州市城建天誉房地产开发有限公司威斯汀酒店	旅游饭店	广东省广州市
中国对外贸易广州物业开发公司	旅游饭店	广东省广州市
梅县雁南飞茶田有限公司	旅游饭店	广东省梅州市
广东省机场管理集团公司白云机场铂尔曼大酒店	旅游饭店	广东省广州市
深圳市森森海实业有限公司	旅游饭店	广东省深圳市
深圳威尼斯酒店	旅游饭店	广东省深圳市
龙门县南昆山温泉旅游大观园有限公司	旅游饭店	广东省惠州市
东莞市塘厦三正半山酒店有限公司	旅游饭店	广东省东莞市
广东亚洲国际大酒店	旅游饭店	广东省广州市
深圳好日子酒店有限公司	旅游饭店	广东省深圳市
深圳市五洲宾馆有限责任公司	旅游饭店	广东省深圳市
从都国际企业有限公司	旅游饭店	广东省广州市
珠海度假村酒店有限公司	旅游饭店	广东省珠海市
广州万达广场投资有限公司万达希尔顿酒店	旅游饭店	广东省广州市
白天鹅宾馆	旅游饭店	广东省广州市
深圳市皇庭酒店管理有限公司	旅游饭店	广东省深圳市
深圳恒丰海悦国际酒店有限公司	旅游饭店	广东省深圳市
保利(佛山)酒店有限公司	旅游饭店	广东省佛山市
加福投资(深圳)有限公司福朋喜来登酒店	旅游饭店	广东省深圳市
湛江海滨滨馆有限责任公司	旅游饭店	广东省湛江市
广州从化碧水湾温泉度假村有限公司	旅游饭店	广东省广州市
广州远洋宾馆有限公司	旅游饭店	广东省广州市
广州翡翠皇冠假日酒店有限公司	旅游饭店	广东省广州市
中山温泉有限公司	旅游饭店	广东省中山市
余彭年管理(深圳)有限公司	旅游饭店	广东省深圳市
中山市利和酒店有限公司	旅游饭店	广东省中山市

4-3 续表 7

企业名称	所属行业	企业所在地
龙门尚天然温泉度假有限公司	旅游饭店	广东省惠州市
广州市七天酒店管理有限公司	一般旅馆	广东省广州市
深圳麒麟山庄	旅游饭店	广东省深圳市
深圳海景奥思廷酒店有限公司	旅游饭店	广东省深圳市
广东嘉华酒店有限公司	旅游饭店	广东省东莞市
深圳市东方银座酒店有限公司	旅游饭店	广东省深圳市
惠州市康帝国际酒店有限公司	旅游饭店	广东省惠州市
中山市京华世纪酒店有限公司	旅游饭店	广东省中山市
东莞旗峰山酒店有限公司	旅游饭店	广东省东莞市
湛江康益广场娱乐有限公司	旅游饭店	广东省湛江市
深圳阳光酒店	旅游饭店	广东省深圳市
江门市名冠金凯悦大酒店有限公司	一般旅馆	广东省江门市
广州市星河湾酒店有限公司	旅游饭店	广东省广州市
广州大厦有限公司	一般旅馆	广东省广州市
广州流花宾馆集团股份有限公司	旅游饭店	广东省广州市
东莞市宏远酒店有限公司	旅游饭店	广东省东莞市
广州地中海国际酒店有限公司	旅游饭店	广东省广州市
广州华侨大厦企业有限公司	旅游饭店	广东省广州市
广州华钜君悦酒店有限公司	旅游饭店	广东省广州市
深圳市白鹭健康服务有限公司	旅游饭店	广东省深圳市
广州凯旋大酒店有限公司凯旋华美达大酒店	旅游饭店	广东省广州市
东莞市会展国际大酒店	旅游饭店	广东省东莞市
佛山市顺德区长鹿环保度假农庄有限公司	旅游饭店	广东省佛山市
广西壮族自治区		
广西雅斯特酒店投资有限责任公司	一般旅馆	广西壮族自治区南宁市
广西沃顿国际大酒店有限公司	旅游饭店	广西壮族自治区南宁市
桂林市大公馆酒店有限责任公司	旅游饭店	广西壮族自治区桂林市
香格里拉大酒店(桂林)有限公司	旅游饭店	广西壮族自治区桂林市
柳州饭店	旅游饭店	广西壮族自治区柳州市
桂林漓江大瀑布饭店有限责任公司	旅游饭店	广西壮族自治区桂林市
海南省		
三亚蜈支洲岛珊瑚酒店管理有限公司	旅游饭店	海南省三亚市
金茂(三亚)旅业有限公司	旅游饭店	海南省三亚市
三亚天域实业有限公司	旅游饭店	海南省三亚市
中粮酒店(三亚)有限公司	旅游饭店	海南省三亚市
三亚红树林旅业有限公司	旅游饭店	海南省三亚市
三亚红树林度假酒店经营有限公司	旅游饭店	海南省三亚市
三亚盈湾酒店有限公司	旅游饭店	海南省三亚市
金茂(三亚)度假酒店有限公司	旅游饭店	海南省三亚市
三亚家化旅业有限公司	旅游饭店	海南省三亚市
三亚新天房置业有限公司	旅游饭店	海南省三亚市
三亚长岛旅业有限公司	旅游饭店	海南省三亚市
三亚鹿回头旅游区开发有限公司三亚半山半岛洲际度假酒店	旅游饭店	海南省三亚市
三亚民生旅业有限责任公司海棠湾民生威斯汀度假酒店	旅游饭店	海南省三亚市
三亚海韵度假酒店有限公司	旅游饭店	海南省三亚市
三亚国光豪生度假酒店有限公司	旅游饭店	海南省三亚市
三亚林海房地产开发有限公司三亚湾海居铂尔曼度假酒店	旅游饭店	海南省三亚市
海南观澜湖酒店有限公司	旅游饭店	海南省海口市

4-3 续表 8

企业名称	所属行业	企业所在地
三亚鸿洲国际游艇会有限公司	旅游饭店	海南省三亚市
海南开维海棠度假投资有限公司	旅游饭店	海南省三亚市
三亚中港渔业有限公司	旅游饭店	海南省三亚市
三亚华宇旅业有限公司	旅游饭店	海南省三亚市
三亚万达大酒店有限公司万达希尔顿逸林酒店	旅游饭店	海南省三亚市
三亚亚龙湾云天热带森林公园有限公司人间天堂鸟巢度假村	旅游饭店	海南省三亚市
三亚香格里拉大酒店有限公司	旅游饭店	海南省三亚市
海口国宾馆开发有限公司	旅游饭店	海南省海口市
三亚湘投瑞达置业有限公司三亚湘投银泰度假酒店	旅游饭店	海南省三亚市
重庆市		
重庆世纪金源时代大饭店有限公司	旅游饭店	重庆市江北区
恒大地产集团江津有限公司酒店分公司	旅游饭店	重庆市江津区
重庆天来酒店有限公司	旅游饭店	重庆市渝北区
重庆君豪大饭店有限责任公司	旅游饭店	重庆市江北区
重庆宾馆有限公司	旅游饭店	重庆市渝中区
重庆海宇温泉度假酒店有限公司	旅游饭店	重庆市北碚区
重庆金科两江大酒店有限公司	旅游饭店	重庆市涪陵区
四川省		
成都世纪城新国际会展中心有限公司世纪天堂洲际大饭店	旅游饭店	四川省成都市
香格里拉大酒店(成都)有限公司	旅游饭店	四川省成都市
四川锦江宾馆有限责任公司	旅游饭店	四川省成都市
四川九寨天堂国际会议度假中心有限公司	旅游饭店	四川省阿坝藏族羌族自治州
成都建工集团旅游有限公司青城国际酒店	旅游饭店	四川省成都市
成都世纪城新国际会展中心有限公司假日酒店	旅游饭店	四川省成都市
贵州省		
贵阳世纪金源大饭店管理有限责任公司	旅游饭店	贵州省贵阳市
贵州饭店有限责任公司	旅游饭店	贵州省贵阳市
云南省		
云南海埂酒店管理有限公司	旅游饭店	云南省昆明市
昆明世纪金源大饭店有限公司	旅游饭店	云南省昆明市
云南红河投资有限公司酒店分公司	旅游饭店	云南省红河哈尼族彝族自治州
昆明春城湖畔旅游置业发展有限公司	一般旅馆	云南省昆明市
西双版纳世纪金源大饭店有限责任公司	旅游饭店	云南省西双版纳傣族自治州
陕西省		
香格里拉大酒店(西安)有限公司	旅游饭店	陕西省西安市
陕西金信实业发展有限公司	旅游饭店	陕西省西安市
陕西人民大厦有限公司	旅游饭店	陕西省西安市
陕西宾馆有限责任公司	旅游饭店	陕西省西安市
陕西云海投资管理有限公司	旅游饭店	陕西省西安市
咸阳海泉湾有限公司	旅游饭店	陕西省咸阳市
陕西华清爱琴海生态发展有限责任公司	旅游饭店	陕西省西安市
甘肃省		
兰州饭店	旅游饭店	甘肃省兰州市
甘肃宁卧庄宾馆	旅游饭店	甘肃省兰州市
新疆维吾尔自治区		
新疆机场集团天缘酒店管理有限责任公司	一般旅馆	新疆维吾尔自治区乌鲁木齐市
新疆边疆宾馆	旅游饭店	新疆维吾尔自治区乌鲁木齐市

4-4 各地区大型餐饮业企业名单

企业名称	所属行业	企业所在地
北京市		
北京必胜客比萨饼有限公司	正餐服务	北京市东城区
北京肯德基有限公司	快餐服务	北京市东城区
北京麦当劳食品有限公司	快餐服务	北京市东城区
呷哺呷哺餐饮管理有限公司	快餐服务	北京市大兴区
海鸿达(北京)餐饮管理有限公司	正餐服务	北京市经济技术开发区
北京星巴克咖啡有限公司	咖啡馆服务	北京市朝阳区
北京吉野家快餐有限公司	快餐服务	北京市西城区
眉州东坡餐饮管理(北京)有限公司	正餐服务	北京市朝阳区
中国全聚德(集团)股份有限公司	正餐服务	北京市西城区
汉堡王(北京)餐饮管理有限公司	快餐服务	北京市顺义区
北京首都机场餐饮发展有限公司	正餐服务	北京市顺义区
聚德华天控股有限公司	正餐服务	北京市西城区
北京金鼎轩酒楼有限责任公司	正餐服务	北京市东城区
北京永和大王餐饮有限公司	快餐服务	北京市东城区
北京真功夫快餐连锁管理有限公司	快餐服务	北京市朝阳区
北京东来顺集团有限责任公司	正餐服务	北京市东城区
北京和合谷餐饮管理有限公司	快餐服务	北京市西城区
北京市新宏状元餐饮管理有限公司	正餐服务	北京市海淀区
北京快客利餐饮管理有限公司	正餐服务	北京市朝阳区
北京嘉和一品企业管理股份有限公司	正餐服务	北京市顺义区
北京索迪斯服务有限公司	其他未列明餐饮业	北京市朝阳区
北京大董烤鸭店有限责任公司	正餐服务	北京市朝阳区
北京华卓餐饮连锁股份有限公司	正餐服务	北京市顺义区
北京便宜坊烤鸭集团有限公司	正餐服务	北京市东城区
北京俏江南餐饮管理有限公司	正餐服务	北京市朝阳区
北京联郡餐饮管理有限公司	正餐服务	北京市海淀区
北京礼信年年餐饮管理有限公司	其他未列明餐饮业	北京市海淀区
北京味千餐饮管理有限公司	快餐服务	北京市朝阳区
顺峰饮食酒店管理股份有限公司	正餐服务	北京市朝阳区
北京市西单麻辣诱惑餐饮有限公司	正餐服务	北京市西城区
北京萨莉亚餐饮管理有限公司	正餐服务	北京市东城区
北京紫福餐饮有限公司	正餐服务	北京市东城区
北京龙城丽华快餐餐饮管理有限公司	餐饮配送服务	北京市朝阳区
北京小南国餐饮管理有限公司	正餐服务	北京市东城区
北京金丰餐饮有限公司	其他未列明餐饮业	北京市海淀区
北京航天华盛科贸发展有限公司	正餐服务	北京市丰台区
北京健力源餐饮管理有限公司	快餐服务	北京市海淀区
北京将太无二餐饮有限责任公司	正餐服务	北京市朝阳区
北京翔达投资管理有限公司	正餐服务	北京市西城区
北京恒泰丰餐饮有限公司	正餐服务	北京市东城区
华润太平洋餐饮管理(北京)有限公司	咖啡馆服务	北京市东城区
北京西贝万家餐饮管理有限公司	正餐服务	北京市平谷区
北京大董富春山居餐饮管理有限公司	正餐服务	北京市朝阳区
北京汇丰利餐饮管理有限公司	正餐服务	北京市大兴区
北京好伦哥餐饮有限公司	快餐服务	北京市海淀区
北京德克士食品有限公司	快餐服务	北京市东城区
北京汤城小厨餐饮管理有限公司	正餐服务	北京市东城区
北京马氏东方饺子王餐饮有限责任公司	正餐服务	北京市门头沟区
北京旺顺阁美食有限公司	正餐服务	北京市朝阳区

4-4 续表 1

企业名称	所属行业	企业所在地
北京星物语餐饮管理有限公司	小吃服务	北京市东城区
富迪康(北京)餐饮管理有限公司	正餐服务	北京市通州区
央视后勤服务发展(北京)有限责任公司	正餐服务	北京市海淀区
北京万龙洲饮食有限责任公司	正餐服务	北京市东城区
北京新世纪青年饮食有限公司	正餐服务	北京市西城区
北京禾绿回转寿司饮食有限公司	快餐服务	北京市朝阳区
北京心正意诚餐饮管理有限公司	正餐服务	北京市房山区
北京凯瑞豪门餐饮有限公司	正餐服务	北京市海淀区
北京明帝餐饮管理有限公司	快餐服务	北京市朝阳区
北京新沸腾鱼乡餐饮投资顾问有限公司	正餐服务	北京市朝阳区
北京郭林家常菜食品有限责任公司	正餐服务	北京市西城区
北京首钢饮食有限责任公司	其他未列明餐饮业	北京市石景山区
北京太兴餐饮管理有限公司	正餐服务	北京市东城区
北京港丽餐饮管理有限公司	正餐服务	北京市西城区
北京九十九顶毡房餐饮有限公司	正餐服务	北京市海淀区
天津市		
天津肯德基有限公司	快餐服务	天津市南开区
天津麦当劳食品有限公司	快餐服务	天津市河西区
天津海底捞餐饮管理有限公司	正餐服务	天津市西青区
天津快客利食品科技咨询有限公司	餐饮配送服务	天津市河北区
山西省		
太原肯德基有限公司	快餐服务	山西省太原市
大同市凯鸽餐饮有限责任公司	正餐服务	山西省大同市
大同市王府至尊酒店有限责任公司	正餐服务	山西省大同市
内蒙古自治区		
内蒙古小尾羊牧业科技股份有限公司	正餐服务	内蒙古自治区包头市
包头万达广场商业管理有限公司	正餐服务	内蒙古自治区包头市
内蒙古润隆餐饮管理有限公司	正餐服务	内蒙古自治区鄂尔多斯市
辽宁省		
百胜餐饮(沈阳)有限公司	快餐服务	辽宁省沈阳市
大连肯德基有限公司	快餐服务	辽宁省大连市
亚惠美食有限公司	快餐服务	辽宁省大连市
沈阳麦当劳(餐厅食品)有限公司	快餐服务	辽宁省沈阳市
大连麦当劳餐厅食品有限公司	快餐服务	辽宁省大连市
沈阳顺峰饮食有限公司	正餐服务	辽宁省沈阳市
大连合兴快餐有限公司	快餐服务	辽宁省大连市
吉林省		
吉林缘生泰餐饮有限公司	快餐服务	吉林省吉林市
吉林省南湖宾馆	正餐服务	吉林省长春市
长春国商餐饮管理有限公司	快餐服务	吉林省长春市
黑龙江省		
黑龙江麦当劳(餐厅食品)有限公司	快餐服务	黑龙江省哈尔滨市
哈尔滨东方众合餐饮有限责任公司	正餐服务	黑龙江省哈尔滨市
上海市		
上海统一星巴克咖啡有限公司	咖啡馆服务	上海市徐汇区
上海必胜客有限公司	正餐服务	上海市徐汇区
上海肯德基有限公司	快餐服务	上海市徐汇区
上海麦当劳食品有限公司	快餐服务	上海市徐汇区
王品西提(上海)餐饮有限公司	正餐服务	上海市徐汇区
快乐蜂(中国)餐饮管理有限公司	快餐服务	上海市闵行区
上海适达餐饮管理有限公司	其他饮料及冷饮服务	上海市徐汇区

4-4 续表 2

企业名称	所属行业	企业所在地
上海伟略餐饮管理有限公司	正餐服务	上海市黄浦区
津味(上海)餐饮管理有限公司	咖啡馆服务	上海市徐汇区
上海领先餐饮管理有限公司	正餐服务	上海市黄浦区
上海捞派餐饮管理有限公司	正餐服务	上海市宝山区
上海小南国海之源餐饮管理有限公司	正餐服务	上海市杨浦区
望湘园(上海)餐饮管理有限公司	正餐服务	上海市浦东新区
上海避风塘美食有限公司	正餐服务	上海市黄浦区
悦达咖世家(上海)餐饮管理有限公司	咖啡馆服务	上海市虹口区
上海老城隍庙餐饮(集团)有限公司	快餐服务	上海市黄浦区
上海萨莉亚餐饮有限公司	正餐服务	上海市徐汇区
汉堡王(上海)餐饮有限公司	快餐服务	上海市黄浦区
上海爱一特餐饮有限公司	正餐服务	上海市浦东新区
上海一茶一坐餐饮有限公司	正餐服务	上海市徐汇区
上海真功夫快餐管理有限公司	快餐服务	上海市闸北区
上海怡乐食食品科技服务有限公司	快餐服务	上海市徐汇区
上海沃歌斯餐饮有限公司	快餐服务	上海市静安区
上海棒约翰餐饮管理有限公司	正餐服务	上海市徐汇区
信恒餐饮管理(上海)有限公司	其他饮料及冷饮服务	上海市嘉定区
上海新旺餐饮管理有限公司	正餐服务	上海市黄浦区
上海博海餐饮集团有限公司	正餐服务	上海市金山区
上海广成餐饮管理有限公司	正餐服务	上海市长宁区
上海速堡餐饮有限公司	正餐服务	上海市闸北区
利满美餐饮(上海)有限公司	正餐服务	上海市黄浦区
蓝蛙餐饮管理(上海)有限公司	正餐服务	上海市浦东新区
上海大富贵酒楼有限公司	正餐服务	上海市黄浦区
呷哺呷哺餐饮管理(上海)有限公司	正餐服务	上海市徐汇区
上海麦金地餐饮管理服务股份有限公司	正餐服务	上海市浦东新区
上海朋利来餐饮管理有限公司	小吃服务	上海市普陀区
康帕斯(中国)企业管理服务有限公司	餐饮配送服务	上海市闵行区
上海绿捷实业发展有限公司	正餐服务	上海市闵行区
上海俏江南酒店管理有限公司	正餐服务	上海市静安区
上海宝莱纳餐饮有限公司	正餐服务	上海市徐汇区
上海家有好面餐饮管理有限公司	小吃服务	上海市青浦区
绿捷(上海)企业发展有限公司	正餐服务	上海市闵行区
新元素餐饮管理(上海)有限公司	正餐服务	上海市静安区
上海达美乐比萨有限公司	正餐服务	上海市黄浦区
上海海舟餐饮服务管理有限公司	其他未列明餐饮业	上海市浦东新区
上海港丽餐饮管理有限公司	正餐服务	上海市黄浦区
上海豪普生达商业管理有限公司	正餐服务	上海市浦东新区
上海外滩三号饮食文化有限公司	正餐服务	上海市黄浦区
九橙(上海)餐饮服务有限公司	正餐服务	上海市嘉定区
上海仟果企业管理有限公司	其他饮料及冷饮服务	上海市黄浦区
上海天泰餐饮服务有限公司	正餐服务	上海市徐汇区
食之秘餐饮管理(上海)有限公司	正餐服务	上海市黄浦区
马上诺餐饮(上海)有限公司	正餐服务	上海市黄浦区
上海六合顺风餐饮有限公司	正餐服务	上海市黄浦区
上海巴贝拉意舟餐饮管理有限公司	快餐服务	上海市浦东新区
上海光明村实业总公司	正餐服务	上海市黄浦区
上海银湖酒店有限公司	正餐服务	上海市松江区
贝拉吉奥(上海)餐饮管理有限公司	正餐服务	上海市闵行区
和民餐饮管理(上海)有限公司	正餐服务	上海市黄浦区

4-4 续表 3

企业名称	所属行业	企业所在地
上海锦江国际食品餐饮管理有限公司	其他未列明餐饮业	上海市徐汇区
上海新区小南国餐饮管理有限公司	正餐服务	上海市浦东新区
上海采华餐饮管理有限公司	正餐服务	上海市徐汇区
上海日益餐饮有限公司	正餐服务	上海市浦东新区
上海利仁餐饮有限公司	快餐服务	上海市松江区
上海辉哥海鲜火锅餐饮有限公司	正餐服务	上海市静安区
上海新亚富丽华餐饮股份有限公司	正餐服务	上海市黄浦区
上海斗牛士牛排馆有限公司	正餐服务	上海市徐汇区
上海长宁唐宫海鲜舫有限公司	正餐服务	上海市长宁区
上海常州大娘水饺餐饮有限公司	快餐服务	上海市黄浦区
上海禾绿饮食有限公司	正餐服务	上海市长宁区
上海丰裕餐饮管理有限公司	正餐服务	上海市黄浦区
上海功德林素食有限公司	正餐服务	上海市黄浦区
上海浦东唐宫海鲜舫有限公司	正餐服务	上海市浦东新区
上海红子鸡美食总汇有限公司	正餐服务	上海市普陀区
上海浦东翠盛餐饮有限公司	正餐服务	上海市浦东新区
上海王鼎餐饮有限公司	正餐服务	上海市黄浦区
江苏省		
南京肯德基有限公司	快餐服务	江苏省南京市
苏州肯德基有限公司	快餐服务	江苏省苏州市
无锡肯德基有限公司	快餐服务	江苏省无锡市
大娘水饺餐饮集团股份有限公司	快餐服务	江苏省常州市
和夏(南京)餐饮管理有限公司	其他未列明餐饮业	江苏省南京市
常州丽华快餐集团有限公司	快餐服务	江苏省常州市
南京麦当劳餐饮食品有限公司	快餐服务	江苏省南京市
苏州白金汉爵大酒店有限公司	正餐服务	江苏省苏州市
同庆楼太湖餐饮无锡有限公司	正餐服务	江苏省无锡市
南京联郡餐饮管理有限公司	正餐服务	江苏省南京市
南京味千餐饮管理有限公司	快餐服务	江苏省南京市
昆山皇冠国际会展酒店有限公司	正餐服务	江苏省苏州市
苏州松鹤楼餐饮管理有限公司	正餐服务	江苏省苏州市
无锡麦当劳餐厅食品有限公司	快餐服务	江苏省无锡市
南京梅山生活服务发展有限公司	正餐服务	江苏省南京市
苏州市大娘水饺餐饮有限公司	其他未列明餐饮业	江苏省苏州市
江阴市龙希国际大酒店有限公司	正餐服务	江苏省无锡市
苏州工业园区科桥餐饮服务有限公司	餐饮配送服务	江苏省苏州市
南京金都饮食服务有限公司	正餐服务	江苏省南京市
苏州指福门餐饮有限公司	正餐服务	江苏省苏州市
常州扬子餐饮管理有限公司	快餐服务	江苏省常州市
南京爱味弘企业管理服务有限公司	正餐服务	江苏省南京市
南京荣邦餐饮投资管理发展有限公司	正餐服务	江苏省南京市
浙江省		
杭州肯德基有限公司	快餐服务	浙江省杭州市
浙江麦当劳餐厅食品有限公司	快餐服务	浙江省杭州市
浙江凯旋门澳门豆捞控股集团有限公司	正餐服务	浙江省杭州市
浙江老娘舅餐饮有限公司	快餐服务	浙江省湖州市
杭州饮食服务集团有限公司	正餐服务	浙江省杭州市
绍兴市咸亨酒店有限公司	正餐服务	浙江省绍兴市
浙江外婆家餐饮有限公司	正餐服务	浙江省杭州市
慈溪白金汉爵投资有限公司	正餐服务	浙江省宁波市

4–4　续表 4

企业名称	所属行业	企业所在地
平湖白金汉爵大酒店有限公司	正餐服务	浙江省嘉兴市
五芳斋餐饮有限公司	快餐服务	浙江省嘉兴市
杭州捞派餐饮有限公司	正餐服务	浙江省杭州市
杭州味千餐饮管理有限公司	快餐服务	浙江省杭州市
八十五度(浙江)餐饮管理有限公司	小吃服务	浙江省杭州市
杭州楼外楼实业集团股份有限公司	正餐服务	浙江省杭州市
温州滨海大酒店有限公司	正餐服务	浙江省温州市
嘉兴市金悦大酒楼有限公司	正餐服务	浙江省嘉兴市
杭州新丰小吃有限公司	小吃服务	浙江省杭州市
宁波外婆家餐饮有限公司	正餐服务	浙江省宁波市
杭州新开元大酒店有限公司	正餐服务	浙江省杭州市
安徽省		
安徽同庆楼餐饮发展有限公司	正餐服务	安徽省合肥市
安徽蜀王美心快餐管理有限责任公司	快餐服务	安徽省合肥市
安徽老乡鸡餐饮有限公司	快餐服务	安徽省合肥市
合肥滨投商业运营管理有限责任公司	正餐服务	安徽省合肥市
安徽省驿达高速公路服务区经营管理有限公司	快餐服务	安徽省合肥市
安徽联升餐厅食品有限公司	快餐服务	安徽省合肥市
芜湖汉爵阳明大酒店有限公司	正餐服务	安徽省芜湖市
福建省		
百胜餐饮(福州)有限公司	快餐服务	福建省福州市
厦门肯德基有限公司	快餐服务	福建省厦门市
厦门麦当劳食品发展有限公司	快餐服务	福建省厦门市
福州麦当劳餐厅食品有限公司	快餐服务	福建省福州市
八十五度(厦门)餐饮管理有限公司	其他未列明餐饮业	福建省厦门市
福州豪亨世家餐饮管理有限公司	正餐服务	福建省福州市
福州德克士食品有限公司	快餐服务	福建省福州市
厦门佰翔空厨食品有限公司	餐饮配送服务	福建省厦门市
福州飞龙餐饮管理有限公司	快餐服务	福建省福州市
厦门潮福城酒楼有限公司	正餐服务	福建省厦门市
江西省		
南昌肯德基有限公司	快餐服务	江西省南昌市
江西海印餐饮管理有限公司	正餐服务	江西省南昌市
山东省		
青岛肯德基有限公司	快餐服务	山东省青岛市
山东蓝海股份有限公司	正餐服务	山东省东营市
山东联升餐厅食品有限公司	快餐服务	山东省青岛市
山东麦当劳(餐厅食品)有限公司	快餐服务	山东省济南市
青岛健力源餐饮管理有限公司	其他未列明餐饮业	山东省青岛市
山东舜和国际酒店有限公司	正餐服务	山东省济南市
济南南郊宾馆	正餐服务	山东省济南市
德州双鸿大酒店有限公司	正餐服务	山东省德州市
山东齐盛国际宾馆	正餐服务	山东省淄博市
荣峰国际饭店	正餐服务	山东省泰安市
临沂蓝海饭店有限公司	正餐服务	山东省临沂市
青岛举鑫帮厨有限公司	正餐服务	山东省青岛市
河南省		
郑州肯德基有限公司	快餐服务	河南省郑州市
河南麦当劳(餐厅食品)有限公司	快餐服务	河南省郑州市
洛阳餐旅(集团)股份有限公司	正餐服务	河南省洛阳市

4-4 续表 5

企业名称	所属行业	企业所在地
湖北省		
百胜餐饮(武汉)有限公司	快餐服务	湖北省武汉市
武汉麦当劳餐饮食品有限公司	快餐服务	湖北省武汉市
湖北星巴克咖啡有限公司	咖啡馆服务	湖北省武汉市
武汉艳阳天商贸发展有限公司	正餐服务	湖北省武汉市
武汉市亢龙太子酒轩有限责任公司	正餐服务	湖北省武汉市
武汉易食铁路餐饮服务有限公司	餐饮配送服务	湖北省武汉市
武汉湖锦娱乐发展有限公司江汉分公司	正餐服务	湖北省武汉市
湖北三五醇食品配送有限公司	正餐服务	湖北省武汉市
武汉永和大王餐饮有限公司	快餐服务	湖北省武汉市
武汉欧亚会展国际酒店有限公司	正餐服务	湖北省武汉市
湖南省		
长沙肯德基有限公司	快餐服务	湖南省长沙市
湖南迈湘餐厅食品有限公司	快餐服务	湖南省长沙市
湖南徐记酒店管理有限公司	正餐服务	湖南省长沙市
长沙五十七度湘餐饮管理有限公司	正餐服务	湖南省长沙市
长沙饮食集团长沙火宫殿有限公司	正餐服务	湖南省长沙市
广东省		
百胜餐饮(广东)有限公司	快餐服务	广东省广州市
广东三元麦当劳食品有限公司	快餐服务	广东省广州市
广州真功夫经营管理有限公司	快餐服务	广东省广州市
百胜餐饮(深圳)有限公司	快餐服务	广东省深圳市
麦当劳餐厅(深圳)有限公司	快餐服务	广东省深圳市
广东星巴克咖啡有限公司	咖啡馆服务	广东省广州市
广州真功夫快餐连锁管理有限公司	快餐服务	广东省广州市
深圳面点王饮食连锁有限公司	快餐服务	广东省深圳市
深圳真功夫餐饮管理有限公司	快餐服务	广东省深圳市
广州酒家集团股份有限公司	正餐服务	广东省广州市
广州市绿茵阁饮食连锁有限公司	正餐服务	广东省广州市
广州萨莉亚餐饮有限公司	正餐服务	广东省广州市
星巴克咖啡(深圳)有限公司	咖啡馆服务	广东省深圳市
东莞肯德基有限公司	快餐服务	广东省东莞市
春满园饮食管理服务(深圳)集团有限公司	正餐服务	广东省深圳市
深圳永和大王餐饮有限公司	快餐服务	广东省深圳市
广州市麦点九毛九餐饮连锁有限公司	正餐服务	广东省广州市
深圳市海底捞餐饮有限责任公司	正餐服务	广东省深圳市
元气寿司餐饮服务管理(深圳)有限公司	正餐服务	广东省深圳市
深圳市宝利来投资有限公司	正餐服务	广东省深圳市
广州渔民新村饮食有限公司	正餐服务	广东省广州市
味千拉面饮食服务(深圳)有限公司	正餐服务	广东省深圳市
东莞市鸿骏膳食管理有限公司	小吃服务	广东省东莞市
中山金濠汉堡食品有限公司	快餐服务	广东省中山市
真功夫餐饮管理有限公司	快餐服务	广东省东莞市
广州白云国际会议中心有限公司	正餐服务	广东省广州市
东莞麦华食品有限公司	快餐服务	广东省东莞市
深圳润园四季餐饮有限公司	正餐服务	广东省深圳市
广州动车组餐饮有限公司	餐饮配送服务	广东省广州市
深圳绿源餐饮管理有限公司	快餐服务	广东省深圳市
深圳航空食品有限公司	餐饮配送服务	广东省深圳市
深圳市禾绿餐饮管理有限公司	快餐服务	广东省深圳市

4–4 续表 6

企业名称	所属行业	企业所在地
八十五度餐饮管理(深圳)有限公司	小吃服务	广东省深圳市
南海渔村有限公司	正餐服务	广东省广州市
汉堡王食品(深圳)有限公司	快餐服务	广东省深圳市
深圳市广深铁路列车经贸实业有限公司	正餐服务	广东省深圳市
广州市番禺中国旅行社	正餐服务	广东省广州市
广州从化凯旋宫饮食娱乐有限公司	正餐服务	广东省广州市
深圳市嘉旺餐饮连锁有限公司	快餐服务	广东省深圳市
江门麦当劳(餐厅食品)有限公司	快餐服务	广东省江门市
深圳威耀饮食有限公司	快餐服务	广东省深圳市
珠海金濠汉堡食品有限公司	快餐服务	广东省珠海市
广州市越秀区鸿星艺都海鲜酒家	正餐服务	广东省广州市
深圳南联食品有限公司	其他未列明餐饮业	广东省深圳市
深圳维华盛世唐宫饮食有限公司	正餐服务	广东省深圳市
广州渔民新村餐饮企业管理有限公司	正餐服务	广东省广州市
中山市海港城海鲜大酒楼有限公司	正餐服务	广东省中山市
深圳家乐缘餐饮顾问有限公司	快餐服务	广东省深圳市
深圳市粤菜王府餐饮管理有限公司	正餐服务	广东省深圳市
深圳新语餐饮管理有限公司	小吃服务	广东省深圳市
惠州麦当劳(餐厅食品)有限公司	快餐服务	广东省惠州市
湛江市君豪酒店有限公司	正餐服务	广东省湛江市
佛山大家乐饮食有限公司	快餐服务	广东省佛山市
深圳市百岁村餐饮连锁有限公司	正餐服务	广东省深圳市
新世代餐饮管理(深圳)有限公司	正餐服务	广东省深圳市
广州渔民新村兴盛饮食有限公司	正餐服务	广东省广州市
东莞麦长食品有限公司	快餐服务	广东省东莞市
广州市恒大酒店有限公司	正餐服务	广东省广州市
广州泛亚饮食有限公司	快餐服务	广东省广州市
深圳西贝第一餐饮有限公司	正餐服务	广东省深圳市
广州市超味盏饮食有限公司	正餐服务	广东省广州市
深圳领鲜稻香饮食有限公司	正餐服务	广东省深圳市
美心食品(深圳)有限公司	小吃服务	广东省深圳市
深圳大快活快餐有限公司	快餐服务	广东省深圳市
深圳市巴蜀风饮食管理有限公司	正餐服务	广东省深圳市
广州市食尚国味饮食管理有限公司	正餐服务	广东省广州市
广州南园酒家饮食有限公司	正餐服务	广东省广州市
广州市莲香楼有限公司	正餐服务	广东省广州市
明华(蛇口)海员服务公司	正餐服务	广东省深圳市
明华(蛇口)海员服务公司明华国际会议中心	正餐服务	广东省深圳市
深圳江南绿茶餐饮管理有限公司	正餐服务	广东省深圳市
深圳观澜格兰云天国际酒店有限公司	正餐服务	广东省深圳市
广西壮族自治区		
南宁肯德基有限公司	快餐服务	广西壮族自治区南宁市
广西禾唛餐饮有限公司	快餐服务	广西壮族自治区南宁市
广西三品王餐饮管理有限公司	快餐服务	广西壮族自治区南宁市
桂林市椿记餐饮有限公司	正餐服务	广西壮族自治区桂林市
重庆市		
重庆兴红得聪餐饮管理有限公司	正餐服务	重庆市渝中区
重庆和之吉饮食文化有限公司	正餐服务	重庆市渝中区
重庆骑龙饮食文化有限责任公司	正餐服务	重庆市北碚区
重庆陶然居饮食文化(集团)股份有限公司	正餐服务	重庆市九龙坡区

4-4 续表 7

企业名称	所属行业	企业所在地
重庆味千餐饮文化有限公司	快餐服务	重庆市九龙坡区
重庆市小八仙餐饮有限公司	正餐服务	重庆市万州区
重庆肯德基有限公司	快餐服务	重庆市渝中区
重庆菜香源餐饮文化有限公司	正餐服务	重庆市九龙坡区
重庆北三玖玖玖餐饮有限公司	正餐服务	重庆市万州区
重庆阿兴记产业(集团)有限公司	正餐服务	重庆市渝北区
重庆刘一手餐饮管理有限公司	正餐服务	重庆市九龙坡区
重庆德庄酒店管理有限公司	正餐服务	重庆市南岸区
重庆雅福食品有限公司	餐饮配送服务	重庆市渝北区
芭菲盛宴环球餐饮集团有限公司	正餐服务	重庆市九龙坡区
四川省		
四川海底捞餐饮股份有限公司	其他未列明餐饮业	四川省资阳市
百胜餐饮(成都)有限公司	快餐服务	四川省成都市
成都星巴克咖啡有限公司	咖啡馆服务	四川省成都市
四川麦当劳餐厅食品有限公司	快餐服务	四川省成都市
芭夯餐饮管理有限公司	正餐服务	四川省自贡市
攀钢集团生活服务有限公司	正餐服务	四川省攀枝花市
四川森林雨餐饮有限公司	其他未列明餐饮业	四川省绵阳市
四川乡村基餐饮有限公司	快餐服务	四川省成都市
四川省成都市饮食公司	正餐服务	四川省成都市
成都市向阳凯宾斯基饭店有限公司	正餐服务	四川省成都市
成都百富广场投资管理有限公司	正餐服务	四川省成都市
四川四维餐饮投资管理有限公司	正餐服务	四川省绵阳市
成都八十五度餐饮管理有限公司	小吃服务	四川省成都市
成都市源创巴国布衣餐饮股份有限公司	正餐服务	四川省成都市
贵州省		
贵州醉苗乡餐饮投资管理有限公司	正餐服务	贵州省贵阳市
云南省		
昆明市肯德基有限公司	快餐服务	云南省昆明市
昆明饮食服务有限公司	正餐服务	云南省昆明市
云南滇美餐饮有限公司	快餐服务	云南省昆明市
云南空港航空食品有限公司	正餐服务	云南省昆明市
云南东方航空食品有限公司	餐饮配送服务	云南省昆明市
昆明飞阳餐饮管理有限公司	正餐服务	云南省昆明市
陕西省		
百胜餐饮(西安)有限公司	正餐服务	陕西省西安市
西安真爱服务事业有限公司	正餐服务	陕西省西安市
西安饮食股份有限公司	正餐服务	陕西省西安市
西安小六汤包餐饮有限责任公司	正餐服务	陕西省西安市
西安麦当劳(餐厅食品)有限公司	快餐服务	陕西省西安市
陕西徐记酒店有限公司	正餐服务	陕西省西安市
西安百姓厨房大馄饨餐饮有限责任公司	正餐服务	陕西省西安市
泾阳龙泉山庄旅游发展有限公司	正餐服务	陕西省咸阳市
甘肃省		
兰州肯德基有限公司	快餐服务	甘肃省兰州市
敦煌市敦味夜吧饮食服务有限责任公司	正餐服务	甘肃省酒泉市
新疆维吾尔自治区		
新疆肯德基有限公司	快餐服务	新疆维吾尔自治区乌鲁木齐市
新疆百富餐饮股份有限公司	快餐服务	新疆维吾尔自治区乌鲁木齐市

附　录

附录Ⅰ：统计上大中小微型企业划分办法

附录Ⅱ：批发和零售业、住宿和餐饮业统计限额标准

附录Ⅲ：主要统计指标解释

附录Ⅰ　统计上大中小微型企业划分办法

一、根据工业和信息化部、国家统计局、国家发展改革委、财政部《关于印发中小企业划型标准规定的通知》（工信部联企业〔2011〕300号），结合统计工作的实际情况，特制定本办法。

二、本办法适用对象为在中华人民共和国境内依法设立的各种组织形式的法人企业或单位。个体工商户参照本办法进行划分。

三、本办法适用范围包括：农、林、牧、渔业，采矿业，制造业，电力、热力、燃气及水生产和供应业，建筑业，批发和零售业，交通运输、仓储和邮政业，住宿和餐饮业，信息传输、软件和信息技术服务业，房地产业，租赁和商务服务业，科学研究和技术服务业，水利、环境和公共设施管理业，居民服务、修理和其他服务业，文化、体育和娱乐业等15个行业门类以及社会工作行业大类。

四、本办法按照行业门类、大类、中类和组合类别，依据从业人员、营业收入、资产总额等指标或替代指标，将我国的企业划分为大型、中型、小型、微型等四种类型。具体划分标准见附表。

五、企业划分由政府综合统计部门根据统计年报每年确定一次，定报统计原则上不进行调整。

六、本办法自印发之日起执行，国家统计局2003年印发的《统计上大中小型企业划分办法（暂行）》（国统字〔2003〕17号）同时废止。

附表：统计上大中小微型企业划分标准

行业名称	指标名称	计量单位	大型	中型	小型	微型
农、林、牧、渔业	营业收入(Y)	万元	Y≥20000	500≤Y＜20000	50≤Y＜500	Y＜50
工业 *	从业人员(X)	人	X≥1000	300≤X＜1000	20≤X＜300	X＜20
	营业收入(Y)	万元	Y≥40000	2000≤Y＜40000	300≤Y＜2000	Y＜300
建筑业	营业收入(Y)	万元	Y≥80000	6000≤Y＜80000	300≤Y＜6000	Y＜300
	资产总额(Z)	万元	Z≥80000	5000≤Z＜80000	300≤Z＜5000	Z＜300
批发业	从业人员(X)	人	X≥200	20≤X＜200	5≤X＜20	X＜5
	营业收入(Y)	万元	Y≥40000	5000≤Y＜40000	1000≤Y＜5000	Y＜1000
零售业	从业人员(X)	人	X≥300	50≤X＜300	10≤X＜50	X＜10
	营业收入(Y)	万元	Y≥20000	500≤Y＜20000	100≤Y＜500	Y＜100
交通运输业 *	从业人员(X)	人	X≥1000	300≤X＜1000	20≤X＜300	X＜20
	营业收入(Y)	万元	Y≥30000	3000≤Y＜30000	200≤Y＜3000	Y＜200
仓储业	从业人员(X)	人	X≥200	100≤X＜200	20≤X＜100	X＜20
	营业收入(Y)	万元	Y≥30000	1000≤Y＜30000	100≤Y＜1000	Y＜100
邮政业	从业人员(X)	人	X≥1000	300≤X＜1000	20≤X＜300	X＜20
	营业收入(Y)	万元	Y≥30000	2000≤Y＜30000	100≤Y＜2000	Y＜100
住宿业	从业人员(X)	人	X≥300	100≤X＜300	10≤X＜100	X＜10
	营业收入(Y)	万元	Y≥10000	2000≤Y＜10000	100≤Y＜2000	Y＜100
餐饮业	从业人员(X)	人	X≥300	100≤X＜300	10≤X＜100	X＜10
	营业收入(Y)	万元	Y≥10000	2000≤Y＜10000	100≤Y＜2000	Y＜100
信息传输业 *	从业人员(X)	人	X≥2000	100≤X＜2000	10≤X＜100	X＜10
	营业收入(Y)	万元	Y≥100000	1000≤Y＜100000	100≤Y＜1000	Y＜100
软件和信息技术服务	从业人员(X)	人	X≥300	100≤X＜300	10≤X＜100	X＜10
务业	营业收入(Y)	万元	Y≥10000	1000≤Y＜10000	50≤Y＜1000	Y＜50
房地产开发经营	营业收入(Y)	万元	Y≥200000	1000≤Y＜200000	100≤Y＜1000	Y＜100
	资产总额(Z)	万元	Z≥10000	5000≤Z＜10000	2000≤Z＜5000	Z＜2000
物业管理	从业人员(X)	人	X≥1000	300≤X＜1000	100≤X＜300	X＜100
	营业收入(Y)	万元	Y≥5000	1000≤Y＜5000	500≤Y＜1000	Y＜500
租赁和商务服务业	从业人员(X)	人	X≥300	100≤X＜300	10≤X＜100	X＜10
	资产总额(Z)	万元	Z≥120000	8000≤Z＜120000	100≤Z＜8000	Z＜100
其他未列明行业 *	从业人员(X)	人	X≥300	100≤X＜300	10≤X＜100	X＜10

说明：

1.大型、中型和小型企业须同时满足所列指标的下限，否则下划一档；微型企业只须满足所列指标中的一项即可。

2.附表中各行业的范围以《国民经济行业分类》（GB/T4754-2011）为准。带*的项为行业组合类别，其中，工业包括采矿业，制造业，电力、热力、燃气及水生产和供应业；交通运输业包括道路运输业，水上运输业，航空运输业，管道运输业，装卸搬运和运输代理业，不包括铁路运输业；信息传输业包括电信、广播电视和卫星传输服务，互联网和相关服务；其他未列明行业包括科学研究和技术服务业，水利、环境和公共设施管理业，居民服务、修理和其他服务业，社会工作，文化、体育和娱乐业，以及房地产中介服务，其他房地产业等，不包括自有房地产经营活动。

3.企业划分指标以现行统计制度为准。（1）从业人员，是指期末从业人员数，没有期末从业人员数的，采用全年平均人员数代替。（2）营业收入，工业、建筑业、限额以上批发和零售业、限额以上住宿和餐饮业以及其他设置主营业务收入指标的行业，采用主营业务收入；限额以下批发与零售业企业采用商品销售额代替；限额以下住宿与餐饮业企业采用营业额代替；农、林、牧、渔业企业采用营业总收入代替；其他未设置主营业务收入的行业，采用营业收入指标。（3）资产总额，采用资产总计代替。

附录Ⅱ　批发和零售业、住宿和餐饮业统计限额标准

<table>
<tr><th>行业类别</th><th>统计指标名称</th><th>限额标准</th></tr>
<tr><td>批发业</td><td>年主营业务收入</td><td>2000 万元</td></tr>
<tr><td>零售业</td><td>年主营业务收入</td><td>500 万元</td></tr>
<tr><td>住宿业</td><td rowspan="2">年主营业务收入</td><td rowspan="2">200 万元</td></tr>
<tr><td>餐饮业</td></tr>
</table>

附录Ⅲ 主要统计指标解释

一、批发和零售业、住宿和餐饮业主要财务指标解释

1.**资产总计**：指企业过去的交易或者事项形成的、由企业拥有或者控制的、预期会给企业带来经济利益的资源。资产一般按流动性（资产的变现或耗用时间长短）分为流动资产和非流动资产。其中流动资产可分为货币资金、交易性金融资产、应收票据、应收账款、预付款项、其他应收款、存货等；非流动资产可分为长期股权投资、固定资产、无形资产及其他非流动资产等。

2.**流动资产合计**：资产满足以下条件之一应归为流动资产：（1）预计在一个正常营业周期中变现、出售或耗用，主要包括存货、应收账款等；（2）主要为交易目的而持有；（3）预计在资产负债表日起一年内（含一年）变现；（4）自资产负债日起一年内，交换其他资产或清偿负债的能力不受限制的现金或现金等价物。包括货币资金、应收票据、应收账款、存货等项目。

3.**固定资产原价**：指固定资产的成本，包括企业在购置、自行建造、安装、改建、扩建、技术改造某项固定资产时所发生的全部支出总额。

4.**累计折旧**：指企业在报告期末提取的历年固定资产折旧累计数。

5.**负债合计**：指企业过去的交易或者事项形成的，预期会导致经济利益流出企业的现时义务。负债一般按偿还期长短分为流动负债和非流动负债。

6.**所有者权益合计**：指企业资产扣除负债后由所有者享有的剩余权益。公司的所有者权益又称股东权益。包括实收资本、资本公积、盈余公积、未分配利润等。

7.**实收资本**：指企业投资者实际投入的资本(或股本)，包括货币、实物、无形资产等各种形式的投入。实收资本按投资主体可分为国家资本、集体资本、法人资本、个人资本、港澳台资本和外商资本。

8.**国家资本**：指有权代表国家投资的政府部门或机构、直属事业单位对企业形成的资本金。

9.**集体资本**：指由本企业职工等自然人集体投资或各种机构对企业进行扶持形成的集体性质的资本金。

10.**法人资本**：指法人以其依法可支配的资产投入企业形成的资本金。

11.**个人资本**：指自然人实际投入企业的资本金。

12.**港澳台资本**：指我国香港、澳门和台湾地区投资者实际投入企业的资本金。

13.**外商资本**：指外国投资者实际投入企业的资本金。

14.**营业收入**：指企业经营主要业务和其他业务所确认的收入总额。营业收入合计包括“主营业务收入”和“其他业务收入”。

15.**主营业务收入**：指企业确认的销售商品、提供劳务等主营业务的收入。

16.**主营业务成本**：指企业经营主要业务所发生的成本总额。

17.**主营业务税金及附加**：指企业经营主要业务应负担的营业税、消费税、城市维护建设税、教育费附加等。

18.**主营业务利润**：指企业在从事商品销售、提供服务等主要经营中所产生的利润之和。

19.**其他业务利润**：指企业经营除主要业务以外的其他业务实现的利润。

20.**销售费用**：指企业在销售商品和材料、提供劳务的过程中发生的各种费用，包括保险费、包装费、展览费和广告费、商品维修费、预计产品质量保证损失、运输费、装卸费等以及为销售本企业商品而专设的销售机构（含销售网点、售后服务网点等）的职工薪酬、业务费、折旧费等经营费用。

21.管理费用：指企业为组织和管理企业生产经营所发生的费用，包括企业在筹建期间内发生的开办费、董事会和行政管理部门在企业经营管理中发生的，或者应当由企业统一负担的公司经费等。

22.财务费用：指企业为筹集生产经营所需资金等而发生的筹资费用，包括企业生产经营期间发生的利息支出（减利息收入）、汇兑损失（减汇兑收益）以及相关的手续费等。

23.营业利润：指企业从事生产经营活动所取得的利润。

24.利润总额：指企业在一定会计期间的经营成果，是生产经营过程中各种收入扣除各种耗费后的盈余，反映企业在报告期内实现的盈亏总额。

25.应交所得税：指企业按税法规定，应从生产经营等活动的所得中缴纳的税金。

26.应付职工薪酬：指企业为获得职工提供的服务而给予各种形式的报酬以及其他相关支出。包括职工工资、奖金、津贴和补贴，职工福利费，医疗保险费、养老保险费、失业保险费、工伤保险费和生育保险费等社会保险费，住房公积金，工会经费和职工教育经费，非货币性福利，因解除与职工的劳动关系给予的补偿，其他与获得职工提供的服务相关的支出。

27.应交增值税：指企业按税法规定，从事货物销售或提供加工、修理修配劳务等增加货物价值的活动本期应交纳的税金。根据会计相关科目贷方累计发生额，按下述公式计算填报：

应交增值税＝销项税额－（进项税额－进项税额转出）－出口抵减内销产品应纳税额－减免税款＋出口退税

二、批发和零售业商品购、销、存情况指标解释

1.商品购进额：指从本企业以外的单位和个人购进（包括从国外直接进口）作为转卖或加工后转卖的商品金额（含增值税）。本指标反映批发和零售业从国内外市场上购进商品的总价。

2.进口：指直接从国外进口或委托外贸企业代理进口的商品金额，不包括从国内有关单位购进的进口商品。对外贸易企业只统计自主经营进口的商品，不统计受托代理进口的商品。

3.商品销售额：指对本单位以外的单位和个人出售的商品金额（包括售给本单位消费用的商品，含增值税）。在批发和零售业中，本指标反映在国内市场上销售商品以及出口商品的总价。

4.出口：指直接向国（境）外出口商品和委托外贸企业代理出口的商品金额，商品出口不包括售给外贸企业出口或加工后出口的商品，以及在国内市场以外币销售的商品。外贸企业只统计自主经营出口的商品，不包括受托代理出口的商品。

5.期末商品库存额：对于批发和零售业法人单位和个体经营户，是指报告期末取得所有权的全部商品金额（含增值税）；对于批发和零售业产业活动单位，是指报告期末实际在库且归属法人具有所有权的全部商品金额（含增值税）。这个指标反映批发和零售业的商品库存情况，以及对市场商品供应的保证程度。

三、住宿和餐饮业经营情况指标解释

1.营业额：指住宿和餐饮业单位在经营活动中因提供服务或销售商品等取得的全部收入，包括：客房收入、餐费收入、商品销售额（含增值税）和其他收入。不包括法人企业附营的其他行业产业活动单位的餐费收入、商品销售收入等各项收入。

2.客房收入：指住宿和餐饮业单位在经营活动中因提供住宿服务取得的收入。不包括法人企业附营的其他行业产业活动单位的客房收入。

3.餐费收入：指住宿和餐饮业单位为顾客提供就餐服务取得的收入。包括：经烹饪、调制加工后出售的各种食品，如主食、炒菜、凉拌菜等的收入。不包括法人企业附营的其他行业产业活动单位的餐费收入。

4.商品销售额：指对本单位以外的单位和个人出售的商品金额（包括售给本单位消费用的商品，含增值税）。在住宿和餐饮业中，本指标反映住宿和餐饮业单位出售商品的销售总额（含增值税），不包括法人企业附营的其他行业产业活动单位的商品销售额。

5.其他收入：指营业额中除客房收入、餐费收入、商品销售额（含增值税）以外的其他收入。

四、批发和零售业、住宿和餐饮业主要经济效益分析指标解释

1.**负债率**：指企业负债总额与资产总额之比。它表示企业资产总额中，债权人提供资金所占的比重，以及企业资产对债权人权益的保障程度。其计算公式为：

负债率 =（负债总额 ÷ 资产总额）×100%

2.**主营业务毛利率**：指企业主营业务收入和主营业务成本之间的差额与主营业务收入之比，其计算公式为：

主营业务毛利率 =（主营业务收入 - 主营业务成本）÷ 主营业务收入×100%

3.**人均主营业务收入**：指企业主营业务收入与年末从业人员数之比，其计算公式为：

人均主营业务收入 = 主营业务收入 ÷ 年末从业人员数

4.**费用率**：指销售费用、管理费用和财务费用三项之和与主营业务收入之比。其计算公式为：

费用率 =（销售费用 + 管理费用 + 财务费用）÷主营业务收入×100%